_____ 님 惠存

　년　　월　　일

강 대성 강대성드림

망나니의 선택, 그것은 인연

강대성 지음

창연

책을 내면서

　몇 년 전에 시·산문집인 『망나니의 선택 그것은 인연이었다』라는 책을 출판했었다. 생의 첫 출품작이었는데 책의 겉면을 보면서 생각보다 좋게 보여 출판사의 노력에 대해 고마워했던 기억이 난다. 그러나 겉과는 달리 내면을 보면 참으로 부끄럽고 졸작이라 감히 내용을 볼 수가 없어 여분의 책을 골방 구석진 곳에 보관만 했었다. 고민과 시간적인 여유와 차분한 명상들이 필요함을 느끼게 하는 후회의 결과를 만들고 말았지만 나의 살아온 과정이기에 지금은 그냥 그대로 지켜볼 뿐이다. 그때 두 번 다시는 책을 내는 일은 없을 것이라 다짐했었는데 이렇게 책을 내게 되었다. 이 책은 불교를 접하면서 내가 알아야 할 내용과 고마운 글들 그리고 모르는 내용을 적어 두었던 노트를 중심으로 작성하였는데, 어느 날 찾고 싶은 내용을 보려고 노트를 펼친 순간 최소한 나에게만큼은 선지식의 말씀이었다. 노트를 몇 번이나 읽어 보다 아들놈에게는 이 내용을 전달해야겠다는 생각에서 시작하여 나의 친인척과 지인들에게도 전달해야겠다는 생각에 더해 모든 이에게 작은 영향이 미칠 수 있다는 생각으로 도전했다. 그러나 페이지가 늘어날수록 글에 대한 나의 능력 부족을 실감하였고 아직은 공부를 더 해야 한다는 생각이 더해져 노트를 접었었다. '다시는 책을 내지 않고 불교 공부나 열심히 하련다.'라는 일념으로 오로지 망상 같은 명상에 잠기고 술도 마시고 여행이랍시고 떠돌아다녔지만 항상 법문을 놓지는 않았던 것 같다. 내가 무아가 되면 모르지만, 엄두를 못 내더라도 책을 써 보고 싶다는 그놈의 명예욕은 꺾이질 않았다. 정신을 차리고 여지껏 정리했던 노트를 다시 보면서 '이런 좋은 말이 있는데 어디서 불교공부를 찾아 다녔노' 하는 생각에 원효의 해골 물이 생각이 났었다. 나는 대학 시절 이광수가 지은 『아, 무정』이라는 책을 읽고는 원효를 무의식적으로 좋아했지만 그리 관심은 두지 않았다. 나이가 들면서 해골물의 그 의미를 새삼 새롭게 느끼고부터 원효 공부 즉 불교 공부를 시작하게 되었다. 참으로 재미있는 공부였고 하루 종일 도서관에서 책을 읽고도 집에 오면 또 책을 읽었던 기억이 난다. 나는 내가 필요로 하는 곳이면 봉사활동을 하는 편인데 어느 날 월정사에서 자원봉사를 하다 법우님들과 대화 중 불교 교리를 모르고서는 불교에 형식적인 것에만 집착하게 되기 쉽다는 생각을 하게 되었고, 그런 오류를 깨는 데 내가 공부했던 경험들을 나누는 것이 도움이 되겠다 여겨져 책으로 반드시 출간을 해야겠다는 결심을 다시 하고는 마음을 내어 오늘에사 출간하게 되었다. 출간을 위해 글을 작성하면서 나 스스로에게도 많은 공부가 되었음에 고마울 따름이다. 그냥 공부가 된 것이 아니라 참으로 많은 공부가 되었다. 내가 좋아하는 '자비희사(慈悲喜捨)'라는 단어가 가슴에 확 들어앉게 되었다. 그런데 처음 출발은 불교를 처음 접하는 사람들에게 좋은 안내서가 되도록 하는 게 목표였는데 어느 정도 진행해서 보니 그렇지만은 않아 다소 당황하고 잠시 망설임도 있었다. 그래도 누군가에게는 도움이 될 내용이라 증진했고 결론은 나는 출판을 할 것이고 나머지는 인연 있는 사람의 가슴에 와 닿기를 바랄 뿐이다. 물론 여기에는 내가 아는 만큼 그리고 나의 사견 및 부연 설명들이 포함되어 있어 틀리거나 수정해야 할 내용들이 있을 수 있음을 양지하시기 바란다. 나는 오로지 혼자 책으로 공부하고 좌선하고 명상하며 불교 공부를 한 사람이라 오류가 있을 수 있음을 거듭 이해해 주시길 바란다. 나를 아는 사람에게 다시 한번 고개 숙이오니 내 과거의 잘못이나 그대에게 불편함이나 언짢은 일이 있었다면 용서해 주시길 바란다. 용서하지 못하는 것이 그대의 고가 되오니 그대 마음의 평안을 위해서라도 저의 허물을 용서해 주시길 거듭 기원한다. 그대들의 용서와 지켜봄으로 인해 저라는 존재가 있게 되었음에 감사드리고 이 책은 저의 작은 지식에서 비롯된 것으로 할 일 없을 때 읽어 보시길 바란다. 이 책은 알고 저지르는 죄와 모르고 저지르는 죄 중 어느 것이 더 무거우냐고 묻는 것에 대한 답만 확철히 알면 그냥 덮어도 되는 내용이오니 그리 아시고 읽어 주시길 바란다. 다시 말해 있어도 일부러 굶는 것과 없어서 할 수 없이 굶는 것은 다른 것인지에 대한 답을 찾는 것이다. 진정 이 물음에 대한 확철한 답을 알고 계셔야 되며 알기까지가 제법 힘들 것이다. 출간을 결심하게 된 데에는 나와 우연히 인연이 닿아 도움을 주신 제자 양성에 힘을 쏟고 계신 권현주 선생님이 집필에 대한 자신감과 응원을 주신 것도 계기가 되었기에 감사함을 전한다. 컴퓨터와 씨름해서 책을 대한다는 것에 가슴이 벅차오르기도 하지만 그놈 아직 멀었다는 핀잔도 겸허히 받아들일 준비는 되어 있다. 불교 공부를 하면서 나에게 가장 큰 감명을 준 "삶이 꿈인 줄 알면 꿈이 삶이다."라는 글과 서산대사의 "60년 전에는 내가 너인 줄 알았는데 60년 후에는 네가 나였구나."라는 글을 나의 좌우명처럼 받으며 공부하고 하루하루를 살고 있다. 뭔 소리냐 하면 그대가 공부하면 어느 날 알 수 있다. 나 또한 도대체 알 것 같은데도 시원한 답은 아니고 미칠 지경으로 고민을 하다 방구석에 잠시 앉아 멍하니 있는 순간 스님의 이야기처럼 '악' 하며 해답이 나왔다. 보이는 대로 받아들이면 맨날 헛걸음만 할 뿐이다. 종교계에 대한 나 개인의 의견임을 다시 한번 강조하면서 너그러운 마음으로 헤아려 주길 바란다.

그냥
흐르는 물은 뒤돌아보지 않고
구르는 돌은 지금을 아파하지 않으며
떠도는 구름은 나중을 생각하지 않는다네.
뭔 말인지는 잡초 속 바람에게 물어 보시게.
　　　　　　　　　　- 황 만

차례

책을 내면서 • 5

불교의 기본교리
불교의 기본교리 • 16
Ⅰ. 연기법(緣起法) • 23

Ⅱ. 십이연기(十二緣起) • 29
  1. 무명(無明) • 30
  2. 행(行) • 31
  3. 식(識) • 32
  4. 명색(名色) • 33
  5. 12입처(十二入處) • 34
  6. 촉(觸) • 35
  7. 수(受) • 36
  8. 애(愛) • 37
  9. 취(取) • 38
  10. 유(有) • 39
  11. 생(生) • 40
  12. 노병사(老病死) • 41

Ⅲ. 삼법인(三法印)
  1. 제행무상(諸行無常) • 44
  2. 제법무아(諸法無我) • 46
  3. 일체개고(一切皆苦) • 47
  4. 열반적정(涅槃寂靜) • 48
  5. 제법개공(諸法皆空) • 49

Ⅳ. 일체법(一切法)

1. 육근(六根) 51
2. 육경(六境)=육진(六塵) • 53
3. 육식(六識) • 55
4. 십이입처(十二入處) • 58
5. 18계 • 60
6. 오온(五蘊) • 61
7. 사성제(四聖諦 – 제는 말씀, 사실, 진리) • 68
8. 팔정도(八正道) • 71
9. 사념처(四念處) • 75
10. 중도(中道) • 79

Ⅴ. 공부할 때 필요한 교리 및 용어해설

1. 활구와 사구 • 81
2. 절대계와 현상계 • 82
3. 사법계관(四法界觀 – 화엄경) • 84
4. 일미진중 함시방(一微塵中 含十方) • 87
5. 마하반야바라밀다심경(摩訶般若波羅蜜多心經) • 88
6. 칠견(七見) • 89
7. 오견(五見) – 다섯가지 잘못된 견해로 칠견과 같은 뜻이므로 개인적인 설명은 생략하며 참고로 작성한다 • 92
8. 보왕삼매론십대애행(寶王三昧論十大礙行) • 93
9. 보현행원품(普賢行願品) • 96
10. 수준별 법문 • 97
11. 무심공부 10가지 수행방법 • 98
12. 임제선사의 4가지 주관과 객관 • 102
13. 참회(懺悔) • 103
14. 무비스님께서 말씀하신 원효의 발심수행장 • 104
15. 무상삼귀의계(無相三歸依戒) – 불법승 삼보 • 106

16. 육도윤회(六道輪廻) • 107
17. 108번뇌가 업이다 • 111

나는 불교를 이렇게 접하고 이렇게 공부했다
나는 불교를 이렇게 접하고 이렇게 공부했다 • 116
1. 학창 시절 • 117
2. 사회생활시절 • 118
3. 은퇴 후 지금까지 • 120

나에게 나타난 것들
나에게 나타난 것들 • 130
1. 진공묘유 • 131
2. 나의 앞면이 부처로 보이다 • 132
3. 옆 사람의 얼굴이 부처로 보이다 • 133
4. 진공묘유 위에서 마음이 춤을 추다 • 134
5. 모텔에서 부처를 보다 • 135
6. 문경세계명상마에서 촛불이 춤을 추다 • 136

하나만 걸려라
하나만 걸려라 • 138
1. 6조 혜능대사 • 139
2. 조주선사 • 141
3. 부모미생전 볼래면목(父母未生前㗛來面目) • 144
4. 뜰 앞의 잣나무 • 145
5. 마른 똥막대기 • 146
6. 동산이 물 위로 간다 • 147
7. 이 뭐꼬 • 148

8. 금강경과 선사 • 150

9. 평생 걱정 없이 사는 법 • 151

10. 무(無)와 공(空)의 차이점 • 153

11. 성암스님의 내일은 없다 • 156

12. 서암스님의 그대 보지 못했는가? • 158

13. 불감혜근 선사 • 161

14. 수산주 • 163

15. 머무르지 않는다는 말은 • 164

16. 무주상보시 • 165

17. 진심직설에서 • 167

18. 임제선사 • 168

19. 마음은 본래 청정 • 170

20. 중생이 부처다 • 171

21. 공의 대화 • 172

22. 바람이나 깃발이 움직이는 것이 아니라 그대의 마음이 움직인다 • 174

23. 만행하며 배우기 • 176

24. 문안의 수행과 문밖의 수행에서 발췌 • 178

25. 지관이 선정 • 180

26. 세간에서의 도 닦기 • 184

27. 번뇌가 보리 • 186

28. 칠불통계(七佛通戒)-모든 부처님의 가르침 • 188

29. 법화경의 낙처 • 189

30. 무아설 • 191

31. 평상심이 도 • 193

32. 도둑은 아무도 몰래 들어 온다 • 194

33. 한가함 • 196

34. 찾아오는 인연 • 198

35. 인과의 원칙과 질량보존의 법칙 • 199

36. 스스로에게 자유를 부여하라 • 201
37. 지옥과 극락은 있기는 하나? • 203
38. 업을 지어 부처가 된다고 한다면 부처가 생사의 조짐이다 • 205
39. 중도란? • 208
40. 분별은 자신을 좀먹는 좀비다 • 209
41. 심생즉종종법생(心生則種種法生)
    심멸즉종종법멸(心滅則種種法滅) • 211
42. 자유인이란? • 212
43. 스승의 표상 • 214
44. 살아 있음이 보배요 희망이다 • 216
45. 성품의 자리는 지금 이 자리다 • 218
46. 생각대로 이루어진다 • 220
47. 공덕이란? • 221
48. 복이 많은 사람을 부러워하지 마라 • 223
49. 『미라래빠』라는 책을 읽고 • 225
50-1. 『신과 나눈 이야기』라는 책을 읽고 • 227
50-2. 신은 어디에나 있다 • 229
51. 금강경의 백미 • 231
52. 일체법이 불법이다 • 233
53. 시간은 흐르지도 변하지도 않는 여여한 상태다 • 234
54. 화를 내면 지는 것이다 • 238
55. 지금의 순간은 완벽하다 • 240
56. 공포는 실체가 없다 • 242
57. 착한 일이라고 생각하는 것도 • 244
58. 마음에 분별의 선을 긋지 마라 • 246
59. 생각하지 마라 • 247
60. 불교 공부는 이렇게 해야 한다 • 251
61. 체(體)와 용(用) • 253
62. 영가(靈駕)란? • 255

63. 만법귀일(萬法歸一)=일체유심조(一切唯心造) • 256

64. 수준별수업 • 258

65. 환갑 넘긴 내 나이가 어때서 • 260

66. 연기를 보면 부처를 본다 • 262

67. 일체는 완벽하지 않은 것이 없다 • 264

68. 돈오돈수(頓悟頓修)와 돈오점수(頓悟漸修) • 267

69. 맑음과 밝음 • 269

70. 의지처 • 273

71. 불교를 왜 공부해야 하나? • 275

72. 4정근을 통한 좌선 • 278

73. 내려놓는 만큼 자신의 부처를 본다 • 281

74. 부처님의 유(有)와 조주선사의 무(無) • 283

75. 보는 걸까 보이는 걸까? • 285

76. 속담과 사자성어는 언어 예술의 극치다 • 287

77. 어느 선지식인의 말씀 • 289

78. 아는 것과 모르는 것의 차이 • 291

79. 덕산방 • 293

80. 동산양개화상과 운암스님의 대화 • 295

81. 색즉시공, 공즉시색(色卽是空, 空卽是色-색이 공이요, 공이 색이다) • 298

82. 멸죄송(滅罪頌) • 299

83. 인생은 즐겁지도 허무하지도 않다 • 301

못다 한 이야기

1. 북한 식량 지원 • 306

2. 부부란? • 309

3. 팔자가 있다면 고칠 수 있나? • 311

4. Everyone can do something well • 316

5. 담배이야기 • 318

6. 시간을 흐르게 하지 말고 가게 하라 • 320

7. 나는 욕심이 많은 사람이었고 지금도 욕심이 많으며 앞으로도
   욕심이 철철 넘쳐 바다가 될 것이다 • 322
8. 참선하는 법 • 324
9. 예수님이나 부처님께 기도하면 들어 주실까? • 329
10. 두려움이 없어야 깨달은 사람이다 • 332
11. 공부를 하려면 의식주는 최소한으로 • 333
12. 불교와 유교의 차이점 • 338
13. 물활론 • 340
14. 스님, 불 들어갑니다 • 343
15. 결혼합시다 • 346

후기 • 350

불교의 기본교리

불교의 기본교리

　사람은 태어나 7,80년을 또는 100년을 살아갈 수 있는데 다양한 사람들이 다양한 일을 하면서 상호관계 속에서 살아가고 있다. 나쁜 사람, 좋은 사람, 얄미운 사람, 고마운 사람, 보기 싫은 사람, 가슴 뛰게 하는 사람, 악랄하고 잔인한 사람, 베풀며 용서하는 사람, 악마같은 사람, 천사같은 사람 등 여러 유형의 사람들 속에서 함께 살아가며 사회가 형성되고 그 속에서 유유상종하여 도시를 만들고 국가도 그렇게 형성되는 것이다. 이런 사회 속에서 한 인간이 가장 아름다운 삶을 살아가는 것은 어떻게 살아가는 것일까? 교육의 목적은 인격완성에 있다. 인격완성인은 모든 상호관계에서 상호이득을 보게 하는 사람이다. 인격완성의 결정체가 예수님, 노자, 소크라테스, 스피노자 그리고 석가모니, 이름 모를 선지식자 등이 있다. 이런 분들은 물질을 벗어나 모든 이가 평화롭고 화목하며 행복한 삶을 위해 헌신하고 그리 살아가신 분들이다. 모든 이들이 존경하고 그런 삶을 원하는 본보기의 사람들인 것이다. 그래서 사람들은 자신의 이상에 맞는 분을 선택하여 종교를 가지기도 하는데 종교를 가지는 것도 인격완성을 위한 수단이다. 사람이 운동을 하는 것도 인격완성의 한 수단으로 어떤 이는 운동을 하는 이유를 오래 건강하게 살아가기 위해서 라는 일상적인 말을 하지만 결국은 건강해야 인격완성을 위한 공부를 할 수 있기 때문이다. 저는 불교를 통해서 포용과 인격완성의 길을 접하였고 아직도 나아가는 중이지만 님들에게 조금 더 편하게 불교공부를 접할 수 있는 방편같은 것을 전달하기 위해 불교의 기본적인 개념들을 열거한다. 고즈넉한 절의 분위기가 좋아 오며 가며 절을 구경하는 사람, 부처님께 비는 기복불교인, 모태불교인, 나에게는 절이 맞다 등 자신의 불교에 대한 관심을 이야기하곤 한다. 기독교에 제2부활을 하는 사람은 낙타가 바늘구멍을 통과하는 만큼 어렵다는 말이 있고 불교에서는 눈먼 거북이가 구멍 난 나무구멍에 머리를 내미는 만큼 불법을 만나는 것이 어렵다고들 한다. 이런 의미에서 보면 종교인이라고 표현하는 것이 그리 쉽지만은 않을 것이며 이런 사람들도 과연 불법의 인연을 만난 것이라 말할 수 있을까? 어떤 스님은 '절에 발만 담가도 불법의 인연은 맺은 것이다'라고 말씀하시는 스님도 있고 '법을 알려거든 죽을 때까지 공부하라'고 말씀하시는 스님도 계신다. 어느 것이 맞고 틀린 것일까? 이 책은 그 물음에 대한 답을 직설적으로 가르쳐 주지는 않지만 읽고 또 읽다 보면 도둑이 아무도 몰래 들어오듯이 어느 날 그 답이 아무도 모르게 들어와 앉아 있는 것을 볼 것임을 장담한다. 불법을 배우려면 최소한 기본교리는 알아야 된다. 기본교리를 알아야 자신의 경험을 비추어 보고 확대 재생산해서 진실로 불교를 믿고 더 열심히 공부하게 되며 불교가 무엇인지를 알고 부처행을 하게 되는 것이다. 숨어 있는 진리를 모르면서 입으로만 이야기하는 그런 헛된 것은 진정한 종교인이 아니며 인격적으로도 아니다. 불교교리의 기본을 알아야 의문점을 스님께 여쭈어보고 내가 나아가는 걸음의 행보가 맞는지 맞지 않는지를 스스로 알아낼 수 있다. 첫 장의 내용은 불교이야기라는 책에서 내가 공부한 것을 내 나름대로 풀어 적은 것으로 이 교리만큼은 완벽히 이해한 후 인생의 여러 경험들을 비추어 보고 적용해 보며, 나는 무엇이고 지금 여기 왜 있는지에 대한 물음을 갖고 명상을 해 보시면 연기법에 대한 작은 느낌이 올 것이다. 연기법만 확철히 알면 불교 공부는 접어도 된다. 어느 스님 말씀에 연기법을 확철히 안다면 중도를 본다고 말씀하셨는데 초창기 공부할 때에는 연기법과 중도는 완전히 다른 것이라고 부정을 했지만 조금씩 의문점을 가지면서 역시나 연기법이 중도구나라는 것을 알았다. 단 공부를 많이 하셔야 연기법이 불교의 모든 것이구나 라는 것을 알 수 있다. 불교공부는 책을 보고 하는 공부도 있지만 자성을 보는 것은 책을 보지 않고 하는 공부다. 불교공부는 학교에서 선생님이 가르쳐 주어서 아는 것하고는 차원이 다른 것으로 누가 가르쳐 주어서 답을 찾을 수 있는 것이 아니며 보이지 않는 그것을 스스로 찾아 내어 보는 것이 삶의 참 속성임을 알아야 한다. '달을 가르키면 달을 봐야지 손가락은 왜 보노'라는 말과 같다. 세세하게 철저히 살펴 알아내지 못하면 손가락만 쳐다보다 삶을 마감하게 된다. 교리라는 것이 이것이 정도다 또는 완벽하다 하는 것은 사람의 근기에 따라 달라지기도 하지만 교리라는 것도 변화되어 가고 있음을 알아야 된다. 즉 사람들의 능력에 따라 교리는 수준별 공부를 가르쳐 주기 때문에 기본 교리에 충실히 공부해야 흔들리지 않고 앞으로 나아갈 수 있다. 님들이 잘 챙겨보는 그것이 참다운 공부이니 황만이를 원망하거나 타인을 원망한다면 연기법을 모르는 것이니 다시 한번 공부를 면밀하게 살펴보길 바라며 이해될 때까지 열심히 공부해야 한다. 확철히 안다는 것은 수학의 공식을 알고 문제를 푸는 것은 이론 공부요 응용문제를 마음대로 풀어나가는 그것이 세세하게 아는 것이며 참다운 공부며 확철히 안다는 것이다. 공부하기 전에 알아두면 좋을 용어 풀이를 먼저 제시하니 용어는 반드시 정확하고 확실하게 알아야 이해가 빨리 오는 것이니 반드시 숙지해야 한다.

표1 육체, 신체, 마음, 정신, 영혼

구분	사전적 의미	황만의 의미
육체	구체적인 물체로서 사람의 몸	동물적인 본능으로 행하는 약육강식의 몸

신체	사람의 몸	선의를 위해 행하는 사람의 몸
마음	사람이 본래부터 지닌 성격이나 품성	마음은 욕심이 발동하여 업을 짓는 존재로 인연 가합으로 만들어진 허상
정신	육체나 물질에 대립되는 영혼이나 마음	아주 가끔 흐린 마음에 맑음(영혼)의 파장을 말하며 깨어있기, 일심(一心)을 말한다.
영혼	정신과는 구별되는 일종의 생명의 원리로 육체에 깃들어 마음의 작용을 맡고 생명을 부여한다고 여겨지는 비물질적 실체	영혼은 완벽한 자성으로 보이지 않으면서도 드러나는 자유인자. 마음이 짓는 업을 담아 함께 동행하며 부모가 자식을 가만히 지켜보듯 영혼 또한 불쌍한 마음을 기다리고 업이 사라질 때까지 품어 준다

※1. 사람을 돕는 개의 몸과 살생을 저지르는 사람의 몸을 비교하면 사람은 육체요 개는 신체다. 다시 말해 동물적인 본능으로 행동하는 것은 육체다. 사람도 자신의 욕망을 채우기 위해 타인에게 피해를 안겨주는 행동은 육체라 할 수 있다. 예) 인간의 탈을 쓴 음란마귀
2. 사람의 몸으로 선의를 위해 행동하는 몸을 신체라고 하며 악행을 저지르기 위해 행하는 몸은 육체다. 그러나 불교공부를 하는 사람이면 악행이나 선의를 위해 행하는 몸을 신체로 보아야 한다. 악행을 저지른 사람이라 할지라도 언젠가는 후회하며 반성할 기회가 있기도 하지만 불성을 가지고 있기 때문이다. 개에게도 불성이 있으니 동물의 육체 또한 신체다. 이렇게 보는 것이 부처행이다.
3. 길을 가다가 사람이 갑자기 나타나면 놀래서 "악"하며 놀라는데 그때는 오로지 그 장면만을 본다. 생각도 없고 어떤 육감도 없는 그 순간만은 오로지 그 장면만을 본다. 육근과 육진만이 존재하는 그것이 정신이다. 정신차려 또는 정신차리자 라는 것이 깨어있는 영혼의 울림이다.

표2 의식(意識)과 인식(認識)

구분	사전적 의미	황만의 의미
의식	깨어있는 상태에서 자기 자신이나 사물에 대하여 인식하는 작용	깨어있는 상태로 6근이 6경이 있음을 알아채나 분별과 판단은 하지 않는 상태
인식	사물을 분별하고 판단하여 앎	의식한 것에 대한 호기심이나 관심이 작동하여 사물을 분별, 판단하여 명색을 만듦

※인식은 의식의 산물이며 알음알이다. 첫 번째 잘못된 고정관념인 자아와 세상을 구분하는 인식을 통해 끊임없는 잘못된 인식의 틀을 만들어 내고 인식의 틀을 변하시킬려는 것 또한 욕심이 가미된 잘못된 또 다른 인식의 틀을 만든다. 첫 단추를 잘못 꿰었기에 바꾸어도 잘못된 틀이 된다. 내라는 존재는 1초 전의 내가 아니듯이 항상 변하는 존재이며 주위 환경도 끊임없이 변함으로 날로 새롭게 보아야 하지만 고정된 실체가 없는 신체를 나라고 하는 고정된 실체로 보기 때문에 세상이라는 모든 존재의 실체 또한 고정된 것으로 보고 가질려는 욕심이 사건 사고가 끊임없이 일어나게 한다. 다시 말해 고정된 6근도 없고 고정된 6경도 없으니 고정된 6식은 마땅히 없다.

예1) 자식이 교통사고 나서 응급실에 누워 있다는 전화를 받으면 부모는 첫 물음이 '의식은 있나?' 라고 묻는다. 낫고 안낫고는 뒷전이다. 이것이 모든 부모의 본래면목(本來面目)이다. 환자는 의식만 있고 인식을 못하고 있는 상태지만 부모는 의식만 있으면 나중에 방도를 구하면 되는 것으로 방도구함이 인식이다. 의식이 있으면 그때부터 분별하고 판단하여 좀 더 나은 의사나 좀 더 좋은 병원을 찾아서 탈 없이 치료를 할 수 있도록 하는 것이 자식에 대한 부모의 사랑이다. 분별하고 판단하여 결정하는 것이 인식이며 전문의사나 전문병원이라는 명색을 만들어 낸다. 다시 말해 12입처에서 나와 세상을 분리한 인식은 자식에 대한 사랑으로 인해 좋은 병원에 먼저 입원하고 먼저 치료받기 위해 주위의 힘을 빌리거나 돈봉투를 내밀어 가면서 먼저 치료를 받을 수 있게 하는 것이다. 예2. 직장에서 차기 부장 진급자가 본인임을 다들 그리 생각하고 있는데 자신과 같은 위치의 친구가 전보를 해 오면 '전보를 축하한다' 까지는 의식이다. 그런데 '저 친구가 나와 진급경쟁 대상이구나' 라는 생각을 하는 것은 인식이며 진급경쟁자라는 명색을 만들어 내는 것이다. 나와 진급경쟁자인 친구를 분별하는 순간 앞으로 상급자에게 인사를 더 잘하고 복종도 더 잘하며 친분을 더 쌓아야 되겠고 경쟁자인 친구에게 험담이나 잘못하는 점을 더 부각시켜야 한다는 생각을 하게 되는데 이를 잘못된 나쁜 인식이라 한다. 사실 의식까지에서 멈추고 자신의 일만 열심히 하면 진급이 될 수 있고 또는 친구가 승진하면 축하하면 된다. 이것이 뿌린대로 거두리라는 진리에 순응하는 것이다. 진급이 되지 않았다고 친구를 여기로 보낸 인사부장이나 진급위원들을 욕하고 집에서는 가장으로서 마누라나 자식 볼 면목 없다고 술 마시는 것은 다음 심사에도 악영향을 미치게도 하며 가장의 위신을 무너뜨리고 자신을 멸하는 결과만 초래한다. 금강경의 과거심불가득(過去心不可得), 현재심불가득(現在心不可得), 미래심불가득(未來心不可得)이라는 말처럼 얻을 수 없음에도 얻을려고 하는 것은 욕심에서 기인함을 알아야 한다. 금강경에도 착하게 살면 깨달음을 얻을 수 있다고 하듯이 스스로 착하지 않음을 알아야 한다. 착하게 사는 것도 착함에 집착이지만 계속 착하게 살면 자신이 착한 행동을 하고 있음을 모르게 된다. 무주상보시(無主相布施)와 접목하면 빨리 이해 될 것이며 나중에 깨달음을 얻게 된다. 수일체선법 즉득아뇩다라삼먁삼보리(修一切善法 卽得阿 多羅三 三菩提) 아뇩다라(무상) 삼먁(진실) 삼보리(정등각) 즉 깨달음이다. 참고로 하심(下心)을 계속하면 무아가 되고 무아는 깨달음이다.

표3 인식의 과정

구분	1	2	3	4	5	6	비고
6근 (六根)	안근 (眼根)	이근 (耳根)	비근 (鼻根)	설근 (舌根)	신근 (身根)	의근 (意根)	마음
6경=6진	색경 (色境)	성경 (聲境)	향경 (香境)	미경 (味境)	촉경 (觸境)	법경 (法境)	의식
6식	안식 (眼識)	이식 (耳識)	비식 (鼻識)	설식 (舌識)	신식 (身識)	의식 (意識)	인식
내육계	안계 (眼界)	이계 (耳界)	비계 (鼻界)	설계 (舌界)	신계 (身界)	의계 (意界)	18계
외육계	색계 (色界)	성계 (聲界)	향계 (香界)	미계 (味界)	촉계 (觸界)	법계 (法界)	
인식계	안식계 (眼識界)	이식계 (耳識界)	비식계 (鼻識界)	설식계 (舌識界)	신식계 (身識界)	의식계 (意識界)	
6내입처	안입처 (眼入處)	이입처 (耳入處)	비입처 (鼻入處)	설입처 (舌入處)	신의처 (身入處)	의입처 (意入處)	12입처
6외입처	색입처 (色入處)	성입처 (聲入處)	향입처 (香入處)	미입처 (味入處)	촉입처 (觸入處)	법입처 (法入處)	

※의식이라는 단어와 인식이라는 단어를 혼용하여 표현하는 책들이 많이 있지데 반드시 구분하여야만 불교공부를 하는데 도움이 된다. 6진(六塵)은 6근의 대상이므로 의식이다. 또한 의계와 의식계는 인계와 인식계로 알아야 하며 한자어인 뜻의(意)에 의해 그런 것이다. 12입처가 나와 세상을 구분하여 탐심이 발동하면 인식되어진 명색을 자신이 유리한 쪽으로 이끌게 되며 그렇게 될 때까지 6근, 6경, 6식을 계속 피드백시켜 자신이 원하는 결과물을 만들어 낸다. 각각의 예를 열거하면 다음과 같다.
1. 수석(색)-눈은 청정해서 보이는 것(돌)들이 그대로 있으며(의식) 사람의 인격이나 주위 환경에 따라 수석도 달리 보이는 것을 인식이라 한다. 그래서 어떤 사람은 이 돌이 좋고 어떤 이는 저 돌이 좋다는 다른 의견이 생겨난다. 그래서 수석이라는 명색을 만든다. 여기서 욕심이 작동을 하면(12입처) '저 돌을 몰래 가져와 나의 거실에 놓아두면 장식용으로 좋을 것 같고 아니면 팔아서 살림에 보탬이 되게 하자' 라고 인식하고는 돌을 가져온다. 2번부터는 님들이 만들어 보시고 6번에서 부정적인 답을 내놓았으니 이해하기에 편할 것이다.
2. 음악(성)-자연의 소리에서 악기가 계발되고 새로운 화합의 장르가 생기며 기계음으로 더 많은 소리들이 개발된다.
3. 향기(향)-남자는 여자에게 여자는 남자에게 잘 보이기 위해 자연의 솔향에서 새로운 향들을 끊임없이 만들어 내고 있다.

4. 먹방(미)-자연의 있는 그대로의 맛에 배합이나 새로운 첨가제를 통해 더 맛나게 한다.
5. 몸짱(촉)-부모님이 물려주신 자연미에서 성형이나 헬스를 통해 타인에게 좀 더 돋보이게 몸을 만든다.
6. 존재(법)-마음이라는 놈이 주위에 뭔가 있다거나 이상하다고 느끼는 의식을 하면 다시 말해 마음인 6근이 6경(진)을 의식하여 관심이나 호기심이 발동하면 인식하여 명색을 만들어 내는데 12입처가 작동하면 자신이 유리한 쪽으로 합리화를 시키기 위해 재조명을 하거나 인식의 전환을 통해 자신이 유리한 쪽으로 만들어 낸다. 정치에서 정반합은 좋은 것이나(인식) 내가 불리할 때는 합을 하지만 내가 유리하면 반하는 사람은 내 쫓는 것(6입처 작동)이다. 이게 탐심이 발동하기 때문이며 마음이 공하면 자비의 합을 하지만 탐심이 발동하면 자신이 유리한 합을 한다. 이게 욕심이 불러 일으키는 부작용이다. 우주의 법계는 역지사지(易地思之)의 결과를 반드시 만들어 놓는 법으로 우리가 말하는 업의 굴레를 받는 것이다. 이것이 질량보존의 법칙이며 연기법이다.

※의근과 법경(진)-책을 보면 참으로 다양한 해석들을 내놓고 있는데 저의 견해는 의근은 사고(思考-생각하여 궁리함)로 표현함이 타당하다고 여겨지나 일반적으로 생각으로 많이 사용하고 생각으로 표현해도 무리가 없어 생각으로 사용할 것이며 법경은 존재를 말한다. 신구의 3업에서 의(意)를 마음이라고 해석함으로 인해 의근을 마음으로 해석하는데 보안보살장에 보면 6근이 마음이라고 명시되어 있다. 그 마음 중에 의는 일부분으로 생각이다. 그러므로 신구의(身口意) 3업에서 의를 마음으로 해석하는 것이 아니라 생각이라고 해야 한다. 그래야 육근인 몸(=신근)과 말(=설근)과 생각(=의근)이 짓는 3업이 되는 것이다. 법경은 생각의 대상으로 유기체든 무기체든 망상이든 망상에서 만들어지는 모든 것들이 생각의 대상이다. 우주의 모든 것 즉 일체법이 불법임으로 선법이든 악법이든 생각할 수 있는 모든 것이 불법이기에 불법 아님이 없다. 그래서 존재하는 모든 것이 불법이기에 생각의 대상은 존재이며 존재가 법경이다. 그러므로 법이라 쓰고 존재로 해석함이 옳은 것이다. 존재가 불법이고 불법이 일체법이기에 상관이 없지만 연유를 알아야 공부에 방해 받지 않는다. 처음 보시는 사람은 무슨 말인지 모를 수 있으나 앞으로 부연설명들이 나오니 이해하는데 도움이 될 것이다.

Ⅰ. 연기법(緣起法)

　우리는 평소 인연이라는 단어를 자주 사용하는 편이지만 인연이라는 말을 쉽게 말할 정도의 가벼운 단어가 아님을 잘 안다. 인은 객관적이지만 연은 주관적이고, 인은 능동적이지만 연은 수동적이다. 그래서 공부하는 사람은 인은 비워야 되고 연은 무시하는 공부를 해야 된다. '연연하지 말자'라는 말이 이런 의미에서 나온 말이지만 실천하기란 여간 어려운 것이 아니다. 깨달음에 이러기까지 모든 연에 연연하지 말아야 하지만 사기를 당하거나 상대에게 버림을 받으면 그게 마음대로 안됨을 잘 아실 것이다. 하지만 세월이 가고 나이를 먹어갈수록 잊혀져 감은 그 당시 연연하지 말았어야 함을 알게 되는 것이다. 알고 나면 참으로 우스운 이야기지만 욕심으로 가득찬 나의 마음이니 그리 쉽게 되지 않았고 나이들어 보니 사기 당한 것도 다 자신의 잘못이고 버림을 받은 것도 자신의 탓임을 알게 됨은 자신의 욕심으로 인한 것임을 알게 되었기 때문이다. 연연하지 않는 것은 좌요. 자신을 바로 보는 것이 선으로 일체(一切)는 마음이 만들어 낸 인연가합(因緣假合)으로 이루어진 연기적 존재다. 풀 한 포기, 물 한 방울, 공기덩어리, 바위, 한 알의 모래, 산소 한 분자까지도 인연으로 맺어진 존재들이다. 우리 인간은 공기, 물, 흙, 햇빛, 풀, 쌀, 채소, 친구, 부모, 형제, 이웃, 스승 등이 없으면 나라는 존재는 없어지는 것이다. 더구나 나라고 하는 몸뚱아리 속의, 나의 명령에 따르지 않는 자율신경이 지배하고 있는 내장들이 없으면 나라는 존재도 없다. 그러니 나를 내세울 만한 것이 없음에도 내가 말이지, 내가 한때는, 나로 말할 것 같으면 이라는 말로 자신을 내세우곤 한다. 지금 책을 읽고 있는 이놈이 누구인지 한번 생각해 봐라. 생각하는 이놈은 틀림없이 뭔가를 하고 있으나 보이지도 않고 만져지지도 않지만 끊임없이 뭔가를 하고 있으니 참으로 환장할 노릇이다. '이놈의 몸뚱아리는 죽으면 흔적 없이 사라져 찾아보려 해도 찾을 수가 없다'라고 생각하는 이놈이 무엇일까? 죽어 없어질 이 몸뚱아리를 자신이라 여기고는 자랑질하지만 실제는 사라지고 없어질 허무한 것을 자랑할려고 하니 자랑할 만한 것이 없는 것이다. 자신이란 존재는 자신의 마음에서 연기 되어져 인연 따라 생겨난 것으로 무아(無我)이며 무자성이며 중도이며 자비다. 여기서 자비라는 말은 일체는 다들 인드라망에서 존재하기에 존재한다는 그 자체만으로도 이 우주를 움직이고 있는 즉 자비를 베풀고 있는 중임을 범부들은 욕심에 가려 모르고 있다. 그러므로 범부들은 자신이 부처임에도 부처임을 모르고 항상 고와 함께 살고 있는 것이다. 자신을 바로 보고 연연하지 않으며, 부처행을 하는 사람이 부처이며 부처라는 말도 범부가 있으니 부처라는 말이 생겨났으며 범부라는 말도 부처가 있으니 범부라는 말이 나온 것이다. 그러므로 범부 속에 부처 있고 부처 속에 범부가 있다는 말이다. 월래는 범부도 없고 부처도 없는 자리가 지금 자리로 지금만 있으면 범부나 부처라는 말은 붙지 못하는 자리다. 중생은 과거의 업에 의해 현재의 삶을 살면서 새로운 업을 짓고 있지만 자세히 살펴보면 업도 없고 과거도 미래도 없는 지금의 자리만 있는 실체가 없는 것들이다. 부처도 없고 중생도 없으면 개도 없고 소도 없고 벌레도 없으며 있는 것 또한 없는 것이다. 인연가합으로 생긴 6근 즉 마음을 내려놓고 담벼락에 피어 있는 민들레꽃을 볼 수 있으면 부처의 길에 접어드는 것이며 무위법(無爲法)을 행하고 있다는 말이다. 무위란 응무소주 이생기심(應無所主 而生基心)으로 함이 없이 행하고 머무는 바 없이 행하는 것을 말하는 것으로 글도 모르는 6조 혜능대사가 나무를 해서 선비집에 쟁여주고 나오다 선비의 응무소주 이생기심이라는 구절의 책 읽는 소리를 듣고 출가를 하는 계기가 된 말이다. 저도 응무소주 이생기심을 "알겠다, 이제 알겠다, 이젠 진짜로 알겠다"를 몇 번이나 반복했었다. 아! 하는 순간이 오면 그때는 말로 아는게 아닌 진실로 알게 되는 것이며 참다운 공부의 길로 접어드는 것이다. 응무소주 이생기심은 금강경에 나오는 말로 해인사 지장전에서 3,000배를 할 때 저의 화두였다. 일상에서의 자신을 살펴보면 이 말이 참으로 고마운 말임을 알 수 있으며 무주상보시(無主相布施)를 적용해 보면 빨리 알 수 있을 것이다. 무주상보시란 주는 사람도 없고 받는 사람도 없고 주는 물건도 없이 주는 것을 말하는 것으로 6조 혜능대사께서 '더러움과 깨끗하다는 분별을 일으키지 않는 상태에서 선을 행하라'라는 말과 일맥상통하다. 분별심을 일으키는 마음에서 하나가 열이 되고 열이 백이 되고 그로 인해 욕심과 고가 생겨나기 때문에 분별심이 사라지면 참다운 불교공부에 들어서는 것이다. 그러니 무주상보시를 실천하거나 응무소주이생기심이라는 단어를 한시도 잊어서는 공부의 길에서 멀어지는 것이다. 연기법(緣起法)이란 첫째, 이것이 있으므로 저것이 있고 이것이 없으면 저것도 없다. 둘째, 이것이 생하므로 저것이 생하고 이것이 사라지면 저것도 사라진다. 그러므로 인연가합(因緣假合)이며 동체대비(同體大悲)다. 그러니 남을 위해 잘하는 것이 나를 위한 것임을 알고 그렇게 실천해야 부처행을 행하는 것으로 님들이 있는 모든 곳이 극락임을 알 것이다. 하늘 나라인 도솔천에서 태어남과 지금 여기 지구촌에서 태어남의 차이는 6근이 불편하다는 것인데 6근은 내가 아닌 인연가합으로 생긴 것이기에 극락은 6근이 내가 아닌 것을 알면 어디든 극락이다. 결론적으로 인연가합으로 인해 만들어진 마음은 욕심만 내려놓으면 사라지는 것으로 괴로워하거나 자만할 필요가 없다. 화와 복이 오더라도 응당 받아들이데 머무르지 말고 받아들이는 것이 연연하지 않는 것이다. 다시 말해 화와 복은 들어오는 문이 없고 나가는 문이 없어 탐착하지 않으면 잠시 놀다 가는 것이다. 그러니 좋은 것에도 불편한 것에도 연연하지 말아야 한다. 부처님도 전생의 업으로 욕창에도 걸리고 먹을 것이 없어 말먹이를 먹었던 일이 있었는데 부처도 연연하지 않고 받아들였다. 부처도 전생의 업에 의해 그 업을 받았듯이 중생은 말할 필요가 없다. 다시 말해 부처도 지구촌에서 자신의 업을 삭감시켰듯이 범부들은 더 많은 업을 지었으니 더 많은 노력으로 그 업을 삭감시켜야 한다. 이것이 불교의 연기법으로 불교의 골수이며 전부다. 그래서 불교는 별것 아닌데 별것 인양 떠들고 있지만 별것 아닌 이것이 별것이다. 예를 하나 들면 음식을 먹을 때 맛이 있다, 없다에 머무르지 말고 좋고, 싫고, 좋지도 싫지도 않음에 머무르지 말라는 말이다. 즉 그것에 탐착하지 말라는 말로 초월하면 된다. 그것이 뭣이라꼬. 요즘 음식에 대한 프로그램이 너무나 넘쳐나는 세상이다. 욕심이 욕심을 낳는 음식 프로그램을 보면서 공부하는 사람은 단순해야 함에도 음식을 분별하는 것은 공부에 저해되니 일절 음식에 탐착하지 않길 바란다. 여기서 탐착하지 않는다는 말을 잘 알아야 된다. 맛없는 음식을 먹는다는 것이 아니고 그렇다고 맛있는 것만 먹는 것도 아니라 음식을 먹을 때는 음식만 먹으면 된다는 말이다. 더 맛나게 요리를 해서 먹더라도 지금 먹는 것에만 집중해서 먹어라는 말이다. 남이 해 준 밥상에 군말하지 말고 먹고 정 힘들면 직접 자신이 해서 먹으면 된다. 담배 꽁초 줍는 사람이 버리는 사람에게 버리지 말라고 말하는 것보다 버린 사람의 꽁초를 줍는 것이 그 사람의 마음을 움직이는 것처럼. 강원도의 울산바위를 한 번 올라가 하늘과 산과 나의 바라봄의 어우러짐을 느껴봐라. 힘들게 올라갔지만 정상에서의 환희는 참으로 완전함을 맛볼 수 있다. 물론 정상에서 하늘에 빌고 소원을 말하며 자신을 뽐내는 것으로 보면 아무 것도 안보이지만 정상에 도착해서 조용히 주위를 보면 참으로 완벽함을 알 수 있다. 풀 한 포기 나무 한 그루가 왜 그곳에서, 멀리 보이는 세상과 바다의 조망들이 어울려 한 폭의 그림을 자아내는 것들을 보면 우주법계의 완벽함을 볼 수 있다. 법화경에 제법실상(諸法實相)이라는 글귀가 있는데 욕심있는 마음을 내려놓고 보면 그제야 모든 만물의 실상이 보이고 연기가 보이는데 실상 또한 허상임을 알아야 실상을 참답게 볼 수 있다. 운문스님의 '산시산(山是山) 수시수(水是水) 산시비산(山是非山) 수시비수(水是非水)'라는 말을 성철스님께서는 '산은 산이요, 물은 물이다'라는 말로 표현하셨는데 욕심만 내려놓으면 산이 물 위로 가는 것도 알 수 있을 것이며 산이 달음질치는 모습도 볼 것이며 나와 세상의 완벽함을 볼 수 있다. 어떤 스님이 큰스님에게 '어떤 것이 불법입니까?'라고 여쭈자 큰스님 왈 '방하착.' 그러자 스님이 '저는 아무 것도 짊어지고 오지 않았습니다'라고 말하자 큰스님 왈 '그럼 그대로 짊어지고 가거라' 라고 말씀하셨는데 스님은 뭔 말인지를 모르고 당황하자, 큰스님 왈 '여하방하착(如何放下着) 즉 없다는 것도 내려놓고 아무것도도 내려놓아라'라고 말했지요. 그만큼 내려놓는다는 말이 어렵습니다. 도간경에 부처님께서 벼의 줄기를 보고 제자들에게 설하신 법문으로 내연기와 외연기를 설하셨는데 내연기는 12연기를 말하고 외연기는 씨앗, 싹, 열매가 일어나는 이치를 인용하여 생주변멸(生主變滅)하는 세상 만물의 존재 실상을 말했다. 그만큼 연기법은 불교공부를 함에 중요한 것임을 재삼 강조하신 것이다. 어느 스님께서 '우주법계에는 불법이 존재하지 않는 곳이 없다.'라고 말씀하셨기에 저는 아침 산책을 가면 불법을 찾아보려고 아무리 둘러 보아도 하나 밖에 보이지 않아 고민을 많이 했었던 기억이 납니다. 공부하다 보면 참으로 불법이 가득함을 보실꺼며 드라마 속에도 유튜브에서도 시장통의 싸움 소리에도 불법이 보이니 참으로 많이 성장했다. 그래서 연기법을 알면 불교 공부를 다 한 것이며 한 생각 일어남에도 연기를 보고 사물이 일어남에도 온 우주가 인연이 되는 연기를 보면 그곳에는 부처가 있다는 것은 법정스님께서 '마지막 한 생각을 내려놓거라'라는 말과 상통하지요. 사실 연기법으로 부처를 보는 것은 참으로 어려운 것이라 공부를 많이 해야 된다. 북풍한설이 눈을 가릴 정도로 휘몰아치면 남풍은 물러나 사라지고 남풍이 사라지니 북풍 또한 사라지는 이치가 연기법으로 남이 나를 해하려고 하면 잠시 물러나거나 품어 주면 해하려는 마음이 사라지는 것과 같은 것이다. 이것이 뿌린 대로 거두는 것이요 우주 법계임을 알아야 한다. 신년에 산 정상에서 해맞이를 하는 인파들이 해가 막 떠오르는 것을 보고 "와" 하는 감탄사를 연발하는 것처럼 이 순간 진리의 완전성이 펼쳐지고 있으며 나와 세상 또한 완벽함을 보면 부처다. 인은 공하고 연은 무심해야 됨을 아는 것이 연기법을 참으로 아는 것이다.

방하착(放下着)

낙엽아 낙엽아 비틀린 낙엽아
겨울바람 쌩쌩 불어도
어머니 옷자락을 왜 그리 붙들고 있니
무슨 미련이 그리도 많아
얼굴이 빨갛게 되도록 붙들고 있니
할머니 품속으로 돌아가면
새 옷 갈아입고
어머니 품속에서
자유로이 살 수 있는데
방하착

Ⅱ. 십이연기(十二緣起)

　사람들은 미래의 자신에 대해 많이 궁금해 한다. 성경에 뿌린 대로 거두리라 라는 말과 부처님 말씀에 '콩 심은데 콩 나고 팥 심은데 팥 난다'라는 말처럼 과거의 님들의 마음의 작용인 생각과 말과 행동들이 만든 오늘의 나처럼 내가 지금 하는 오늘이 나의 미래임을 사람들은 망각하고 미래의 모습이 좋아지기를 희망하며 기도하고 살아가고 있다. 내려놓으면 빌 것도 없는 것들을 욕심으로 기도하고 또 기도한다. 내려놓으면 원하는 것이 없고 원하는 것이 없으니 구할 것도 없고 구할 것이 없으니 기도할 것도 없다. 자신이 뿌린 것은 되돌아 보지 않고 탐착만 하는 것은 오히려 업만 더 가중될 뿐이다. 욕심으로 인한 잘못된 만남의 인연은 한이 되고 좋은 인연도 탐착하면 구속의 업이 되는 인연이 된다. 한을 숙제로 미루면 미룰수록, 탐착하면 탐착할수록 업을 만들어 새로운 연을 되풀이한다. 화와 복은 들어오는 문이 없지만 나가는 문도 없다. 아무리 오지 말라고 해도 오는 것은 전생의 업으로써 오게 되어 있는 것이니 당당히 받아들이되 머무르지 말라. 받아들이기 싫어 배척하거나 물리적인 힘을 가하여도 화는 또 다른 화로 변신하여 반드시 그대의 품으로 가게 되어 있으며 오히려 물리적인 힘을 가한 것으로 인해 새로운 업만 만들게 된다. 그러니 탐심도 버리고 인연도 버려 한과 빚을 청산하여 자유로운 우주의 주인이 되어야 한다. 일체는 인연가합으로 생성된 연기적 존재이며 내 마음에서 연기되어져 인연따라 생겨난 것이니 연기법만 확철히 깨치면 부처를 보는 것이다. 어느 스님께서 "부모미생전은 묻지 않겠다. 그대의 어제의 본래면목은 어떠하냐?"라는 질문을 던졌는데 이는 12연기에서 해답을 구할 수 있다. 전생이 어제요, 지금이 현생이며 내일이 내생으로 어제 태어나 오늘 살다 내일 죽는 것이다. 그대는 지금 어느 곳에 머물러 있나? 또다시 말하면 1초 전에 태어나 0초에 머물다 1초 후에 죽으면 그대는 어느 곳에 머물러 있느냐? 1초 전의 그대의 본래면목은 무엇이냐? 생각의 종착역은 고이니 그대의 본래면목을 공부해야 한다. 한 생각 내려놓으면 남는 것이 무엇인지를 확철히 볼 것이다. 님들께서 불법이 무엇이냐고 물어 보신다면 손톱의 아름다운 때라고 말하겠지만 부처님께서 물어보시면 손톱의 때라고 말하리다.

표4 십이연기와 오온

삼계(三界-과거, 현재, 미래)		12연기	오온
전생	전생의 업	무명, 행	색(6근)
현생	현생의 결과	식, 명색, 육입	수
현생	현생의 업	촉, 수, 애, 취, 유	상, 행
내생	내생의 결과	생노병사	식
※전생을 어제, 현생을 지금, 내생을 내일로 또는 전생을 1초 전으로 내생을 1초 후로 생각하면 공부에 도움이 된다. 오온에서 수, 상, 행, 식은 자신에게 이익 되게 반연하여 일어나며 만족하지 못하면 수를 다른 방향으로 받아들여 만족할 때까지 수상행식은 유기적으로 함께 일어난다.			

1. 무명(無明)

일체가 무자성(無自性)인데 이놈의 몸뚱아리를 내라고 여기는 진리에 대한 무지 그리고 사성제에 대한 무지를 말한다. 어떤 이를 보면 모르면서도 자신이 다 맞다고 고집을 피우시는 어른이 있는데 아집에 빠져 무지에 허우적거리는 것을 보면 가슴이 아프지만 말해줘도 모르고 말해주면 화만 내니 참으로 난감하여 말을 할 수가 없다. 측은지심이 생기나 어떻게 해 줄 도리가 없으니 인사나 잘하고 지나간다. 부처님의 말씀인 생선에 싼 종이와 향나무를 싼 종이의 냄새는 은은히 베어 물들듯이 인사를 잘하면 그분들도 서서히 물이 들기 때문에 인사만 하지만 요즘은 아주 조금 변한 것 같기도 하다. 이것이 부처님의 수준별 수업이다. 천천히 찬찬히 물들게 하는 것이 상대 인식의 고착화를 변화시키는 것으로 무명이란 목적을 위해 수단을 가리지 않는 탐하는 마음인 탐심(貪心), 일시적인 기분으로 행하는 성내는 마음인 진심(嗔心), 지혜가 없어 옳고 그름, 선악을 분별하지 못하는 어리석은 마음인 치심(癡心), 자기를 높이고 남을 업신여기는 교만한 마음인 만심(慢心), 사람의 말을 믿지 못하고 의심하는 마음인 의심(疑心)을 말한다. 암(癌)이란 놈도 병들어누울녁(疒)+물건품(品)+뫼산(山) 즉 욕심이 많아 물건을 산처럼 쌓아 놓으니 암에 걸려 드러눕는 것으로 스스로 사용하지도 않고 남에게 베풀지도 않으면서 자신은 부자라고 자랑질하기 때문에 암에 걸린다는 말이다. 가난한 사람이 암에 걸리는 이유는 전생의 업이거나 생각이 산더미처럼 많아서 그런 것이다. 더 모으고 남이 가져가지 못하게 지켜야 하니 얼마나 스트레스가 많이 쌓이겠는가. 이런 사람들이 죽으면 자신의 재산을 지킬려고 뱀으로 태어난다. 그러니 필요 없는 것은 필요한 사람에게 주고 필요한 것도 필요한 사람에게 보시하고 간편하게 사는 것이 마음이 편하여 병도 안 들고 마음공부가 잘 되는 것이며 업을 하나 없애는 것이며 탐하지 않아 다음 생에는 지금보다 더 나은 곳에 태어나고 그렇게 하다 보면 우주를 경영하는 자유인이 된다. 무주상보시라는 것도 꼭 물질로만 한다는 것이 아니라 마음으로도 할 수 있음을 알아야 한다. 무주상보시의 복은 말로서는 다함이 없는 것으로 중도에 포기하지 않는다면 공덕을 짓는 것이다. 알면 뭐하나 실천하지 않으면 무명인 것을.

2. 행(行)

　유위(有爲)로 조작하는 의지작용이며 업으로 마음에서 생각을 만들고 말을 만들고 행동을 만든다. 그래서 마음이 삼업(三業-신身, 구口, 의意)을 짓는 것이며 행동이 몸으로 짓는 신업이다. 삼업은 욕심있는 마음이 나쁜 생각을 하게 되고 나쁜 생각이 인식을 통해서 말로, 그것도 되지 않으면 행동으로 옮긴다. 결론적으로는 마음이 죄를 짓는 것이기에 마음을 비우거나 욕심을 내려놓으면 죄라는 업도 사라진다. 원효의 해골물이나 일체유심조라는 말이 이런 뜻이다. 그대의 욕심 있는 마음에서 죄가 나온 것이므로 욕심만 없애 버리면 마음이 텅 비어 죄라는 것도 없고 마음도 없으니 3업 또한 없다. 달마에게 혜가가 괴로운 이 마음을 없애 달라고 자신의 팔을 잘라 달마에게 바쳐 얻은 텅 빈 마음과도 같은 것이다. 우리는 이 몸뚱아리가 자기 자신이라고 여기기 때문에 몸으로 상대를 억압하고 말로 상대에게 상처를 주어야 기분이 다소 풀린다고 하나 결국은 나중에 후회만 남긴다. 마음의 작용이 몸뚱아리의 행동이다. 신체가 선과 악을 행하는 것으로 행동을 실제 해 보고 원하는 결과치가 나오지 않으면 거듭 시행착오를 함으로써 최종적인 인식을 하고 고착화한다. 그러므로 마음이 생각을 잘 해서 행동을 잘 다스려야 한다. 운전할 때 다른 생각을 해도 차는 바르게 가고 있는 것은 그만큼 습관을 그리 길들여 놓았기 때문이니 습관이 그만큼 중요하다. 마음이 습관을 만드는 것이니 좋은 습관 형성을 위해 사정근(四正勤)을 통해 좋은 습관을 형성해야 된다. 8정도에 사정근의 설명이 되어 있다.

3. 식(識)

마음에서 의식하여 생각을 통해 의식되어진 것을 인식하여 고착화된 인식을 말하는 것으로 인식하지 않는다는 것은 생각하지 않는 것이며 비교하는 대상이 사라져 분별, 판단하는 것 또한 사라진다. 식을 하되 식에 머물지 않으면 분별하지 않는 것이며 식에 머물게 되면 탐심이 생긴다는 말로 욕심만 내려놓으면 마음이 일어나지 않을 것이며 마음이 일어나지 않으면 생각이 일어나지 않고 생각이 없으면 의식하지 않고 의식하지 않으면 인식 또한 생겨나지 않으므로 지관(止觀)이 생겨난다. 지관은 분별, 판단하지 않아 정확히 보는 것으로 사물을 있는 그대로 보고 느끼며 받아들이는 것과 같은 말이다. 생각하되 생각하지 않는 것이요, 의식하되 의식하지 않는 것이며 인식하되 인식하지 않는 것을 말하는 응무소주 이생기심을 말한다. 응용을 잘하면 이것을 중도라고 하고 깨달은 사람인 부처라고 한다. 알음알이는 욕심이 발동하는 순간 또 다른 알음알이를 생산하고 그것으로 인해 복리식으로 알음알이는 늘어난다. 하루에 알음알이 하나씩을 없애 본다고 가정하면 평생을 지워도 지우지 못함은 일미진중 함시방(一微塵中 含十方)이기 때문이다. 역으로 욕심만 내려놓으면 순간에 생각을 없애버려 알음알이를 없애버리는 것이다. 마음에 있는 욕심을 버리면 생각이 알음알이에 머물지 않기 때문에 알음알이가 사라지게 된다. 그러나 탐착하지 않는 알음알이는 그대로 있기 때문에 범부들의 길잡이로 재탄생하는 것이다. 여짓껏 욕심을 피웠으니 이제부터라도 욕심을 버리는 공부를 해서 있는 그대로의 참자아를 살펴 보아야 한다. 식(識)은 소유욕이나 명예욕, 권력을 가지기 위한 수단이며 욕망은 후회를 남기는 삶의 찌꺼기와 같은 것이다. 그러니 욕망도 버리고 욕망의 수단인 식도 버려야 하는 것으로 식에 머물지 말아야 한다.

4. 명색(名色)

명은 수상행식이요, 색(6근)은 몸뚱아리인 지수화풍이다. 야구라는 이름의 명색을 보면 선수, 배트, 걸러버, 경기장, 9회, 야구공, 베이스 등을 다 포함하여 야구라고 이름을 붙였다. 야구라는 이름이 명색이고 각각의 구성요소들이 색이며 명색이다. 오온의 작용이다. 그래서 명색은 모든 사물이나 추상적인 것에 자기 식대로 또는 서로의 합의에 의해 이름지어진 것을 명색으로 인식한다. 즉 인식되어진 것에 이름을 부쳐 놓은 것으로 약속된 언어다. 자동차, 사랑, 감정, 아빠, 존경하는 아빠, 미운 아빠, 거시기 아빠 등 님들이 인식하고픈 대로 명색으로 저장해 두었다가 명색에서 파생된 또 다른 명색을 만들어 낸다. 이는 편리성의 추구나 개인 및 집단의 욕심으로 인해 명색도 계속 파생되며 확장된다. 욕심을 버리면 있는 그대로 단순하게 보기 때문에 분별하지 않고 비교하거나 판단하지 않아 괴로움에서 벗어나게 된다. 명색이란 것도 원래 없는 것에서 만들어 낸 것이며 분리하면 그 명색 또한 사라지는 허망한 것으로 낚시대를 예로 들면 대나무로 줄을 매어 낚시하던 것이 지금은 아주 가볍고 탄력있는 강한 합금으로 만들어져 있다. 사람이 생로병사하면 지수화풍으로 돌아가듯이 합금으로 만들어진 낚시대도 되돌리면 낚시줄, 릴, 철, 합금 등으로 분리되고 분해되어 결국은 사라지게 된다. 이름이 낚시대이다. 황만이라는 사람도 인연가합으로 만들어진 몸뚱아리를 이름 붙여 황만이라고 하지만 지수화풍으로 돌아가면 사라지는 것이다. 나라고 하는 이 몸뚱아리도 내가 아니며 나 아닌 모든 것도 변화되어 사라질 것으로 애착하고 탐착할 필요가 없다. 가끔 낚시하면서 즐기고 돈을 벌고 있는 연예인을 싫어하는 사람이 있다. 님들하고는 아무 상관이 없다. 단지 그러한 프로그램으로 인해 먹고 사는 사람들이 얼마나 많은지를 생각해 보면 된다. 낚시대를 만드는 사람, 광고하는 사람, 연구하는 사람, 섭외하는 사람 그리고 그 가족 등 다채롭게 많은 사람들이 생존하는 것이며 사회가 돌아가는 것이다. 그러니 싫다, 좋다 라는 분별을 하지 않고 그럴려니 하며 무심하게 넘기면 된다. 스스로 고를 창출할 필요가 없다. 중도적인 관점으로 낚시 프로그램을 보고 공함을 알아 낚시에 머무르지 않아야 된다.

5. 12입처(十二入處)

12입처는 6내입처와 6외입처로 나누어지며 6내입처가 6근을 나라고 하고 6외입처가 6진을 세상이라 여기는 것을 말한다. 12입처는 생각에 머무르는 순간 나타난다. 극단적인 예를 하나 들어 보면 자신의 몸속에 있는 똥덩어리를 생각하면 더럽지만 생각

자체를 하지 않는다. 왜냐하면 몸을 자신이라고 생각하니 몸 안에 있는 모든 것을 자신으로 여겨 생각 자체를 하지 않는 것이다. 그러나 몸에서 나온 순간부터 똥덩어리는 나의 것이 아닌 나와 분리 되어진 더러운 것이 된다. 내라고 하는 자신의 몸과 그 외의 모든 것을 완전히 분리해서 보는 육입처 즉 욕심에 의한 습관들로 인해 그런 것이다. 그 습관을 사라지게 하려면 사대로 이루어진 이 몸뚱아리가 내가 아님을 좌선이나 명상을 통해 인식시키거나 생각 자체를 하지 않는 것이다. 12입처가 나와 세상을 분리하는 순간 욕심이 발동이 되어 인식되어진 명색을 건들여 새로운 명색을 만들어 내거나 분별과 판단을 통해 자신의 욕심을 채우게 된다. 연기법에 비추어 보면 나와 세상은 동체대비이니 세상이 잘되어야 내가 잘되는 것임을 아는 순간 12입처는 사라지게 된다. 우주의 모든 것은 인더라망으로 다 연결이 되어 있으며 그대가 없으면 나는 아무것도 아니며 내라고 하는 것은 그대들이 나를 불러주고 들어주고 품어주고 하니 있는 것이다. 님들과 자연과 새롭게 파생되는 모든 것들로 인해 내가 있으니 우리는 하나이다. 그러니 자비희사(慈悲喜捨)하는 마음으로 삶을 살아야 깨달음을 얻게 된다. 로마시대 때 로마의 개선장군이 개선문을 통과하는 의식에서 개선장군 뒤에 노비가 memento mori라는 말을 계속하는데 이는 '너도 죽는다'라는 의미로 백성들이 추앙한다고 왕권에 도전하지 말고 겸손해라는 의미를 장군에게 각인시켜 주기 위한 말로 욕심부리지 말라는 말이다.

6. 촉(觸)

 6근이 6진을 촉하는 것을 말하는 것으로 탐착이 없으면 보살이요 탐착이 있으면 세속이다. 경계에 연이 되어 접촉이 일어나면 생각들이 이어져 어지럽게 되는데 전생의 업으로 인함이니 받아들여야 하지만 접촉되는 상에 분별을 일으키지 않으면 어지럽지 않게 된다. 이것이 깨어있는 것으로 새로운 업을 만들지 않는 것이다. 그러나 대부분의 사람은 촉하여 일어나는 부수적인 어려움을 잘 극복하여 자신의 것으로 만들어 내는 사람을 똑똑한 사람으로 여기며 좋아하고 따르게 된다. 사실 스스로는 고에 휩싸여 힘들어했었고 유지 관리하려면 힘듦을 알지만 물욕과 대중들의 인기에 편협하여 참고 나아가는 것이다. 분별을 일으키지 않는 것이 선(禪)이요, 어지럽지 않는 것이 정(定)이다. 좌선(坐禪)이란 것도 망념이 일어나지 않아 본성은 본래 어지럽지 않다는 것을 좌라고 하며 선은 밖으로 상을 떠난 것을 말한다. 앉는 것만 잘한다고 해서 공부가 되는 것이 아니라 좌선할 때는 선정에 들어야 참다운 좌선을 하는 것이다. 앉아서 생각만 하는 것은 촉이 닿아 탐착에 빠진 바위에 불과하다. 자성의 울림인 정신을 단단히 챙겨 인내하다 보면 2시간이 1초와 같음이 올 것인데 이런 것을 선정에 들었다고 한다. 자신을 바로 보는 노력은 자신 뿐만 아니라 그대 주위를 밝게 만드는 것이며 부처님의 천상천하유아독존을 의미하기도 한다. 그러니 안으로 공하고 밖으로 무심하면 된다. 좌가 선이요, 선이 좌이며 선이 정이요, 정이 선임을 알아야 된다. 분별은 또 다른 분별만 있을 뿐이니 밖으로 무심하면 된다는 말이 분별지어 알음알이를 챙기는 것에 무심하라는 말이다. 무심하다는 말이 쉬울 것 같지만 촉하는 순간 님들의 이익과 관련이 있으면 유심이 발동이 됨을 상기하여 자신을 잘 살펴보아야 한다. 신경성 위염이라는 말이 그냥 생긴 것이 아니다.

7. 수(受)

  나쁜 느낌(고수-苦受)에는 분노를 일으키고 좋은 느낌(낙수-樂受)에는 집착하며 아는 것이 없어 무관심하여 무기에 빠지는 불고불낙수(不苦不樂受)가 있다. 수, 상, 행이 거침없이 연이어 일어나며 자신이 만족할 때까지 수정, 반복되어 일어난다. 분노와 집착은 오온의 상(想)에서 일어나는 것으로 오는 것은 받아들이데 탐착하는 마음만 없으면 분노와 집착은 사라지게 된다. 좋은 것만 받고 나쁜 것은 받아들이지 않는다는 것 자체가 분별이요 탐착하는 것이니 좋은 것은 좋아서 받고 싫은 것은 업장 소멸하므로 기분좋게 받아야 된다. 세속 말로 '올 놈은 오고 갈 놈은 간다'라는 말처럼 잔치상에 초청을 하지 않아도 나를 좋아하거나 이익을 얻을 사람이라면 오는 것이며 갈 놈은 딱히 얻을 것이 없겠다는 생각이 드는 사람은 오지 않는 것이다. 오는 복을 아무리 막아도 오는 복은 오는 것이다. 단지 탐착만 하지 않으면 "고"는 나타나지 않는다. 마찬가지로 화가 오면 있는 그대로 받아들여야 한다. 기분이 나쁘지만 그렇다고 오래 머물지는 않는다. 화가 머물 동안은 잠시 불편하지만 불편도 내가 불편한 것이 아니라 사대로 이루어진 몸뚱아리가 불편하고 그 몸뚱아리의 업을 없애줄 수 있으니 좋은 것으로 받아들이면 된다. 님들의 마음에 분별만 없애버리면 화는 사라지는 것이니 존재를 초월한 걸림이 없는 자성의 마법 같은 거물을 보라.

8. 애(愛)

마음이라는 놈이 몸뚱아리를 자기 자신이라고 하는 집착으로 '나에게 좋으면 사랑이고 내가 싫으면 사랑이 아니다'라는 편애의 사랑이며 분별을 통한 편애를 말한다. 애라고 해서 사람과의 관계만을 말하는 것이 아니라 존재하는 모든 것이 대상이 된다. 애에는 3애가 있는데 쾌락을 탐하고 싶은 욕애, 생존하고 싶은 유애, 생존하고 싶지 않은 무유애가 있으며 모든 고의 원인은 갈애(渴愛)이다. 갈애는 우리가 말하는 삼독(三毒)인 탐진치(貪瞋癡)를 말하는 것으로 특히 탐심과 진심은 갈애가 직접적인 원인이며 치심은 무명이 원인이다. 참고로 애의 다른 분류를 보면 애착심(몸뚱이)과 경계애(돈, 명예, 재산, 가족, 등)로 분류를 하는데 안으로는 공하고 밖으로 무심하기만 하면 애로 인한 고는 사라지게 된다. 중생의 존재는 삼독에서 시작하고 부처의 존재는 삼학(三學-계정혜戒定慧)에서 시작한다. 왜냐하면 전생의 업의 결과물이 지금의 나이기 때문에 그러하다. 즉 중생은 전생의 업으로 인해 지금의 3독을 갖고 태어났으며 부처는 업이 없으므로 삼학에서 시작하는 것이다. 결국 애는 고를 낳게 되어 있는데 아무리 사랑하는 사람도 사별이라는 슬픔은 피하지 못하는 것이니 이별의 아픔은 항상 함께 살아가고 있다. 아름다운 꽃을 보고 꺾어 오는 순간 시들어 버리듯 사랑도 내 것으로 만들려는 순간 시들어 버린다. 사랑은 있는 그대로를 사랑해야 한다. 사랑도 변화되는 것이기에 향기로운 사람이 되도록 스스로 발전해야 사랑하고 사랑을 받는 것이다. 사랑합시다. 모든 존재를 평등하게 사랑합시다. 사랑합니다.

9. 취(取)

사랑하니 나만의 것으로 만들기 위해 많은 시간과 돈, 헌신을 투자하여 결혼이라는 족쇄를 채운다. 즉 취할려는 마음으로 시간과 돈, 헌신에서 파생되는 번뇌가 생기게 된다. 취에는 욕취(欲取), 견취(見取), 계취(戒取), 아취(我取)의 4취가 있으며 욕취는 탐하려는 것을 취하는 것이며 몸에 불변하는 자아가 있다는 그릇된 견해가 견취, 내가 욕심을 내어 편히 살아가려는 필수적인 그릇된 원칙을 말하는 계취, 자성이 있어 이놈을 잘 먹이고 입히고 뽐내며 남을 해롭게 해서라도 내라는 것을 더 뽐내게 해야하는 아취가 있다. 다 버려야 할 취들이다. 오르막이 있으면 내리막이 있듯이 취하면 잃어버리는 것이 당연히 있듯이 우주법계에는 질량보존의 법칙이 온전히 존재한다. 취하데 취하지 않아야 하며 잃어버리되 잃어버린 것을 생각하지 않는 것이 고에서 벗어나는 길이다. 사랑하면 있는 그대로를 사랑해야 함에도 취할려는 그 자체가 욕심이며 상대는 물론이거니와 본인도 고통을 유발한다. '사랑해서 구속한다'라거나 '사랑해서 구속받는다'라는 말을 사랑이라는 핑계로 말을 하지만 구속을 아는 순간 '사랑 같은 소리하지 말라'라는 말이 절로 나올 것이다. 사랑은 구속이 아니라 평등이다. 구속은 사랑이라는 핑계의 올가미이다. 공한 마음인 있는 그대로를 사랑하고 변화하는 그대를 사랑하는 것이 사랑이며 편애하는 사랑을 취하는 것은 아픔이다. 변화하는 사랑을 내가 있는 그대로 받아들이고 사랑하면 상대는 은은하게 향기를 품어내는 사람으로 변화하고 그 향기는 나에게로 와서 나비와 꽃의 사랑으로 찾아오는 것이다. 변화에 구속을 주면 독기를 품은 사람으로 변하게 되어 자신에게 아픔이라는 상처로 돌아오는 것이다. 사랑을 핑계로 구속하려는 것은 상대의 아픔이며 그것은 부메랑이 되어 자신의 고통으로 돌아와 주위의 모든 이에게도 고통을 주게 된다. 인간은 잠시의 고를 벗어나기 위한 틈새 행복을 맛보며 살아가고 있다. 틈새 행복이 영원할 것 같은 마음으로 불나방이 되어 돌아다닌다. 구속하는 취가 아닌 있는 그대로에서 취하데 취하지 않는 취를 해야 된다. 인간은 똑같은 행복도 분별, 비교하여 불행으로 만드는 재주가 탁월하다. 내려놓으면 행복은 스스로 채워지게 된다. 틈새행복을 만끽하며 도반으로 함께 더 큰 행복으로 나아가는 공부를 하시는 사랑을 취하심은 어떠하실런지요. 방하착.

10. 유(有)

중생의 생존상태로 마음에서 탐착하여 빚어진 업이 생겨난 것이다. 3유가 있으며 탐욕이 들끓는 생존인 욕유(欲有), 탐욕에서는 벗어났으나 형상에 얽매여 있는 생존인 색유(色有), 형상의 속박에서 완전히 벗어난 생존을 무색유(無色有) 라고 칭한다. 그래서 욕계, 색계, 무색계의 세상이 있다고 말하지만 집착만 하지 않으면 지금 자리가 극락이 된다. 극락이라고 하면 환경이 좋고 몸뚱아리가 편하게 지낼 수 있는 그런 곳으로 착각하는데 탐하는 마음이 없기에 '편하다, 불편하다'라는 분별하는 생각이 없는 사람이 있는 곳이다. 지금 여기서 탐심하는 분별만 내려놓으면 지금자리가 극락이며 우주만상을 즐기는 것이다. 지금도 그대는 있는 그자체 만으로 완전한 삶이며 완전한 자비며 완전한 자성을 갖추고 있음에도 자신을 바로 보지 못하여 형상에 끄달려 탐착하고 다니고 있기에 극락이라는 곳을 만들어 가고 싶어 한다. 우리는 발견과 발명이라는 단어를 구분하며 사용하는데 발명이라는 것은 없다. 원래 있는 것을 시행착오를 통해 찾아내어 사용할 뿐이다. 과학자들은 자신의 발견을 자랑질하지 않는다. 하나의 발견은 우주에 비하면 말 할 수 없을 정도의 작은 것임을 알기 때문에 자랑질하지 않고 오히려 우주의 신비로움을 알면 알수록 겸손해진다. 정치하는 사람이야 권력과 부를 위해 자신을 포장하고 자랑질을 많이 하지만 과학자들은 자신이 우주의 하나의 개체임을 알기에 포장하거나 자랑하지 않는다. 있다는 것은 없음에서 시작한 것임으로 있음에 집착 할 필요가 없다. 잠시 후에 사라지는 것들로써 있으면 집착하지 않고 그냥 사용하되 분별만 일으키지 않으면 된다. 과거심 불가득, 현재심 불가득, 미래심 불가득인데 님들은 어느 곳에 방점을 찍어 아침 공양을 하십니까? 분별하지 말라고 했거늘 또 생각한다.

11. 생(生)

　태어나는 괴로움으로 우리는 잘 느끼지는 못하나 부모의 입장에서는 태어나는 아기의 울음에 나중은 뒤로하고 지금은 좋아서 환희의 함성이나 미소를 띄우지만 아기의 입장에서 보면 편한 곳에 있다가 나오니 얼마나 힘들면 울까? 태어나는 자체가 괴로움이다. 태어날 때 전생의 업을 두 손에 담아 쥐고 '이 험난한 세상을 어찌 살아갈꼬' 하며 울면서 태어나는 것이다. 그러니 삶은 고돌이에서 '못먹어도 고다'라고 하는 것처럼 "고(苦)"다. 두 주먹 불끈 쥐고 태어나 5욕(五慾-인간의 5가지 욕망-재물욕財物慾, 색욕色慾, 식욕食慾, 수면욕睡眠慾, 명예욕名譽慾)을 쟁취하며 살아 보았자 죽을 때는 가져가지도 못하여 후회하면서 간다. 가져보니 필요한 것도 아니고 필요하지도 않으며 오히려 짐만 된다는 것을 망자는 알았으니 두 손 펴고 가는 것이다. 하지만 서쪽에 걸린 삶을 살아가는 분에게 다시 젊음을 주면 두 손바닥 펴고 살 수 있을 것 같겠지만 다시 살아 보면 다시 두 주먹 불끈 쥔다. 왜냐하면 전생의 삶을 마감하면서 두 손 펴고 갔음에도 이생에 태어날 때 또다시 주먹 쥐고 태어나는 것은 전생의 업의 인연을 갖고 태어나니 그런 것처럼 서산에 걸린 분도 아무리 청춘으로 돌아 간다고 해도 그 업은 사라지지 않는 것이어서 주먹을 쥐게 되어 있다. 그러니 태어남도 죽음도 현실 같은 세상에서 수행하면서 지켜보고 느껴보면서 지금 여기서 진실되게 두 손 펴는 공부를 해야 된다. 내가 이 지구에 이런 모습으로 태어나 어떻게 사는 것이 참다운 삶인지를 공부해서 다시는 주먹 쥐고 태어나는 곳에 태어나지 않아야 된다. 고삐 없는 송아지로 태어난들 어떠하랴. 울타리 없는 자유로운 소로 태어나면 여러분은 거부감이 먼저 생길 것이나 찬찬히 생각해 보면 진실된 말임을 아실 수 있으나 순순히 다 받아들이려면 한참 공부해야 된다. 알아도 30방이요, 몰라도 30방이다. 직접 30방이란 글을 써 보니 재미있는 글임을 알겠다.

12. 노병사(老病死)

늙고 병들어 죽는 괴로움을 말하는 것으로 원효가 말년에 거지무리들과 생활했었는데 거지왕의 어머니가 죽자 매장하면서 원효에게 법문 한마디 해 달라고 하자 생로병사에 대한 말을 풀어서 길게 이야기하자 거지왕 왈 '나도 잘 모르는데 무식한 우리 어머니가 어찌 알아 듣겠노'라며 짧게 이야기하라고 말합니다. 다시 짧은 말로 '태어나고 늙고 병들어 죽는 것이 다 고통이다'라는 말에 더 짧게 해 달라고 또 다시 요청하니 원효 왈 "생사고"라는 말을 했다는 이야기가 있다. 사람은 태어나면 죽는 것은 부동의 진리입니다. 병들어 죽든지 사고로 죽든지 나이들어 죽든지 죽는다는 것이다. 죽음 앞에 모든 사람들이 겸손해 짐은 자신도 그렇게 된다는 것을 알기 때문이다. 사람은 끊임없이 몸과 마음이 늙어가든 성숙하든 변한다. 그 변화에는 항상 죽음이라는 두려움의 고와 함께 변해가고 있다. 사람들은 뭔가를 얻을려고 달려보지만 결국 죽음 곁으로 한걸음 한걸음 달려가는 길이다. 제3자로 보면 '뭐 때문에 저리 분주히 달릴까?'라는 생각을 할 정도로 질주한다. 달릴려고 하니 본인도 힘들고 타인에게 괴로움도 입히며 분주히 업을 쌓아가고 있다. 그러니 내려놓아야 한다. 내려놓으면 보이지 않는 것들이 보이고 헐떡이는 숨을 편안히 할 수 있음에도 급해서 비켜주지 않으면 화를 낸다. 급하거나 화를 내면 스스로에게 지는 것임을 알면서도 눈에 보이는 욕심으로 인해 급해서 화를 낸다. 죽음 앞에 겸손하듯이 죽음을 겸허히 받아들이는 공부를 해야 급함도 화냄도 사라진다. 끝이 시작을 의미하듯 끝맺음을 잘해야 한다. '청춘을 돌려다오'라는 유행가 가사처럼 다시 청춘이 오면 아프지 않고 청춘을 즐기며 행복하게 생을 마감할 수 있을 것 같지만 그리 만만하지 않을 것이다. 일신 일일신 우일신(日新 日日新 又日新-날로 새로워 지려거든 하루하루를 새롭게 하고 또 하루를 새롭게)하면 지금이 청춘이다. 나도 변하고 대상도 변하니 새롭지 않은 것이 없다. 성철스님께서 얼음이 녹아 물이 되고 물이 얼음이 되는 것과 같은 삶과 죽음이다. 방하착(放下着). 결론적으로 세상에서 가장 행복한 하나를 말하라고 하면 사람들의 상황이나 가치관 등에 따라 다르겠지만 저는 내가 사랑하는 사람과 스킨쉽하는 것이라 말할 것이다. 부처님께서 '그놈의 물건이 하나만 더 있었다면 깨달을 사람이 하나도 없을 것이다'라는 말씀을 하셨습니다. 시사하는 바가 무엇인지 알겠습니까? 예수님의 사랑이나 부처님의 평등의 길이 그만큼 어렵다는 것이다. 스님이라고 마음에 이성적인 사랑을 품는 순간이 없을까? 부처님을 유혹했던 이쁜 여자 마구니처럼 이성을 물리치는 것은 그리 쉬운 일이 아니다. 사랑하는 사람과의 스킨쉽을 위해 12연기가 다 이루어지는 것으로 최고의 행복을 버리고 공부하라고 하니 얼마나 어려운 공부이겠는가? 그러니 깨닫는 사람이 그리 없는 것이며 안으로 공하고 밖으로 무심하기만 하면 된다고 하나 사랑하는 사람과의 섹스에 무심해질 수 있겠는가? 사랑하는 사람이 옆에 있는데 마음속에서 사랑하는 사람이 어서 오라고 손짓하는데 무심해지겠는가? 이것을 해결하지 못하면 깨달음은 님들의 곁에 결코 손을 내밀지 않는다. 사랑하는 사람과의 섹스를 공한 것으로 알면 실상을 보는 것이다. 실상이라고 해서 실제의 상이 아니라 실상 또한 공한 것으로 실상을 있는 그대로 머무름 없이 사용해야 깨달은 사람의 행동이다. 12연기는 무지에서 시작된 것이니 무지를 타파하면 실상을 보는 것이다. 사랑하는 사람과의 섹스와 공함을 알고 하는 섹스는 같은 행복을 느낄까? ㅋㅋㅋ 응무소주이생기심이라는 말로 정리해 본다. 큰스님이 돌아가시자 제자가 막 웁니다. 옆에서 큰스님의 맏상자가 울고있는 제자에게 공부하는 스님이 왜 우느냐고 다그치자 그 스님 왈 '나는 울고 있지 않은데 이 놈의 몸뚱아리가 우는 것을 제가 어찌 하겠습니까?'라는 말을 한다. 우는 것은 무의식이다. 그러나 공부는 무의식에도 없어야 함을 알아야 한다. 우는 것은 슬프다는 것이며 슬프다는 것은 분별이다. 그러나 위로의 말로 마음이 움직이지 않으면 된다. '바람이 움직이는 것도 아니요, 깃발이 움직이는 것도 아니며 그대의 마음이 움직이는 것이다'라는 혜능대사의 말로 마무리를 한다.

Ⅲ. 삼법인(三法印)

　3가지 법의 도장 즉 진리의 표지석이다. 다시 말해 참된 진리의 기준점을 말하는 것으로 이 진리 또한 담고 있으면 집착에 빠지는 것이므로 공해야 된다. 금강경의 "법에도 집착하지 말아야 되는데 하물며 법 아닌 것에야"라는 말이다. 그러나 배우는 사람은 글을 떠나기 전까지 표지석이 가르쳐 주는 대로 공부해야 한다. 아무리 이해를 잘해도 실행이 되지 않으면 초심으로 돌아가 자신을 살펴보고 자신감이 생기면 삼법인 또한 공함을 공부하는 것이다. 처음에 무엇인가를 배울 때는 모방을 통해 배우다가 다 배우면 그것을 기초로 창의성을 발휘한다. 창의력은 또 다른 창의력을 낳아 끊임없이 확장되고 나아가듯이 모방은 기초이며 기초가 튼튼해야 흔들림 없이 앞으로 쭉 뻗어나가는 창의력에 다가간다. 삼법인도 그러하며 삼법인이라는 법의 도장이 불법 공부에 가장 핵심이 되는 것으로 항상 품고 살아야 한다. 부동산계약을 할 때 마지막 인감도장을 찍듯이 아주 귀하게 마음에 항상 품고 다녀야 한다. 한시도 마음에서 놓지 말아야 할 귀한 생명줄로 여겨야 한다. 부처님께서 8만4천 법문을 말씀하셨지만 하나도 말씀하신 것이 없다고 하셨다. 삼법인도 깨달음의 언덕에 도착하면 뗏목을 버리듯이 버려야 한다.

1. 제행무상(諸行無常)

　함께 모여 만들어진 모든 것은 끊임없이 변한다는 것으로, 시간적인 의미를 말한다. 변한다는 것은 참으로 성스러운 것으로 고인 물이 썩듯이 흐르지 않고 정체되면 스스로가 썩어 변질되어 타인에게 해를 입히게 된다. 졸업이란 의미도 끝이 아니라 새로운 시작을 의미하듯 사람이 죽으면 다시 새 옷입고 태어나는 것과 같은 것이다. 죽음은 새로운 삶을 의미한다. 노인을 공경하지 않고 무시하면 노인이 되어 젊은이에게 똑같이 무시 받게 된다. 다음 생에는 더 나은 사람이나 더 좋은 곳에 태어나려면 내가 변하듯 모든 만물이 변함을 알아 탐심을 멀리해야 한다. 남 녀 간의 사랑도 마찬가지로 변하지 않고 머물면 식상해서 곁에 머물지 않는 법이니 사랑도 나에게서 향이 나도록 변해야 내님도 나의 곁에 머물며 향기나는 사람으로 변모하게 된다. 그것이 서로에게 가르침을 주는 참다운 부부의 사랑이다. 사실 시간이란 단어도 우리가 만들어 흐르는 것이라 하지만 실제 시간은 변하는 것이다. 시간이 변하고 나도 변하고 유기체나 무기물이나 모든 것이 스스로든 환경에 의해 변하든 변한다. 시간도 변하고 공간도 변하는 것이니 무심하기만 하면 시공을 초월하는 것이다. 그러면 지금 여기 있는 나와 시간과 공간은 둘도 아니고 셋도 아닌 하나이다. '사람이 죽으면 그만이다'라는 생각은 있을 수 없는 일이다. 하나님의 아들인 예수님도 3일 만에 부활하셨고 달마도 부활했으며 부처도 가섭이가 올 때까지 부활했다. 눈 깜빡하는 순간에도 삶과 죽음이 갈리듯 순간순간은 항상 변화의 연속이다. 즉 죽음은 다른 무엇인가로 변하는 것처럼 있을 수 없는 일이라는 것 또한 있을 수 없는 일임으로 변하는 것을 알아야 한다. '100%라는 것은 없다'라는 말은 100%라는 것이 있을 수도 있다는 말이니 절대로라는 말이나 100%란 말을 사용하지 말아야 하면 절대로나 100%라는 말에도 부정하는 말을 사용하면 안된다. 여기서 절대로라는 말을 사용하면 안되기에 절대로 라는 말을 사용하였다. 이 말을 잘 이해하시면 제행무상을 참으로 이해하는 것이다. 그러면 우리의 본 성품인 자성은 변할까? 변하기도 하고 변화하지 않기도 하기 때문에 '여여하다'라는 말을 쓴다. 다시 말해 자성의 형태나 자성의 움직임은 변화되는 것이나 자성의 본질은 여여하다.

2. 제법무아(諸法無我)

고정된 불변하는 나라는 실체는 그 어떤 진리나 존재를 살펴보아도 자기 자신을 살펴보아도 딱히 찾을 수가 없다. 어제의 나라고 하는 이 몸뚱아리는 이미 변해져 있고 나의 사고(思考)도 미세하게나마 변해 있다. 내라고 하는 존재를 아무리 설명해도 1년 후의 그놈은 사라지고 없다. 1년 전의 그놈과 지금의 이놈은 같은 놈도 아니고 그렇다고 다른 놈도 아니다. 전생의 나와 지금의 나 그리고 다음 생의 나는 같지도 않지만 다르지도 않다. 나라는 존재의 실체를 어디서 찾을 수 있을까? 아무리 찾아도 찾을 수도 없고 찾아지지도 않는다. 지금 여기서 자기 자신을 살펴보아도 이것이 "나"다라고 할 만한 고정 불변의 실체가 있는 것은 없을 것이다. 그러니 나는 말이지 하면서 자랑질하는 것은 하지 말아야 된다. 지인이 1년 전에 본 황만이를 기억하고 똑같은 사람으로 인식하여 대화해 보면 변해져 있는 사람을 보면서 당황하기도 한다. 그러니 상대를 볼 때는 어제의 황만으로 보지 않고 오늘 지금의 새로운 황만이로 보아야 당황하지 않고, 있는 그대로 보게 되는 것이다. 어제의 황만이로 보게 되면 장·단점을 알아 선입견으로 대하게 되어 자신에게는 고정관념에서 벗어나지 못하는 아집을 상대에게는 고집스러운 사람으로 보이게 되는 누를 범하게 된다. 아프리카 말에 '우분투(Ubuntu)'라는 말이 있는데 '우리가 함께 있기에 내가 있다'라는 말로 남이 나를 불러 주지 않거나 남과의 상호관계의 작용이 없다면 나라는 존재는 드러나지 않는 것이다. 집단이 영속하는 이유는 같은 목적을 갖고 목적을 이룩하고 유지 발전시키기 위함이다. 집단이 있으니 내가 있다는 말로 집단의 이익이 나의 이익이므로 집단이 앞선다는 말이다. 나는 집단의 소속으로 나 하나만 드러낼 것이 없다는 것이다. 마찬가지로 나는 햇빛과 공기와 물과 바람과 주위의 음식과 사람들에 의해 내가 존재 할 수 있는 것이므로 "나"라고 하는 존재를 내세울 만한 것이 없다. 우리라는 존재가 없다면 주위에서 나를 불러 주거나 관심을 가지는 사람이 없다면 나라는 존재는 조용해서 내세울 것도 없지만 굳이 내세울 이유도 없다. 나라는 존재는 주변에 의해서 드러날 뿐이다. 주변에 산소만 없어도 나라는 존재는 사라진다. 그러니 나는 무아다. 단지 주위로 인해 잠시 드러날 뿐이다. 혼자 있을 수 있다는 것은 무아를 배움에 있어 대단히 중요한 장점이다. 접촉이 없다는 것은 생각이 사라지고 자신의 존재성이 사라지고 있음이기에 불교공부의 주요한 요소가 된다. 세속에서 불교공부를 한다는 것이 그만큼 어렵다는 말이다. 물론 삼인행필유아사(三人行必有我師)처럼 침묵하면서 지인들을 공부의 수단으로 여기며 공부할 수 있지만 거의 대부분은 공부를 포기하게 되며 깨달음을 얻는 사람이 거의 없다. 그러니 처음 공부를 하는 사람은 출가해서 공부하거나 아니면 사람이 없는 조용한 곳에서 공부해야 한다. 절이 위치한 곳도 조용한 곳이며 공부하는 스님들도 조용한 곳을 찾는다. 님들이 지금 말하고 있는 존재가 없다고 하면 허무하겠지만 말하고 먹고 자고 걸어가는 자신의 드러남으로 인해 허무하지 않음을 알게 된다. 공하다는 말은 무가 아니라 중도라는 말이다. 사실 중도라는 말도 없는 것인데 이름이 중도임을 알아야 한다. 중도라는 명색을 알아야 참다운 중도를 아는 것이고 참다운 무아를 아는 것이다. 맑은 거울에 비친 사물 그대로의 모습처럼 공에는 선이 들어와도 악이 들어와도 있는 그대로 받아서 있는 그대로 내어놓는 것이다. 보이는 것에 그 어떠한 수식을 붙이지도 않고 생각 자체를 하지 않는 것으로 님들의 자성이 원래 그러하다. 욕심만 사라지면 공이며 중도이며 무아이며 흐르는 물처럼 유유자적하다. 부처님께서 8만 4천 법문을 설하셨지만 하나도 설한 것이 없다는 말을 여기에 적용할 수 있다면 성철스님의 '내 말에 속지마라'라는 말을 이해할 수 있다.

3. 일체개고(一切皆苦)

모든 것은 생각하는 순간 고로 덮여 있으며 흔히들 사고팔고(四

苦八苦)라고 한다. 사고(四苦)란 생로병사(生老病死)로 태어나서 늙고 병들어 죽는 것 즉 일생을 말하며 일생동안 생각으로 인해 고와 함께 살아가게 된다. 일생이란 신체적이고 마음적인 내용을 말하며 마음작용이 신체로 드러나기 때문에 마음이 신체요, 신체가 마음이다. 그러니 일생이 통증(신체적 아픔)과 고통(마음적 아픔)으로 점쳐 있는 것이 삶이다. 삶이 끊임없는 고통임을 알면 살고픈 사람이 어디 있겠는가 마는 쾌락과 즐거움, 희망이 있으니 살아가는 것이다. '삶이 꿈인 줄 알면 꿈이 삶이다'라는 생각을 하시는 분은 죽음이 예정되어 있는 분, 나이가 지긋하신 분은 삶이 주마등처럼 흘러 별것도 아닌 것에 많은 시간과 노력을 견주었다고 말하면서 후회를 많이 한다. 이런 것을 미리 알고 삶을 아름답게 살아갈 수 있는 공부를 해야 후회하지 않는 삶을 살아가게 된다. 팔고(八苦)는 사고에다 사랑하는 사람과 헤어지거나 사별하는 괴로움인 애별리고(愛別離苦), 미워하거나 증오스러운 사람을 만나는 괴로움인 원증회고(怨憎會苦), 얻을려고 노력을 견주어도 얻을 수 없는 구불득고(求不得苦), 그리고 오온성고(五蘊盛苦)를 말한다. 오온(五蘊)은 색온(色蘊), 수온(受蘊), 상온(想蘊), 행온(行蘊), 식온(識蘊)을 말하며 공한 것 임에도 공하지 않다고 여기어 채워주려는 욕심에서 채우지 못한 것에 괴로워하는 것을 말한다. 자세한 내용 설명은 다음 편에 제시한다. 참고로 어떤 이들은 부가적인 것을 덧붙이기에 아래에 제시를 하지만 특별히 위의 내용에 벗어나지 않는다.

4. 열반적정(涅槃寂靜)

태어나지도 않고 죽지도 않는 여여함을 말하며 응무소주 이생기심으로 상반되는 개념이 유위법으로 인연따라 만들어진 존재를 말한다. 자성은 항상 그대로인데 사람은 욕심에 의해 태어나고 죽고 또 태어나고를 반복하나 어떻게 죽고 어디에서 무엇으로 태어남은 모르고 있다. 자성은 드러나거나 사라져도 여여하여 그대로이기에 있는 그 자리가 극락이고 수처작주 입처개진(隨處作主 立處皆眞-어디를 가든 주인이 되면 그곳이 어디든 참된 곳이다) 이다. 수처작주 입처개진이라는 말을 있는 그대로 받아들이면 헛고생만 하게 되니 세세하게 공부해야 참다운 자신을 볼 수 있고 자유인이 된다. 님들은 자신의 회사 일을 할 때 능동적으로, 피동적으로, 주는 월급 만큼만, 주인의식 등 어떤 마음으로 일을 하나요? 자신을 바로 봅시다. 먼저 자신을 바로 볼 수 있을 때 인간관계에서 남의 말을 있는 그대로 알아차릴 수가 있다. 참고로 응무소주 이생기심의 상반어를 유위법이라 했는데 내가 같은 말이라고 하면 님들은 어떤 생각을 하실련지요? 번뇌가 보리이듯 내려놓으면 같은 말임을 알 것이나 내려놓는 것이 참으로 어렵고 아주 세밀하게 자신을 내려놓음을 보아야 진정 내려놓았다고 할 수 있으며 그제서야 같음을 알 수 있을 것이다. 천상천하 유아독존이다.

5. 제법개공(諸法皆空)

모든 존재나 진리도 공하다는 것으로 진리를 진리라고 생각하는 순간 그 진리에 매이게 된다. 그러면 그것은 공함이 아니기에 진리라도 내려놓는 것이 진리인 것이다. 진리라는 말도 우리들이 만들어낸 명색으로 공하다는 것이며 공하다는 것 또한 명색으로 공한 것이다. 금강경의 법상응사 하황비법(法相應射 何況非法)으로 법이라는 상도 버려야 하거늘 법 아닌 것은 당연히 버려야 한다는 말이다. 부처님께서 반야로 가는 강을 건너기 위해 힘들게 만든 뗏목으로 강을 건넌 후 아깝다고 들고 가는 것은 어리석은 짓이라고 말했듯이 버려야 한다. 버린다는 것이 코 푼 종이를 버리듯 버리는 것이 아닌 집착하지 않는다는 말이다. 머무르지 말라는 말이다. 매이지 않고 그냥 사용하면 될 것을 조건이나 비교, 판단, 분별, 인식하여 새로운 인식의 근거를 주어 허상을 실상으로 공고히 하지 말라는 말이다. '밥을 먹을 때는 밥만 먹어야지'라는 말과 같은 것으로 다른 생각을 하지 말라는 말이다. 법에도 법 아님에도 탐착하지 말아야 된다. 탐스럽고 먹음직스러운 오이를 보십시오. 가만히 두어도 사라지고 님들께서 먹어도 사라지는 공한 것으로 잠시 있다 사라지는 것이다. 님들의 몸도 그러하니 나의 것이라고 할 만한 것이 아니고 잠시 빌려 쓰는 것으로 잘 쓰고 반납하고 가야 할 물건이다. 오이는 어디서 왔을까? 씨에서 나왔습니다. 씨는 어디에서 나왔을까? 오이에서 나왔지요 하는 것은 1과 2 사이의 숫자를 생각하는 것과 같은 어리석은 생각이다. 그것이 시작도 없고 끝도 없는 우주의 장관이며 님들의 성품이다. 그래서 불교에서는 여종무시이래(汝從無始已來-시작이 없는 오랜 옛적부터 오늘에 이르기까지)로 라는 말을 쓴다.

Ⅳ. 일체법(一切法)

　일체법이란 사람의 몸뚱아리를 구성하고 있는 것이 무엇이며 마음이라는 이놈의 실체를 알면 내라고 할 만한 것이 없음을 알 수 있는 다시 말해 깨달음을 얻기 위한 모든 것을 일체의 법이라 한다. 우주의 일체가 겨자씨 안에 다 들어 있으며 모든 사람에게도 일체의 법이 녹아 들어가 있는 것으로 부처님의 모든 유정물에는 불성이 있다는 말과 맥이 통하는 것이다. 일체법이란 육근, 육경, 육식, 십이처, 18계, 오온 등을 말하며 어떤 이는 살아가는 실상의 법을 말하는 분이 계시오나 이 내용의 범주에 크게 벗어나지 않는 내용이다. 하지만 더 많은 내용들이 있음은 사실이나 저의 개인적인 의견으로는 이 정도만 확철히 알아도 공부하는데 지장이 없음을 말씀드리고 더 공부해야 되겠다는 생각이 들면 개인적으로 찾아보길 바란다. 사실 위의 내용만 확철히 알고 좌선을 통해 내가 허공과 합일만 되면 스스로가 부처임을 반드시 보게 된다. 울산바위에 올라가서 자연과 합일이 되면 모든 것이 있는 그 자리에 있음을 보게 되어 스스로가 부처임을 알게 된다. 아직은 미천하나 내가 장담한다. 부처님께서는 온(5온), 처(12입처), 계(18계)로 모든 이에게 불법을 안내했는데 마음에 대해 잘못 이해하는 사람에게는 5온으로, 물질에 대해 잘못 이해하는 사람에게는 십이입처로, 마음과 물질에 대해 잘못 이해하는 사람에게는 18계로 설명을 해 주셨다. 그래서 위의 내용을 위주로 설명하니 잘 헤아려 보시길 당부하고 또 당부한다.

1. 육근(六根)
　인식의 주체로써 안근(眼根), 이근(耳根), 비근(鼻根), 설근(舌根), 신근(身根), 의근(意根)으로 통상 '안이비설신의'라고 한다.

우리 몸의 감각기관인 눈, 귀, 코, 입, 몸, 생각을 말하며 총칭하여 마음의 작용인 신체라고 한다. 신체는 4대육근을 말하며 4대는 지수화풍(地水火風)으로 몸이라고 한다. 그 몸에 육근이 붙어 있다. 육근은 항상 청정함으로 육근청정(六根淸淨)이라고 말하나 사람의 욕심에 가려 혼탁하여 일체를 바로 보지 못하고 있다. 안근을 예로 들면 눈은 어두운 곳으로 가면 눈을 더 크게 뜨고 너무 밝은 곳을 가면 눈을 아주 작게 뜨고 본다. 마음의 명령에 의해 할 수도 있지만 가만히 두어도 눈은 스스로 그렇게 한다. 눈이 너무 부시는 곳에서 많은 활동을 하다 보면 피로하여 쉬거나 나무 아래에서 나뭇잎을 보면 눈의 피로가 사라지는 것도 여러 가지 색들을 보면서 스스로가 아는 것이다. 여기서 어두운색, 밝은색, 초록색이라는 것은 없었지만 더불어 사는 삶에서 상호간의 편리성을 위해 색의 이름인 명색을 만들어 놓은 것이다. 즉 생각(意-개인적으로 사고(思考)라는 의미가 좋음)이 개입되었지만 탐심이 없는 사람에게서는 생각이 개입이 되었어도 이것은 개입된 것이 아님을 알아야 한다. 금강경에 나오는 것처럼 색의 이름이라는 것은 색의 이름이 아니라 그 이름이 색의 이름이라는 것이다. 다시 말해 파랑색이라 함은 파랑색이 아니라 그 이름이 파랑색이라는 말이다. 생각이라는 것도 생각이 아니라 그 이름이 생각이다. 여기에는 탐심(貪心)이 작동하지 않은 것이다. 나머지 5근인 이비슬신의도 스스로 계역을 이루어 알아서 합니다마는 생각이라는 것이 삶의 편리성을 위해 각각의 근에 개입이 된다. 다시 말해 6근은 각각의 계역은 있지만 생각과 함께 상호 호환성이 있다는 말이다. 여기서 탐심이 작동하면 색의 이름인 초록색을 더 많이 쉽게 얻을 수 있는 자리를 위해 경쟁을 하게 된다. 즉 나와 너, 우리나라와 다른 나라, 밝음과 어둠, 길고 짧음, 많고 적음, 맑음과 탁함 등 분별을 하는 순간 청정한 사대육근이 나라고 하는 것이며 나를 위해 나 아닌 것들을 더 많이 얻으려는 욕심이 일어나 고를 얻고 업을 쌓는 것이다. 그러니 분별만 하지 않으면 있는 그대로가 청정이다. 즉 육근청정이면 육경청정이고 육식청정이다. 추우면 '춥네'라고만 하면 되는데 범부들은 봄의 따스함, 이불, 내일을 생각하게 되는데 생각은 벌써 따스한 햇살이나 이불 속으로 들어가 오늘의 할 일을 내일로 미루게 된다. 분별, 망상을 일으키지 않고 있는 그대로 "춥네"라고만 하면 된다. 이것이 명경(明鏡)이요 허공(虛空)이다. '추워서 일 못 하겠네'라고 하는 것이 아니라 춥네 하면서 눈에 보이는 것을 하면 됨에도 내일 할까? 나중에 할까? 이렇게 할까? 저렇게 할까? 라고 생각하는 것은 고다. 일이라는 것도 일이라 생각하지 않고 그냥 하는 것이다. 언제? 지금 당장. 님들은 내일을 보장 받은 분은 한 분도 없다. 스피노자의 '내일 지구의 종말이 온다 해도 나는 오늘 사과나무를 심겠다'라는 말처럼 그냥 나의 일을 함이 없이 하는 것이다. 눈에 보이는 해야 할 일이면 그냥 하면 된다. 생각한다는 것은 12입처가 작동하여 나와 나아닌 것을 달리 보는 분별로 욕심이며 육근청정이 아니다. 육근은 항상 청정한데 몸뚱아리를 내라고 착각하면서 분별하고 탐착하여 생각에 생각을 더하여 알음알이만 살찌우게 된다. 결국 몸뚱아리를 편하게 하기 위해 '다음에 날이 따뜻하면 하지뭐' 하면서 방으로 다시 이불 속으로 들어가게 된다. 이불 속에서는 오늘 해야 할 일을 미루어 놓은 것에 대한 생각으로 생각을 더하는 것이니 분별이 고를 가져오는 것이다. 그러니 근원은 분별하는 것이다. 다시 말씀드리면 생각에 머무르지 않고 이불 속으로 들어가 따뜻함에 깨어있으면 된다는 말이다. 욕심을 내려놓고 마음이 육근의 있는 그대로를 잘 관리하면 육근은 관리한 만큼 알아서 한다. 육근과 춥네와의 상관관계는 있지도 없지도 않으나 무심하면 육근청정이다.

2. 육경(六境)=육진(六塵)
  육근의 대상이며 인식의 모티브인 색경(色境), 성경(聲境), 향경(香境), 미경(味境), 촉경(觸境), 법경(法境)으로 통상 색성향미

촉법이라고 하며 감각의 대상(물체, 소리, 향기, 맛, 감촉, 의식)을 말한다. 여기서 법이란 무엇일까? 앞서 설명 드린 바와 같이 법이란 일체법으로 존재하는 모든 것이 일체법이므로 법이라 쓰고 존재라고 해석함이 이해하는데 도움이 될 것이다. 그러니 법이나 일체법이나 존재를 사용해도 무방하다. 인간의 사대육근이 자연으로 돌아가면 육진이 되는 것으로 지수화풍으로 떠돌다 새로운 인연이 생겨 개, 소, 말, 돼지, 뱀, 벌레, 식물, 인간, 극락 등 전생의 업에 따라 다시 나타나는 것이다. 다시 말해 인연가합에 의해 다시 사대육근으로 나타나는 것이 지금의 우리들이다. 마찬가지로 지구도 폭발이 일어나면 육경이 되고 가합으로 인해 새로운 행성이 되는 것과 같은 것이다. 작은 행성, 큰 행성, 사람이 살 수 있는 행성, 사람이 살 수 없는 행성, 빛이 있는 행성, 빛이 없는 행성 등 여러 가지 모습의 행성으로 나타나는 것이다. 수소라는 원자가 가만히 있다가도 인연이 생기면 또다른 수소를 만나고 산소를 만나 물이 되듯이 그리고 다시 외부의 연에 의하여 수소로 돌아왔다가 또 다른 원소를 만나 또 다른 뭔가가 되는 것처럼 자유인은 육진을 마음대로 조합하여 쓸 수 있는 것이다. 그러니 사람으로 태어나 불법을 만나 자기를 바로 보는 인격 완성자가 되면 스스로가 선택해서 다시 태어나는 자유인이 된다. 그러니 자유인이 되기 위해서는 혜암스님의 '공부하다 죽어라'라는 말처럼 이번 생에 해결해야 한다. 지금 여기서 욕심을 내려놓고 가만히 앉아 생각을 내려놓고 자신을 보면 틀림없이 뭔가가 있는데 그 자성이라는 놈, 영혼이라는 놈, 본마음이라는 놈을 보면 해결이 된다. 중생은 죽으면 윤회를 통해 뭔가로 다시 나타나지만 깨달은 사람은 원자가 되어 여여하게 있다가 필요에 의해 주위의 모든 것을 사용할 뿐이며 황만이라는 놈이 공부한다고 앉아 있는 모습이 안타까워 도움을 주고 싶으면 필요한 육진들을 불러 모아 자신을 드러내어 여기까지 와서 알려주거나 배움의 인연을 만들어 주기도 한다. 즉 시공을 초월한 자유인이 되는 것이다. 이것이 법신으로 화신불로 나타나 등신불로 사라지는 것이다. 지구촌만큼 공부하기 좋은 장소는 어느 곳에도 없다. 물론 다른 행성에서 태어나도 똑같은 말을 하겠지만 지금 여기만큼 공부하기 좋은 장소는 없다. 6조 혜능대사가 제자들을 불러 놓고 '가르칠 만큼 다 가르쳤으니 불법을 잘 펼쳐라'라고 말씀하시고 "나 내일 갈란다"라고 하니 제자 중 한 스님이 가지 말고 저희들에게 더 많은 가르침을 주시고 같이 있자고 하니 "너는 내가 어디로 가는지 모르느냐"라고 말씀을 하셨다. 6조 혜능스님은 어디로 가신 것일까요? 그러니 혜암스님 말씀처럼 공부하다 죽을 만큼 해야 아는 것이다. 공부합시다.

3. 육식(六識)

육근이 육진을 의식하여 관심의 대상이거나 호기심이 발동하면 육진을 분별하고 판단하여 인식하는 것을 말한다. 안식(眼識), 이식(耳識), 비식(鼻識), 설식(舌識), 신식(身識), 의식(意識-의식이라 읽고 인식으로 해석을 해야 됨)을 말하며 의식을 뺀 나머지를 전5식이라고 하고 의식을 6식이라고 하며 일반적인 사람은 대체로 6식에 머물러 사는 것이다. 7식은 말나식, 8식은 아뢰야식(무의식), 9식은 아마라식, 10식은 건율타야식이라고 하며 불교에 입문하여 차츰 차츰 식을 없애는 공부를 하다 보면 10식까지 가서 식을 박차고 나오는 깨달음으로 가는 것이다. 알음알이를 무의식에서 조차 생각하지 않는다는 것이 얼마나 어려운지 상상해 보면 그만큼 깨달음의 길이 힘듦을 알 것이다. 그러니 무주상보시가 그만큼 어려운 것으로 '무주상보시의 복은 헤아릴 수 없이 많다'라고 하는 것이다. 육식의 대상은 명색으로 이름을 붙여 고정관념을 이룬다. 12입처가 몸뚱아리를 내라고 하고 몸뚱아리 외의 모든 것을 세상이라고 생각하는 순간 6근이 각각 작동을 하면서 각각의 대상을 분별하고 판단하는 것이다. 예를 들어 샤워를 하고 거울을 본 내 몸을 보고 '전에 보다 운동을 많이 하니깐 근육질이 많아 건강하게 보인다'라고 생각한다. 몸을 보는 것은 의식이며 근육질이 많아 건강하게 보이는 것은 인식이다. 그런데 이번 겨울에는 운동을 더 열심히 해서 비너스 조각상처럼 멋진 몸매를 만들어 돌아오는 여름에 해수욕장에서 주위 시선을 끄는 헬스보이가 되어야지 하는 이 헬스보이가 인식 되어진 명색이다. 여기에서 운동이나 비너스, 조각상, 멋진 등도 그 전에 인식이 되어진 것들의 명색이다. 어린 아이가 단어 하나하나를 배워가는 과정하고 같은 것이다. 비너스 조각상처럼 멋지거나 또는 못생겼다, 소리가 시끄럽거나 아름답다, 장미꽃의 향기가 좋고 방귀 냄새는 역겹다, 마누라가 해 주는 음식은 언제나 먹어도 맛있으나 구내식당의 식사는 내 입에 맞지 않다, 여인의 촉감은 좋지만 남자의 촉감은 좋지는 않다, 예수님의 말씀은 진리다, 불교의 가르침은 너무 어려워 진리가 뭔지를 모르겠다 등 분별을 하고 더 나아가 판단을 해 버린다. 그 판단이 나에게 불행을 가져다 줌을 알면 조건을 바꾸더라도 고정된 인식은 특별한 계기가 오지 않는 이상 바뀌기가 어렵다. 나이들수록 지위가 올라갈수록 인식의 변화는 더욱 더 힘들다. 육근청정은 육근이 육진에 오염되지 않는 것을 말하며 성품으로 보면 육근이 청정하니 육진이 청정하고 육진이 청정하니 육식이 청정하다. 한 가지 더 예를 들어 보면 선남선녀가 영화관에서 데이트하는 와중에 선녀가 뽕하는 소리와 함께 냄새를 풍기면 선남의 입장에서는 소리가 나네라는 생각과 잠시 후 냄새도 나네라는 생각만 할 것이나 옆에 있는 다른 사람은 소리에 의식하고 냄새에 고개를 돌린다. 똑같은 상황에서 한 사람은 육근청정에 육경청정이며 육식청정인데 비해 다른 사람은 분별과 거슬리는 판단의 행동을 하는 것은 사람의 알음알이로 인한 분별로 그런 상황이 연출되는 것이다. 주위 환경은 그대로인데 사람에 따라 달리 판단하여 달리 행동한다. 사실 방귀라는 놈은 잠시 뒤에 변화되어 사라지는 것이라 일시적인 것으로 우리 몸도 돌아보면 화살처럼 빠르게 변화되어 가는 것이다. 그러니 냄새나 소리에 민감하게 분별하고 판단하여 짜증을 낼 필요가 없다. 그게 뭐라고. 그러니 내라는 놈의 실체가 없다는 것을 안다면 냄새가 고약해도 나의 몸처럼 실체가 없는 '냄새가 나는구나'라고만 하면 된다. 지관(止觀)이라는 말이 있는데 지는 판단을 멈추는 것이요 관은 분별을 멈추는 것으로 분별하지 않으니 판단을 할 필요 없이 있는 그대로 보는 것을 말하는 것으로 분별하지 않고 지관으로 보면 괴로움이 없어진다. 부처님은 왕이 될 신분으로 왕자의 지위를 내팽개치고 굶어가면서 명상에 잠겨 있다 굶어 하는 공부는 좋은 방법이 아님을 깨닫고 음식을 섭취하면서 깨달음을 얻었기에 제자들에게는 공부에 필요한 적당량을 먹어야 됨을 가르쳤다. 많이 먹으면 식탐으로 인해 공부에 방해가 되고 먹지 않음은 오히려 집중에 방해가 됨을 알게 된 것인데 먹는 것도 공부를 위해 먹는 것이다. 공부가 완성되니 육근이 육경과 육식을 바라보는 바른 모습을 제자들에게 가르쳤고 지금 우리들도 공부하고 있다. 직장 생활하면서 불교 공부를 바르게 한다는 것은 너무나 어려운 일이다. 세속에서의 삶은 탐심의 관계인데 깨닫지 않고서는 세속에서의 깨달음을 연마하기에는 거의 불가능하나 하지 않는 사람에 비하면 인격의 공부에는 다소 도움이 되겠지요. 육경 또한 청정함에도 육경에 대한 탐심 때문에 우리는 업을 짓는 것이다. 성자의 삶이란 집착, 분별하지 않는 지혜와 사무량심(四無量心)을 말하는 것으로 모든 생명을 사랑하고 행복하기를 바라는 자(慈-성냄이 사라짐), 모든 생명에 연민을 갖고 행복하기를 바라는 비(悲-남을 해하는 마음이 사라짐), 남이 잘 되면 축복하고 같이 기뻐하는 희(喜-미워하는 마음 즉 고가 사라짐), 집착을 버리고 남을 평온하게 대하는 사(捨-요동치는 마음이 사라짐, 즉 평등심을 갖게 된다)를 말한다. 결국 자비희사는 타인을 통해 나에게 하는 자비희사인 것이다. '왼쪽은 자비관음이요, 오른쪽은 희사세지라. 아래로는 청정석가요, 위로는 평등한 미륵이다.' 연기법의 꽃을 피우는 말로 있는 그대로가 부처요 있는 그대로가 화엄세계다. 부처님처럼 행하면 부처. 다시 말해 자성에서 나온 마음의 작용이 부처임을 알아 마음을 잘 다스려야 한다.

4. 십이입처(十二入處)

12입처는 육내입처(六內入處)와 육외입처(六外入處)를 합친 것을 말하는 것으로 육내입처가 자아 즉 나라고 하는 것이며 육외입처는 나 아닌 외부세계가 존재한다는 것으로 12입처는 분별을 일으켜 욕심을 이끌어내게 된다. 생각이 경계에 머물면 12입처가 나타나 분별을 일으키게 됨으로 경계에 무심하거나 생각이 경계에 머무르지 않으면 나타나지 않는다. 그래서 좌선하면서 생각을 없애고 12입처가 나타나지 못하게 하는 것이다. 존재는 인연가합으로 형성된 것으로 일정기간이 지나면 사라지는 것으로 나라고 내세울 만한 것이 없다. 식탁을 태우면 재가 되고 바람에 날려 사라지거나 땅과 합쳐 사라지게 되어 식탁이라는 것은 흔적조차 사라진다. 식탁은 나무와 못으로 이루어져 있고 만들 때 톱이나 망치에 의해 만들어져 식탁이라는 이름의 명색을 얻은 것이다. 식탁이라는 것은 그러한 인연들이 모여 만들어졌듯이 우리의 몸도 그러하다. 그러니 내세울 만한 것이 없다. 그러나 내세울 만한 것이 없음에도 육내입처로 인해 몸뚱아리가 "나"이며 변하지 않고 죽음도 없다는 잘못된 인식을 함으로써 자랑질한다. 인간이 처음 태어나 분별하는 첫 번째가 자아이다. 내가 있다는 것을 육내입처가 가르쳐 준다. 내가 있다는 것은 나 아닌 다른 것이 있다는 것으로 육외입처가 작동을 하여 나 아닌 것을 가르쳐 준다. 마음이 의지하는 것은 몸뚱아리지만 사람이 죽으면 몸뚱아리가 사라지고 마음도 12입처도 사라진다. 그러니 12입처는 잠시 나타났다 사라지는 것으로 잘 다스려야 할 대상이다. 분별하는 12입처를 잘 다스리고 탐심만 하지 않으면 지구촌에서 한바탕 신명나게 놀다가 반납하고 가는 것이다. 그리하면 우주를 경영하는 자유인이 된다.

1)육내입처 – 육근을 나라고 하는 것으로 마음의 영역이다. 즉 안입처(眼入處), 이입처(耳入處), 비입처(鼻入處), 설입처(舌入處), 신의처(身入處), 의입처(意入處)를 말한다. 육내입처가 사대육근을 나라고 분별하는 것을 말하며 본인의 몸뚱아리를 위해 탐심이 작동하면 업을 짓게 된다. 육근은 중생도 부처도 다 있지만 육내입처는 부처에게는 없지만 중생에게는 있는 것으로 이 말씀이 불교의 핵심 중의 하나이다. 다시 말해 사람은 분별을 하지만 부처님은 분별하되 분별하지 않는다. 인간이 죽으면 마음이 사라지고 마음에서 나온 생각이 사라지면 육내입처 또한 사라지는 실체가 없는 것이다. 그러니 육내입처가 공하다는 것을 알고 탐심만 버리면 부처가 되는 것이 불교의 공부이며 인격완성이며 자유인이 되는 것이다. 그러니 실체가 없는 육내입처는 잘 다스려야 할 대상이다. 동체대비다.

2)육외입처 – 육진을 나 아닌 세계라고 인식하는 것으로 의식의 영역이다. 인식되어진 의식을 말한다. 즉 색입처(色入處), 성입처(聲入處), 향입처(香入處), 미입처(味入處), 촉입처(觸入處), 법입처(法入處)를 말한다. 내 몸뚱아리 외의 모든 것은 나하고는 별개라는 생각이며 바깥에 "뭔가 있다"라는 의식에서 출발하는 것이다. 즉 6외입처가 내라고 하는 몸 밖에 뭔가 있다는 것을 알아 욕심이 달려들면 남의 생각은 고려하지 않고, 수단과 방법을 가리지 않고 자신의 것으로 취하려고 한다. 그래서 육근이 육진을 나의 것으로 만들기 위해 인식하고 합리화를 시켜 명색을 또 다른 명색으로 만들어 나의 부장품으로 만든다. 6내입처와 6외입처는 항상 함께하고 함께 사라짐으로 내가 무아임을 알거나 6진에 무심하면 사라지는 것이다. 이를 일러 '안으로 공하고 밖으로 무심하면 된다'라고 말한다. 동체대비다.

5. 18계

서로 계역을 이루어 나누어져 있는 인식(認識)의 상태로 마음에서 의식하고, 의식한 것에 대한 관심이나 호기심이 발동하면 나와 나 아닌 생각할 수 있는 모든 것을 분별, 판단하여 고착시키는 것을 인식계라 한다. 인식계는 각각의 계역을 유지하지만 생각이라는 것이 각각의 계역에 상호 호환성을 가지기도 한다. 그래서 각각의 계역들이 대상을 인식하면 새로운 인식의 끊임없는 인식들을 만드는 알음알이들이 축적되는 것이다. 18계는 내육계, 외육계, 인식계를 모두 합쳐 18계라고 하며 다음과 같다.

1) 내육계 - 안계(眼界), 이계(耳界), 비계(鼻界), 설계(舌界), 신계(身界), 의계(意界)로 자아계 또는 주관계라 한다.
2) 외육계 - 색계(色界), 성계(聲界), 향계(香界), 미계(味界), 촉계(觸界), 법계(法界)로 대상계 또는 객관계라고 한다.
3) 인식계 - 안식계(眼識界), 이식계(耳識界), 비식계(鼻識界), 설식계(舌識界), 신식계(身識界), 의식계(意識界)를 말한다.

앞서 설명한 6근의 의는 마음에서 나온 생각이요 6경의 법은 의식되는 존재를 말한다고 했는데 존재에 대한 의식을 함으로써 마음에서 나오는 생각이 작동하여 자신에게 유리한 인식을 확고히 해서 명색이란 단어로 고정관념을 만들게 되는데 그 예를 살펴보면 초등학교 신입생이 교실에서 수업을 위해 칠판에 그림을 그리면서 쉽고 재미나게 설명하시는 담임선생님을 보고 자신도 그림을 그려보고 싶은 마음을 일으키는 것은 12입처가 나와 교실의 환경을 구분하고 의식한 그림에 대한 욕심이 작동하면서 분필을 들고 칠판에 선생님과 같은 그림을 그리게 되고 친구에게 그림을 자랑한다. 분필, 칠판, 그림 등이 명색이 되며 명색은 고정관념으로 인식이 되어 버린다. 분필은 석회가 모여 이루어졌고, 칠판은 나무를 잘 다듬어서 만든 것이며 그림 또한 여러 가지 분필로 만들어진 실체가 없는 것이며 항상 변하는 것이다. 지우개로 지우거나, 나무가 상하거나 분필 또한 닳으면 변화되어 사라지는 것이다. 그러니 고정관념이라는 것도 애당초 없는 것이며 생겨도 실체가 없는 변화되어 사라지는 것이다. 요즘은 칠판이 발전되어 화이트보드, 전자칠판 등이 새롭게 출시되어 인식의 변화가 일어나는 것처럼 모든 것은 변한다. 진보가 되든 퇴보가 되든 변하지 않는 것은 없다. 화이트보드를 보고 마음에서 나오는 생각이 내가 알고 있는 칠판과 다름을 의식하고 고찰해 보니 칠판이지만 다른 칠판 즉 화이트보드나 전자칠판이라는 새로운 명색을 인식한다. 그렇게 인식해야 친구와 대화를 할 수 있고 학교생활에 적응할 수 있다. 이처럼 인식은 새로운 인식을 끊임없이 만들어 나가는 것이며 명색 또한 끊임없이 만들어지는 것이다. 칠판이나 분필이 공 하듯이 마음 또한 공한 것이다. 자성은 무엇이든 다 받아들이데 고정된 실체가 없다는 것을 알고 있다. 단지 여기서 내가 더 그림을 잘 그리기 위해 다양한 색깔을 가진 분필에, 더 이쁜 전자칠판에 탐심만 없다면 괴로움 없이 삶을 꾸려 나갈 수 있다. 이것이 응무소주 이생기심이며 지금의 삶에 만족하며 사는 것이다. 굳이 욕심으로 인해 고를 사서 만들 필요가 없다.

표5 육근, 육경, 육식, 오온의 관계

구분	意(6근)	法(6경)	意識(6식)
의미	마음작용인 생각	의식하는 모든 존재	의식으로 쓰고 인식으로 해석(알음알이)
오온	색(안이비설신의)	수, 상, 행	식

6. 오온(五蘊)

오음(五陰)이라고도 하며 태양의 빛을 막고 덮는 의미로 어둠의 한쪽으로만 치중하기 때문에 자재함이 없다. 다시 말해 잠시 빌려 쓰고 있는 이 몸뚱아리를 나라고 착각하는 오류를 범하여 스스로 지혜를 차단하고 다른 사람들로부터 몸뚱아리를 보호하기 위하여 침범치 못하게 하면서 먹이고 입히고 꾸미는 어둠의 장막을 치는 것이다. 이는 아집으로 중도의 방향을 가지 못해 어두운 것이다. 없다고 하면 인연 따라 있는 것을 무시하는 것이 되고 있다고 하면 집착하여 허망한 것에 사로잡힌다. 그러므로 중도적인 안목을 갖고 중도적인 실천을 해야 된다. 알면 뭐하노, 실천해야제. 부처는 부처행을 해야 부처다. 절에서 예불을 올릴 때 마하반야바라밀다심경은 반드시 하는 경으로 오온이 주된 내용이다. 불자들에게 오온에 대한 질문을 하면 정확히 모르고 있으면서 남이 하니 따라 하는 경우가 대부분인데 모르고 따라 하는 것은 보여주기식으로 무지함을 숨기고 있는 도와 계합되지 않는다. 오온이 무엇을 말하는지를 정확히 알고 예불을 드린다면 스스로에게 내적 외적 성숙을 가져다 준다. 부처님도 마음에 대해 잘못 이해하는 사람에게는 5온으로 설하여 주셨듯이 오온만 확철히 깨달아도 성불할 수 있다. 12입처가 나와 세상을 분별하고 6근이 6경에 촉하게 되면 수(受), 상(想), 행(行)이 함께 생성되고 고착화된 식(識)이 바로 정립되며 자신의 이익에 부합될 때까지 수상행식이 반연하여 일어나는 것이다. 부처님께서는 온(蘊), 처(處), 계(界)로 중생들에게 설명을 하셨는데 5온은 변하고 변하는 것으로 실체가 없는 것으로 집착하는 순간부터 고를 유발시킨다. 5온이 실체가 없는 것임으로 고 또한 실체가 없는 다스릴 수 있는 것이다. 따라서 오온은 내 것이 아니며 내가 아니다. 범부들은 오온을 내라고 여기며 생활하고 있기에 항상 고와 함께 살아가고 있다. 5온은 내가 잠시 빌려 쓰는 것으로 갈 때 미련 없이 돌려주고 갈 사라질 물건이다. 앞서 설명을 했지만 6근의 의는 생각이고 6경(6진)의 법은 존재이며 육식인 인식은 알음알이다.

(1) 색온(色蘊) - 물결

6근을 의미하는 몸뚱아리를 6내입처가 "내다"라고 하는 것으로 첫 번째 에고(ego)이며 이것은 착각으로 고를 유발시킨다. 몸뚱아리는 없는 것에서 생겨나 눈에도 보이고 변화되는 형상도 있으며 자신을 표출하지만 사대(四大-지수화풍地水火風)로 돌아가면 흔적 없이 사라지는 것이다. 모든 만물은 마음에서 인연 따라 생겨나는 허망한 것이나 잘 사용하면 내 마음의 작용인 고마운 존재다. 색온은 없는 것에서 생겨났기 때문에 다시 없는 것으로 돌아가는 파도와 같은 것으로 몸뚱아리에 집착하여 의식주가 삶의 목표인 양, 다시 말해 의식주에서 파생되는 모든 욕심으로 몸뚱아리에 집착하여 살아가는 것은 허망하여 고를 유발시킨다. 탐심하는 5가지 욕심은 즉 오욕(五慾)은 수면욕, 식욕, 성욕, 재물욕, 권세욕(명예)으로 소멸시켜야 할 대상이며 5욕을 멸하기 위해 공안을 들고 집중하는 것이 5욕을 멀리하기 위함이고 행주좌와 어묵동정하면서도 공안을 들고 있다면 5욕은 사라지는 것이니 고요한 곳에서 조용히 공안을 들고 참선함을 권한다. 5욕을 멸하고 마음이 공함을 알면 부처다. 5욕을 멸한다는 것은 생각 없음이니 한 생각 내려놓으니 5욕은 사라지고 고 또한 사라진다.

(2) 수온(受蘊) - 물거품

수온부터 육외입처가 작동을 하는데 몸과 마음에 대한 집착이 첫 번째 집착이고 나 아닌 것이라는 경계가 첫 번째 분별이다. 그러므로 에고, 집착, 분별이 고의 근원임을 알아야 한다. 수온은 느낌, 감각적인 것으로 몸으로 받아들이는 모든 것을 말하며 좋은 느낌을 낙수(樂受), 싫은 느낌을 고수(苦受), 좋지도 싫지도 않은 느낌인 불고불낙수(不苦不樂受)가 있다. 이를 삼수(三受)라고 하며 싫은 사람은 멀리서 보이기만 해도 피할려고 하는데 어느 날 나를 도와주면 싫은 마음이 싫지도 좋지도 않은 마음으로 변해가다 계속 잘해주면 좋은 마음으로 바뀌는 것처럼 수온은 실체가 없는 물거품과 같은 것이다. 있다는 것은 변하지 않고 그대로 존속해야 하는 것임에도 수온은 상황에 따라 바뀌는 것이니 실체가 없는 것이다. 그래서 수온무아(受蘊無我)이다. 과거의 경험 때문에 여기서는 의식과 인식이 상존하고 있다.

(3) 상온(想蘊) - 아지랑이

이성적이며 비교하는 생각, 지각작용으로 과거의 표상으로 현 대상에 고가 생긴다. 즉 자신의 관념은 불변하는 것으로 착각하는 아집으로 인해 비교하는 대상이 자신의 이익에 맞지 않으면 타협이나 융합해야 함에도 자신의 관념을 고수하기 때문에 고가 생긴다. 그러나 자신의 몸뚱아리를 위해 더 많은 이익을 얻을 수 있다면 관념을 버리서라도 타협이나 융합을 한다. 관념도 주위 환경이나 세월의 흐름에 따라 나타났다가 사라지는 아지랑이와 같이 변화되는 것이며 마음의 작용으로 인해서도 변화되어짐으로 고정되어진 실체가 없기에 상온무아(想蘊無我)이다. 조선시대의 결혼은 10대에 했고 1970년만 해도 20대 중반에 했으며 지금은 30대가 되면 이제 결혼해야지 라는 말을 할 정도이니 세월에 의해 결혼의 관념들이 바뀌는 것과 같다. 아집이 강한 사람들이 가끔 화를 힘차게 내기도 해서 고가 오는 경우가 관념이 확고해서 그러하니 아집이 강한 사람은 열린 마음으로 받아들이는 자세가 필요하다. 내가 무아이고 상대 또한 무아이기 때문에 고정된 관념을 가질 이유가 없고 고정된 관념 또한 삼법인의 제행무상에 위배되는 것이다. 여기서도 과거의 관념 때문에 의식과 인식이 상존하고 있다.

(4) 행온(行蘊) - 파초

사온(思蘊)이라고도 하며 집착에 빠져 행동하는 것으로 삼업(三業-신구의身口意)을 짓게 된다. 의지작용, 형성작용, 의도적 행위로 얻을 수 없음에도 얻을 수 있는 방법을 찾는 그 집착으로 고가 생기며 유위로 조작함으로 인해 새로운 업을 만든다. 욕심의 강도가 낮아질수록 집착의 강도 또한 낮아지고 유위로 조작하는 것 또한 잦아지는 벗겨도 벗겨도 나오지 않는 파초와 같은 것이다. 욕심으로 인해 상온에서 분별 비교하여 나타나는 행온임으로 상온의 실체가 없으면 행온 또한 고정되어 있는 실체가 없는 것임으로 행온무아(行蘊無我)다. 그러므로 집착만 하지 않으면 새로운 업은 짓지 않는 것이다. "업보(業報)는 있으나 작자(作者)는 없다"라는 말씀이 있는데 '업의 과보는 있으나 업을 지은 나는 없다'라는 말로 만약 일본의 전범이 죽어 우리나라에 태어났다면 같은 사람일까? 다른 사람일까? 불상불단(不常不斷), 불일불이(不一不異), 즉 연결되어진 것도 아니요 끊어진 것도 아닌 것이다. 같은 사람도 아니요 다른 사람도 아니다 라는 뜻이다. 중도적이고 연기적 시각으로 살펴보면 해결이 되는 문제이니 공부하면 해결이 될 것이다. 업보(業報)라는 말을 살펴보면 업이 먼저이고 보가 뒤다. 즉 착한 행위(업)를 하면 다른 사람들이 착한 사람(보)이라 말하듯이 착한 행동이 업을 만들어 착한사람이라는 보를 받는 것이다. 부처님 제자 중에 999명을 죽인 살인자 앙굴리말라 라는 사람이 있었는데 처음 공부할 때는 힌두교의 스승 밑에서 공부를 했었던 총명한 청년이었다. 그러다 모함에 빠지고, 스승의 꾐에 속아 1,000명의 사람을 죽이면 도인이 된다는 비밀스러운 이야기에 999명을 죽이고 마직막 1,000번째가 지나가는 부처님이셨는데 부처님의 가르침에 참회를 하고 부처님의 제자가 된 인물이다. 어느 날 죽은 999명의 부모형제는 돌팔매로 앙굴리말라를 죽이기 위해 앙굴리말라가 걸식하러 나오길 기다리고 있었는데 그것을 알고 있는 부처님께서 걸식하러 나가는 앙굴리말라에게 걸식하러 나가지 말라고 하였다. 님들이 앙굴리말라였다면 어떻게 하겠는가? 고민하고 고민을 해도 고민은 분별이며 욕심이다. 그러니 답은 님들의 수준에 따라 달리 들고 있는 것이다. 내가 원하는 이익쪽으로 행동하는 것을 유위행으로 행온무아를 깨달으면 무위행이다. 노동을 통해 받은 100만원으로 고기를 사 먹는 것은 노동의 댓가를 행하였기에 즐겁고 저축을 하는 것은 나중의 즐거움을 위함이니 이 또한 즐겁지 아니한가. 이 말씀을 잘 챙겨 보시면 아마 생각이 많아질 것이다. 만족, 분별, 중도 등 나름의 생각들을 하실 것이다. zzz. 장고 끝에 악수 두는 것이다. 참고로 행온의 업은 몸으로 짓는 신업이지만 생각해서 말하고 행동하는 것이 반연하여 일어남으로 신구의 삼업(三業-신구의身口意)을 짓게 된다. 마음은 인연가합으로 만들어진 것으로 마음이 없으면 죄의 자성 또한 없는 것이다. 연기법으로 살펴보면 우주법계의 모든 존재는 완벽하기에 업이나 죄 또한 공한 것이다.

(5) 식온(識蘊) - 허깨비

분별, 판단하여 인식하는 것으로 수상행에 머물고 반연하여 즐기면서 살아가고 몸집을 키워가는 알음알이다. 다시 말해 분별하고 판단하여 명색을 인식해도 자신의 이익에 부합될 때까지 다시 생각하여 이익에 부합되면 명색을 만들어 인식하는 고정관념을 만든다. 대상을 있는 그대로 인식하면 고는 생기지 않지만, 욕심에 의해 자신의 잣대로 보고 취할려고 하니 고가 생긴다. 자신의 인식은 맞고 다른 사람의 인식은 틀렸다는 생각에 융합이 어려운 것이다. 인식 또한 주위 환경이나 자신의 성숙에 따라 변하는 것이다. 자신의 행동에 대한 주위 사람들의 반응에 행동을 수정하는 것은 자신의 인식이 변화되는 것을 말한다. 그러므로 나의 인식이 변화하듯이 타인의 인식도 그대로 받아 주어야 한다. 회사의 개혁을 위해 ceo들이 자주 쓰는 말 중에 인식의 전환이라는 말을 사용하는데 그러한 인식의 전환은 새로운 인식을 만들어 내는 것에 불과하다. 불교에서의 인식은 실체가 없는 있는 그대로를 받아들이데 탐착하지 않고 머물지 않는 허깨비와 같이 보는 것이다. 의식하는 상태에서 무심하면 식온은 사라진다. 그러므로 식온무아(識蘊無我)이다. 부처님께서 색은 몸으로 물결과 같고, 수는 느낌으로 물거품과 같으며, 상은 사고(思考)로서 아지랑이와 같으며 행은 의지로 파초와 같고 식은 인식으로 허깨비에 불과하다고 말씀하셨다. 따라서 오온이 공한 것이므로 고 또한 소멸시킬 수 있다.

표6 3업과 오온

3업	오온	비고
신	색(6근)	3업은 그대로인데 오온이 욕심내어 분별, 판단하여 명색을 인식하여 고를 만드는 것이다. 결국 3업도 마음에서 비롯된 것으로 탐심만 없애면 업도 없는 것이다.
구	수상행	3업은 그대로인데 오온이 욕심내어 분별, 판단하여 명색을 인식하여 고를 만드는 것이다. 결국 3업도 마음에서 비롯된 것으로 탐심만 없애면 업도 없는 것이다.
의	식	3업은 그대로인데 오온이 욕심내어 분별, 판단하여 명색을 인식하여 고를 만드는 것이다. 결국 3업도 마음에서 비롯된 것으로 탐심만 없애면 업도 없는 것이다.

결론적으로 부처님은 삼과법문(三科法門-온, 처, 계)으로 중생들을 교화하셨는데 6조 혜능대사께서 "일체법을 설하되 모양과 상을 떠나지 말지니라, 법을 묻거든 쌍으로 대법을 취하고 나중에는 쌍을 없애고 가는 곳마저도 없게 하라"라고 말씀하셨다. 일체를 중도로 보고 공함을 알아야 된다는 말로 무주상보시의 과정이 보이고 연기적인 것이 보인다면 좋겠다. 육식이 육근을 통해 육경을 보지만 고착화된 육식이 마음에 의해 6진 즉 경계를 자신의 이익에 부합될 때까지 또 다른 명색을 만들어 낸다. 텅 빈 마음으로 보면 의식이 청정하므로 인식이 청정한 것이다. 인식이 청정하니 인식의 대상인 명색을 있는 그대로 보는 것, 즉 실상을 아는 것이다. 실상을 알면 더불어 살아가는 삶에서 인식을 중생의 이로움으로 보시할 수 있다. 그러나 범부들은 좋다, 싫다에서 더 나아가 편식하는 좋음에만 집착하고 좋음을 위해 마구잡이식으로 갈취하는 욕심을 내어 타인에게 피해를 입히는 수고로움도 마다하지 않는 것이다. 이런 행동들이 다시 업으로 연결이 되는 것이니 내가 무아이며 대상 또한 공한 것을 알면 욕심낼 이유가 없다. 죽으러 가는 길은 많으나 물고기가 물을 모르듯 죽으러 가는 길 또한 모른다.

7. 사성제(四聖諦-제는 말씀, 사실, 진리)

네 가지 성스럽고 거룩한 진리를 말하며 연기법에 대한 고찰과 열반 과정을 부처님께서 처음으로 설법하신 내용이다. 삶의 힘듬이 왜 생겨서 고통을 받는지 그리고 어떻게 그 고통을 이겨내어 행복한 삶을 영위할 수 있는지를 알아야 적극적인 수행을 할 수 있다. 어떠한 종교든지 간에 왜 수행을 하는지를 알아야 함에도 무작정 또는 대충 공부하다 보면 막힘이나 주위의 어려운 상황이 오면 힘들어 중도에 포기하는 분들이 대부분이다. 믿음을 얻기 전에 왜 믿음을 가져야 하는지를 나의 삶을 돌이켜 보면서 생각을 먼저 해야 된다. 스님이나 목사를 보러 가는 것이 아니라 말씀과 가르침을 위해 절이나 교회를 나가는 것이다. 스님이나 목사님의 지시가 절대자에 순종하는 것이라 여기면 맹종으로 가는 길이 되지만 왜 그렇게 해야 되는지를 여쭙고 궁금함을 질문하여 배우고 익히는 곳이 교회며 절이 되어야 하고 또한 그러하다. 그리하여야 참다운 공부가 되는 것이며 진정한 종교인으로 자유인이 되어 측은지심으로 이웃을 사랑하는 대승불교의 진수를 보여주는 것이다. 학창시절, 선생님이 이쁘고 잘 생기면 잘 보이기 위해 그 과목은 공부를 더 열심히 하듯이 스님이나 목사들도 다소 꾸며야 어린 양을 구제함에 도움이 될 것 같기는 하다. 60살이 된 조주선사의 "나는 세 살 어린아이에게서도 배울 것이 있으면 배울 것이요 80된 노인에게 가르칠 것이 있으면 가르칠 것이다"라는 말씀을 하셨는데 이 말씀 자체가 자유인임을 천명한 것이다. 거리낌이 없다는 말이며 수처작주 입처개진 하겠다는 말이다. 모르면 물어보고 깨우쳐 자유인이 되면 또 다른 자유인을 양성하는 것이다.

(1) 고성제(苦聖諦)

괴로움의 성스러운 진리로 고를 통해 깨닫는 것을 말한다. 낳아주시고 길러주신 부모님의 죽음에서 우정으로 가득찬 친구의 죽음에서 지인들의 죽음과 매스컴의 사고사 등을 보면서 괴로움을 느끼고, 사람은 태어나면 다 죽는다는 진리를 다시 한번 더 느끼면서 후회스러운 삶을 살지 않으려는 생각들을 한다. 아파봐야 아픈 사람의 심정을 알고 굶어봐야 가난한 사람의 배고픔을 알듯이 우리는 타산지석으로 삶을 배우고 성숙으로 나아간다. 말도 안듣고 사고만 치는 자식을 가진 부모가 "니도 결혼해서 니같은 자식 꼭 낳아 키워봐라"라는 말을 한다. 자신도 자식처럼 애를 먹이며 살았던 것은 살펴보지 않고 자식 탓으로만 돌리려는 것은 또 다른 업만 쌓는 것이다. 잘못된 말은 업만 증장시킨다. 자식을 지켜보고 격려하며 관심만 보여주어도 스스로에게는 수행이고 자식에게는 인격형성에 도움이 됨을 모르고 자식에 대한 욕심으로 스스로 고를 만들고 말로서 새로운 업을 짓는다. 그래서 '자식을 길러보아야만 부모 사랑을 알게 된다.'라고 말을 한다. 보왕삼매론에 나오는 내용처럼 괴로움을 수행으로 받아들여야 한다. 고는 실체가 없는 것이니 내 것을 내려놓기만 하면 고는 사라진다. 내 것을 철저히 내려놓아야 함에도 양보라는 생각으로 양보하는 선을 만들어 더 이상의 양보는 하지 않는 것은 아직 철저히 내려놓지 못함을 알아차려야 한다. 고를 통해 스스로를 살피게 되는 수행의 길은 아름다운 것이다. 온, 처, 계의 가르침은 고성제에 속한다.

(2) 집성제(集聖諦)

괴로움의 원인을 밝히는 성스럽고 거룩한 지혜로 모든 실체는 인연가합으로 인해 생기며 괴로움의 원인은 12연기다. 괴로움의 직접적인 원인은 갈애이나 근원적인 것은 전생의 업 즉 전생의 갈애에 대한 욕망으로 인해 현생에 그대로 나타나는 것이다. 그러므로 전철을 밟지 않으려면 욕심을 버려야 되며 버리려는 욕심도 욕심이며 욕심을 버린다는 것 또한 버려야 할 욕심임을 철저하게 알아야 된다. 갈애(渴愛)의 종류에는 욕애(欲愛)는 감각적 쾌락에 대한 갈망, 유애(有愛)는 존재 그 자체와 형성에 대한 갈망, 무유애(無有愛)는 존재하지 않은 것에 대한 갈망을 말한다.

고의 원인을 알았으니 그 원인을 없애 버리면 새로운 시작을 하게 된다. 졸업이 시작이듯, 번뇌가 보리이듯, 실패는 성공의 어머니처럼 다시 시작할 수 있게 하는 것이 집성제다. 12연기의 유전문(流轉門-윤회의 발생구조를 드러내는 것)은 고성제와 집성제에 속한다.

(3) 멸성제(滅聖諦)

괴로움의 소멸에 대한 성스럽고 거룩한 진리를 말하며 괴로움에서 벗어나는 것을 말한다. 12연기가 일어나는 첫 번째 이유가 무명이며 생사의 고는 무명에서 비롯된 것이기에 무명을 없애 버리면 괴로움에서 벗어나는 것이다. 무명은 탐진치 3업을 깨달아 12연기의 끈을 끊어 버려야 한다. 12연기중 어느 하나라도 끊을 수 있다면 무명에서 벗어나는 것이다. 그러니 밖으로 연연하지 않고 안으로 공하면 된다. 이것이 바로 깨달음이며 중도며 성품이며 자성이요 자유인이다. 무명을 없앤다는 것이 말은 쉽지만 세속의 습이 그리 만만하게 놔두는 것은 아니기에 현실적으로 어렵다. 그러나 만고의 진리이며 나아가야 할 깨달음을 언젠가는 해야 할 것이기에 이왕이면 지금 시작하여 고도 줄이고 행복하고 편한 삶을 영위하면서 타인에게도 유익함을 전할 수 있으니 이 얼마나 좋은 일인가? 자신의 업에 따른 멸성제로 나아가는 길은 다양하겠지만 그 길을 찾는 것도 자신의 노력에 따른 것이니 구하면 그 길은 열려 있다. 그러니 먼저 자신을 바로 보는 공부를 해야 한다. 12연기의 환멸문(還滅門)은 멸성제와 도성제에 속한다. 환멸문은 윤회하지 않기 위해 무명을 타파하는 것을 말하며 유전문과 환멸문은 절에서 아침, 저녁 예불시간에 항상 하는 내용이다.

(4) 도성제(道聖諦)

괴로움의 소멸에 이르는 수행이라는 성스럽고 거룩한 진리로 팔정도를 수행하면 중도, 열반에 이른다는 것이다. 도성제의 수단이 팔정도인데 팔정도는 삶을 살아가는 수행선법으로 선법을 수행하면 깨달음을 얻는 것이다. 그러면 도는 무엇이란 말인가? 도를 얻어면 삶에 어떤 유익한 변화를 가져온단 말인가? 도는 얻는 것이 아니라 자신에게 있는 것을 발견하는 것이다. 부처님께서 모든 유기체에는 불성이 있기에 누구나 깨달음을 얻을 수 있다고 말씀하셨다. 다시 말해 욕심을 내려놓으면 스스로에게 내재되어 있는 자성을 발견해서 부처님처럼 자유인이 되는 것이다. 결론적으로 삶은 고의 연속이다. 원효대사의 말처럼 생사고다. 물론 틈새행복이 있어 사람들은 틈새행복이 삶의 목표인 양 살아가고 있지만 틈새행복도 변화되는 것이며 사람들의 욕망 또한 더 나은 것을 갈망하기에 틈새행복은 일시적이기도 하지만 만족한다고 해서 틈새행복이 변하지 않는 것은 아니다. 고를 통해 배우고 괴로움은 업의 인과이며 무지를 깨달아 열반의 세계로 가는 것을 알고 수행하는 것이 지구촌에 태어난 우리의 의무이며 책무이기도 하다. 그럼에도 불구하고 현재의 행복만을 추구하는 것은 후회와 허무함으로 또다시 생사고의 업을 부활시키는 것이니 지구촌의 최적의 수행처에서 배우고 익힌다면 지구촌이 최고의 극락임을 알게 되고 또한 그 어떠한 감옥 같은 극락에서도 벗어나는 자유인이 되는 것이다. 사성제 공부란 아주 오랜 전생부터 내가 깨달아 있었음을 알아 가는 것임을 안다면 12연기를 아는 것이다.

8. 팔정도(八正道)

고를 없애고 깨달음을 얻는 실천 수행법으로 중도의 수행을 구체적으로 실천 구현하는 올바른 방법을 말하며 무명을 끊기 위해 수행하는 수행지침서다. 중도의 중은 연기, 무아, 자비희사, 동체대비, 인과응보, 하심, 공, 무위행, 무탐착, 무분별 등을 의미한다. 세간에서도 삶을 살아가면서 대입하거나 실천할 수 있는 아주 좋은 수행지침서가 될 것이며 욕심을 내려놓기 위해 시작해야 할 공부이다.

(1) 정견(正見)

바른 견해로 어떤 특정한 견해나 진리에 집착하지 않는 것을 말한다. 정견이 팔정도의 첫 번째로 나오는 이유는 그만큼 중요한 부분이기 때문이며 첫 단추를 잘 꿰어야 하듯이 정견하지 못하면 모든 것이 엇나가는 것이니 정견의 중요함은 두말할 바가 아니다. 금강경에 무실무허란 단어가 두 번 나오는데 그러한 견해로 바라보는 것을 이상적인 정견이라 한다. 불법 또한 무실무허로 볼진데 법아님은 당연하다. 이것이 중도적 견해이다. 분별하되 편견없이 있는 그대로 보는 것 그것이 정견이다. 정견으로 모든 것을 정확히 볼 수 있다면 부처행만 하면 바로 부처다. 6진을 바로 보기 전에 6근을 먼저 바로 보는 것, 즉 대상을 먼저 정견하기 전에 자신을 먼저 정견함이 최우선이다.

(2) 정사(正思)

바른 사고(思考-생각하고 궁리하는 이성적인 작용)로 중도적으로 생각해야 하며 3업 즉 탐심, 성냄, 어리석음이 없는 생각을 말한다. 욕심있는 마음에서 생각이 나오는 순간 욕심과 생각은 끊임없이 상호 밀접한 관계를 나누며 결과물을 만들고 그 결과물을 통해 더 많은 것을 탐하게 되어 끊임없이 욕심과 생각은 확장된다. 욕심이 사라지면 생각은 생각하되 생각에 머무르지 않게 된다. 마음에 욕심이 없는 상태에서 생각하는 것이 바른 생각이며 정사다. 절실한 마음으로 화두를 들고 있을 때 그 절실한 화두의 한 생각 마저도 내려놓는 것이 바른 생각이며 생각에 머무르지 않게 되는 것이다. 법정스님의 '한 생각 마저 내려놓아라'라는 글귀가 해당된다.

(3) 정어(正語)

바른 말로 진실하지 못한 거짓된 말인 망어(妄語), 화합을 깨뜨리는 이간질의 말인 양설(兩舌), 욕설과 같이 거칠고 사나운 말인 악구(惡口), 쓸데없는 허투루의 말, 꾸며낸 말, 법답지 못한 말인 기어(綺語)를 떠난 말을 정어라고 한다. 신구의 3업 중에 입으로 짓는 구업은 마음에서 그러한 생각을 하기 때문에 말로써 업을 만드는 것이다. 그런 생각이 들면 스스로 마음을 챙겨 그런 말이 나오지 못하게 스스로를 챙겨야 하는 것이 배우는 사람의 공부로 사정근(四正勤)으로 실천하고 노력하면 3업을 물리칠 수 있다. 말에는 에너지가 있어 파장을 만들어 상대에게 커다란 상처를 남기기도 하지만 말 한마디로 천냥 빚을 갚는다는 말처럼 향기나는 말은 사람의 마음을 움직이기도 한다.

(4) 정업(正業)

바른 행위로 살생과 도둑질, 사음을 떠난 행위를 말하는 것으로 여기서 살생은 사람뿐만 아니라 짐승, 벌레, 풀 등 살아있는 유기체와 무기물까지를 말하며 도둑질은 자비를 베품으로써 이겨낼 수 있다. 즉 자비희사(慈悲喜捨)로써 정업을 실천하는 것이다. 유마거사가 중생이 아프니 내가 아프다고 말씀하신 것처럼 중생이 행복하면 내가 기쁘다는 말과 같은 것이다. 산에 가면 벌레 밟지 않고 풀 밟지 않을 사람이 어디 있을까? 그러나 가능하면 밟지 않는 것이 좋겠지만 밟는 것에 얽매이지 않으면 된다. 나무가 나를 품어 주듯이 나도 자연을 품어 주면 되는 것이다. 이런 마음이 3업의 하나인 신업(身業)을 짓지 않는 것이며 3업은 결국 마음이 짓는 것이기에 마음만 비우면 업도 없는 것이다. 옛날 깨달은 스님께서 밭에 풀을 매다가 뱀이 나오기에 호미로 뱀의 머리를 잘라 버렸다. 그 모습을 본 관료가 '도인에게 인사드리러 왔다가 보니 도인이 아니였네'라고 말하자 그 스님 왈 '니가 거치나 내가 거치나'라는 말을 한다. 님들은 이 말에 어떤 말로 대꾸하겠는가? 내가 처음 공부할 때 해결이 되지 않아 심히 곤란함을 많이 느꼈던 말씀인데 반드시 짚고 넘어가야 할 내용이니 잘 챙겨 보시기 바란다. 이 말씀을 해결해야 불교공부의 기반을 다지게 된다.

(5) 정명(正命)

바른 생활 즉 정당한 의식주 생활을 말하며 나의 만족을 위해 상대를 다치게 하면 되지 않는다. 따라서 최소한의 의식주로 만족해야 하나 많이 먹고 많은 선을 행하며 머무르지 않으면 된다. 정명은 정견이 밑바탕이 되어 있어야 가능하며 항상 정견으로 살피고 바른 생활을 추구해야 한다. 군자란 자신의 일을 도모함에 있어 남을 빛나게 하는 것이 군자의 도리다. 능소화를 보면 나무를 타고 올라가도 나무에 해를 끼치지 않으면서 꽃으로 그 나무를 화사하게 만들어 준다. 그래서 능소화의 꽃말이 명예이며 군자는 명예라는 것에도 연연하지 않기 때문에 명예를 얻는 것이다. 부처가 부처임을 아는 것은 부처가 아님과 같은 것이니 안으로 공하고 밖으로 연연하지 않아야 한다.

(6) 정정진(正精進)

바른 노력으로 게으르지 않는 노력을 말하는 것으로 바르지 못한 노력은 엉뚱한 길로 접어들어 나중에는 헤어 나오지 못하는 늪에 빠질 수 있다. 그러므로 배우는 사람은 선각자의 지도를 받는 것이 가장 좋은 방법이다. 범부는 사정근이 나쁜 습관을 없애고 선법을 닦아 공부하는데 좋은 인연을 닿게 함으로 사정근을 닦는데 기본을 두어야 한다. 그래야 단순하게 불교에 전념하며 공부할 수 있다. 합리적이고 효과적인 노력을 위해 선각자의 도움이 필요하나 사정근에 시간과 노력을 견준다면 어느 순간 그대의 마음에 불법이 자리 잡고 있음을 볼 수 있을 것이며 선각자의 인연도 만나게 된다. 사정근(四正勤)이란 이미 생긴 나쁜 법(습관)을 지금 즉시 없애고 아직 생기지 않은 나쁜 법을 서둘러 생기지 않게 하고 아직 생기지 않은 선한 법을 서둘러 생기게 하고 이미 생긴 선법은 물러서지 않도록 머무르게 하는 것, 즉 선법을 증장하고 악법을 버릴려는 끊임없는 노력을 말한다. 세속에서의 삶을 살아가시면서 불교를 공부하려는 사람은 사정근을 먼저 하시길 당부드린다.

(7) 정념(正念)

사념처를 관하는 것으로 신수심법(身受心法)을 편견이나 분별 없이 있는 그대로 관찰하는 것을 말한다. 광의적으로 해석하면 정견으로 본 일체의 모든 법을 바르게 챙겨보는 것을 말하며 하심하고 침묵하면 무아요, 무아면 사념처 또한 공한 것이다. 내 몸뚱아리가 공하면 내 마음도 공한 것이니 마음에 탐착심이 없다면 육근청정이요 육진청정이며 육식청정이다. 사념처 또한 청정하다. 이것이 연기적인 생각이다. 정념에서 가장 중요한 것은 분별하지 않는 것이니 분별이 님들의 마음에 고를 안겨 주는 근본적인 이유다. 분별은 님들의 마음을 좀먹는 좀비와도 같은 것이다.

(8) 정정(正定)

바른 선정, 바른 마음집중을 말하며 고요한 삼매에 든 일심으로 처음 공부하는 사람은 삼학(三學)으로 정진해야 된다. 삼학이란 계(戒), 정(定), 혜(慧)를 말하며 불교수행과 실천의 핵심이다. 말이나 글로서는 쉬운 것이지만 잡념과 주위의 환경들이 님들을 가만히 놔 두지를 않으니 말이나 글로서도 표현하기는 어려운 것이다. 단순하게 삶을 살지라도 실천하지 않으면 일심에 이르기가 대단히 어렵다. 항상 4정근을 실천하고 화두를 놓지 않는 것이 중요하며 정은 판단하지 않는 지(止)와 같으며 혜는 분별을 하지 않는 관(觀)과 같은 의미다. 부처님의 바른 선정은 선정에 들어도 선정에 들지 않았다고 말할 수 있어야 진정한 바른 선정이다. 무주상보시라는 말을 대입하면 이해가 빠를 것이다.

9. 사념처(四念處)

신수심법(身受心法) 즉 오온을 말하며 오온은 실체가 없는 것이어서 공한 것임을 챙기는 것이다. 상호 연관을 광의적으로 표현하면 신은 색이요, 수는 수, 심은 상, 행이며 법은 식으로 부처님의 가르침인 불법 즉 존재를 말한다. 이 또한 "나"라고 여길 만한 것이 없는 실체가 없는 것으로 오온무아이다. 따라서 팔정도에 이르고 열반을 얻기 위해 실천해야 할 아주 중요한 수행법으로 마음으로 이해하지 못하는 이에게 더욱 필요한 것이다. 사대 육근이 오온과 맥을 같이 하는 것이니 사념처로 오온이 무아임을 철저히 알아야 된다.

(1) 신념처(身念處) - 몸뚱아리를 하나 하나 살펴 보는 것으로 호흡, 동작, 사지, 6근, 세포, 뼈, 피, 골수, 뇌, 내장기관, 자율신경, 시체 등은 일정기간이 지나면 인연따라 사라지는 것들이다. 사라지는 것은 또 다른 뭔가가 되기 위해 사라지는 것으로 모든 것은 인연가합으로 만들어진 것이며 인연이 다하면 사라지고 또 다른 인연이 생기면 새로운 뭔가로 형성되는 것은 우주의 법계이다. 님들이 지수화풍으로 만들어진 그 신체는 다시 지수화풍으로 돌아가며 또 다른 인연을 기다리는 것이다. 그러니 신체를 내라고 할 만한 것이 없는 실체가 없는 것이다.

(2) 수념처(受念處) - 좋은 느낌, 불편한 느낌을 수용하여 느껴보고 지켜보는 것으로 타인과의 불편한 느낌은 나의 마음에 선을 그은 아집이 만든 것이다. 미래의 행복이나 어려움을 극복하기 위해 적금을 들듯이 지금은 다소 불편하지만 운동 후의 통증이나 독감 예방주사 맞은 후의 통증과 같은 것으로 일정한 시간이 흐르면 사라지는 것이다. 불편함은 마음이 불편한 것이 아니라 몸이 불편한 것인데 몸은 실체가 없는 것이니 불편함도 없는 것이다. 며칠 전의 방귀 냄새는 사라지고 없지만 욕심있는 마음이 싫은 냄새를 기억하여 마음이 불편한 것이니 욕심만 내려놓으면 마음이나 몸에서도 불편함은 없는 것이다. 내가 미워하는 사람은 누군가의 사랑스런 아들, 딸로 내가 그 부모의 은혜를 입으면 미운 그 사람도 좋아질 수 밖에 없다. 내 마음에 나쁨이 앉아 있으면 나쁨이 보이지만 내 마음에 좋음이 앉아 있으면 좋음만 보는 것으로 내 마음의 기분에 따라 달리 보이는 것이다. 친구와 싸움하면 그 친구의 강아지도 미워 보이는 법인데 그 강아지는 친구와의 싸움 전이나 싸움 후나 똑 같다. 그러니 좋은 느낌이나 불편한 느낌도 상황에 따라 달라지는 것이니 실체가 없는 것이다. 인연가합으로 생긴 마음만 공하면 느낌 또한 공한 것이니 연연할 필요가 없다.

(3) 심념처(心念處) – 마음이란 사대육근인 오온을 의미하지만 여기서는 오온의 입장이니 상,행,식을 말한다. 생각이 사고(思考)하고 행동하여 업을 만들기도 하지만 식으로 넘어가면 식이 마음에 들지 않으면 반환시켜 다시 생각하게 만들기도 한다. 생각이 생각을 있는 그대로 분별없이 관찰하는 수행이다. 갑자기 우울함을 느끼면 '내가 지금 우울하네'라고 느끼지만 이것은 내가 우울한 것이 아니라 그 마음이 인연따라 생겨났을 뿐이다. 그 우울함을 지켜보면 사라지지만 생각에 생각을 더하면 우울함은 계속 반복되는 것이다. 우울함은 욕심에서 비롯된 것으로 생각으로 우울한 생각을 온전히 지켜보기만 하면 욕심도 사라지고 생각도 사라지니 우울함도 사라지고 우울한 생각도 사라진다. 그러므로 생각의 범위를 작고 좁게 만드는 공부를 해야 하며 생각을 확장하면 욕심이 자꾸 커져 우울증이 올라오는 것이다. 그래서 생각을 온전히 지켜보는 연습을 꾸준히 하면 욕심이 사라지고 우울한 마음 또한 사라지는 것이다. 월래 마음은 진공묘유로 텅 비어 보이거나 보여지지 않지만 작용은 항상 하고 있다. 단지 욕심으로 인해 진공묘유를 가리고 있을 뿐이다. 내가 불교공부를 시작하고 1년쯤에 우울증에 시달렸음에도 몰랐었는데 공부를 계속하다보니 욕심이 조금씩 사라졌고 마음이 밝아지면서 '내가 우울증에 시달렸구나' 라는 것을 느꼈다. 우울증은 욕심을 내려놓으면 사라지는 것으로 욕심이 많을수록 생각은 확대되어 우울증은 번창하게 되는 것이다. 욕심을 내려 놓을려면 생각을 없애야 되는데 생각을 없애는 방법은 생각을 지켜보는 것이다. 하나의 생각의 끈을 놓지 말라는 말이다. 생각을 지켜보는 것이 지루하면 재미나는 생각을 할려고 하는데 그곳으로 가면 헤어나지 못하고 시간만 허비하게 된다. 이것이 화두를 들게 하는 이유다.

(4) 법념처(法念處) – 부처님의 법에 대한 관찰로 오온, 12입처, 18계, 12연기, 사성제, 팔정도, 오개(五蓋) 등 일체법을 관찰해 보면 하나의 법으로 연결된다. 어떠한 하나의 법으로 연결이

되어 있는지는 공부하셔야 하나 욕심있는 마음에서 나온 생각은 온 우주를 품기도 하지만 거두어들이면 하나의 생각에 갖혀 버리기도 한다. 그 하나의 생각은 어디로부터 왔는지를 알면 쉬는 것이다. 화엄경의 일중일체 다중일(一中一切 多中一), 일즉일체 다즉일(一卽一切多卽一), 일미진중함시방(一微塵中含十方)이며 나중에는 금강경의 법도 버리고 법 아님도 버려라 처럼 위의 법 또한 버려야 한다. 버리는 것이 하나는 어디서 왔으며 어디로 가는지를 알게 된다. 일체를 탐착하지 말라는 말이다. 다시 말해 님들이 아는 명색들의 실상은 공하다는 것이다. 동체대비이며 자비희사를 실천함으로써 공함을 알면 중도를 보는 것이다. 공부를 하다보면 일탈하고픈 마음이나 쉬고 싶은 마음들이 몰려올 때가 있는데 이것을 마장이나 오개라고 한다. 오개(五蓋)는 마장 또는 장애로써 욕망, 악한 마음, 혼침과 졸음, 들뜸과 후회, 회의적인 의심이 나의 마음을 덮고 있다는 뜻이다. 다시 말해 마음에 번뇌를 일으키고 지혜를 약하게 하는 탐욕개(貪欲蓋), 진에개(瞋恚蓋), 혼면개(惛眠蓋), 도회개(掉悔蓋), 의개(疑蓋)의 5가지의 장애을 말한다. 결론적으로 말하면 신수신법은 공한 것임을 알아 탐착하지 않으면 마음 또한 공하여 우주의 주인으로 우주를 경영하게 된다.

위의 간단한 교리 공부를 마치면 금강경은 반드시 공부해야 된다. 금강경은 참으로 쉽고 접근하기 좋은 경이지만 실제로는 정말 어려운 내용임을 알아야 하는데 선사들의 이야기들이나 화두들을 공부하면 금강경의 말들이 참으로 위대함을 알게 된다. 금강경의 위대함을 안다면 그것이 참다운 공부의 길을 걸어가고 있음을 반증하는 것이다. 다시 말해 금강경이 모든 답을 가르쳐 주기도 하지만 자신의 공부가 잘 되어 가는지를 가르쳐 주는 나침반이 되어 준다. 진정한 수행자는 4가지 상(我相, 人相, 衆生相, 壽者相)이 공하고 3가지 마음(過去, 現在, 未來)이 일어나지 않도록 공부하는 사람이 참다운 수행자임을 알아야 하며 공한 마음은 무아에서 나오는 것이니 무아공부가 참다운 공부다. 그러니 내라는 생각이 없는 공부가 참다운 공부임을 명심하여 모든 것에 초월하고 일체의 법을 굴리는 자유인이 되어야 한다. 참고로 아상은 고정된 실체로서의 내가 있다는 나, 인상은 남과 다르다는 나, 중생상은 살아있는 나, 수자상은 목숨이 지속되는 나를 말한다.

10. 중도(中道)

인연가합으로 생겨난 일체는 비실체적인 것임으로 무아이고, 중도적이고 연기적인 이해가 필연적이다. 예를 들면 이 연필이 기나?라는 질문에 성냥개비에 비하면 길지만 전봇대에 비하면 짧다. 그러니 상대적이다. 상대적인 스님의 말씀이 있어 안내하면 '밖으로 형상과 소리에 얽매이면 저 마음이고 안으로 망념을 일으키면 이 마음이니 이 마음, 저 마음이 일어나지 않으면 중도다.' 그리고 '깨끗함에 의존하지 않고는 더러움이 없고 깨끗함에 의존하여 더러움이 있으니 결국 더러움은 없는 것을 상대적으로 분별하니 더러움이 있는 것이다. 깨끗함이 없다면 무엇으로 말미암아 탐욕이 있겠으며 더러움이 없다면 무엇으로 말미암아 분노가 있겠는가?'라는 말씀이 있다. 모든 것은 상대적이어서 상대가 없으면 실체가 없다 라는 말씀이다. 가장 중요한 것은 상대적으로 보는 내가 상대적이므로 실체가 없는 무아이며 경계대상 또한 상대적이므로 실체가 없음을 알아채고 자신의 마음이 깨끗한 거울같이 공함을 안다면 중도를 보는 것이다. 그러므로 모든 것에 중도적인 생각을 끊임없이 관하는 공부를 해야 된다. 다시 말해 중도를 실천하기 위한 사념처(四念處) 수행이 필요하다는 말로 강조하면 중도란 모순이 융합되는 것으로 선과 악이 통해서 선이 악이요, 악이 선이다. 즉 선악이 통합되는 것으로 색즉시공 공즉시색과 같은 것이며 이 우주는 선도 악도 없는 것을 내가 선하다고 보거나 악하다고 보는 것이다. 이렇게 보는 이유는 욕심있는 마음이 있어 그러한 것이다. 선과 악의 기준은 무엇이며 잣대는 누가 재는 것인가? 자녀가 80점을 받아오면 잘했다는 부모와 못했다는 부모가 있다. 어떤 부모는 평소에 30점을 받아오는 자녀가 80점을 받아오니 너무 잘했다고 칭찬을 해 주고 어떤 부모는 평소에 완벽한 100점짜리 자식이 80점을 받아오니 아주 못했다고 말한 것이다. 이는 잘한다는 것의 일관된 기준이 없는 상대적인 부모의 잣대로 보는 것이다. 시험은 학생이 치루었고 학생의 기준으로 잣대를 재어야 함에도 기준은 정하지 않고 부모의 잣대로 보니 부모와 자녀지간에 거리를 만들어 내는 고를 유발시키는 것이다. 무아로 보면 선도 악도 없는 것을, 이 우주는 그냥 그대로 있는 것을 내가 분별하여 볼 뿐이다. 부처님께서 중도를 '유무합치명위중도(有無合致名爲中道)'라고 말씀하셨는데 합치란 단어를 잘 이해해야 된다. 합치란 무심으로 유무를 벗어남을 말한다. 선과 악을 분별, 판단하되 있는 그대로 보는 것이다. 이렇게 보는 것이 대승의 견지로 중생을 구제할 수 있는 수준별 수업을 할 수 있다. 나에게 이익이 오면 '그게 뭣이라꼬'라고 생각하면 탐착하지 않고 손해가 오면 연기적으로 '나의 팔자구나' 또는 '전생의 빚을 이제야 갚는구나'라고 생각하고 행동하면 된다. 중도는 무아이며 무아로 볼 수 있다면 중도 아님이 없다. 텅 빈 대나무는 세찬 바람에 힘들다고 욕은 커녕 바람과 함께 신명나게 춤을 추고 가벼운 바람에 덥다고 투덜거리지도 않고 올곧음을 즐긴다. 오로지 분별만 없을 뿐이다.

Ⅴ. 공부할 때 필요한 교리 및 용어해설

 앞의 장까지는 반드시 이해하고 숙지해야 하며 여기서부터는 책을 읽거나 공부할 때 도움이 될 것 같아 작성한 것이니 부담을 갖지 말고 읽어 보길 바란다. 거듭 말하자면 앞의 내용들은 반드시 숙지하시어서 언제 어디서나 생각하여 생활 속에서나 드라마, 영화를 보면서도 연기를 보는 공부가 되어야 한다. 그런 연습이 되면 님들의 생활 공간이 법문으로 가득참을 볼 것이며 익어가는 자신을 발견하게 된다. 그렇게 되면 공안을 들어도 행주좌와 어묵동정(行住坐臥 語默動靜)이 되게 된다.

1. 활구와 사구

 활구는 마음 길이 끊어지고 말길도 끊어져서 더듬고 만질 수 없는 것이나 어떨 때는 살아서 온 천하를 돌아다니며 모든 사람의 마음에 들어가 놀기까지 한다. 사구는 뜻을 연구하고 생각하여 이해할 수 있는 것으로 화두를 생각하고 분별을 일으키면 사구다. 화두는 생각을 끊기 위한 방편이지 해석을 내리는 것이 아니다. 처음 화두를 들고 앉아 있어 보면 생각들이 어마어마하게 몰려옴을 알 것이다. 여지껏 생각해 보지 못한 기억들이 나타나기도 하며 잘했던 일, 못했던 일, 숨기고 싶은 일, 자존심 상한 일, 칭찬받기 위한 상상의 생각도 만들어 낸다. 생각이란 놈이 화두와 공존하다 생각에 관심을 갖거나 화두에 무심해지면 생각은 춤을 추고 번뇌는 생각에 박수를 보내어 생각은 화려한 부활에 번뇌에게 갈채를 보낸다. 그러다 보면 욕심있는 마음이 생각의 번뇌와 타협하여 지루하고 재미없는 화두공부를 버리고 이 몸뚱아리에 집착을 하는 것으로 나아가는 것이다. 그러므로 생각을 의식하면서 생각에 빠져들거나 빠질려고 하면 생각을 들여다보는 생각의 끈을 놓지 않도록 해야 한다. 생각을 들여보는 순간 생각은 어느샌가 사라지고 들여다보는 생각만 있게 된다. 생각의 끝은 허무하여 그 순간은 즐겁기도 하겠지만 시간만 헛되이 보내는 꼴이 된다. 저는 오대산 월정사의 단기출가 때 문수선원에서 좌선하는 시간에 시간이 갈수록 힘도 들고 하기도 싫어져서 술집에서 술 마시는 망상으로 나머지 시간을 보내기도 했었는데 나중에는 노래방에서 노래 부르고 콘서트장에서 가수가 되어 현란한 춤을 추는 생각으로 확장되기도 했다. 생각은 생각을 살찌우는 암과도 같은 존재다. 차라리 그런 생각에 빠질 바에야 밖으로 나와 산보를 하거나 쉬는 것이 오히려 나을 것이다. 쉬는 것이 번뇌 망상에 대한 집착을 끊어 내는데 더 좋은 것이며 마음을 완전히 쉬는 것이 번뇌 망상을 끊을 수 있다. 번뇌 망상은 무심하기만 하면 사라지는 것으로 마음을 쉬면 사라지는 것이다. 예를 들면 소주병을 흔들다 가만히 두면 안에서 회오리 거품이 일어나는 것과 같은 것으로 성품인 소주병은 흔들어도 가만히 있지만 안의 내용물인 생각은 춤을 추는 것과 같은 것이다. 불멍처럼 생각도 힘들면 멍 때리듯이 생각을 가만히 지켜보기만 하면 생각은 안개가 그치듯 사라진다. 그만큼 화두를 든다는 것이 힘들다는 것을 반증하는 것이다. 사구는 님들의 분별과 생각만 살찌우게 하는 것이니 집중해서 활구로써 생각의 끈을 붙잡아 매어 법정스님의 마지막 그 한 생각마저 놓아야 한다. 놓으면 비로소 보이는 것이 여짓껏 내가 본 것 보다 훨씬 많음을 알 수 있고 신비하고 오묘함을 맛볼 수 있다.

2. 절대계와 현상계

절대계를 이(理) 또는 체(體)라고 하며 현상계는 사(事) 또는 용(用)이라고 한다. 제가 고등학교 윤리 수업을 배우면서 인간의 본질에 대한, 생각이 없는 내가 체와 용을 배우니 시험만 치면 금방 잊어버린곤 했던 기억이 난다. 불교 공부를 하면서 학생시절이 새삼 기억이 나기도 하지만 선생님의 수업방식이 다소 원망스럽기도 하다는 생각이 드는 것은 그 당시 본질에 대한 고찰이 있었다면 더 나은 사람으로 성장하지 않았을까 하는 생각에서이다. 대학이 목표이니 본질에 대한 것은 생각 자체가 없었기도 했고 나의 성숙함이 부족했기에 머리만 고생한 것 같다. 이(理)는 본마음이요, 사(事)는 본마음의 작용인 몸뚱아리다. 6근이 다 용인 것이다. 눈으로 보고 귀로 들어며, 코로 냄새를 맡고, 혀로 맛보고, 몸으로 느끼고, 생각하는 작용들이 용인 것이다. 부처님이 돌아가시고 가섭존자가 부처님의 생을 글로 나타내는 작업을 할 때 사리자인 아난도 참여하려고 했지만 부처님의 직속제자인 가섭 왈 '밖에 있는 당간지주를 넘어뜨리면 받아 주겠다'라고 했다. 지금이야 포크레인으로 넘어뜨리면 되지만 그 당시에는 몸으로만 해야 하기에 거대한 당간지주를 넘어뜨리는 것은 불가능한 일이였다. 체로 보면, 실체가 없는 것이니 넘기고 넘기지 않고가 없는 것이다. 그러나 가섭존자가 아난에게 공부를 시키는 방편으로 이야기를 한 것인데 아난존자는 아직 공부가 덜 된 분이라 당체 넘어뜨릴 수가 없었다. 절대계와 현상계를 품어도 물들지 말아야 한다. 머물지도 말고 무심하거나 초월에야 된다는 말로 부처님께서 8만4천 법문을 말씀하셨으면서도 나는 하나도 말한 적이 없다고 하는 말과 같은 것이다. 마곡보철이 부채질하고 있으니 어떤 스님이 '바람의 본성은 변함이 없고 두루 작용하지 않는 곳이 없는데 부채질을 왜 하십니까?'라고 말하자 보철스님 왈 '스님은 바람의 본성이 변함이 없는 것은 알고 있는지 모르겠지만 두루 작용하지 않는 곳이 없다는 것은 모르고 있구먼' 하면서 부채질을 계속 했습니다. 체와 용의 의미를 함축적으로 나타내는 말이다. 이 말은 공(空)과 상(相)을 초월하는 도리도 내포되어 있는데 질문을 한 그 스님은 실상을 모르고 하는 말이다. 용의 참다운 도리를 모르니 보철스님께서 '용용 죽겠지' 하고 놀리는 것이다. 체와 용의 도리를 충분히 알면 아마 공과 상을 초월함도 알 것이며 이것이 바로 깊고 깊은 중도다. 진여는 생각의 몸통이요, 생각은 진여의 작용이라 하지 않는가. 머물지 말라는 말이다. 분별하지 말라는 말이다. 생각은 욕심이 작동하여 마음에서 나오는 것이니 직지책을 읽어 보시고 고민하시면 용용 죽겠지 하고 놀려도 웃을 수 있다.

3. 사법계관(四法界觀-화엄경)

모든 존재의 세계를 네 단계로 나누어 설명하는 것으로 사람의 품성을 찾아내는 단계를 말한다. 네 단계의 과정을 사람들은 다 알고 있지만 욕심에 가려 보지 못하는 경우가 대부분이지만 보여도 힘들어서 보지 않으려는 사람도 있다. 네 단계를 깨달음에 이르고 해골물을 통해 일체유심조라는 말로 사람들에게 많은 영향을 미친 원효의 생애를 비추어 설명한 내용이다.

(1) 사법계관(事法界觀)

현상의 세계, 사실들의 영역으로 원효가 화랑이였을 때이며 '남이 장에 가니 거름 지고 장에 간다'라는 말이다. 즉 이 몸뚱아리를 내라고 여겨 몸뚱아리를 위해 세상과 타협하여 세상에 따라갈 수밖에 없는 중생으로 속박을 받아 술꾼 친구로 같이 술을 마신다. 물에 빠지고 싶지 않은데 물에 빠진 사람으로 물에 빠져 죽지 않으려고 허우적거리며 살려고 몸부림을 치는 것이다. 그러니 중생은 항상 고를 짊어지고 아등바등 살아가게 된다. 고를 없애 보려고 종교를 선택하여 신앙생활을 하지만 절이나 교회에서 잠시 내려놓고는 돌아서면 다시 고와 함께 억척으로 살아가는 것이 우리들의 일상이다. 고를 사라지게 하려면 절이나 교회에서의 내려놓음을 일상생활에서도 끊임없이 실천하고 갈구하며 하심을 해야 진정 내려놓을 수 있게 된다.

(2) 이법계관(理法界觀)

본체의 세계, 원리의 영역으로 대안대사가 원효와 함께 백성의 삶을 둘러보고 주막에서 한잔하고 가자고 앉으니 원효는 그냥 가 버리는 것이다. 그래서 대안대사가 "원효 어디 가는가? 중생이 여기 있는데"하고는 주막에 앉아 중생과 술을 마셨다. 이 장면에서 원효는 돌아가서 많은 고민을 했을 것이다. 대안대사는 밖으로는 백성을 안으로는 귀족들을 교육시켜 깨달음의 세계로 인도하신 분이시다. 까마귀 노는 곳에 백로야 가지 마라. 세상을 따라가지 않는 스님으로 속박은 받고 있으나 술꾼하고 놀지 않겠다는 의지로 아예 단절하는 수준이다. 이론적인 공부만 되어 있기에 타인에 대한 배려가 없고 오로지 자신만을 생각하는 것으로 동체대비는 알고 있지만 미천한 사람과는 단절하여 물들지 않으려고 하는 것이다. 물에 빠지고 싶지 않아서 방파제를 설치하여 그 위에서만 노는 사람을 말하며 사법계관의 사람을 무시하는 편이다. 처음 공부를 하는 사람은 자신이 공부하는 사람이라 다른 사람과는 다르다는 의식에서 비롯되는 것으로 계속 공부하다 보면 배척하는 것에서 품는 쪽으로 나아가게 됨을 스스로 볼 수 있으니 스스로를 자책하지 않아도 된다. 공부중임을 증명하는 것이니 계속 진행하면 된다.

(3) 사사무애법계관(事事無碍法界觀)

현상과 현상들이 걸림없이 하나된 세계, 즉 사물들의 연기작용을 아는 것이다. 대승보살을 가리키며 원효가 절에서 자신이 원효라는 사실을 숨기고 스님들의 뒷바라지를 하며 머무르다 두 분의 젊은 스님이 자신이 지은 대승기신론에 대하여 논쟁하는 것을 보고 설명해 주었더니 주지스님에게 까지 그 사실이 전해지자 자신이 원효임이 들통날까 해서 다음 날 새벽에 절을 떠날려고 문을 여는 순간 부목(산에서 땔감나무를 하여 군불을 지피는 사람)으로 일하는 방울스님(곱추)이 "원효, 잘 가게"라는 말을 했다. 원효는 곱추를 그냥 부목으로서의 방울스님으로만 보았지만 그 방울스님은 아직도 깨달음의 공부가 필요한 원효에게 '잘 가게'라는 말로 각성을 시켜주었던 것이다. 그것은 방울스님이 깨달았음을 스스로 드러내는 것이기도 하다. 즉 평상심이 도라는 것을 실천했기에 걸림이 없고 어떤 누구도 몰랐던 것이다. 여기서 원효는 자신의 부족함을 알고 마지막 공부에 매진하게 되어 거지들과 삶을 같이 했던 깨닫는 원효가 되었다. 술꾼과 친구는 하되 술은 마시지 않는 사람을 말하며 물에 빠지고 싶지 않아서 구명조끼를 입고 배를 타고 바람과 파도를 넘나드는 사람을 말한다.

(4) 이사무애법계관(理事無碍法界觀)

현상과 본체가 일체화된 세계로 이법(맑음)에 따른 현상계의 지혜(밝음)이다. 이법에 따라 현상에 구속받지도 않고 탐하지도 않는, 현상을 현상 그대로 받아들이는 것이다. 원효는 드디어 파계하고 요석공주와 함께 살면서 설총을 낳고 자유로이 사는 삶을 살았으며 아마 요석공주도 원효를 통해 자유로운 삶을 살았다는 예측은 해 본다. 부처로 술꾼과 친구하고 술을 적당히 마시면서 술꾼을 선인으로 이끄는 사람을 말한다. 수영을 잘해서 물이라는 속박에서 자유로우며 바다에 빠지든 빠지지 않든 거리낌이 없어 배나 방파제 같은 부수적인 것들이 필요 없는 깔끔한 삶을 살아가는 자유인이다.

표7 사법계관 도표

구분	사법계관	이법계관	사사무애법계관	이사무애법계관
의미	현상의 세계	본체의 세계	걸림없는 세계	일체화된 세계
원효	화랑	자만한 원효	이론의 극치	파계
비유	부화뇌동-남이 장에 가니 거름 지고 장에 간다	까마귀 노는 곳에 백로야 가지 마라	웃는 얼굴에 침 못 뱉는다	화룡정점

4. 일미진중 함시방(一微塵中 含十方)

앞서 6근은 부처와 중생에게 다 있지만 부처는 6내입처가 없다고 했던 내용이 있을 것이다. 이것이 불교의 핵심 중의 하나로 무아로써 분별만 하지 않는다면 자유인이며 팔자 한번 바꾸는 것이다. 이 우주의 법계는 무아 속에 다 들어 있기도 하지만 생각 속에도 다 들어앉아 있다. 옛날 어떤 동자와 스님이 함께 절간을 지키고 있었는데 스님의 도반이 지나가는 길에 스님을 만나러 왔다가 동자의 관상을 보고 "니는 주지스님의 절을 폭삭 망하게 하는 관상이구나"라는 말을 하고는 떠났다. 이 말을 들은 동자는 며칠을 고민하다가 자신을 키워주고 공부를 시켜준 스님에게 피해를 드리면 안된다고 결심하고는 무작정 절을 떠나 걸인이 되어 떠돌아 다녔다. 그러던 어느 날 잠을 청할려고 바위 옆에 누웠는데 왠 보따리가 있어 열어 보니 금덩어리가 있길레 걸인은 허리춤에 차고 앉아 주인을 하염없이 기다리고 있었다. 한참을 지나 아낙네가 울면서 땅바닥을 두리번 거리고 오길래 사연을 물어보니 관아에 아들놈이 잡혀 있는데 금덩어리를 주면 풀어 준다고 해서 집의 세간을 다 팔아 마련한 것인데 가는 길에 금덩어리를 잃어버려 아들놈이 죽게 되었다고 하면서 서럽게 울길래 스님이 그 금덩어리를 주면서 그렇지 않아도 지금 주인을 기다리고 있었다며 아무 대가 없이 돌려 주었다. 세월이 흘러 그 동자스님은 이리저리 떠돌다 전에 공부하던 절 근처로 오게 되어 부처님께 인사라도 드리고 가자며 절에 들러 삼배를 정중히 하고 나와서는 물 한 잔 마시고 있는데 스승의 도반인 그 스님이 절에 들러 물마시는 걸인을 보고는 '너는 이 절에서 공부하면 그대도 절도 번창 할 것이다' 라는 말을 하는 것이다. 그래서 동자스님이 '그때는 폭삭 망하게 하는 관상이라더니 이제는 정반대의 말씀을 하시는데 스님께서 그렇게 말씀하시는 연유가 무엇입니까?'라고 물으니 '그때는 그러한 관상이고 지금의 관상은 이러한 관상이다.'라고 말하면서 또 떠났다. 그래서 그 동자스님은 스승을 뵙고 다시 제자로 받아들여 달라고 사정해서 스승 밑에서 공부를 하여 큰스님이 되었고 절도 번성하였다. 그 동자스님이 바로 님들이 될 수 있다는 것이다. 이 이야기에는 일미진중 함시방이 내포내어 있는 이야기로 연기법이 내포되어 있고 팔자 고치는 이야기도 있다. 여기에는 선법수행으로 깨달음을 얻는 과정도 있다. 이 이야기를 확철히 깨닫는 사람은 실천으로 팔자 바꾸는 우주의 주인이 되는 것이다. 뿌린대로 거두면 50점이요 뿌리지도 거두지도 않으면 또한 50점이니 어떻게 해야 될까요? ㅋㅋㅋ 이 이야기를 잘 새겨 보시면 이 우주법계는 한 치의 오차도 없이 움직이는 것을 살아생전에 알면 내가 우주요, 우주가 내란 것을 알 수 있을 것이다. 내가 우주가 아니고 우주가 내가 아닌 것도 알 수 있지만 우주가 나의 품에서 놀고 있는 것도 알 수 있다. 닭이 먼저일까, 알이 먼저일까도 알 수 있다. 다시 질문하면 그대의 나이가 많나 내가 나이가 많나? 욕심 즉 분별로 보면 맨날 헛고생이다. 모든 중생들은 다들 고를 갖고 사는데 어떻게 하면 고없이 살 수 있을까? 이런 의문점에서 출발하여 해결하는 것이 불교다.

5. 마하반야바라밀다심경(摩訶般若波羅蜜多心經)

마하는 '크다'라는 뜻으로 허공은 우주의 모든 것 즉 님들이 아는 모든 알음알이나 미래에 알게 되는 모두를 포함하는 것으로 성품에서 나온 것이다. 성품은 중도로 우주를 머금고 있으며 연기법이다. 그러므로 성품은 만법을 머금었기에 만법 모두가 자성이며 모든 법을 취하거나 버리지도 않아 마치 허공과 같아서 "마하"라고 한다. 반야는 지혜라는 의미로 드러남을 말하며 생각마다 지혜를 행하는 것을 반야행이라 한다. 반야는 형상이 없어 보거나 만질수도 없지만 항상 나와 함께 드러나고 있다. 성품에서 나온 지혜는 무심에서 나오기에 욕심이 없어 모두를 이롭게 한다. 바라밀은 저 언덕에 이른다는 말이다. 경계에 집착하면 이 언덕이요 경계를 떠나면 생멸이 없는 저 언덕에 이른다는 말로 한 생각 수행하면 법신이요 한 생각마저 놓으면 부처다. 반야심경은 오온, 색즉시공 공즉시색, 6근, 6진, 6식, 연기법, 사성제가 나오는데 성품에서 바라보면 다 공한 것이다. 앞서 설명했듯이 오온이 공한 것이므로 오온으로 가득찬 반야심경 또한 공한 것이다. 법에도 집착하지 말고 법 아닌 것에도 집착하지 말라는 금강경 구절과 같은 것으로 무실무허한 것이니 공하되 공함을 잊어버리는 것이다. 이것이 중도의 불교다. 이것이 반야심경을 아침, 저녁으로 예불 올리면서 하는 공부이니 헛되이 왔다 갔다 하지 말고 정갈하고 고요한 마음으로 예불시간에 반야심경의 참뜻을 되새겨 수행의 길잡이로 삼아야 된다. '반야심경을 확철히 알면 예불을 안드려도 될까?'라는 생각은 님들의 마음에 따라 하면 된다. 알아서 하는 것은 집착하지 않는다는 말이니 참석해도 참석하지 않아도 탐착하지 않으면 된다. 일행삼매(一行三昧-올곧은 마음으로 행동하여 모든 법에 집착하지 않는 것)만 되면 자유인이기에 알아서 하라는 것이다. 스님들도 초학(初學)스님은 예불에 참석하지만 하심이 생활화가 되시면 참석하지 않듯이 그리하면 된다. 어쩌다 참석하시는 스님은 초심을 갖기 위해 일시적으로 참석할 뿐이다. 작은 절간을 지키는 스님은 공부에만 전념하고 싶어도 중생들이 찾아올까봐서 하루도 빠짐없이 하고 있으니 절간에 찾아가서 공부도 하고 수행(공양주)도 해 보심이 어떨까? 세상에서 가장 맛있는 공양이 남이 해 주는 공양임을 왜 진작에 몰랐던지. 마누라 미안혀.

6. 칠견(七見)

일곱 가지 그릇된 견해로 부처님의 법 즉 연기법을 부정하는 것이 되므로 자신의 욕심을 내려놓는 정견이 가장 필요하다. 법등명으로 자등명을 살펴야 한다. 즉 남의 탓으로 돌리지 않고 자신의 탓으로 알아 자신을 먼저 살피면 속지 않는다. 욕심만 내려놓으면 속일 사람이 없어 속고 안속고가 없다. 결국 분별로 인한 욕심으로 잘못된 견해를 가지는 것이므로 12입처의 분별만 하지 않으면 정견하여 칠견을 물리칠 수 있다.

(1) 사견(邪見) - 인과의 이치를 부정하는 잘못된 견해로 이는 자신이 최고라는 잘못된 인식과 자신만이 옳다는 아집이 아주 강한 사람에게 나타나는 현상이다. 운전 시 밀린 도로에서 끼어들기 하려는 사람을 보면 새치기 한다고 양보하지 않는 사람들도 있고 자신이 끼어들기 할 때는 양보하지 않는다고 투덜거리는 사람도 있다. 끼어들기 한다는 것 자체가 미운 행동으로 인식하여 사람들은 더욱 더 양보하지 않는 행동들을 취한다. 모든 것을 자신의 입장에서 해석을 내리기 때문에 그런 것으로, 싸움은 이런 사람이 또다른 이런 사람을 만나면 일어나는 법이다. 또 다른 이런 사람이 바로 자신임을 빨리 알아채야 한다. 운전하는 대부분의 사람들은 급한 사정이 있는 사람도 있을 수 있고 초행길이라 몰라서 그런 경우를 경험해 보았을 것이다. 끼어들기를 하면 '어제 출발하지'라는 말보다 '바쁜갑다'라고 생각하고 양보운전하면 될 것이고 양보해 주지 않는 운전자를 만나면 '아집이 세어 힘들겠구나'라고 생각하며 무심하게 넘기면 된다. 아집이 강한 사람은 자신과 같은 사람을 만나면 싸움이 일어나고 자신을 살펴보는 계기가 될 수 있으니 '니같은 놈 만나 싸움이나 해라'라는 생각으로 지나가는 것이다.

(2) 아견(我見) - 나에게는 변하지 않는 고유한 실체가 있다는 견해로 나의 자아는 변하지 않고 항상 독자적으로 존속하는 실체가 있다는 잘못된 견해다. 변해가는 자신에 대한 허무함과 변해가는 경계에 대한 원망심이 생겨 항상 고를 달고 산다. 이는 공을 보지 않고 상으로만 보는 편견에서 허무함과 원망심이 생기는 것이다. 무주상보시와 같이 보시해도 보시했다는 견해가 없는 무아는 있다는 것이다. 무아가 있다는 것 자체를 생각하지 않는 것이 무아다. 부처가 '내가 부처다'라는 생각을 하면 부처가 아님과 같은 것으로 공한 나는 있지만 공하다는 생각이 없음을 말한다. 내

가 있다고 생각하는 순간 분별이며 분별은 욕심이니 항상 괴로운 것이다. 그러니 내가 있다는 견해를 버려야 한다.

(3) 상견(常見) - 세간과 자아는 사후에도 없어지지 않는다는 잘못된 견해로 달리 해석하면 이 몸뚱아리를 내라고 하는 순간부터는 특별한 계기가 오지 않는 이상 자신의 견해가 항상 맞다고 주장하는 것이다. 왜냐하면 자신 외에는 모든 것이 나와 다른 것으로 간주하고 내가 소유하고 소유해야 되는 것이기에 나만 옳다고 생각하게 되는 것이다. 사후에 내가 항상 옳았으니 반드시 좋은 사람으로 다시 태어날 것이라는 아집이 강한 잘못된 견해다. 그래서 나만 항상 옳다는 생각을 상견이라고도 하며 특히 아집이 강한 사람들이 더욱 그러하다.

(4) 단견(斷見) - 세간과 자아는 사후에 없어진다는 잘못된 견해로 달리 말하면 모든 탓을 자기에게로 돌리면 괴롭고 힘들기 때문에 남의 탓으로 치부하려는 경향을 가지고 있다. 사후가 없기에 남의 탓으로 돌려도 아무런 지장이 없어 지금 나만 편하면 된다는 것이다. 너는 항상 틀렸다는 말로 잘못된 생각이며 이 또한 아집이 강한 사람에게 나타나는 현상이다. 그런데 여기서 상견과 단견 둘 다 잘못된 견해이면 세간과 자아는 사후에 어떻게 된다는 말인가?라는 의문점이 들기도 하겠지만 앞서 공부했던 것을 생각해 보시면 된다. 제행무상 즉 고정 불변하는 것은 없다는 것을 안다면 해결이 된다. 전생의 나와 현생의 나는 같은지 다른지를 고민해도 좋다.

(5) 계도견(戒盜見) - 그릇된 계율이나 금지 조항을 바른 것으로 간주하는 잘못된 견해로 첫단추를 잘못 꿰면 모든 것이 잘못되는 현상과 같은 것이다. 그러니 가면 갈수록 정견에서 더욱 더 멀어지게 되고 멀어지는 자신만이 올바른 것으로 생각하여 그릇된 계율을 만들어 이것만이 정법이라고 간주하는 것이다. 비법을 정법으로 착각하는 오류를 범하기도 하지만 비법은 정법을 포함하지 못하고 배척함으로 인해 오류를 끊임없이 범하게 된다. 그

러므로 처음 공부를 시작하는 사람은 스승을 잘 만나야 하며 스승을 통해 바른 습관을 형성하고 계를 받들고 올바른 공부를 할 수 있다. 그러다 때가 오면 스승의 안내로 계에 탐착하지 않고 나아가는 것이다. 계에 탐착하면 분별로 인해 자신을 죽이게 되므로 반드시 스승이 필요한 것이다. 힘들게 만든 뗏목으로 강을 건너면 뗏목을 두고 가듯이 수단인 뗏목을 들고 가려는 것은 어리석은 사람의 행동이다.

(6) 과도견(果盜見) - 그릇된 행위로 얻은 결과를 바른 것으로 간주하는 잘못된 견해로서 계도견을 가진 사람이 얻은 결과물이다. 팔정도의 정명에 위배되는 것으로 정견으로 자신을 다시 돌아보아야 한다. 나만 편하면 된다는 마음으로 남에게 폐를 끼치면서도 자신의 이익만을 탐착하는 마음에서 비롯된 것으로 사상누각의 결과만 가져다주는 어리석은 견해이다. 모든 것이 동체대비임을 알아 자신을 먼저 살피고 상대를 배려하는 마음을 가져야 한다.

(7) 의견(疑見) - 부처의 가르침을 의심하는 잘못된 견해로서 하심이 필요한 사람이다. 의심하는 것은 나쁜 것은 아니나 물어보고 배워서 의심병을 고쳐 나가야 함에도 공부는 하지 않고 의심으로 부정하는 것은 좋은 태도가 아니다. 이런 사람은 먼저 18계역을 공부하고 찬찬히 부처님의 가르침을 다시 살펴보고 질문과 함께 명상해야 한다. 칠견은 정견만 굳건히 정립되어 있다면 극복되는 내용들로 팔정도를 공부하면 된다. 사정근을 열심히 해도 무방하며 공부와 함께 명상이 필요하다.

7. 오견(五見) - 다섯가지 잘못된 견해로 칠견과 같은 뜻이므로 개인적인 설명은 생략하며 참고로 작성한다

(1) 유신견(有身見) - 오온의 일시적 화합에 지나지 않는, 신체에 불변하는 자아가 있으며 오온은 자아의 소유라는 그릇된 견해.

(2) 변집견(邊執見) - 변견이라고 하며 극단으로 치우친 잘못된 견해.
(3) 사견(邪見) - 인과의 이치를 부정하는 잘못된 견해.
(4) 견취견(見取見) - 그릇된 견해를 바른 것으로 간주하여 거기에 집착하는 잘못된 견해.
(5) 계금취견(戒禁取見) - 그릇된 계율이나 금지조항을 바른 것으로 간주하여 거기에 집착하는 잘못된 견해.

8. 보왕삼매론십대애행(寶王三昧論十大礙行)

 성품을 지닌 님이시여, 성품을 보기 위해 배고픔에서, 긴 터널 속에서, 고통 속에서, 오르막에서, 낭떠러지 앞에서, 어둠 속에서, 인내 속에서, 욕심 속에서 깨달음이 있다. 역경은 깨달음에 불편을 주기는 하나 깨달음을 얻는 수단이 될 수 있으니 지금 이 자리에서 역경을 통해 자신의 성품을 찾아야 한다. 성철스님의 자신을 바로 봅시다에서 요즘 배우는 스님들이 모든 것을 구비한 다음에 공부를 하려고 하는데 구비하려는 그 욕심이 끝이 없으니 공부가 되지 않는다는 말씀이 생각난다. 막히는 곳에서 오히려 통함을 구할 수 있고 통함을 구하는 것이 오히려 막힐 수 있으니 역경을 친구로 삼아 불편함을 통해 부처를 이루어야 한다.
 (1) 몸에 병 없기를 바라지 말라. 병고로써 양약(良藥)을 삼아라
 몸에 병 없으면 탐욕이 생기기 쉽나니 병으로 양약을 삼으라 하셨다. 다시 말해 병은 욕심에서 비롯된 것으로 욕심만 내려놓으면 병은 오지 않는다. 깨달음을 얻을려는 욕심에서 억척같이 공부하니 병이 오는 것이니 욕심도 버리고 열심히도 버린다면 깨달음은 도둑처럼 어느 날 아무도 모르게 나의 마음 속에 들어앉게 된다. 그러니 깨달음을 얻는 보약이 되게끔 병을 친구로 여겨야 깨달음의 길에 접어 들 수 있다.
 (2) 세상을 살아감에 곤란이 없기를 바라지 마라
 세상살이에 곤란이 없으면 사람이나 법에 있어 업신여기는 마

음과 사치하는 마음이 생기므로 근심과 곤란으로써 세상을 살아가라 하셨다. 사람은 막힘으로 인해 불편해야 불편을 해소하기 위한 방책을 연구하여 더 편안함을 추구할 수 있다. 근심과 곤란도 불편하고 힘들며 고를 안겨주지만 그로 인해 겸손함을 배워 공부하는데 도움을 주는 것도 있다. 그 공부로 인해 근심과 곤란 그리고 고라는 것이 실체가 없음을 알아 힘들게 짊어지고 가지 않게 된다. 그러니 놓아버리게 하는 공부의 수단으로 승화시켜야 한다. 놓아버려야 화와 복에 머물지 않는다는 말이다.

(3) 마음공부를 함에 장애 없기를 바라지 마라

마음의 장애가 없으면 배우는 것이 넘치게 되나니 장애 속에서 해탈을 얻으라 하셨다. 장애가 없으면 배움이 건너뛰어 얻지 못하고서도 얻었다고 하거나 분에 넘쳐 철저히 공부하지 못한다. 다시 말해 자신이 최고라고 여기기 때문에 대충 공부하고서는 다 얻었다고 스스로를 과대포장 한다. 장애는 단지 불편할 뿐이며 자신을 다시 한번 되돌아볼 기회를 주는 것으로 감사하게 여겨야 할 대상이기도 하다.

(4) 수행하는데 마장 없기를 바라지 마라

수행하는데 마가 없으면 서원이 굳게 되지 못하나니 모든 마군으로써 수행을 도와주는 벗으로 삼으라 하셨다. 마장이 없으면 서원이 굳건하지 못해 반드시 깨닫지도 못하였음에도 깨달았다고 한다. 이 말은 십악에 해당하는 것으로 가장 무거운 죄가 된다. 자신도 망치는 것이지만 타인을 망치는 것이 되기 때문에 경계해야 된다. 종교인들이 깨달음이나 성자가 되지 못하였음에도 깨달았다거나 성자라고 말하는 사람이 있는 것은 아직 깨달음이나 성자가 되지 못하였음을 스스로가 말하는 것과 같다. 침묵만이 증명하는 것이다. 부처님도 마귀들의 장애를 통해 부처가 되었다.

(5) 일을 계획함에 쉽게 이루기를 바라지 마라

일이 쉽게 되면 뜻을 경솔한데 두게 된다. 그래서 여러 겁을 겪어 일을 성취하라 하셨다. 일을 쉽게 성취하면 자만심이 생겨 남을 업신여기거나 물건을 함부로 다룬다. 시간이 가면 갈수록 경솔하고 거만하여 일의 성취를 나쁜 곳으로 유용하게도 한다. 인류의 편리함을 위해 만든 기술들이 개인의 영달을 위해 살생을 저지르는 무기로 전락하는 것이 그렇다. 유능함이 무능함보다 못한 경우이며 대기만성의 뜻을 깊이 새겨 찬찬히 공부해야 한다.

(6) 벗을 사귐에 내게 이롭기를 바라지 마라

내가 이롭고자 하면 의리를 상하게 되나니 순결로써 사귐을 길게 하라 하셨다. 벗을 사귐은 공부의 수단이다. 그러니 벗을 사귐에 이익을 얻을려고 하면 벗은 멀어지고 의리를 상하게 하여 친구의 허물을 보게 되어 거리가 멀어지게 된다. 벗의 허물과 상처를 먼저 품어주어야 나의 그릇이 크게 되며 친구의 진일보를 돕게 된다. 자비희사의 마음이 필요하다.

(7) 남이 순종해 주기를 바라지 마라

남이 내 뜻대로 순종해 주면 마음이 스스로 교만해지나니 그래서 내 뜻에 맞지 않는 사람들로 원림을 삼으라 하셨다. 내가 옳다는 생각에 자만심이 생겨 배움의 자세가 흐틀어지고 배움의 집착으로 인해 낭뜨러지에 서 있게 되어 더 이상 배움과의 거리는 멀어지게 된다. 내가 먼저 남의 말을 들어주는 자세가 필요하며 자신을 바로 보아야 타인을 바로 볼 수 있다.

(8) 덕을 베풀되 과보를 바라지 마라

과보를 바라면 도모하는 뜻을 가지게 되나니 그래서 덕 베푼 것을 헌신짝처럼 버리라 하셨다. 과보라는 말속에는 바램이라는 의미가 내포되어 있기 때문에 도모하는 마음이 생기며 베품에 대한 자랑도 들어가 있어 명예를 드날리려고 하여 욕심만 쌓인다. 무주상보시와 자비희사를 통해 바라는 마음을 항복 받을 수 있다.

(9) 이익을 분에 넘치게 바라지 마라

이익이 분에 넘치면 어리석은 마음이 생기나니 그래서 적은 이익으로써 부자가 되라 하셨다. 어리석은 마음이 동하여 부당한 이익이 자신을 해치게 되니 이익이 오면 받고 넘치면 남에게 배풀면 된다. 나에게 필요한 이익이라도 남이 필요하다면 주는 것도 좋다. 탐착하는 마음만 없으면 보살이다. 소탐대실이니 지금의 현실에 만족하고 깨어있기만 하면 된다.

(10) 억울함을 당하여 밝히려고 하지 마라

억울함을 밝히면 원망하는 마음을 돕게 되나니 그래서 억울함을 당하는 것으로 수행의 본분을 삼으라 하셨다. 아상과 인상이 생겨 원망심이 일어나 공부에 방해만 준다. 화엄경의 일체유심조인 '한 생각 일어나니 만법이 일어나고 한 생각 사라지니 만법이 사라지네'라는 말을 견지하면서 역경을 통해 배움이 일어나는 것이다. 부처님도 가리왕이 자신을 죽여도 원망심을 갖지 않았는데 자신이 무아이며 공함을 알기 때문이다.

9. 보현행원품(普賢行願品)

선재동자가 깨달음을 이루기 위해 53명의 선지식인을 찾아 배움을 익히다 마지막 보현보살을 찾았을 때 보현보살이 설한 법문으로 열 가지 수행과 서원을 밝히고 그것을 실천하는 방법과 그 공덕을 설한 내용이다. 이는 선재동자의 수준에 맞게 법문을 설한 내용이다.

(1) 예경제불(禮敬諸佛) - 모든 부처님을 예배하고 공경함
(2) 칭찬여래(稱讚如來) - 부처님을 찬탄함.
(3) 광수공양(廣修供養) - 널리 공양함
(4) 참제업장(懺除業障) - 스스로의 업장을 참회함
(5) 수희공덕(隨喜功德) - 남의 공덕에 기쁨함
(6) 청전법륜(請轉法輪) - 설법하여 주기를 청함
(7) 청불주세(請佛住世) - 부처님이 세상에 오래 머무르기를 청함
(8) 상수불학(常隨佛學) - 항상 부처님을 따라 배움
(9) 항순중생(恒順衆生) - 항상 중생들을 수순함
(10) 보개회향(普皆廻向) - 모든 것들을 다 회향함

나무, 철, 돌로 만든 부처상에는 절을 하면서 살아있는 부처

에게는 왜 부처로 못 보는가? 예수님의 '너의 이웃을 사랑하라'라는 말과 같은 것으로 가족을 사랑하지 않는다면 이웃을 어찌 사랑할 수 있겠는가? 가족을 사랑하는 만큼 너의 이웃을 사랑하라는 말이다. 그래서 스님들은 협의의 가족을 버리고 광의의 가족을 만들어 모든 이웃들을 사랑하는 것이다. 군자의 눈에는 모든 사람이 군자로 보이게 마련이다. 이웃을 사랑하는 자 복이 있나니 평등하게 사랑하는 그 복은 성품으로 나아가는 길이다.

10. 수준별 법문

(1) 일구법문 – 말없이 깨달음을 주는 법문으로 어느 노파가 딸에게 절의 스님에게 공양물을 매일 보내게 하였다. 그리고는 어느 날 법문을 해 달라고 시켰는데 스님은 선상에서 내려와 노파의 딸 주위를 한 바퀴 돌고 나가시는 것을 보고 '스님, 법문은 안 해 주십니까?'라고 여쭈자 '다 했다'라며 나가 버렸다. 이 사실을 전해 들은 노파는 '어찌하여 선사님은 반만 읽어주셨을까?'라고 했다. 노파의 말을 꼽씹어 보면 알 수 있는 말인데 어떤 분은 대충 감을 잡았을지 모르겠지만 수학의 응용문제를 풀듯이 참되게 알아야 된다. 다른 예시를 들어 보면 큰스님께서 제자에게 '부모미생전 본래면목이 무엇이냐'라고 물으니 아무 말도 없이 졸고 있자 큰스님께서 '졸지 말고 해답을 내어 놓아라'라고 다그치자 '양구요'라고 말한다. 이것이 양구법문으로 일구법문이다. 일체의 법은 무실무허(無實無虛)다. 부처님께서 팔만사천 법문을 말씀하시고도 나는 그 어떠한 법문도 말한 적이 없다고 하심은 84천 법문도 방편이기에 그리 말씀하신 것이다.

(2) 이구법문 – 물건을 보이거나 소리치거나 동작하는 등의 법문을 하는 것으로 대표적인 것이 석공선사의 활쏘기 시늉, 구지화상의 손가락 드는 법문이 있다. 구지화상의 손가락 법문은 책에 많이 나오고 널리 잘 알려져 있으니 참고하시고 석공선사의 활쏘기 시늉을 이야기 하면, 석공선사는 스님되시기 전에는 사냥

꾼이였는데 사슴을 잡으러 뛰어가다 마조 도일스님을 만나 사슴이 어느 쪽으로 도망을 갔는지 여쭈어 보자 마조도일스님 왈 "사슴을 잡는데 화살 몇 개를 사용합니까?"라고 물어보자 사냥꾼 왈 "화살 하나로 사슴 한 마리를 잡는 능력있는 사냥꾼입니다"라고 답변을 했다. 그러자 마조도일은 "나는 화살 하나로 한 무리의 사슴을 잡는 미천한 사람이네"라며 사냥꾼의 가슴을 겨냥해 활을 쏘는 시늉을 하면서 "그대는 왜 그대의 가슴에 활을 쏘지는 않는 거요"라는 말을 했다. 그 말씀을 듣자 영혼의 울림을 받아 그 즉시로 마조도일선사의 제자가 되었으며 마침내 깨달음을 얻고는 자신에게 불법을 물으러 오는 모든 사람에게 활을 쏘는 시늉으로 답을 했다. 난감하기도 하고 답답하기도 할 것이나 답은 앞에서 다 제시했기에 찾는 것은 본인이 찾아야 된다. 도대체 왜 석공선사를 찾는 모든 이에게 활을 쏘는 시늉을 하는지 조금의 이해는 할지라도 그 속 뜻은 온전히 욕심을 내려놓아야 보이는 것이다. 알려고 하면 더 멀어지고 잡을려고 하면 더 멀어지는 것이 석공선사의 활이다. 석공선사의 활을 맞고 싶은 자는 욕심을 담은 마음을 가져와 보여주는 자다. 영혼의 울림을 알면 마음의 파장이 춤을 추고 노래도 부른다. 울림은 파장이며 파장 또한 보이지는 않지만 드러나기는 한다.

　(3) 삼구법문 – 말이나 문자로 설명하는 법문으로 부처님께서 설법하신 팔만사천법문이 대표적인 것이다. 법문이 없었다면 극락으로 가는 하늘계단을 그 누가 밟을 수 있었을까? 여기서 가장 중요한 것은 부처님은 팔만사천법문을 하시고도 나는 한마디도 하지 않았다고 했다. 이 말이 우리가 배워야 하는 참다운 공부다. 이 말뜻을 알면 아는 그것이 일구법문이다. 절간이나 세간이나 일체법으로 보면 일구법문이요 모르면 삼구법문도 아니다.

11. 무심공부 10가지 수행방법

　안으로 공하고 밖으로 무심하면 한 세상 신명나게 놀다 가는 것인데 안으로 공하면 밖으로 무심해지고 밖으로 무심하면 안으로 공해지는 것이다. 안이 밖이고 밖이 안이다. 그러니 안으로 공함을 공부하는 것은 지루하기도 하고 재미도 없으며 힘들기도 하니 아주 조금씩 진행될 수 있는 감각적이고 일상에서 접할 수 있는 밖으로 무심하는 수행방법이다.

(1) 각찰

망념과 각지(알아차리는 지혜)를 함께 잊어버리는 것으로 화두 참선 시 망상을 알아차리는 것이 좋은 예다. 상대가 욕하면 화가 나는 나를 알아차리고, 욕을 한 것이나 내가 화가 났음도 생각하지 않는다. 상대가 욕을 하는 대상은 자신의 몸뚱아리를 자신이라고 여기기에 나의 몸뚱아리를 보고 욕을 하는 것이지 나의 성품을 보고 욕하지는 않는다. 성품은 부처이기에 부처보고 욕하지 않는다는 말이다. 욕을 먹는 대상도 마찬가지다. 상대가 욕하는 것은 성품으로 하는 것이 아니라 욕심있는 마음이 하는 것임을 알아차리고 성품으로 품어주면 된다. 나는 그를 바라볼 때 나의 성품으로 상대의 성품을 바라보면 화를 낼 이유가 없다.

(2) 휴헐(방하착)

망심을 쉬는 것으로 선과 악을 생각하지 않고 마음이 일어나면 쉬고 인연을 만나도 쉬는 것이다. 모든 생각을 쉬는 것이다. 나쁜 것도 좋은 것도, 더럽고 깨끗한것도, 사랑도 미움도, 행복도 불행도 등을 쉬는 것이다. 즉 생각이 없는 것이다. 생각이 없으니 분별도 없고 분별이 없으니 욕심도 없다. 그러니 밖으로 무심하다.

(3) 민심존경(泯心存境) - 마음을 없애고 경계를 두는 것으로 육근을 없애고 육경(육진)을 그대로 두는 것이다. 마음이 쉬면 바깥 경계가 방해할 수 없다. 즉 마음을 비운다는 말이다. 옳고 그름이나 좋고 나쁨의 분별을 생각하지 않는 것이다. 임제선사의 사람(주관인 나)만 빼앗고 경계(객관인 대상)는 빼앗지 않는다. 즉 무아이니 연연함이 없다.

(4) 존심민경(存心民境) - 마음은 두고 경계를 없애는 것으로

안팎의 모든 경계를 다 공으로 알고 마음만 그대로 두는 것으로 육진(육경)청정이다. 다시 말해 탐할 대상이 없으니 마음이 공작할 일이 없다. 여기서 알아야 할 것이 12연기의 어느 하나라도 멸할 수 있으면 무명을 타파하듯이 육근이나 육진이나 육식이나 어느 하나라도 청정해지면 욕심이 일어나지 않는다. 그러나 이런 노력들이 다 마음 밖의 일은 아님을 알아야 한다.

(5) 민심민경(泯心泯境) - 마음과 경계를 함께 없앤다. 육근 및 육경청정이다. 공부하는 사람들이 추구하는 것으로 나중에는 추구하는 것도 없애야 하며 안으로 공하고 밖으로 무심함을 말한다.

(6) 존심존경(存心存境) - 마음과 경계를 그냥 둔다

마음은 마음이 있을 자리에 머물고 경계는 경계에 있을 자리에 머문다. 법화경에 '법이 법의 자리에 머물러 있어 세간의 상이 항상 머문다' 라는 말이 있는데 절대계와 현상계가 따로 있는 것이 아니다. 망념만 없으면 그 자리 그대로 깨달음의 세계다. 범부는 욕심으로 선, 악을 분별하여 생각이 많지만 깨달은 사람은 함께 하되 매이지 않고 탐착하지도 않으며 그렇다고 내팽개치지도 않는다. 잘못 이해하면 범부들의 세계로 곡해할 수 있으나 탐착하지 않음이 전제 조건이다. 금강경에 '범부는 범부가 아니라 그 이름이 범부이다'라는 말이 범부라는 말이나 의미에 집착하지 않음을 말한다. 여기까지에서 보면 민심이 민경이고 민경이 민심이며 존심이 존경이고 존경이 존심임을 알 것이다. 그러니 어느 것이든 하나만 타파하면 된다.

(7) 안팎이 모두 진심의 바탕

천지가 나와 더불어 한 뿌리요. 만물이 나와 더불어 한 몸이다. 연기법으로 동체대비이며 있는 그대로가 극락이다. 모든 것이 인드라망에 연결되어 있기에 지금 여기 극락의 장에서 신명나게 놀다 가는 것이다. 님들은 지금의 자리에서 지금의 역할을 충실히 하고 있어 가족이나 직장이 돌아가고 있고 더 나아가 님들의 직

장과 가족이 지금 자리에서 역할을 충실히 하고 있기에 사회가 돌아가며 사회가 국가로 국가가 지구촌으로 지구촌이 우주로의 역할을 충실히 하고 있는 것이다. 그러니 님들의 지금 자리가 극락이라는 것이며 신명나게 놀다 가라고 하는 것이다. 탐착할 필요가 없으니 고가 없다. 지금의 선택은 과정 속에 완벽함이 존재하고 시간이 흘러 고상한 선택에도 완벽함이 존재하며 과거의 그 어떠한 선택도 완벽했음이다.

(8) 안팎이 모두 진심의 작용

무명의 참성품이 불성이며 허깨비와 같은 공한 몸이 법신이다. 월래 인간은 부처인데 단지 욕심으로 싸여 있어 그것을 보지 못할 뿐이다. 욕심만 없으면 지구촌이 극락이며 극락이 법신이다. 지구촌이 법신이므로 같이 살아가고 있는 님들도 법신이다. 극락과 지구촌과 님들이 모두 다 법신이니 측은지심으로 중생구제를 해야 하며 중생구제를 함에 함이 없이 해야 한다. 구제한다는 생각도 없고 구제했다는 생각도 없이 하는 것이 진심의 작용이다.

(9) 진심의 바탕이 작용

어느 스님께서 축구선수들에게 '축구는 무엇으로 하노?'라고 물어보니 기술, 팀웍, 발로, 전술, 감독의 임기응변, 순발력, 민첩성, 사기, 가족의 힘, 응원 등 여러 가지 답을 내어놓았는데 스님께서 답답하셔서 그런지 '마음으로 한다.'라고 말하고는 나가버렸습니다. 청정한 마음밭에 씨를 뿌리는 것이 축구를 맛깔나게 하는 것이다. 본체인 마음의 작용이 겉으로 들어난 것이 축구인 것이다. 그러니 마음이 축구요 축구가 마음인 것이다. 욕심만 내려놓으면 축구를 즐기는 것이다. 이기고 지고, 잘함과 못함이 없는 것이다. 그냥 즐기면 되는 것을 이겨야 된다는 생각이 상대를 짓누르고 고의적인 파울로 상대를 다치게 하는 누를 범하게 된다. 욕심만 내려놓으면 마음의 작용이 축구이며 즐겁게 노는 것이 축구다. 확대해석하면 축구가 인생이고 인격이다. 지구촌에서 신명나게 놀다가 가실 때 흔적 없이 잘 반납하시고, 살아가야 할 사람에게 삶이 무상(無常)함을 보여주고 가시면 된다.

(10) 진심의 바탕과 작용을 초월

온몸에 꿰맨 자리가 없고 위아래가 온통 둥글며 밖으로는 향기가 끝없이 흘러 넘치고 속을 파도 파도 끝이 없다. 공 사상을 말하는 것으로 맑은 거울에 비친 선과 악, 밝음과 어두움, 많고 적음 등을 그대로 받아들이고 그대로 내어놓는 초월을 말한다. 받아서 변형시키거나 애착하는 마음의 작용이 없다. 걸림이 없는 허공의 거울과 같은 것이다. 이는 연기법의 완성이요 성품의 자리로 평등하게 사랑하는 것이다. 다음의 내용은 같은 맥락의 참고용입니다.

12. 임제선사의 4가지 주관과 객관

중생은 생멸이 없음에도 망령되이 생멸을 보기 때문에 이를 일러 생사에서 윤회한다고 한다. 중생은 얻을 수 없는 과거의 태어남과 일구어온 것들을 생각하고, 얻을 수 없는 미래의 자신의 삶과 죽음을 생각하여 지금의 얻을 수 없는 마음이 과거의 태어남부터 미래의 죽음까지 생각하기에 윤회를 한다. 지금의 깨어있음만이 과거심불가득, 미래심불가득, 현재심불가득으로 윤회에서 벗어나게 된다. 그러므로 생사가 없음을 알고(知無生死지무생사) 체득하여(體無生死체무생사) 알고 체득한 것이 계합하여(契無生死계무생사) 마음대로 쓰고 활용하는 것이다(用無生死용무생사). 용무생사의 무생사는 중도를 말한다.

(1) 주관은 사라지고 객관만 남았다. 나를 내려놓고 가르침을 충실히 따른다는 것으로 초등학생 때에는 선생님이 가르치는 대로 따라 하는 것과 같은 것이다.

(2) 주관은 남아있고 객관은 사라지는 것으로 가르침을 체득해 자신의 견해를 가진 것이다. 중학생 때에는 모르는 것이나 의문점이 발동을 시작하여 선생님께 질문을 하기도 한다. 토의 시간에 '왜'라는 의문을 가지고 질문을 하다 보면 자신의 가치관이 성

립되어 자신의 미래를 설계하게 된다.

 (3) 주관과 객관이 사라지는 것으로 모든 것이 공하다. 고등학생이 되면 좋은 대학에 가야 하니 모든 것을 내려놓고 오로지 공부만 한다. 왜도 사라지고 시키는 것도 사라지고 오로지 대학이라는 목표를 위해 그냥 공부만 하는 것이다.

 (4) 주관과 객관이 그대로 남아있는 것으로 삼라만상이 있는 그대로 진리 그 자체를 말한다. 진리의 상아탑이라는 대학의 상징처럼 자신과 타인의 상호 교류 속에서 더불어 사는 삶의 행복을 위해 체험하는 장이며 연기법이다. 님들이 있으니 내가 드러날 뿐이다.

13. 참회(懺悔)

 일반적으로 참회라고 함은 자기의 잘못에 대하여 깊이 깨닫고 반성하는 것으로만 알고 있지만 불교에서 말하는 법을 굴려보면 참은 종신토록 잘못을 짓지 않는 것이고 회는 과거의 잘못을 아는 것으로 무상참회(無相懺悔) 즉 상이 없는 것이 진정한 참회다. 다시 말해 과거, 현재, 미래의 생각이 생각마다 우치와 미혹에 물들지 않고 지난날의 악행을 영원히 끊어서 자기 성품에서 없애버리는 것을 참회라고 하는 것이다. 잘하고 잘못한 바가 없는 도리를 말하는 것임으로 참회란 깨달음을 말하며 보살이다. 십악참회를 도표로 설명하면 다음과 같다.

표8 십악참회

3업	업을 짓는 죄의 종류와 의미	해결책
신(身)	살생-나 외의 존재를 죽이는 것 투도-남의 재물을 훔치는 것 사음-남의 여자를 탐하는 것	방생 보시 청정행
구(口)	망어-거짓말 악구-남을 괴롭히는 말 기어-교묘하게 꾸민 말 양설-이간질의 말	솔직한 말 마음이 깨끗한 말 욕심이 없는 말 화합하는 순수한 말

의(意)	탐-욕심 진-성냄 치-어리석음	계-정어, 정업, 정명(보시) 정-정정진, 정정, 정념(자비) 혜-정견, 정사유(지혜)

'십악을 제거하면 10만리를 가고 팔사(八邪-팔정도의 반대말)가 없으면 8천리를 간다. 108천리에 서방정토가 있으며 다만 곧은 마음을 행하면 손가락 튕기듯 도달한다'라는 말이 있는데 절에서 돌이나 나무로 만든 부처님 앞에 극락왕생을 기원하는 것 보다는 십선, 8정도를 행하는 것이 극락왕생의 지름길이며 아미타부처님께서 원하는 것이다. 그러니 절에 다니는 신도들은 무작정 기원하는 것이 아니라 십선이 무엇이고 8정도가 무엇인지를 알아 실행하는 것이 극락왕생하는 길임을 알아야 한다.

14. 무비스님께서 말씀하신 원효의 발심수행장

(1) 일심사상(一心思想) - 모든 진리는 결국 하나의 진리를 향해 있다. 삼계가 오직 마음이요, 만법은 오직 인식할 뿐이다. 마음 밖에 법이 없는데 어찌 따로 구할 것이 있으랴. 이는 일심사상을 말하나 놓아버린 일심사상이다. 일심사상이 무실무허하나 일심을 알아야 일심이 무실무허임을 아는 것이다. 모든 일체법이 알고 나면 부질없는 것임을 아는 것으로 일심사상이 진리라는 것은 일심사상이란 한 곳을 향하고 있지만 일심사상이라는 그 진리마저 생각하되 생각하지 않는 것이며 진리라는 것도 머물되 머물지 않는 그것을 진리라고 한다. 하나가 모든 것을 품고 있는데 이 하나는 어디로 갈까? 이제는 어디로 가는지 아시겠죠. 생각으로 아는 것은 아는 것이 아님을 명심하시고 실제 그리 보아야 한다. 금강경의 진리란 진리가 아니고 그 이름이 진리라는 말이다.

(2) 화쟁사상(和諍思想) - 어떤 문제에 두 가지 이상의 다른 견해가 있을 때 서로 다른 견해를 융섭(융합하여 스며드는 것으로 동체대비)의 이념에 의하여 화해시키고 회통시켜 큰 법의 바다로 귀납시키는 사상이다. 여기서 융섭의 이념이란 불교 경전에 대한

폭넓은 이해를 바탕으로 특정한 이론과 논리에 대한 집착을 버리고 긍정과 부정을 자유롭게 사용하여 깨달음의 경지로 이끌어 쟁론을 화해시키는 것이다. 살인자에 대한 처벌이 그러하다. 살인한 결과만을 보지 말고 살인을 왜 했는지를 알아야 하며 살인자의 참회를 이끌어 성품을 볼 수 있게 까지 고려해야 한다. 사람을 죽일 수 있는 권한을 가진 사람은 아무도 없다. 99명의 살인을 저지른 사람이라 할지라도 그 사람을 죽일 권한은 아무도 없다. 그 사람이 왜 살인을 저질렀는지를 되짚어 보면 나의 연유이며 우리 모두의 연유이다. 사회가 그 사람을 살인으로 내쫓은 환경이 죄다. 그게 연기법이며 동체대비다. 이것이 사형제도와 사형제도 폐지에 대한 화쟁사상이다. 우리는 살인자의 성품을 보아야 된다. 참회해서 교도소에서라도 바른 삶을 살 수 있게 측은지심으로 관심을 가져야 한다. 우리는 지구의 울타리에서 참회하기 위해 지금도 살아가고 있는 중이다. 극락을 좋아하는 사람은 극락이라는 감옥에서 살지만 자유인은 우주라는 감옥에서 살아가고 있다. 둘 다 감옥이라 생각하지 않지만 극락인은 극락에서의 삶을 즐기는 분별이 있지만 자유인은 스스로가 자유인이라는 생각도 없고 분별하지 않기에 창살 없는 감옥에서 산다. 그러니 님들이 지금 여기서 마음 한번 잘 먹으면 진정한 우주의 자유인이 된다.

(3) 무애사상(無碍思想) - 어디에도 걸림이 없는 철저한 자유인으로서의 삶을 말한다. 원효는 말년에 스스로를 복성거사(卜性居士) 또는 소성거사(小性居士)라 칭했었다. 이는 신라의 진골이나 성골의 신분을 버리라는 동시에 중생구제를 위한, 백성을 위한 정치를 해야 한다는 뜻으로 자신을 낮추어 화엄사상을 백성들에게 가르쳐 주었다. 어떨 때는 술도 마시고 춤을 추며 거지와 함께 구걸도 하며 중생의 위치에서 중생구제를 했던 것이다. 신분의 높고 낮음도 없이 부의 많고 적음도 없이 거림낌 없는 삶을 살았던 것이다. 백성을 구제했다는 생각도 없고 왕실의 칭찬을 받을 생각도 없는 자유인이였던 것이다. 담배꽁초를 줍는 봉사활동

도 마찬가지다. 줍는다는 생각도 깨끗하다는 생각도 칭찬이라는 보상도 생각하지 말아야 한다. 꽁초를 줍고 있는데 누가 꽁초를 버리면 아무 생각 없이 줍는 그 행동이 버린 사람의 마음을 아주 조금씩 물들게 하는 것이다. 버린다고 욕하는 순간 그 복은 사라지고 입으로 자랑질하는 순간 그 복도 사라진다.

15. 무상삼귀의계(無相三歸依戒) - 불법승 삼보

첫째, 깨달음의 양족존(兩足尊)은 귀의불로서 부처님을 말하며 부처님의 공덕과 지혜를 말한다. 다시 말해 자기의 마음이 깨달음에 귀의하여 삿되고 미혹이 나지 않고 소욕지족(少欲知足)을 알아 재물을 떠나고 색을 떠나는 것으로 깨달음의 세계는 자비와 지혜가 함께 구족된 세계를 말한다. 자비가 소승이요, 지혜가 대승이니 소승이면 대승이 되는 것이다. 그러니 소승이니 대승이니 구분할 필요가 없으며 분별하는 순간 지금까지의 공부는 도로 아미타불이 된다. 둘째, 바른 법의 이욕존(離欲尊)은 귀의법으로 탐욕을 떠나게 하는 가르침 가운데 가장 존귀한 것으로 부처님의 가르침을 말한다. 다시 말해 자기의 마음이 바름으로 돌아가 생각마다 삿되지 않아 애착이 없는 것을 말한다. 선법이 곧 부처님의 가르침이나 선법에 매이면 삿된 것이니 선법이든 악법이든 애착하지 말라는 말이다. 뗏목과 같은 말이다. 셋째, 청정한 중중존(衆中尊)은 귀의승으로 집단 가운데 가장 존귀한 승단을 말한다. 다시 말해 자기의 마음이 깨끗함으로 돌아가 일체의 번뇌와 망념이 비록 자성에 있어도 자성이 물들지 않는 것을 말한다. 이는 청정한 절의 도량에 스님의 자성에 물이 들어도 청정한 도량은 물들지 않음이니 스님의 자성 또한 물들지 않음과 같은 것이다. 님들이 절에 오면 내려놓고 돌아서면 다시 주워 가져가는 것과 같은 것이다.

16. 육도윤회(六道輪廻)

 지옥도, 아귀도, 축생도, 수라도, 인간도, 천상도를 육도라고 하며 수라도는 세월이 흐르면서 포용하는 의미에서 첨가된 것이다. 불교라는 것은 일체가 불법이기에 다 수용하는 것이며 수용하는 것이 옳거나 그릇되다는 것도 수용하는 것임을 알면 분별할 것이 없는 도리도 알 것이니 수용의 도리 또한 알 것이다. 지옥도(地獄道)는 아귀도, 축생도와 함께 삼악도(三惡道)라고 하며 죄를 지은 중생이 죽은 뒤 태어나는 지옥의 세계를 말한다. 지옥의 종류와 고통 그리고 고통받는 기간은 사람이 상상하지 못할 정도이다. 살인과 도둑질과 사음을 큰 죄로 삼고 베풀지 않거나 욕심이 많거나 하는 것 또한 지옥으로 떨어져 심판을 받는다. 궁금하시면 인터넷으로 찾아보시는 것을 추천드리나 공부하는 사람은 지장보살의 나는 지옥의 사람들을 다 구제하지 않으면 부처가 되지 않으련다라는 것만 알아 공부하는 것이 좋을 듯하다. 욕심부린 사람의 대가에 대한 이야기를 소개하면, 불구덩이에서 뜨거움에 아우성치는 지옥의 현장에 갑자기 하늘에서 동아줄이 내려오고 있는 것을 본 지옥의 사람들이 서로 그 줄을 잡겠다고 싸움을 하며 줄을 잡고 올라가고 있었다. 그런데 어떤 사람이 보니 너무 많은 사람이 올라오므로 줄이 끊어질 것 같아 밑에 있는 사람들을 못 올라오게 발로 차면서 올라가고 있었다. 역시나 너무 많은 사람들로 인해 줄이 끊어졌는데 발로 찬 사람의 손잡이부터 끊어졌다. 재미있게도 그 밑에 발로 차지 않은 사람이 있었음에도 그 사람으로 인해 다시 불구덩이의 지옥으로 떨어졌던 것이다. 풍랑을 만난 배가 넘어지려고 할 때 한 사람이라도 관세음보살을 외치면 풍랑이 멈추어져 함께 탄 사람들도 안전하게 되는 것과 같은 것이다. 그러니 사람을 잘 만나야 한다. 이웃을 잘 만나야 한다는 말이다. 아귀도(餓鬼道)는 음식에 욕심이 많은 사람을 가리키는 말로 목구멍이 너무 작아서 음식을 많이 먹지 못해 항상 배가 고픈 사람이 아귀인데 숟가락이 1m가 되어 스스로 먹지를 못해 배가 고픈 것이다. 서로 먹여주면 되는데도 음식에 대한 욕심으로 배려라는 것을 모르기 때문에 나뿐만 아니라 남도 먹지를 못하는 것이다. 절에 가면 공양하기 전에 아귀들을 위해 음식을 따로 빼놓는 이유이기도 하다. 축생도(畜生道)는 중생이 죄를 지어 죽은 뒤에 짐승이 되어 괴로움을 받는다는 것으로 난생, 태생, 습생, 화생이 있다. 짐승들은 본능적으로 생활하기 때문에 먹기 위해서 사는 약육강식의 모습을 보여 불성은 있으나 불성을 찾아내기란 거의 불가능하다. 수라도(修羅道)는 힌두교를 받아들임으로 인해 생긴 것으로 아수라들이 모여 싸움만 하는 얼굴이 셋이고 팔이 여섯인 나쁜 귀신의 세계다. 교만심과 시기심이 많은 사람이 죽어서 가는 곳으로 로미오와 줄리엣의 가문과 나라와 나라의 관계가 또한 그러하다. 개인의 싸움이나 집단간의 침탈, 나라간의 전쟁은 아수라장을 만드는 것이니 싸움은 하지 말아야 된다. 대한민국이 참으로 좋은 이유는 그렇게 침략을 당해도 보복하지 않고 품어준다는 것이다. 그러니 대한민국은 앞날이 창창 그대로인 것이다. 앞으로 중국이 분리되어 전쟁이 일어나고 일본열도가 물에 잠긴다고 하니 그때도 대한민국은 안아주고 품어주는 대한민국이 될 것이라 여겨 대한민국이 지구촌의 극락이다. 한국만큼 불교가 잘 형성된 곳도 없고 정법을 정법답게 이어나가는 곳도 없으니 이 또한 지구촌의 리더로서 모자람이 없다. 그러니 개인도 원한을 만들 일을 삼가야 하고 원한을 스스로 받지 않는 마음의 공부가 필요하다. 인간도(人間道)는 지금 님들이 살고있는 인간 세계(人間世界)를 말하며 인간세계가 지구라는 한 곳만이 아님을 알아야 한다. 지구와 똑같은 세계들이 헤아릴수 없이 많으며 사람과 같은 외계인이 헤아릴 수 없이 많음을 알아야 된다. 윤회한다는 것이 지구에서만 윤회하는 것이 아니라 다른 별에서도 태어남을 알아야 한다. 천상도(天上道)는 극락을 말하며 욕계, 색계, 무색계의 극락이 있다. 욕계는 5욕(식욕, 성욕, 수면욕, 명예욕, 재물욕)의 욕망이 남아 있는 상태로 지거천(地居天)과 공거천

(空居天)이 있으면 지거천은 중생이 사는 곳으로 사천왕천(四天王天-수미산須彌山 중턱에 있는, 동쪽의 지국천持國天, 남쪽의 증장천增長天, 서쪽의 광목천廣目天, 북쪽의 다문천多聞天의 네 하늘로 사천왕과 그 권속이 거주하는 천이며 불법 귀의(佛法歸衣)의 중생을 보호한다고 한다. 여기서의 하루는 인간세상의 50년에 해당된다), 도리천(忉利天-수미산 꼭대기에 있으며, 가운데에 도리천의 왕인 제석천(帝釋天)이 있고 그 사방에 하늘 사람들이 거처하는 여덟개씩의 32개의 성이 있다. 제석천은 불법과 불법에 귀의하는 사람을 보호하고 아수라의 군대를 정벌하며 사천왕을 통솔한다. 여기서의 하루는 인간세상의 100년과 같다), 야마천(夜摩天-수미산 꼭대기에 있는 도리천 위의 공간에 위치하며 밤낮의 구분이 없고 여러 가지 환락을 누린다고 한다. 여기서의 하루는 인간 세상의 200년과 같으며 지옥을 다스리는 염라대왕이 관장한다)이 있다. 공거천은 허공세계에서 살며 도솔천(兜率天-수미산의 꼭대기에서 12만 유순由旬 되는 곳에 있으며, 내원은 미륵보살이 수행중인 정토이며 외원은 천계 대중이 환락하는 장소), 화락천(化樂天-이곳에 태어나면 소원성취가 되어 즐거운 곳), 타화자재천(他化自在天-다른 이의 즐거움을 자기의 즐거움으로 만들어 즐길 수가 있는 곳으로 마왕이 인간을 괴롭히기도 한다)이 있다. 5욕의 욕망은 사라졌지만 형상이 남아있는 상태인 색계에는 초선천(初禪天), 이선천(二禪天), 삼선천(三禪天), 사선천(四禪天)이 있으며 초선천은 범중천(梵衆天-범왕의 많은 백성이 사는 하늘), 범보천(梵輔天-범왕 돕는 신하가 사는 하늘), 대범천(大梵天-범왕의 가장 우두머리의 하늘)이 있다.

　이선천은 소광천(少光天-적은 광명을 내는 하늘), 무량광천(無量光天-몸에서 광명이 끝없이 나오는 하늘), 광음천(光音天-말을 할 때 소리 대신 빛으로 말하며 인류의 시조는 여기에서 나옴)이 있다. 삼선천은 이선천에서 얻은 기쁨을 즐거움으로 얻는 곳으로 소정천(少淨天-나와 세계가 조금 깨끗한 하늘), 무량정천(

無量淨天-나와 세계의 깨끗함이 끝이 없는 하늘), 편정천(偏淨天-나와 세계가 생각 없이 깨끗한 하늘)이 있다. 삼선천은 복생천(福生天-복이 샘솟아서 복을 누리는 하늘), 복애천(福愛天-복을 사랑하여 즐기는 하늘), 광과천(廣果天-범부가 사는 하늘 중에서 가장 좋은 곳으로 복의 과보로 태어나는 하늘), 무상천(無想天-마음에 상이라는 생각이 없는 하늘), 무번천(無煩天-번뇌가 없는 하늘), 무열천(無熱天-작은 번뇌도 없는 하늘), 선견천(善見天-선정(禪定)을 닦는 데 장애가 없어 시방세계를 선명하게 볼 수 있는 하늘), 선현천(善現天-천중의 선한 과보를 받는 하늘), 색구경천(色究竟天-하늘 사람이 의지하는 곳으로 오욕의 형상이 완전히 사라진 하늘)이 있다. 그래서 색계 18천이라고 한다. 무번천부터는 욕계에 다시는 돌아가지 않는 하늘이다. 초선천의 깨끗한 몸은 사방을 덮고 있고 이선천의 깨끗한 몸은 소천세계를, 삼선천의 깨끗한 몸은 중천세계를, 사선천의 깨끗한 몸은 대천세계를 덮고 있다는 말은 그만큼 바라보는 형상이 사라짐을 말하고 있는 것이다. 욕망과 욕망의 형상이 없는 무색계는 공무변처(空無邊處-모든 물질적 형상을 싫어하고 허공의 자재함을 기쁘하며 공의 끝없음을 알아 태어나는 곳), 식무변처(識無邊處-욕심이 없어 알음알이의 끝없음을 알아 태어나는 곳), 무소유처(無所有處-선정을 닦아 식의 무변함을 싫어하고 무소유의 지혜를 얻어 태어나는 곳), 비상비비상처(非想非非想處-삼계의 가장 높은 하늘로 번뇌를 떠났으므로 비상이지만 완전히 떠난 것이 아니므로 비비상이라 하여 비상비비상처라 한다)가 있다. 결론적으로 말해 뿌린대로 거둔다는 말이다. 우리가 여기서 욕심만 버리면 천상에서 지금 보다 훨씬 편하게 공부할 수 있다. 우리 삶의 목표가 인격완성이기에 결국 다 부처가 되어야 하는 것이다. 부처란 비상비비상에서 한걸음 더 내디디면 자유스러운 부처가 된다. 그러나 그 한걸음이 생각할 수 없을 정도로 어렵다는 것이다. 극락의 호사스러움에 안주하여 공부하기를 게을리하는 것보다 불편함의 마장을 극복하여 바로 부처가 될 수 있는 지구촌의 이런 좋은 공부처는 다시 없는 곳이니 여기서 많은 것을 체험하고 공부해서 삼계(욕계, 색계, 무색계)를 벗어난 자유로운 부처가 되어야 한다. 색계나 무색계에 간들 행복할 것 같지만 똑같다. 여기서 지금 내려놓으면 다 극락이다. 천상이 극락이라고 하지만 지금 자리가 극락임을 안다면 비상비비상처라 할지라도 그곳에 갇혀 사는 감옥에 불과하다. 극락은 선법에 의지하여 삶을 꾸려간다면 갈 수 있을지 모르지만 불법에는 한발짝도 들어놓지 못한다. 부처는 생각에 머물지 않고 측은지심으로 중생들의 이익을 위해 무주상보시하며 가장 낮은 곳에서 가진 것 없이 만족하며 사는 분이다. 부처나 예수님이 낮은 곳에 임하는 이유는 높은 곳은 욕심이 많아 깨달음의 말을 해 주어도 당체 받아들이지를 않으니 안가는 것이다. 시절인연이 올 때 흘러 보내지 않는 준비된 사람만이 편승할 수 있으니 공부해야 한다. 오고 감이 없는데 극락은 어디에 있으며 머무름이 없는데 있다고 해도 나와는 상관없다.

17. 108번뇌가 업이다

108번뇌 = 12(6근+6경) 3(호好, 악惡, 평등平等) 3(과거, 현재, 미래)을 해서 나온 것으로 불교에서는 사람의 번뇌가 108가지 있다고 한다. 물론 세분화를 시키면 헤아릴 수 없는 수치가 나오지만 큰 틀에서 나온 것이 108번뇌이며 이는 사람이 욕심으로 인해 만들어 내는 것으로 마음이 짓는 업에 의해 윤회를 만들어 낸다. 즉 108번뇌는 '내'라고 하는 육근과 육근의 대상인 육진에 탐심이 생겨 촉하여 받아들이는 좋은 느낌, 나쁜 느낌, 좋지도 나쁘지도 않은 느낌을 받는다. 이것은 과거의 경험으로 비추어 알 수도 있고 지금 내가 여기서의 상황에 따라 다를 수도 있으며 미래를 위한 욕심의 선택을 할 수 있는 것으로 어떠한 선택을 해도 실체가 없다. 집착과 함께 어떠한 선택을 하더라도 고와 함께 함을 알 수 있는데 그런 집착들이 윤회를 거듭하게 한다. 이런 고를 받으며 나이를 먹어 보니 세월이 유수처럼 흐름과 삶이 꿈처럼 흘러가는 내 삶의 무상함을 느껴 삶을 하직하면서 자식들에게 마지막으로 들려주는 대부분의 말은 '삶은 공수래 공수거(空手來空手去)이니 너희들은 내처럼 탐착하지 말고 베풀며 살라고 당부한다.' 옛날에는 상여행차 시 앞소리꾼이 간다 간다 나는 간다 북망산천 나는 간다라고 하면 상두꾼들이 삶은 무상하며 공수래 공수거다 라는 의미로 '너호 너호 에이넘차 너호'라고 한다. 떠나면서 마지막으로 일러주는 삶의 지향점을 죽음으로 가르쳐 주는 대승불교의 의미가 내포되어 있다. 그러면 자식들은 잘 알았고 그리 살겠다고 고맙다고 극락에 잘 가시라고 마음으로 인사하고 절에 가서 49재를 지낸다. 49재란 사람이 죽으면 인연의 업으로 쌓인 마음이 49일간 순차적으로 소멸하는 시간을 말하는 것으로 안식, 이식, 비식, 설식, 신식, 의식, 말나식(자아의식)이 49일간 조금씩 조금씩 소멸하여 49일이 되면 완전히 소멸한다는 기간이다. 그러면 49일간 영가로만 있느냐 하면 그것은 아니다. 사람의 근기나 업에 따라 달라지는 것으로 근기가 뛰어난 사람은 이 세상 사람이 아님을 알고 미련 없이 떠나지만 미련이 많은 사람은 자신이 아직 살아있다고 착각하여 떠돌다 보니 아님을 알고는 떠나게 되고 한이 맺힌 영가는 한맺힌 대상을 지키거나 복수를 위해 집착으로 자신이 아직 죽지 않고 살아있다고 착각하여 구천을 맴도는 영가도 있다. 그래서 영혼 구제를 위해 절에서 49재를 올린다. 49재는 업의 굴레를 조금이나마 감해서 좀 더 좋은 곳으로 가게 해 달라는 의식으로 불교에서는 고인이 사후 49일 동안 저승에서 일곱 대왕들에게 심판을 받다가 최종 심판을 받고 환생한다는 믿음이 있음으로 인해 49재 동안 고인을 위로하고 안식을 취하게 하면서 영가에게 깨달음의 길로 안내하여 해탈할 수 있게 하거나 극락이나 더 좋은 인연의 곳으로 갈 수 있게 해 달라는 의미로 거행된다. 사람이 죽어 귀신이 되면 사람능력의 9배는 있다고 한다. 그래서 스님들은 금강경이나 천수경 또는 보안보살장을 각성으로 읽어주는 것이며 귀신은 스님의 각성을 전해받고 작은 업이라도 덜어내게 된다. 49일 동안 심판을 받고 스님의 가르침에 따른 업장소멸의 결과에 따라 다음 생이 결정된다. 그러니 영가는 너무 똑똑하여 요란, 거창, 형식보다 스님의 각성으로 인도함을 따라 배우는 것이니 신심으로 각성해 주시는 스님을 만나야 한다. 불교에서는 전생의 업으로 인해 윤회하여 태어난다고 했는데 49재가 과연 효능이 있을까?라는 생각을 할 수도 있는데, 있다고 하면 있고 없다고 하면 없는 것이다. 있다고 믿는 사람은 자신이 위로받기 위한 것이고 없다고 하는 사람은 받을 위로가 없는 것으로 분별하지 않음이 공부이니 매이지 말고 상관하지 말라는 말이다. 그러나 좋은 스님 만나 49재를 함은 다음 생에 도움은 되리라 여겨지기도 하지만 무엇보다 중요한 것은 살아생전에 공부해서 윤회를 벗어나는 것이 중요하다. 제8식인 아뢰야식(무의식)은 죽어서도 끊어지지 않고 윤회를 만드는 것으로 무의식이 강하면 전생의 기억을 머금고 간다. 그러나 대부분의 사람은 무의식 자체가 아주 희미하기 때문에 궁금함은 있으나 기억을 못하는 사람이 대부분이다. 가끔 처음 절에 가는 사람이 '절이 참 포근하다'라고 여기면 전생에 잘사는 사람이였고 두려움이나 공포스러움이 들면 경제적으로 그리 잘 살지 못했다고 하는 이유가 그런 것인데 전생에서의 절은 부잣집 사람만 다니는 곳이 절이였기 때문이다. 처음보는 사람임에도 어떤이는 친근감을 어떤이는 거리낌을 느끼는 것이 또한 그런 것이다. 거리낌을 느끼면 업을 제거하는 공부로 여겨 더 잘해주면 되는 것으로 그것이 지금도 미래에도 좋은 것이다. 그러므로 공부하는 사람은 내려놓을 때 무의식에서도 내려놓아야 진정 내려놓는 것이기에 큰스님들께서 세세하게 챙겨주는 이유인 것이며 그게 무주상보시하는 자신을 잘 살펴 보라는 말이다. 그러니 일반인들이 공부를 할 때 무주상보시를 적용함이 공부에 많은 도움을 주게 되는 것이다. 참고로 혼불이라는 것이 있는데 대부분의 사람은 혼불을 볼수 없지만 큰스님은 볼 수 있다고 한다. 혼불이 보이면 2일 이내에 하직한다고 한다. 그래서 큰스님은 인연이 있으면 방책을 안내해 주기도 하지만 배우는 사람에게는 아무 상관이 없는 말로 깨치면 알게 되는 것이니 깨치기 위한 공부나 열심히 하자. 내가 자연이고 자연이 나라는 생각으로 허공에 내가 스며들어갈 수 있으면 만사가 내것이다.

나는 불교를 이렇게 접하고 이렇게 공부했다

나는 불교를 이렇게 접하고 이렇게 공부했다

　돌이켜 보면 삶은 후회의 연속인 것 같다. 일반적으로 나이가 들어 삶을 회상하면 대부분은 삶을 내려놓는 쪽의 후회를 많이 하는 것 같다. 후회해도 지금 이렇게 살 것이고 후회하지 않아도 이렇게 살 것이라는 생각을 하기 때문이다. 그런 의미로 보면 나도 불교를 접하는 것이 억지로 접하려고 했던 적은 없었고 어쩌다 보니 이렇게 접하게 되었고 어쩌다 보니 공부하여 지금의 나라는 존재가 있는 것 같아 삶이 고맙게만 느껴진다. 불교를 접한다는 것은 정법을 접한다는 생각이 들어 정법을 만나 고맙고 책으로만 하는 공부임에도 밖으로 흐트러짐이 없고 안으로 참회할 수 있는 수행으로 이어져 감사하기까지 하다. 내가 불교를 접하게 된 과정에 대한 글을 작성하는 이유는 이 글을 읽는 분들이 스스로를 비교하면서 읽어 보시면 좋을 것 같기도 하고 나의 불교 입문이 궁금할 수 있을 것 같아서이다. 아래의 내용은 불교와 관련 있는 내용만을 작성한 것이며 그와 관련 없는 개인적인 체험이나 경험들은 작성하지 않는 것이 좋을 것 같아 접어 둔다. 물론 그런 체험이나 경험들이 불법을 만나는 작은 계기가 될 수는 있지만 독자의 입장에서는 그다지 도움이 되지 못할 것 같다.

1. 학창 시절

　정확한 시점은 모르겠지만 아마도 초등학교 6학년인 것 같다. 대문에 기대어 지금 생각하는 이놈은 항상 살아 있는 것인가? 이놈은 죽지 않는 것인가? 라는 생각을 하다 동네 친구가 놀러 가자며 불러서 달려간 기억이 난다. 아마 아버지께서 초등학교 5학년 때 위암으로 돌아가셨는데 옆에서 몸이 말라가는 모습과 아파하는 아버지의 안타까움에 마음이라는 놈을 처음으로 들여다보게 된 것 같다. 안타깝게도 그 이후에는 그런 생각을 전혀 하지 않았다. 그때 계속해서 그런 생각에 빠져들어갔으면 거의 출가했을 것 같다. 고등학교 3학년 봄에 형수님이 갑작스러운 급성황달로 돌아가시면서 죽음에 대한 두려움을 갖기 시작하였고 그 당시 방황을 제법 했던 기억이 나지만 죽음에 대한 고찰 같은 것은 없이 공부하기 싫은 시기에 죽음에 대한 두려움에 방황하다 제자리로 금방 돌아온 기억이 난다. 대학 시절 이광수의 '아, 무정'이라는 책을 보면서 불교에 스며들 정도로 탐색한 것은 아니지만 원효의 해골 물을 좀 더 깊이 생각하게 되었다. 혼란스러운 단어들이 이해하는 데 지장을 주어 혼자서 의미 규정을 하며 읽어 보니 글이 재미있게 읽어졌던 기억이 난다. 그것은 육체, 신체, 마음, 정신, 영혼이라는 단어의 구분이었는데 그때의 구분이 지금도 변함없다는 것이 스스로에게 놀라울 따름이다. 봉사활동도 했지만 불교와 관련된 것은 아니며 딱히 불교와 관련된 것들 중에 내세울 것은 없는 것 같다. 거의 대부분의 사람과 비슷한 학창시절을 보낸 것 같기도 하지만 아마 경제적인 어려움은 있었고 그것이 남을 이해하는 초석이 되지 않았나 하는 생각은 한다.

2. 사회생활시절

　사회초년병 시절인 25세 정도에 성경책을 공부하기 시작했었는데 나에게는 그리 흥미로운 내용은 아니었음에도 교회를 충실히 다니면서 겉핥기식으로나마 다니엘서까지 성경 공부를 하다가 그만두었다. 그만둔 이유가 내가 다니는 교회의 목사님께서 설교 중에 교회를 장엄하는 꺾꽂이 한 꽃은 죽은 꽃인지 살아있는 꽃인지에 대한 자문자답을 하셨는데 뿌리가 없으니 죽은 꽃이라고 답을 하셨다. 그때 그 말씀은 선택함에 보람찬 것을 우선시해야 한다는 나의 가치관에 부합하지 않기에 실망스러웠다. 다시 말해 짧은 삶이지만 사람들에게 향기와 아름답고 화사한 실내 분위기를 연출하는 꺾꽂이 꽃의 보람찬 행위를 죽었다고 하니 가슴이 아팠고 무엇보다도 옳고 그름에 대한 선택과 판단은 내가 생각하고 내가 결정하고 있다는 것을 느꼈고 앞으로의 선택과 판단도 내가 할 것임을 알았기 때문이다. 목사님의 개인적인 해석과 판단이 나의 견해와 차이가 있었고 다른 이와의 견해와 그 차이를 내가 판단하고 선택함을 알았기에 교회를 벗어나게 되었다. 세월이 흘러 지금에서야 생각해 보면 교회에 가는 것은 성경 말씀을 듣고 착한 마음으로 실천력을 배우러 가는 것인데, 설교는 목사님의 개인적인 견해도 들어감을 알아차렸어야 했는데 목사님의 말씀을 바로 예수님 말씀으로 치부해 버리는 경향이 있었던 것 같다. 그러다 지인의 안내로 토요일 부산 코모도호텔에서 어느 스님의 법문을 듣기 위해 혼자 갔었는데 말 그대로 야단법석이었다. 안으로는 들어갈 수가 없었고 그래도 법문을 난생처음 듣는 것이라 밖에서라도 들으려고 입구 쪽에 앉아 있었는데 주위가 너무 시끄럽기도 했지만 법문의 내용이 무슨 말인지를 모르니 참으로 난감하였다. 그냥 허수아비가 되어 앉아 있었던 것이다.

옆에 있는 아저씨들이 스님의 법문에 대해 이러쿵 저러쿵 이야기를 하고 있었는데 그 말 조차도 무슨 말인지를 모르니 허수아비가 그대로 주저앉은 꼴이었다. 그때 처음으로 불교 공부에 대한 마음을 내었던 것 같다. 그렇다고 절에 가서 공부하거나 불교단체에 가서 배움을 하거나 일부러 책을 사서 공부를 했던 것은 전혀 없었다. 어머니의 불교에 대한 기복신앙으로 인해 가끔은 어머니와 함께 절에 가서 기도하곤 했었지만 거의 어머니만 기도했었고 나는 거의 절 구경을 하고 어머니와 함께 가끔 공양하는 정도였었다. 그때는 불교 공부는 스님만 하고 일반사람은 기도만 하는 것으로 알았었다. 그러다 안적사 주지스님의 차를 도랑에서 건져주는 데 작은 힘이나마 보탬이 된 게 인연이 되어 화두를 얻게 되었지만 화두가 무엇인지도 몰랐었기에 무심했었다. 결혼하고 둘째가 100일도 안 되어 폐렴으로 입원했을 때 옆에 있는 아기의 외할머니가 무당이었는데 내 아들을 팔아야 된다고 해서 안적사 주지스님을 찾아 뵙고 자초지종을 말씀드리니 그런 것 믿지 말라고 하시면서 반야심경 탁본을 주셨는데 대한민국에 있는 3장 중 한 장이라며 집에 잘 보관만 하면 된다는 말씀에 그리하였던 기억이 있다. 20년이 지나 안적사의 그 스님을 찾아뵈려고 가보니 열반하신 탑만 덩그러니 있어 묵념하고 온 기억이 있다. 직장생활을 하면서 돈을 많이 벌고 싶었고 인정받는 사람으로 살고 싶은 욕망에 참으로 열심히 달렸으며 죽으러 가는 길인지도 모르고 스트레스와 욕망으로 달렸던 것 같다. 가끔은 불교가 무엇인지에 대한 궁금함으로 집에 있는 씨잘떼기 없는 불교책을 보기도 하였지만 도대체 무슨 말인지도 모르겠고 재미도 없었을 뿐만 아니라 누구에게 물어볼 사람도 없었으며 배울 곳도 딱히 없었다. 불교가 무엇인지도 모르면서 누가 물어보면 불교인이라고 대답은 잘도 했었다. 퇴직하기 2년 전부터 직장이 너무 힘들어 그만두려는 생각은 계속하고 있는 차에 자식들이 대학도 졸업하고 했으니 절약하면 충분히 먹고 살 수 있겠다는 생각으로 55세의 나이에

도망가자는 심정으로 뛰쳐 나왔다. 물론 주위의 반대도 있었지만 그만두고픈 마음이 앞서 있으니 다닐 수가 없었고 마누라에게 펑펑 울면서 그만두겠다고 사정을 말했던 기억이 난다. 사회생활에서의 불교공부를 했던 기억은 전혀 없다.

3. 은퇴 후 지금까지

아침 스트레스가 없어지니 너무 행복하여 오히려 더 일찍 일어나게 되었고 저녁에는 TV와 함께 밤을 지새우며 낮과 밤이 바뀌어 가고 있었다. 그래서 40대 초반에 장만한 함안의 촌집으로 올라와 텃밭을 가꾸고 주위를 정리하면서 시간을 보내다 혼자서 여행을 강원도로 갔었는데 말로 할 수 없을 정도로 행복하였고 사람이나 개, 꽃 심지어 벌레들도 다 행복하게 보였다. 세상이 환해 보였고 첫 여행지가 이상하게도 월정사, 상원사, 적멸보궁, 비로봉이었다. 적멸보궁이라는 것도 나의 겸손으로 절을 하는 것이 아닌, 그냥 읽어보고 그렇구나 하면서 내려왔었다. 내려와서는 텃밭을 가꾸는 일 외에는 딱히 할 일이 없어 책을 보기 시작했었는데 주로 시집을 읽다 시간이 남아 집에 있는 경봉스님 책을 읽어 보다 3년 전에 이해를 하지 못하였던 것들이 너무나 자연스럽게 이해가 되는 것이 지금 생각해도 이상할 정도였다. 그리고는 5천원 주고 산 성철스님의 '자기를 바로 봅시다'라는 책을 보면서 너무나 어려워 몇 번을 읽어 보다 독파하겠다는 생각으로 공부하기 시작했었는데 참으로 어려운 화두 이야기들이 나의 마음을 흔들어 대기 시작했다. 몰라서 지루하고 하여 함안도서관의 불교 서적을 읽기 시작하였고 감응이 와서 전화번화까지 바꾸면서 인터넷을 끊고 오로지 불교 서적만 빌려 읽기 시작하였다. 너무 재미가 있어 4년 동안 함안도서관에 있는 불교 서적은 거의 다 읽었다. 한자로 된 전문적인 책은 빼고. 그러면서 중요한 내용은 메모도 하며 불교 공부를 혼자서 열심히 하다 보니 어느 날 진작에 불교 공부를 했었다면 사회생활을 좀 더 보람차게 하지 않았겠나? 라는 생각을 했었는데 그 이유는 불교가 삶의 의문점을 시원하게 풀어 주는 해답을 제시하여 주었기 때문이다. 성철스님의 '자기를 바로 봅시다'를 20번 이상은 읽었던 것 같다. 그래서 화두를 얻기 위해 해인사에 가서 명부전과 대웅전에서 3,000배에 도전하여 1박 2일에 마치고 성철스님 부도탑에 가서 화두 달라고 떼를 써도 주시지 않아 꿈속에서 전해 달라고 빌고는 내려온 적이 있었는데 그때 좋은 경험을 했었다. 3천배 첫날에 샘터에서 물을 마실려고 부유물을 걸러내면서 물을 받았는데 어느 스님께서 거침없이 샘에 바가지로 물을 떠서 마시는 것을 보고 뭔가 가슴을 스치고 지나감을 느꼈다. 아마 분별이란 공부를 처음 실전에서 배웠던 것 같다. 지금도 그 스님께 고맙고 감사함을 느끼고 있다. 어떨 땐 공부를 하다 지루함이 느껴지면 차박하는 여행을 다니곤 했었는데 그때까지만 해도 불교의 "일상이 도다"라는 것을 몰랐었는데 돌이켜 보면 불교의 공부를 몸으로 익히는 공부가 된 것 같기도 하다. 그 당시 청양의 정혜사라는 절에 관세음보살 점안식 전날이라 많이 바빴는데 그곳에서 일을 도와 주고 점안식도 참관했었는데 그 주지스님과 담소를 나누다 월정사에 단기출가자를 모집하는 것이 일 년에 한 번 정도 있다는 이야기를 듣고 확인하고 신청하여 행자 체험을 하게 되었다. 스님들의 강의 시간만 되면 의문점들을 마구마구 질문을 하였는데 자현스님께서 그것은 사이비라는 말에 충격 먹고 그때부터는 질문이라는 것은 하지 않고 놀기로 작정하고 신나게 놀면서 체험을 마친 경험이 있었다. 그 당시 사이비라는 말로 인해 지금까지 공부한 것은 공부가 아님을 알게 되어 겸손을 배웠고, 아마 나의 삶에 공부할 계기를 가장 크게 받았던 곳이 월정사 단기출가였을 것이다. 함안으로 돌아와서는 근본사라는 절의 명칭을 달고 아침 저녁 예불을 드렸고 작은 목탁을 사서 목탁을 두드리면서 금강경을 독송하기도 했고 오전 오후로 좌선을 한 시간씩 했었는데 가면 갈수록 좌선하는 힘이 약해서 잡념과 싸워야 했었다. 그러다 마침 월정사에서 10일 짜리 티벳 명상이라는 좌선을 집중적으로 하는 연수가 있어 참가했었는데 좌선하는 힘을 다소 얻었고 집으로 돌아와 좌선함에 제법 힘이 실렸으며 딱히 할 만한 화두가 없어 성철스님의 '이 뭐꼬'를 화두로 삼아 앉아 있었다. 왜냐하면 나는 뭐든지 3일을 고민해서 내 나름대로 화두를 해석해 버리는 나쁜 습관이 있었기 때문이다. 그런데 이뭐꼬는 전혀 해석할 수 없는 본마음을 바라보는 훈련이기 때문에 이뭐꼬가 좋았다. 그런데 시간이 흘러 이뭐꼬가 잡념으로 바뀌기 시작하더니 책에서나 일상생활에서의 의문점이 생기면 의문점을 해결하는 것이 나의 좌선이 되어버렸다. 그러다 우연히 노트를 보는데 내가 작성하고도 이런 좋은 글들이 여기 있노? 라며 탄성을 질렀다. 노트에 해답들이 즐비하게 있었던 것이다. 몇 번을 보고 또 보고 하다 일미진중 함시방으로 연결되면서 노트를 접고 본성품을 보기 위해 이뭐꼬로 좌선을 다시 시작했다. 지금은 우주 한 귀퉁이의 나무에 걸터앉아 세상을 보고 있는 원자라는 한 점인 나를 응시하고 있는데 나에게는 이것이 가장 집중이 잘 되는 것 같아 지금도 그렇게 하고 있다. 가끔은 인중에 집중하는데 인중에 불이 붙는 것과 어두운 곳으로 빠져드는 것까지 경험을 하였는데 지금은 온 신경이 책으로 가 있어 좌선이 책에 대한 명상으로 바뀌어져 아무것도 하지 않고 책에만 집중하고 있다. 탈고(脫稿)하면 혜암스님의 말씀처럼 공부하다 죽을 각오로 좌선에만 전념할 예정이다. 참 해인사의 3,000배 도전하는 첫날 법당 저녁예불에 참석했었는데 많은 스님들이 오셔서 금강경 44페이지까지 독경했었는데 독경을 마치고 스님에게 이 책을 빌려 가도 되는지 물었더니 고맙게도 빌려 가라고 하셨다. 언제 돌려주면 되는지 누구에게 돌려주면 되는지 여쭈어 보니 언제든지 오셔서 그냥 꽂아 놓으면 된다고 하셨다. 지금까지 돌려주시 않았지만 2년을 하루도 빠짐없이 하루 한 번을 읽었고 지금도 가끔은 읽고 있다. 나에게 금강경이란 것은 생명과 같은 말씀이며 나의 스승이다. 의문점을 금강경과 비교하여 맞으면 되새김질로 각인시켰다. 금강경을 알면 알수록 깊이 빠져들게 되었으며 '응무소주 이생기심'을 이제는 알았다라는 생각을 10번이나 했던 것 같다. 성철스님에게 어느 스님이 책에 이러한 내용이 있는데 하며 질문을 하자 성철스님 왈 책에서 의문점을 찾은 자 책에게 물어봐라 라는 말을 했는데 처음에는 나 같은 사람에게는 황당한 답변이지만 그 스님도 얼마나 황당했을까 라는 생각을 했었지만 지금은 충분히 이해를 하고 있다. 하지만 나 같으면 개인적으로 불러 이야기를 해 줄 것 같다. 아마 성철스님도 그리하셨을 것이다. 처음에는 '자기를 바로 봅시다'를 스승으로 삼고 공부하였는데 지금도 '자기를 바로 봅시다'를 되새기며 문안으로 수행하고 있다. 아래에 있는 글은 내가 아침 공양을 마치고 정동마을 뒤에 있는 정동저수지를 포행할 때 혼자서 외우면서 포행한 내용이다. 나름 재미나게 외우고 생각하면서 공부해야 된다는 결심도 하곤 했었던 글들을 소개한다. '삼계유여급정륜(三界猶如級井輪)-삼계윤회가 우물의 두레박과 같으니/ 백천만겁역미진(百千萬劫歷未盡)-백천만겁을 지나도 다함이 없구나/ 차신불향금생도(此身不向今生度)-금생에 이 몸을 제도하지 못하면/ 갱대하생도차신(更待何生度此身)-어느 생을 기다려 이 몸을 제도하리오.' 비슷한 내용으로 송나라 대혜종고 스님의 대혜어록에 '인신난득 불법난봉(人身難得 佛法難逢)-사람으로 태어나기 어렵지만 불법을 만나 도달하기는 더욱 어렵다'는 내용으로 어렵게 사람으로 태어났고 불법을 공부하고 있음에 감사한 마음으로 나태함을 없애보려고 참으로 많이 외웠던 내용이다. '축록자불견산(逐鹿者不見山)-사슴을 쫓는자 산을 보지 못하고/ 확금자불견인(攫金者不見人)-황금을 쫓는자 사람을 보지 못한다.' 쫓는다는 자체가 욕심이니 욕심을 내려놓으면 자성인 산이나 사람을 본다는 말로 욕심 많은 나였고 지금도 욕심이 많아 말이 많으며 나중의 생각에 힘겨워서 술을 마시는 빈도는 쌓여만 갔기에 견책하는 마음으로 외웠다. '무량원겁즉일념(無量遠劫卽一念)-긴 세월이 한 생각이오/ 일념즉시무량겁(一念卽是無量劫)-한 생각이 무량겁이다./ 파차불행노인불수(破車不行老人不修)-차만 타고 행하지 않으면 늙어도 수행하지 않는다./ 와생해태좌주난식(臥生懈怠坐走亂識)-누워 게으름만 피우면 앉아서도 혼란스러운 마음만 더한다.' 님이시여 여기서 고민을 한번 해 봅시다. 빈둥빈둥 아무 할 일이 없이 누워 있으면 우리는 팔자 좋은 놈이다 라는 말을 하지만 실제 깨달은 사람이고 깨달은 사람이 하는 행동임을 알아야 한다. 님들이 분주하게 나다니는 것들을 보면 업을 짓고 있는 것들로 좋은 업이든 나쁜 업이든 업을 짓고 있다. 없앨 업도 없고 지을 업도 없으니 빈둥빈둥 누워 있는 것이다. 물론 여기서는 참으로 나태한 사람을 가리키지만 바라보는 사람으로서는 그리 생각해야 부처행을 하게 된다. 즉 게으른 부처로 보아야 내가 부처임을 증명하는 것이다. 상대를 낮추어 버리면 벌써 내 속에 분별하고 있는 것이니 마음은 할 일이 없어 부동하지만 몸은 작용해야 드러나는 것이다. 가만히 있어도 변해가고 움직여도 변해가는 이 몸뚱아리, 대승의 견지에서 빛과 소금이 되어 님들이 부처임을 드러내어 가르쳐 주어야 한다. 몸이 게으른 것은 욕심도 많지만 무지해서 실천도 하지 않고 남 탓으로 돌리기에 그런 것으로 머무르지 않는 마음을 내어 지금 당장 실천해야 한다. 게으른 자는 남의 탓으로 돌리지만 지혜로운 자는 자신의 탓으로 돌려 작은 것에서부터 시작하는 것이 천 리 길도 한 걸음의 지혜로움이다. 누워서 망상으로 욕심을 채우니 몸 잃고 마음까지 업만 생산하고 있는 것이니 자기를 바로 보아 팔자 고치고 소원성취해야 한다. '가라파좌낭(呵囉婆佐曩)-일체법을 깨닫게 되면/ 달래치구야(達㘑哆佉野)-자성이 무소유임을 알 것이요 口士示/ 낭가희가낭(曩呵呬呵曩)-이같이 법성을 이해하면/ 달래노사나(達㘑盧舍那)-즉시 노사나불을 볼 것이다.' 일체법 중에서 이 몸뚱아리를 빌려 태어났지만 빌리지 않은 공한 마음이면 그대가 노사나불이다. '생종하처래(生從何處來)-삶은 어느 곳에서 부터 오며/ 사향하처거(死向何處去)-죽음은 어느 곳으로 가는가/ 생야일편부운기(生也一片浮雲起)-삶은 한조각 구름이 만들어지는 것과 같고/ 사야일편부운멸(死也一片浮雲滅)-죽음은 한조각 구름이 사라지는 것과 같다/ 부운자체본무실(浮雲自體本無實)-흐르는 저 구름은 본래 있지도 않는 것을.' 사람은 태어나면 죽는데 지금 내가 생각하는 이놈은 도대체 뭘까?라는 궁금증을 자아내게 되는 글로 지금 생각하는 이놈은 나의 몸뚱아리가 죽으면 이놈은 다시 살아나는 것인지 아니면 죽어 없어지는 것인지 궁금하기도 하다. 부모, 형제, 친구, 이웃 등 틀림없이 죽기는 죽는데 라고 생각하는 이놈은 정말 죽지 않는다는 것인지 너무 궁금할 것이다. 죽음에 대한 두려움이 항상 나와 함께 한다는 것이 오히려 생각하기 싫게 만들기도 한다. 내가 필요해서 쌀을 사러 가자고 하면 이 몸뚱아리는 잘 듣고 시키는 대로 하는 이 시키는 이놈이 뭘까? 고민을 많이 하게 했던 문구다. 죽음이 열반임을 알면 두려움이 환희로 바뀌고 몸뚱아리는 실상이 아닌 인연가합으로 생겨난 것으로 잠시 사용하다 사라지는 것임을 알면 두려움은 사라지는 것이다. 이 몸뚱아리를 나라고 알고 있기에 두려움이 생긴 것이니 이 몸뚱아리가 필요해서 잠시 빌려쓰고 있음을 알면 두려움은 사라지게 된다. 윤회를 안다면 다음 생에 무엇으로 태어날지 궁금하기는 하겠지만 지금 죽음이 두렵지 않다면 그때 가서 보면 된다. 미리 생각해서 걱정하지 말라는 말이며 생각은 욕심에서 비롯되는 것으로 지금의 나의 깨어있음이 미래의 나의 모습이니 미래의 나의 모습은 지금의 나의 모습에 따라 바뀌는 것이다. '사대각리여몽중(四大各離如夢中)-사대가 각각 여의는 것이 꿈속과 같아/ 육진심식본래공(六塵心識本來空)-육진과 마음도 본래 공한 것인데/ 욕식불조회광처(欲識佛祖回光處)-부처와 조사의 광명 일으킨 곳을 알고프냐/ 일락서산

월출동(日落西山月出東)-해가 서산으로 지니 달이 동쪽에서 떠오르는구나.' 앞의 글과 같은 내용으로 평상심이 도임을 보여주는 것이다. 도는 멀리 있는 것이 아니며 특별한 것도 아니다. 밥 먹고 차 마시는 것이 도다. '아미타불재하방(阿彌陀佛在何方)-아미타부처님은 어디에 계시는가/ 착득심두체막망(着得心頭切莫忘)-마음 다잡아 간절히 잊지 않아/ 염도염궁무념처(念到念窮無念處)-생각하고 생각하여 더 이상 생각할 수 없는지경에 이르면/ 육문상방자금광(六門常放紫金光)-우리의 모든 감각 기관에서 아미타부처님의 자금색을 뿜어내게 되리라.' 간절함이 법정스님의 한 생각이니 그 간절함을 내려놓으면 자신이 부처님을 보게 된다. 님들이 바라는 소원성취도 바라는 마음을 내려놓으면 이루어진다. '보화비진요망연(報化非眞了妄緣)-보신불, 화신불은 참이 아니라 요망한 연일 뿐이다/ 법신청정광무변(法身淸淨廣無邊)-법신이야말로 청정해서 넓기가 끝이 없다./ 천강수천강월(千江水千江月)-중생의 다양한 근기와 바람에 맞추어 보신불과 화신불이 있으니/ 만리무운만리천(萬里無雲萬里天)-구름만 없어지면 모든게 다 법신불 본마음자리로다.' 보신불, 화신불, 법신불이 마음밭에 있으니 사대육근이 없으지면 마음도 없으니 보신불, 화신불, 법신불을 어디에서 찾는다는 말인가? 있는 그대로가 법신불이니 연연하지 말라. 참고로 나는 108배를 할 때 숫자 대신 자비희사, 동체대비, 인과업보, 무분별, 부탐착, 무증애, 묵언, 하심, 응무소주이생기심까지 3번하고 마지막에 시아본사 석가모니불로 108배를 한다. 위의 단어들은 내가 공부하면서 익혀야 할 내용이라 그렇게 했던 단어들이다. 운동도 되고 하심도 하고 마치면 뿌듯함도 있어 2년간은 아침 좌선 후 꾸준히 했었는데 요즘은 건방짐만 늘어나 몸은 축나고 마음은 나태함에 빠져 있기도 하다. 그래서 불교 공부의 가장 기초인 사정근을 다시 시작하려고 한다. 기초가 튼튼해야 물들지 않는 연꽃을 피울 수가 있으니깐. 사람들은 자기가 부처임을 모르고 부처행을 하고 있으며 부처행을 하고 있는 자체도 모르고 있다. 말해줘도 모르니 안타깝지만 ㅋㅋㅋ 하며 넘긴다. 왜 모르냐 하면 무지하여 욕심이 있어서 그렇다. 하지만 누가 나를 툭 치면 나는 벙어리가 되어 고개를 떨구기도 한다. 아마 공부가 들면 업어치기 한판으로 넘길 날이 오겠지. 나는 이렇게 불교를 접하게 되었는데 결론적으로 말씀드리면 전생부터 불교 공부를 해라는 사명을 갖고 태어났다. 그러니 그러니 물 흐르듯이 가야할 것이며 또한 그리할 것이다. 중요한 것은 지금 이 순간 깨어있어야 된다는 것이다. 다시 말하면 팔자는 정해져 있지만 팔자는 내가 지금 여기서 어떻게 하는가에 따라 달라지는 것으로 밖으로는 무심하고 안으로 공하면 그것이 팔자를 고치는 방법이다. 한소식은 기다림도 지켜봄도 아니다. 한 소식은 작용이지 글이나 말로 하는 것이 아님을 알아야 한다. 한소식은 말이나 글이 붙을 수 없는 자리로 한소식 한다는 사람은 있으나 한소식의 향기를 발하는 사람을 보지 못했다. 아마 나의 자만심으로 인해 볼 수 없음이겠지만 이름난 스님을 뵈어도 향기가 묻어나오지 않음은 부족한 나의 탓일 것이다.

한소식

그대는 한소식을 기다리는가?
기다림은 한소식이 아니다
한소식 또한 한소식이 아니다
한소식은 한소식일 뿐이지만
한소식을 알아챔은
한소식이 떠난 후에 알아차리네

나에게 나타난 것들

나에게 나타난 것들

　결론부터 말하면 부처가 보이면 부처를 죽이고 조사가 보이면 조사를 죽여야 된다. 즉 부처나 보살을 보았다고 그곳에 탐착하거나 부처를 보았으니 나는 열심히 잘하고 있다는 자만심을 갖는 순간 공부는 거기서 진보를 볼 수 없다. 항상 하심하며 배우려는 자세를 견지할 때만이 공부에 진척이 있고 귀인을 만나게 된다. 내가 부처인데 어디서 부처를 구할 수 있겠는가? 금강경에 나오는 말 중에 약이색견아 이음성구아 시인행사도 불능견여래(若以色見我 以音聲求我 是人行邪道 不能見如來)라는 말이 있는데 형상으로 나를 보려 하거나, 음성으로 나를 보려 한다면 사악한 사람이며 부처를 볼 수 없다는 말이다. 옛날 어느 스님이 죽을 끓이는데 솥에서 방울이 올라오면서 방울 속에 부처가 보이자 주걱으로 부처를 죽이고 보살이 올라오면 보살도 죽였다는 말이 있다. 님들도 경험이 있겠지만 화투(고스톱)에 빠지면 누워서도 천장에 고돌이 패가 보이듯이 사람이 집중하면 그런 게 일상임을 잘 아실 것인데 공부하는 사람이 부처를 보았다고 자랑하면서 흥분하는 것은 첫 입문을 하고서는 깨달았다고 외치는 것과 같은 것이다. 이것은 아직 한참 멀었다는 반증이니 그런 것이 보이면 정말 너 따위에 현혹되지 않는다는 마음으로 그 상황을 물리쳐야 한다. 특히 불교공부를 하는 사람은 자랑병을 고쳐야 하는데 자랑병을 고치는 것은 너무나 힘든 것으로 나중에 자만심으로 이어져 남을 업신여기게 되며 결국 도탄에 빠지게 되는 마장과 같은 것이다. 물론 열심히 공부하고 있는 반증이기도 하지만 그것에 현혹되는 순간 더 이상의 공부 진행은 되지 않는다. 그러니 자랑질 하는 것이 아니라 경이로움을 증진하는 계기로 만들어야 한다. 교회를 가면 하게 되는 간증이라는 것도 골몰하면 나타나는 현상이다. 탐심이 없으면 바랄 것이 없는데 어디에 의지처를 두겠으며 내가 부처인데 어디서 부처를 찾을 수 있겠는가? 그러니 스스로의 부처를 살피는 공부에만 충실해야 한다.

1. 진공묘유

처음 불교책을 보면서 특히 성철스님의 '자기를 바로 봅시다'를 접하고 읽기를 여러 번 반복했었는데 모르는 부분은 사색을 하거나 좌선을 통해 골몰했었다. 어느 날 좌선을 하는데 처음으로 진공묘유가 보였다. 아주 작으면서도 각이 없는 사각형이었는데 살아있는 것처럼 빛을 발하는 광채가 감히 근접할 수 없는, 말로 설명하기에는 한계가 있을 정도였다. 책에 진공묘유라는 글은 있었지만 형상을 설명하는 내용은 없었기 때문에 지금도 진공묘유하면 그 장면을 떠올리곤 한다. 그 장면을 보고 처음에는 뭔가 된 기분이 들기도 했었고 신비하여 누구에게 이야기하고 싶었지만 말할 대상도 없었고 말한다고 관심 있게 들어줄 사람도 없고 해서 마음속에만 담아 두고 있었는데 지금은 보았다는 생각도 사라졌고 과거의 한 장면이 되어버린 나의 첫 번째 신비로운 장면이다. 그리고 그 당시 고맙게도 책이 나에게 일러준 것이 '죽여'라는 말이었는데 마치 대단한 것을 자신만 보았다는 자만심이나 자랑질 그리고 탐착하는 욕심은 공부의 진전을 그곳에 멈추어 앞으로 나아가지 못하게 하는 장애물이라고 일러 주었다. 내가 부처인데 다른 곳에서 형상으로 부처를 찾는 것은 어리석은 짓이다. 그래서 진공묘유를 죽이려고 노력했지만 참으로 요상하여 오랫동안 마음속에 담아두고 있었던 기억이 있다. 그때 아마 본마음은 진공묘유와 같다 라는 글 때문에 관심과 진공묘유의 밑그림을 무의식적으로 그리고 있지 않았나 하는 생각도 해 보지만 그 장면은 지금도 생생하게 남아 있음은 나에게 강렬하게 다가온 첫 경험이라 그런 것 같다.

2. 나의 앞면이 부처로 보이다

　근본사(함안에서 공부하는 나의 작은 공간)에서 아침, 저녁으로 예불을 마치고 좌선을 한 시간씩 하는데 어느 날 나의 앞모습만 부처 형상으로 보여 계속 주시하고 있으면서 전체가 부처로 보이면 좋겠는데 라는 생각으로 지켜보자 갑자기 사라져 버렸다. 그냥 지켜만 보면 될 것을 욕심내어 전체라는 생각이 일어나자 사라져 버린 것이다. 그때의 심정은 이제 나도 부처가 되어 가고 있으니 더 열심히 해서 부처가 되어야겠다라는 건방진 생각에 기분이 우쭐했었다. 그런데 더 이상 보이지 않아 요즘 더 열심히 하고 있는데 왜 나타나지 않는 것이지라며 실망도 했지만 그때 배운 것이 하심이었다. 하심으로 바라보니 나는 아직 한참 멀었다는 것을 알게 되었고 지금 생각해 보면 우스운 일이다. 자신이 부처로 보이는 것은 조금 알면서 많이 아는 것처럼 뽐내고 싶어 하는 마음이 앞서고 있는 것이며 건방지고 촐싹대는 경거망동한 생각으로 그러한 현상이 보이는 것이다. 부처는 스스로를 부처라고 말하지 않듯이 공부가 익을수록 겸손해져야 함에도 진리를 발견했다는 듯이 오늘은 기분이 좋은 날이니 한잔해야겠다며 그날은 술을 마시는 날이 되었다. 이러니 아직도 공부가 덜된 것이 확연히 나타나는 것이다. 응무소주 이생기심이란 말을 알겠다, 이제 알겠다 라는 생각을 여러 번 되풀이했었던 적이 있었는데 이제 알겠다 라는 생각이 들면 그날은 세상을 다 가진 기분으로 한잔하고 진짜 알겠다는 생각이 들면 또 한잔하고 이런 짓거리를 했던 것이 여러 번이었다. 진정 돈이 많은 사람은 돈이 많다고 자랑하지 않듯이 진정 깨달은 사람은 깨달았다고 말을 하지 않음에도 나는 마치 깨달음을 얻어 천하를 가졌다는 기분으로 환희의 술을 마셨다. 형상으로 부처를 보지 말라는 생각을 하면서도 그리하지 못했다. 그러니 항상 배움의 자세를 취하고 자신을 낮추어 일체를 본다면 저와 같은 행동은 하지 않을 것이다. 우주를 연구하는 과학자는 우주의 광대함을 알기에 하나를 발견해도 고작 무수한 것의 하나를 발견하였기에 자랑질하지 않듯이 님들도 우주로 나아가 보시면 자신의 생활 태도가 얼마나 미천하고 속절없음인지를 알 수 있다. 절을 하고 절을 해서 하심을 하다 보면 하심하고 있는 자신을 잊어버리게 되는 순간, 그때 무아의 길에 접어들게 된다. 내가 부처로 보이는 것은 공부 더 하라는 부처님의 자비심임을 알아야 한다.

3. 옆 사람의 얼굴이 부처로 보이다

월정사 단기출가학교에서 수행할 때의 문수선원에서 일어난 일이다. 아침에 30분간 좌선하는 시간이 있었는데 좌선 준비를 하기 위해 각자 자신의 위치에 앉아 있을 때 옆에 있는 도반의 얼굴이 부처 얼굴의 형상으로 보였다. 시작을 알리는 죽비소리에도 아랑곳하지 않고 그 형상을 계속 지켜 보고 있었는데 학감스님의 자세를 바로잡아야 된다는 말에 자세를 챙겨보는 순간 사라져 버렸다. 아마 그때 그 도반님은 집중도 잘하고 열심히 수행하는 모범적인 수행자의 자세를 견지하였기에 내가 배우고픈 마음이 많아 그런 형상이 나타났다는 생각을 한다. 덕분에 '모든 사람이 다 부처다'라는 생각을 가지게 되었고 그로 인해 더 열심히 좌선했던 기억이 난다. 집중이 잘 안되면 그 도반님을 생각하면서 집중하곤 했었는데 고맙고 배울 점이 많은 그 도반님과는 지금도 연을 맺고 있는데 역시나 직장생활을 하면서도 집중하심을 보면 역시 대단한 분임을 느끼곤 한다. 지금도 부처를 부처로 보지 못하고 입으로만 부처라고 하면서 행동은 중생이라는 표현을 지금도 하고 있다. 하심을 열심히 하면 언젠가는 되겠지. 선법을 공부하면 깨달음을 얻는다고 금강경에서 말씀하고 있으니 아주 좋은 수행처인 지구에서 선법을 공부하여 인격을 갖춘 사람이 되자라는 마음으로 하루를 연명하고 있다.

4. 진공묘유 위에서 마음이 춤을 추다

월정사에서 개최한 티벳명상을 배울 때의 일이다. 스님의 주도하에 힘들 정도의 좌선을 참아가면서 자의반 타의반으로 좌선을 했었는데 오전 좌선 시간 시작하면서 진공묘유 형상 위에서 마음이라는 두 글자가 춤을 추고 있는 것이 보여 저게 무엇이지라는 의문과 함께 안을 들여다보려고 다가가니 저만치 물러나서 가만히 지켜보니 마음 두 글자가 멋들어지게 춤을 추는 것이다. 한참을 구경하다 사라졌는데 좌선을 마치고 혼자 신기해서 춤을 추는 마음에 대해 생각을 많이 했었던 고마운 장면이다. 그때 배운 것이 춤을 추고 있는 저 마음을 버려야 한다는 것인지 아니면 마음을 진공묘유 속으로 들어가게 해야 하는 것인지 마음의 갈피를 잡지 못했었다. 그로 인해 마음에 대한 공부를 진지하게 할 수 있게 되었고 그때 내린 결론이 진공묘유 안에는 마음이라는 것이 들어갈 수가 없고 들어가고 싶어서 춤으로 문을 열어 달라고 유혹했지만 마음은 들어갈 수가 없는 곳임을 배웠다. 참으로 고맙고 고마운 나의 마음에 대한 공부시간이었고 공부의 깊이를 가져다 준 계기가 되었다. 그때부터 마음을 없애 버린다는 마음으로 좌선을 했었는데 참으로 좌선 공부가 잘 되었다. 마음이 없으면 생각도 없고 생각이 없으면 욕심이 사라지고 욕심이 사라지면 분별과 판단이 없어지고 분별과 판단이 없어지면 나라는 존재도 없어지고 나라는 존재가 없어지면 일체가 동체대비가 되어 평등함을 얻어 여여한 것으로 연결되는 결정적인 계기가 된 현몽이었다.

5. 모텔에서 부처를 보다

 살아가면서 함안의 생활이 사람들과의 인연을 끊는 자리로 자리매김하고 있었고 다들 멀어짐에 서운한 감정도 들었지만 제자리로 찾아가는 것을 알면서 마음이 홀가분함을 느끼게 되었다. 그렇지만 진해에 사는 후배님과의 인연은 그리 쉽게 놓지 못하는 연인지 내가 힘들어 한잔하자고 전화하면 항상 반갑게 진해로 놀러 오라는 소리와 함께 만남의 약속을 정했었는데 그날도 진해에서 한잔하고 숙소인 모텔에서 기절잠에 빠졌다. 새벽녘에 내 옆에서 약사여래와 그 뒤에 석가모니부처가 있었다. 너무 신기해서 눈을 떠보았는데 보이지 않아 다시 눈을 감으니 그대로 서 계셨다. 잠시였지만 다시 눈을 뜨니 사라지고 해서 다시 눈을 감으니 더 이상 나타나지는 않았다. 아침이 되어 마음을 추슬러 정리하고는 요즘 내가 담배하고 술을 많이 마셔서 약사여래가 나타나셨나 보다라고 생각하면서 술과 담배를 자제하기 시작했다. 술은 주 1회로 양은 소주 1병에 맥주 1캔 담배는 이틀에 한 갑으로 정하고 실천을 했는데 잘 지켜졌고 지금은 조금 줄여 생활하고 있다. 억지로 갖다 붙여서 작성하는 글은 아니지만 행여나 하는 마음으로 그리 해석을 했으며 한편으로는 죽지 않을 만큼 아파서 공부에 더 집중할 수 있게 하려는 것인가라는 생각도 했었지만 지금은 중생이 아프니 내가 아프다라는 생각으로 열심히 공부에만 전념하고 있고 딴생각은 마음만 무겁게 만드는 것이라 그리하고 있다.

6. 문경세계명상마에서 촛불이 춤을 추다

　7박 8일의 문경세계명상마을에서 하는 자유로운 좌선에서 둘째 날 오전에 좌선을 하는데 굵고 작은 촛불 3개가 내려와 가슴 쪽에서 비추어 주길래 무시하고 좌선에만 집중하고 있었는데 이번에는 아래쪽으로 내려와 놀고 있어 쳐다보다 다시 무시해 버렸다. 오후 좌선 때 하나의 촛불이 나타나 아래로 밝게 비추어 주었는데 그때 오전의 촛불 3개가 기억이 날 정도이니 이제는 형상에 관심이 없을 정도로 무시를 해 버리는 조금은 건방짐이 사라진 것 같기도 하다. 그래도 그 순간의 기분은 좋기도 했다. 그런데 대략 4일째쯤에 생각에서 벗어나는 현상을 경험하였는데 인중의 들숨과 날숨에 집중하고 있었는데 갑자기 어둠의 장막을 걷고 얼굴을 어둠 속으로 집어넣다 무서워서 나왔고 이번에는 끝까지 들어가 보자는 마음으로 집중을 했었는데 집중하자 1분도 안 되어 장막 앞에 있는 나의 얼굴을 볼 수 있었지만 3번 다 장막을 걷어내지는 못하고 나왔다. 집에서 계속하겠다고 생각했지만 쉬고 싶은 생각에 좌선을 하지 않았고 막상 하려고 하니 집중도 잘 되지 않아 지금은 책을 완결하는 데에만 치중하고 있으며 책이 출판되면 좌선에만 오롯이 투자 할 생각이다. 종합하여 말씀을 드리면 이 모든 것들이 바람으로 인해 일어나는 증상이며 나름 열심히 하고 있다는 반증이기도 하지만 그러한 것에 안주하지 않고 공부를 해 나가는 것이 참된 공부임을 알게 해 준 도움이 되는 환상들이다. 이런 글을 작성하지 않으려는 생각을 많이 했었지만 공부하시는 님들에게도 나타나는 현상이라 혹 자랑질하거나 안주하려는 생각을 하지 말라는 의미에서 작성하기로 했다. 책에도 그러한 내용에 대한 경계의 글이 나에게 도움을 주었듯이 저도 작성을 하게 되었으니 참고가 되었으면 하는 바람이다.

하나만 걸려라

하나만 걸려라

　여타의 불교서적에서 나에게 도움이 되는 것들을 추려서 노트에 이기했던 내용을 나중에 다시 보니 나에게 많은 도움이 되어 님들에게도 작은 도움이 되면 좋겠다는 마음으로 만든 내용이며 가장 의미를 두는 곳이기도 합니다. 이 중에서 하나만 님들에게 가슴으로 닿는 곳이 있다면 일미진중함시방(一微塵中含十方)이 되어 온 우주의 주인이 될 것입니다. 글도 모르는 6조 혜능대사도 금강경의 응무소주 이생기심이라는 소리에 세속을 등지고 절로 가서 불교의 꽃을 피웠습니다. 우리는 아직 불교의 진수를 알지 못하기에 어느 정도는 공부를 통해 기본을 접한 후 차근차근 공부를 해 나감이 좋을 듯 합니다. 그래서 앞 장의 불교교리의 기본을 습득하고 자신의 과거의 경험을 밑바탕으로 지금의 문제를 잘 파악하시면 진전이 있을 것입니다. 의문 사항이 있으면 자등명을 믿고 고민을 하시거나 절에 계신 스님에게 여쭈어 보시면 반드시 문제를 해결할 수 있을 것입니다. 이것이 불교를 접하는 인연입니다. 행복하다는 말은 행복하지 않은 것이 있기에 우리는 행복하다라는 표현을 사용합니다. 참다운 진리를 깨닫게 되면 깨달은 사람은 여여하지만 일반사람이 볼 때는 항상 행복하게만 보입니다. 유무의 시시비비가 아닌 유무를 벗어난 있는 그대로의 행복입니다. 상대가 행복하다는 것을 볼 수 있다는 것은 자신의 마음 속에도 행복이 숨어 있다는 것으로 그 행복을 찾아내면 됩니다. 불교 공부를 하시다 보면 고민을 할 수 있어서 행복하고 고민을 해결해서 행복하고 한 발 더 나아가니 행복하고 앞으로 더 많은 공부를 할 수 있어 행복하며 주위의 님들에게 행복을 전해주어 행복하고 주위의 님들이 행복하니 나 또한 행복합니다. 앞선 큰스님들의 혜안을 잘 살피시어 항상 행복한 공부를 해 나가야 합니다. 지금부터 혜안의 글들을 잘 살펴보시길 바랍니다. 의문점이 생기면 포행이나 와선이나 좌선을 통해 문제를 해결하는 힘을 키우면 그 힘으로 인해 많은 문제점을 해결하실 수 있을 것이며 궁극에 가서는 키울 힘이 없어지면 내려놓으려고 하지 않아도 내려놓은 자신을 발견할 것입니다. 그것이 한 생각마저도 내려놓는다라는 말이지요. 저는 아직도 힘을 주고 있는 상황입니다. 어떨 때 그만두고 놀고 싶은 생각이 꿀떡 같아서 술을 마시면서 위로를 하나, 술이라는 생각의 욕심이 작동하고 있구나라는 것을 알면서도 아직도 술에 의지하고 있습니다. 참으려고 하는 것도 내려놓아야 되는데 아직은 욕심 덩어리가 풀어지지 않아 '24시간 좌선만 하는 놈으로 가두어 버릴까'라는 생각도 해 보았습니다. 묶는다고 묶이면 좋으련만 욕심있는 이놈의 마음은 묶이질 않으니 참으로 안타까울 뿐입니다. 계기가 와야 인연에 연연하지 않는 공부가 될 것인데 그 계기를 제 스스로 만들어야 하니 참으로 힘이 듭니다. 이런 글이 공부하는 님들에게도 도움이 되리라 싶어 저의 심정을 말씀드렸습니다.

1. 6조 혜능대사

　더러움과 깨끗하다는 분별을 일으키지 않는 상태에서 선을 행하라고 하셨는데 이는 불성을 가리고 있는 오염 또한 불성을 떠나서 따로 존재하는 것이 아닙니다. 즉 자아와 사물과의 상응에 직관만 하면 사라지니 이끌리지 말라고 하셨습니다. 더러움과 깨끗함은 공하고 허상이므로 분별심이 사라지면 불이법문에 들어서는 것으로 공하되 공하다는 생각이 없습니다. 직관이라는 말이 있는데 바둑을 둘 때 뭔지는 모르지만 저곳에 두면 좋을 것 같은 느낌이 들 때 그곳에 두게 되는데 우리가 말하는 신의 한 수가 바로 직관입니다. 공하면 항상 직관입니다. 일을 할 때 나의 사무실은 1층인데 자료 줄 곳은 2, 3, 4, 5층이면 엘리베이터를 타서 5층부터 내려오면서 주는 사람, 올라가면서 주는 사람, 무서운 사람이 있는 층부터 주는 사람, 따스한 마음을 가지고 있는 분의 층을 먼저 가는 사람 등 다양하게 있습니다. 직관이란 몸뚱아리가 가는 대로 가는 것이 직관입니다. 즉 5층 갔다가 2층 갔다가 4층 갔다가 3층 가는 것도 하나의 직관입니다. 단지 시간이 조금 더 들고 몸은 피곤하겠지만 운동은 많이 되겠지요. 그러니 이놈의 몸이 하는 대로 하고 분별만 하지 않으면 이것이 바로 직관입니다. 급하다고 연락이 온 곳부터 주든지 아니면 위층에서 내려오면서 주든지는 생각하지 않아도 몸이 반응해서 그때의 상황에 따라 저절로 알아 합니다. 업무의 효율성 같은 것은 고민하지 않아도 저절로 그리되지만 시행착오는 거듭되어야 하며 불편함도 감수해야 합니다. 관점을 운동에 두느냐 아니면 편리함에 두느냐 하는 것은 그때그때 따라 달라지는 것이니 그냥 하면 됩니다. 우리는 항상 직관하고 있지만 욕심이라는 놈이 직관을 가리고 있습니다. 욕심이라는 놈이 이 몸뚱아리를 나로 여겨 편하게 하려고 하니 분별이 생깁니다. 그 분별이 다른 모든 곳에서도 일어나 자신의 업을 한 꺼풀 두 꺼풀 둘러매어 힘들게 살아갑니다. 그러니 얼마나 마음이 무겁겠습니까? 그러니 얼마나 삶의 스트레스를 받겠습니까? 생각의 끝은 "고"를 야기시킵니다. 학창시절 시험을 볼 때 알쏭달쏭한 문제의 답을 찍을 때 처음 찍은 답을 정하고 시간이 남아 다시 보면서 앞과 뒤의 답을 고려하고 생각에 생각을 더하여 답을 정정하지만 확률적으로 보면 처음 찍은 답이 맞을 확률이 가장 높았다는 경험들이 있을 것입니다. 장고 끝에 악수 둔다는 말과 같은 것입니다. 처음 찍은 그 답은 바둑의 신의 한 수처럼 직관적으로 오는 것입니다. 생각의 욕심은 분별로 인해 있는 그대로 보지 못함으로 인해 오답을 찍는다는 말입니다. 환갑을 넘기면 힘도 부치고 직장도 잃고 찾아주는 사람이 없으니 자신을 둘러보는 시간들이 많이 있기에 과거를 회상하고 자신의 미래의 삶도 생각하면서 후회스럽게 살아온 삶을 반성하기도 합니다마는 평생을 닦은 습관이나 고정관념은 특별한 계기가 오지 않는 한 변하지 않는 법이지요. '빨리하면 여유로움이 생겨서 좋고 멀리 돌아 시간이 걸리면 다른 체험도 해서 좋고'라는 생각으로 과거나 미래에 집착할 필요가 없으며 과거나 미래에 매이는 그것이 현재에 매이게 하는 것이니 현재에 깨어있으면 과거, 현재, 미래에 집착하지 않게 됩니다. 사람들은 자신의 욕심에 따라 몸뚱아리는 과거의 경험을 토대로 수정시키지 않아도 그리하게 되어 있는 것이니 욕심을 내려놓든지 아니면 머물지 않으면 됩니다. 자신의 그러한 역할로 인해 그 집단은 지금도 그렇게 운영이 되고 살아 움직이고 있으니 과거에 집착할 이유가 없습니다. 생각하되 생각에 머무르지 마십시오. 응무소주 이생기심입니다. 운동 중에 가장 좋은 운동은 봉사활동입니다. 이것이 진정한 자비희사입니다. 자비희사는 무아입니다. 무아는 생각이 없는 것으로 안으로 공하고 밖으로는 형상에 매이지 않기 때문에 항상 직관하고 있는 부처입니다. 마음이 고우면 그 고운 마음이 얼굴에 그대로 나타나는 것입니다. 얼굴을 예쁘게 가꾸는 것도 중요하지만 마음을 가꾸는 공부의 향기는 사람의 마음을 움직이게 합니다.

2. 조주선사

어떤 스님이 조주선사에게 물었습니다. 개에게 불성이 있습니까? 무(無). 또 다른 스님이 조주선사에게 물었습니다. 개에게 불성이 있습니까? 유(有). 도대체 차별하는 것도 아니고 부처님께서 모든 생명 있는 것에는 불성이 있다고 하셨는데 왜, 도대체 어떤 이에게는 무고 어떤 이에게는 유라고 말씀하셨을까요? 여타의 책에 보면 그에 대한 해답을 다음과 같이 말하고 있습니다. 무라고 하는 것은 업식으로 인해 불성이 없다고 했고 유라고 하는 것은 부처님 말씀처럼 자신이 불성이 있다고 알고 있으니 유라고 한 것입니다. 그런데 왜 짐승으로 태어났느냐 하면 알면서도 타인을 위해 짐짓 범하였기 때문입니다. 다시 말하면 유정에게 불성이 없다는 말은 노력하고 있지만 못 깨달은 사람으로 정에 매이어 불성을 볼 수 없다는 말이고 무정에게 불성이 있다는 말은 깨달은 사람을 말합니다. 그러나 불성의 유 무에 매이는 순간 분별이므로 깨달은 사람은 있고 없음도 없습니다. 여기서 생각해야 할 것은 모르고 짓는 죄가 나쁠까? 알고 짓는 죄가 나쁠까? 조주의 유 무에서 답이 나왔다고 해서 그곳에 안주하는 순간 공부는 진척되지 않습니다. 모르고 짓는 죄는 죽을 때까지 반성을 못해 업식으로 태어나기 때문에 불성이 없다고 말하는 것이고 알고 짓는 죄는 반성을 할 수 있는 공간이 있기 때문에 불성이 있다고 말하는 것입니다. 이 말은 '유정에게 불성이 있고 무정에게 불성이 없고'라는 말이 있어서 나온 말로 분별하지 말라는 의미가 내포되어 있는 말이니 잘 알아 챙겨야 합니다. 조주가 부처를 갖고 놀았던 말입니다. 불성의 유 무와 같은 이치로 분별하지 마십시오. 있는 그대로만 보시면 분별이라는 것은 없습니다. 죄는 마음에서 짓는 것이므로 마음이 공하면 죄는 없는 것이니 죄의 있고 없음에 분별하지 마시라는 것입니다. 이런 것을 다 초월하는 것이 참다운 공부이니 자신이 부처임을 공부합시다. 불성이 있는지 없는지 보다 측은지심으로 사는 것이 불교를 공부하는 끝을 보는 공부입니다. 팔자 따라 사는 사람은 무요, 팔자를 고치려는 사람은 유입니다. 즉 근기에 따라 무니 유니 하지만 깨달은 사람은 무가 유며, 유가 무이기에 또한 무가 무고 유가 유이기도 합니다. 그러니 깨달은 사람은 중생을 부처로 봅니다. 부처인데 부처임을 모르는 부처로 봅니다. 그러니 깨달은 사람은 진정코 부처인 것을 모르는 부처입니다. 참고로 무심은 대상이 없는 것으로 유무가 끊어진 것을 말하며 경계에 무심하기만 하면 자신이 부처임을 보게 됩니다. 여기에 가장 적용이 잘 되는 화두가 6조 혜능대사의 '바람이 움직이는 것도 아니요, 깃발이 움직이는 것도 아닌 그대의 마음이 움직이는 것이다'입니다. 누구나 쉽게 다가갈 수 있지만 참으로 어려운 공안입니다. 분별하는 순간 엉뚱한 해석으로 자신을 망쳐 놓는 분별의 극치를 보여주는 공안입니다. 공한 마음으로 보아야 볼 수 있는 것으로 님들이 이 공안을 해석하거나 예측한다면 천리 낭떠러지로 떨어지게 되며 대부분의 사람들이 님들처럼 비슷한 해석이나 예측을 하고 있습니다. 이 공안을 보신 분들은 누구나 쉽게 해석하거나 추측을 하지만 이 공안의 참뜻을 모르는 것입니다. 알면 쉬우나 참으로 어려운 공안입니다. 다시 말해 알면 쉬운 공안이나 이해하려고 하면 어려운 공안입니다. 질문에 답이 있어 쉬울 것 같지만 자신의 마음을 내려놓지 못하면 찾을 수가 없습니다. 좌선을 해도 이 공안은 좌선으로 해결할 수 없을 정도로 힘든 공안입니다. 왜냐하면 해석하기가 너무 쉬운 것이라 좌선을 통해 분별만 키울 수 있기 때문입니다. 이렇게 말해 주어도 알 수 없음은 그대를 먼저 살펴야 합니다. 자신을 바로 봅시다. 조주선사의 유무의 극치를 보여주는 하나의 예를 살펴보십시오. 서두에서도 행복이라는 것으로 말씀을 드렸는데 잘 살펴 보십시오. 조주선사에게 어떤 스님이 찾아와서 '개에게 불성이 있습니까?'라고 물으니 "무"라고 답합니다. 그 스님은 그날부터 무자 화두를 들고 한참을 혼자 공부하고 있었습니다. 어느 날 조주선사가 시중드는 스님더러 그 스님에게 가서 개에게 불성이 있는지를 물어보고 오라고 했습니다. 조주선사의 말씀대로 찾아가서 물어보니 '무'라고 합니다. 시자가 내려와 조주선사에게 보고를 드리니 이번에는 다시 물어보고 무라고 하면 '요즘 조주선사는 유라고 하는데'라고 말하라고 합니다. 그래서 다시 올라가서 물어보니 무라고 하길래 '저의 선사님은 요즘 유라고 합니다'라고 하니 '그 늙은이야 유를 하던 무를 하던 나는 무다'라고 합니다. 그 이야기를 내려와서 전하니 조주선사 왈 '한소식 한 스님이 드디어 나왔구나'라고 했답니다. 정말 공부의 끝판입니다. 이것이 부처님께서 8만 4천 법문을 하시고도 나는 하나도 법문을 하지 않았다는 것과 일맥상통한 내용입니다. 알고 모르고는 백지장 한 장 차이라고 하지만 모르는 사람은 환장할 일이지요. 사실 가르쳐 줘도 모릅니다. 단지 아는 척은 할 수 있지만 절대 모릅니다. 그러니 알 때까지 기다려주고 격려해 주는 일 외에는 해 드릴 말이 없습니다. 말을 하면 달은 안 보고 손가락을 보는 격이지요. 몰라서 답답한 제자나 가르쳐 줘도 모르는 놈을 기다려주는 스승의 답답함도 있겠지만 스스로 일어서지 못하면 걸을 수가 없으니 기다려주는 것입니다.

3. 부모미생전 볼래면목(父母未生前曺來面目)

태어나기 전에 너의 자리를 묻는 것으로 닭이 먼저냐? 알이 먼저냐?라는 식으로 생각하면 끝이 없는 자리입니다. 부모님 전의 부모님, 또 그 전의 부모님을 생각하면 끝이 없는 자리입니다. 그 길을 얼마나 갈 수 있을지도 의문이지만 가다가 2대 전의 부모님의 형상과 가치관과 부의 유무에 대한 잡다한 생각에 빠져 허우적거리게 될 것이며 이는 웅장한 느티나무의 가지와도 같은 생각으로 끝은 고사하고 다시 생각의 업을 짓는 형상이 되겠지요. 그 자리를 묻는 것이 아닌데 그런 쪽으로 가면 알음알이가 자꾸 생겨 공부하고는 완전히 다른 곳으로 가는 길입니다. 그러니 그런 곳으로 가는 것이 아니라 부모님에게 태어나기 전이란 말은 지금도 부모에 매여 있는 그것이 아직도 부모미생을 하고 있으니 부모님을 떠난 자리를 묻는 것입니다. 부모는 잠시 빌려 쓴 것이며 빌려도 빌리지 않은 도리를 알면 나의 본마음 즉 성품을 보는 것입니다. 즉 지금 생각하는 그 마음을 내려놓는 공부를 하기 위해 말하는 방편적인 물음입니다. 조주선사의 유무를 알기 전의 그대의 성품을 묻는 자리입니다. 어느 스님이 말씀하셨지요. 부모미생전은 두고라도 지금 너의 본래면목은 무엇이냐고요. 진면목은 무궁무진하여 말로서는 답할 수 없으며 말로 표현하면 달아나 잡을 수가 없습니다. 그러니 교학을 통해 불교를 알게 되면 그때는 교학을 버려야 합니다. 교학에 빠지면 자만심이 생겨 말이 많아지게 되는데 깨달음은 말과는 멀어져야 얻을 수 있습니다. 버리는 공부가 좌선이며 공안으로 이 또한 방편임을 아셔야 합니다. 그러나 방편임에도 그 방편을 통해 깨달음으로 가는 길이니 그리하셔야 합니다. 강을 건너 주게 하는 뗏목과 같은 것입니다. 물론 좌선의 집중은 포행하거나 공양하거나 청소하거나 잠을 자면서도 화두의 답을 구하셔야 합니다. 그래야만 우주의 모든 법계를 통찰하고 우주의 살림꾼이 됩니다. 부모님은 자신의 가족만을 통괄하기 때문에 타인에게 업을 지어 다시 그 업대로 살아가지만, 우주를 상대로 통괄하면 우주의 주인이 되어 오고 감이 없습니다. 욕심을 버리라는 말입니다. 그러니 부모미생전 본래면목의 공부는 그대의 본 성품을 보는 공부입니다. 그대의 본 성품은 있지도 없지도 않는 그 자리에 있습니다. 즉 그대가 성품을 생각하는 하나의 생각을 내려놓을 때 '악' 하는 소리와 함께 자유인이 됩니다. 지구에서의 자유인이 아니라 우주의 주인이 됩니다. 님들의 본래면목을 말해보라고 하면 님들은 어떤 대답을 하시렵니까? 과거심불가득, 현재심불가득, 미래심불가득입니다. 과거인 1초 전의 본래면목은 무엇이며 지금의 본래면목은 무엇입니까? 1초 후의 본래면목 또한 말씀해 보십시오.

4. 뜰 앞의 잣나무

 어느 스님이 여쭈었다. 달마대사가 서쪽에서 오신 까닭은 무엇입니까? 정전백수자(庭前栢樹子) 즉, 뜰 앞의 잣나무니라는 말로 답하였는데 이 말은 여우가 토끼를 쫓다 잣나무 앞에서 놓쳤는데 독수리가 토끼를 낚아채어 날아가 버리고 여우는 토끼를 찾는다고 잣나무 주위를 맴도는 것을 말합니다. 어리석기 그지없는 노릇이지요. 이 말은 여느 책에 주석을 달아 놓은 것을 작성한 것입니다. 이 또한 질문자에 대한 수준별 수업을 말씀한 것인데 대부분은 상근기에 있는 분들에게 말씀하는 내용입니다. 그런데 이런 말을 우리가 어떻게 알 수 있겠습니까? 지나가는 사람에게 지금 내가 갖고 있는 한 장의 카드 숫자는 몇입니까?라고 묻는 것과 다르지 않습니다. 어찌 알 수 있을까요. 도저히 알 수 없는 답변이지요. 만일 그 선사가 태백산에서 한 청년이 발견한 인삼의 크기가 작아 1년 후에 캐 가기로 한 인삼을 어느 노인이 발견하고 캐 갔는데 그 청년은 1년 후에 그 주위를 맴도는 것을 보았다면 무엇이라 했을 것 같습니까? 상황에 따라 달리 말씀을 했을 것 같습니다. 잣나무 그늘 아래에서 가만히 관찰도 하고 고민도 해 보시면 어느 날 보이는 날이 오게 됩니다. 반드시 옵니다. 그것을 어느 정도 집중해서 생각의 끈을 놓지 않았는지에 따라 시간의 차이만 있을 뿐 누구에게나 다 찾아옵니다. 어느 스님의 '어떤 것이 부처입니까?'라는 질문에 '삼베 세 근'이라고 말하는 것도 마찬가지입니다. 부처가 삼베 세 근이라는 것이 일반적인 상식으로 맞는 말입니까? 참으로 황당합니다. 님들께서 나름의 해석들을 달아 보지만 분주하기만 합니다. 거울에 비친 그대로를 보면 됩니다. 즉 성품으로 보면 그대로입니다. 자성으로 보면 있는 그대로 보이는 법입니다. 공안은 부처로 나아가는 방편입니다. 분별하시면 안 된다는 말입니다. 이 말 외에 제가 드릴 말이 없으니 어찌합니까? 부처가 삼베 세 근입니다. 외엔 어떻게 드릴 말씀이 없습니다. 님들은 어찌 해석을 하시는지요? 말에 속으면 안됩니다. 성철스님께서 내 말에 속지 말라고 하신 말을 저도 한번 따라 합니다. 제 말에 속으면 생각이라는 것이 천 리 낭떠러지로 갈 뿐입니다. 내려놓으면 보이기도 하지만 세상이 환함을 알게 됩니다. '부처가 무엇입니까?'라는 물음에 '공한 것이다'라는 말입니다. 님들이 가시는 길로만 곧장 가면 됨에도 분별하고 비교하여 생각은 여러 가지 확장되어 남의 길을 침범하니 자신을 바로 보지 못하게 됩니다. 삼천포로 빠진다는 생각은 일절 하지 말아야 합니다.

5. 마른 똥막대기

'부처가 무엇입니까?'라고 묻자 운문스님께서 '마른 똥막대기'라고 말씀하셨습니다. 웬 날벼락. 뭔 똥막대기 같은 소리고라고 할지 모르겠지만 공부하면 느낌이 옵니다. 사실 똥막대기입니다. 큰스님은 질문자의 근기에 따라 답을 해 주기 때문에 즉 수준별 수업을 해 주시기 때문에 찬찬히 세세하게 앉아서 공부를 하시면 해답이 나오게 됩니다. 부처 아닌 것이 없는데 부처를 물으니 참으로 한심하지요. 한심하니 똥막대기라고 했을까요? 아님 질문자가 부처인데 부처를 물으니 답답해서 그리 말을 했을까요? 번뇌가 보리입니다. 있지도 않은 마음이 인식합니다. 그러니 마음을 내려놓으면 인식은 사라지듯이 번뇌니 보리니 하는 것도 내려놓으면 공한 것입니다. 다시 말해 부처니 똥막대기니 하는 것은 그냥 내려놓기만 하면 된답니다. 내려놓는다는 것도 어떻게 내려놓는지는 공부하셔야 됩니다. 부처를 구하면 부처가 죽는 것이요, 부처를 구하지 않으면 불법은 만나기 어렵습니다. 참으로 난감한 말입니다. 그러면 어떻게 해야 됩니까? 공부하세요. 가섭이가 아난에게 당간지주를 넘어뜨리면 받아 준다는 말을 공부하세요. 그러면 부처가 똥막대기라는 것을 알 수 있습니다. '세상에 불교가 이런 것이가?' 하며 웃을 수도 있을 것이나 불교는 알면 정말 우스운 것이지만 마음 한 번 내려놓으면 함박웃음으로 자유인이요 우주의 주인이 됩니다. 그러나 알기까지가 참으로 힘들지요. 작은 차이가 나중에는 얼마나 큰 차이를 불러오는지를 님들께서 잘 알듯이 큰 차이는 작은 차이에서 오는 것이니 작은 차이에서 찾아보시면 빨리 찾아지게 됩니다. 작은 차이를 어디에서 찾을 수 있습니까? 부모미생전 본래면목에서 찾아보십시오.

6. 동산이 물 위로 간다

어느 스님이 '부처님께서 나오신 곳이 어디입니까?'라고 묻자 운문선사께서 '동산이 물 위로 간다'라고 말씀하셨습니다. 어째서, 왜, 도대체, 뭐 때문에 무슨 뜻으로 그리 말했을까?라는 의심의 삼매 속에 답이 있습니다. 공부하다 보면 어느 날 직관이 오는 날이 있습니다. 24시간 의심의 삼매 속에 직관이 일어납니다. 사실 이론적으로나, 느낌적으로도 답은 구할 수가 있지만 그런 답은 잠시 머물다 떠나고 다시 세속의 습관으로 인해 자성을 상실합니다. 혼침과 졸음을 무기공이라 하는데 개구리나 뱀이 겨울잠을 자는 것과 같은 것으로 그리되면 마구니에 꼬여 성품을 볼 수가 없습니다. 강한 결심과 이것 외에는 하는 일이 없는 강한 정신만이 마구니에게 이기는 유일한 길입니다. 마구니라는 것도 결국 님들께서 만들었던 것으로 만들지만 않으면 마구니라는 것도 애초에 없습니다. 마구니가 오면 오는구나 하고 무심히 넘기면 되는 것을 회피하려거나 싸움하려고 용을 쓰면 마구니에게 구속을 받게 됩니다. 7일간 잠을 자지 않고 이 뭐꼬에 대한 집념을 불살라 배고프다는 생각이나 먹어야 되겠다는 생각이 끊어지면 가능하다고 합니다. 물론 그리하기에는 신심이나 발심이나 의심의 공부가 먼저 선행되어야 하겠습니다. 모든 것들이 알면 별것 아닌데 모르니 별것으로 여깁니다. 불교도 그러합니다. 불교라는 것을 알고 나면 절에 있는 스님들이 사기꾼이라는 것을 아실 수 있습니다. 그럼 스님들 사기꾼이지라고 맞장구칠 수도 있습니다. 스님이 사기꾼이라는 말을 하시려면 겉으로 보면 안됩니다. 부처님께서는 84천 법문을 하시고도 하나의 법문도 말을 했던 적이 없다고 말씀하셨으니 석가모니부처님도 사기꾼입니다. 왜 그런 말씀을 하셨는지 그 연유를 잘 새겨 보십시오. 골이 깊으면 메꾸기가 어렵습니다. 세속에서의 공부가 그렇습니다. 그러나 깨달은 이에게는 골이 깊으니 그대로 즐겁습니다.

7. 이 뭐꼬

분별심을 일으키는 마음에서 하나가 열이 되고 열이 백이 되고 그로 인해 욕심과 고가 생겨나며 그것이 업으로 님들의 어깨를 무겁게 합니다. 우주의 실상은 대립의 사라짐과 그 어우러짐입니다. 우주 전체를 모르고 보면 제각각으로 보이지만 실상은 하나입니다. 선이 악이요, 악이 선으로 선악이 어우러져 하나 되어 구별이 없는 중도라는 것입니다. 하나라는 말은 하나 자체도 없음입니다. 없다고 하면 없는 것이 아니요 있다고 하면 헛된 것이라고 하니 참으로 난감하지만 그것이 님들에게 자유를 찾아주는 것이니 잘 챙겨보셔야 합니다. 우리는 영혼이 있어 인과에 의해 윤회합니다. '마음도 아니고 부처도 아니고 물건도 아닌 이것이 무엇인고? 보이지도 않고 잡히지도 않는 이놈이 도대체 무엇이란 말이고?' 가만히 정좌하고 고민해 보십시오. 참선하기 전에 중요한 세 가지가 있는데 불법을 믿는다는 신심(信心), 반드시 도업을 이루어 중생을 구제하겠다는 발심(發心), '도대체'라는 의심(疑心)을 간직해야 하나에 집중할 수 있습니다. 마음에 꺼달리지 말고 마음의 주인이 되어야 합니다. 재미도 없고 남들은 저렇게 놀고 있는데 나는 왜 이렇게 앉아 멍때려야 하나? 나도 한 물건을 가지고 태어났는데 나를 이뻐해 달라는 여자도 있는데 나는 왜 이놈의 물건을 사용도 못 하고 이리 괴로워하면서 앉아 있어야 되는가?에 지는 순간 집중은 사라집니다. 이 몸뚱아리는 지수화풍으로 모인 허무한 것입니다. 부처님 말씀에 그놈이 두 개만 있었어도 세상에 도를 이룰 사람은 없을 것이라고 말씀하셨습니다. 몸뚱아리라는 놈도 허무하기도 하지만 기쁨과 즐거움을 가지고 있으니 버린다는 것이 그리 녹록하지는 않습니다. 그러나 좌선에 몰입이 잘되면 참으로 신비스러운 일들이나 광경을 보실 수 있습니다. 눈에 보이는 것을 초월하면 눈에 보이지 않는 더 넓고 황홀함을 보실 수 있습니다. 이는 인간의 한계에서 벗어나 관찰하고 생각하라고 일깨우기 위한 수단의 말이지만 욕심을 내려놓고 보면 눈에 보이는 것은 수시로 바뀌는 실체가 없는 것들입니다. 눈에 보이지 않는 것들 또한 실체는 없으나 눈에 보이지 않은 것들이 훨씬 더 많고 아름답다는 것을 안다면 자아의 비좁은 세상에 연연하지 않는다는 말입니다. 신비로운 우주를 보십시오. 눈으로 보는 세상은 기껏 천이라면 보이지 않는 것을 보는 것은 헤아릴 수 없이 많고 아름답고 맑은 것들이랍니다. 그러나 그것에 빠지면 그것 또한 집착임을 알고 중생구제라는 사명을 되새겨 보심도 좋을 것입니다. 눈을 감으십시오. 그리고 떠오르는 모든 것을 이 뭐꼬 라고 하는 아주 작은 점 속에다 넣고 그 점에만 집중하십시오. 오로지 그 점에 집중이 되면 그 점을 태워 버리십시오. 님들의 모든 욕심의 생각들이 태워 없어질때까지 그 점을 집중해서 태워버리십시오. 다 태워 한 점이 없어지면 부처님의 염화미소가 보일 것입니다.

8. 금강경과 선사

지금의 저의 스승은 금강경입니다. 궁금증이 생기면 고민하고 산책하거나 명상을 통해 해답을 구하는데 그 해답이 금강경과 대조해서 맞으면 스스로에게 박수를 치면서 '감사합니다'라고 인사를 합니다. 금강경을 한번 읽어보시면 편하게 작성이 되어 있습니다. 누구나 읽어보는 정도는 되는 내용입니다. 물론 불편하거나 이해하기에 힘든 내용이 있기도 하지만 읽어본다는 의미에서는 막힘이 없습니다. 내용 중에 복을 받을 수 있음으로 인해서도 금강경을 자주 읽었고 이해하기 위해 정독도 많이 해 보았습니다. 그러다 선사, 대사, 종사 등의 선지식인들의 화두나 말씀들을 공부하면서 참으로 신기한 것이 그 해답이 금강경에 다 있다는 것입니다. 쉽게 설명한 금강경이 나는 안다고 했던 그 금강경이 선사들의 어렵지만 재미있고, 세세하지만 머리를 쥐어박게 만드는 그 말들을 알게 되면 그것이 금강경에 다 있다는 것을 알게 됩니다. 그로부터 금강경의 진가를 더 잘 알게 되어 금강경을 대할 때 겸손으로 대하게 되었습니다. 금강경을 그냥 있는 그대로 해석하는 것은 참으로 어리석은 것입니다. 금강경의 첫 단원이 평상심이 도임을 가르쳐 주었고 성철스님의 '자기를 바로 봅시다'에도 첫 단원에 모든 것이 깃들어 있음을 알았습니다. 나머지는 부연 설명하는 것들임을 그때야 알았습니다. 그만큼 금강경은 누구나 쉽게 읽을 수 있도록 만든 책이기도 하지만 읽을수록 새로움을 알게 되는 금강석 같은 보석을 품고 있습니다. 누구나 쉽게 접할 수 있는 금강경을 선사님들의 어렵게 보여 준 것을 통해 금강경의 진가와 신비로움을 알 수 있어 놀랍고 감사할 따름입니다. 아침저녁으로 하는 예불 중에 선지식이라는 말이 있는데 그때마다 저는 진정으로 감사함을 표하고 있습니다. 함부로 생각했던 금강경이 그토록 숨어 있는 진리를 갖추고 있는 글임을 선사님들의 글을 통해 알게 되었으니까요. 그러면서 선지식인들이 부처임을 알게 되었습니다. 이렇게 책을 출간하게 된 것도 이러한 연유입니다. 누구에게 인정을 받았거나 누구에게 검증을 받은 것도 아니지만 금강경 하나만큼은 누구나 인정하는 책이기에 금강경과 연관된 것들의 글이라 감히 함부로 출간을 하게 된 것입니다. 님들도 기본적인 불교의 교리를 공부한 후에 금강경을 끊임없이 읽어보시길 적극 추천합니다. 처음에는 금강경의 공덕에 대한 욕심으로 읽어 보았지만 지금은 내재되어 있는 금강경에 감탄할 따름입니다. 책 한 권을 공부한 후 요약을 하듯이 금강경 또한 광활한 불교의 요약본입니다. 요약본을 쉽고 편하게 접근하게끔 만든 금강경을 어렵고도 힘들지만 반드시 부처의 길로 접어들 수 있게 안내해 준 것이 선사들의 말씀입니다. 알면 금강경이요, 모르면 화두입니다.

9. 평생 걱정 없이 사는 법

　인간은 좋고 나쁨 중에 어디에 집착합니까? 다들 좋은 것은 취하고 나쁜 것은 배척하려는 편식의 집착을 하니 성공이라는 말이 생겨나고 실패라는 말이 생겨나는 것입니다. 좋고 나쁨만 분별하지 않는다면 성공이나 실패라는 것은 없습니다. 실패해도 사는 것이고 성공해도 살아갑니다. 어떻게 사는 것이 중요한 것이지 결과는 중요한 것이 아님에도 사람의 욕심 때문에 결과에만 관심과 기대와 갈채를 보냅니다. 비록 그 결과의 과정이 나쁘게 진행이 되었음에도 불구하고. 결과는 과정이 좋으면 따라오는 것이며 과정이 바르면 결과 또한 바르게 나타납니다. 바른 과정이 중요하다고 여기는 사람은 비록 결과가 만족스럽게 나타나지 않아도 결과에 집착하지 않습니다. 그러나 사람은 성공과 실패를 극으로 받아들여 분별함으로 인해 성공하면 천하에 자랑하고 실패하면 세상을 다 잃은 것처럼 우울과 자괴감으로 위축되어 살아갑니다. 실패를 통해 성공이 이루어지고 성공을 통해 실패가 이루어지는 것이 삶의 과정이며 배움의 길입니다. '뿌린 대로 거두리라'는 말과 '콩 심은 데 콩 나고 팥 심은 데 팥 난다'라는 말처럼 성공과 실패는 자신을 바로 보는 인생 공부의 한 단편입니다. '어떻게'라는 것이 중요하며 어떻게는 인성입니다. 인성이 좋으면 배움의 길로 가는 것이고 인성이 나쁘면 욕망의 굴레로 떨어지게 됩니다. 그러니 인성 공부를 먼저 해야 합니다. 그래야 정견(正見-바로 보기)의 삶을 통해 자유를 얻는 길로 갈 수 있습니다. 노자의 도덕경에 보면 사람은 늘어나는 것을 좋아하고 줄어드는 것은 싫어한다는 글이 있습니다. 사람은 늘어나는 것에 편식하기 때문에 성공과 실패가 있습니다. 성공을 위해서는 타인의 생각이나 감정은 무시하고 자신만 오로지 앞으로 나가면 된다는 생각에 마구잡이 식으로 자신의 부를 챙기지만 결국에는 그 업으로 인해 자신에게로 돌아옴을 잊어서는 안됩니다. 더구나 힘들면 가족까지도 팽개치고 자신의 자유까지도 억압하며 사는 분도 있지만 내려놓기만 하면 편안함을 찾을 수 있습니다. 사람은 인격 완성을 목적으로 살아가야 삶이 복되고 행복해지는 법입니다. 불운이 오면 타인을 원망하지 마십시오. 지혜로운 자는 자신에게 집중해서 자신의 탓으로 돌립니다. 그것이 내 탓이요 라는 말이며 연기법으로 공부하는 사람의 마음자세입니다. 부처님께서 마지막 남긴 자등명, 법등명이 이러한 연유입니다. 성철스님의 '자기를 바로 봅시다'라는 말입니다. 여기에 불교가 다 들어가 있습니다. 세세하고 철저하게 자신을 바로 보아야 진정한 깨달음이 옵니다. '알면 뭐하나 실천을 못하는데'라는 말처럼 그러한 사람은 세세하고 철저한 공부가 덜 되어 그러합니다. 고의 원인은 바깥에 있는 것이 아니라 내가 세상을 보는 잘못된 인식과 진리에 미혹한 탓입니다. '집착하지 않으면 내라는 존재는 있을까?' 남이 보면 있고 자신을 바라보면 없지만, 또한 없지만도 않습니다. 없지 않은 그것이 자신이며 스스로는 무아입니다. 다시 말해 무아라고 함은 자아가 없는 것이 아니라 집착으로 허상에 매달리기 때문에 헛된 자아를 경계함이며, 찾으면 없지만 드러나고 있음이 무아입니다. 고의 실체를 알면 헛된 자아를 부정하고 자아를 초월하여 성품을 찾는 것입니다. 자신의 성품은 여여하여 그 어떠한 것에도 흔들림이 없기에 성공이나 실패에도 흔들림이 없습니다. 오직 성품만이 걱정 없이 사는 길이니 자신을 바로 봅시다.

10. 무(無)와 공(空)의 차이점

 '없다'라는 한자어 무(無)는 초월을, '비어 있다'라는 한자어 공(空)은 텅빈 충만을 의미하는 것으로 한자어대로 해석하면 법을 굴릴 수 없습니다. 없다는 것은 변화를 위한 단계입니다. 있었던 것이 없어지는 것이 아니라 또 다른 무언가로 변하기 위한 것으로 변했다는 것입니다. 삼법인 중에 제행무상입니다. 모든 만물은 변하고 변하는 것으로 없는 것에서 있는 것으로 변하고 있는 것은 없는 것이 모여 또 있는 것으로 다시 변화되는 것이므로 있는 것도 아니고 없는 것도 아닌 것입니다. 그러므로 무에 집착해서 공부하는 것이 아니라 헛된 것으로 여겨 초월해야 됩니다. 공 또한 잘못 알면 무지에 빠지거나 무기에 빠져 여짓껏 공부한 것을 그르치는 일이 일어날 수 있으니 자신을 잘 살펴야 합니다. 잘못된 공에 빠지면 자신도 죽을 뿐 아니라 남을 구제한다는 큰 발심을 도탄에 빠지게 하여 남도 죽이게 됩니다. 안으로 공하고 밖으로 무심하면 된다는 말에서 공은 마음이 허공과 같아서 마음이 여여하다는 것으로 여여하다는 자체도 없는 것을 말하며 무심하라는 말은 연연하지 말라는 말로 유무를 초월함을 말합니다. 초월이라 함은 수컷 기린이 암컷 기린을 차지하기 위해 치열하게 싸움하는 것을 숨어서 지켜보는 사자는 싸움에 패한 힘없는 기린을 쉽게 잡기 위해 기다리고 있는데 이 모습을 인간이 보면 기린의 싸움은 참으로 기가 막힐 노릇이지 않습니까? 욕심을 채우기 위해 지 죽을 짓을 동료와 싸움하고 있는 것입니다. 마찬가지로 지구촌에서 일어나는 크고 작은 싸움들을 우주 공간에서 바라보면 참으로 가소롭기 그지없는 일이지 않습니까. 마치 초등학생이 분필 하나로 싸움을 하는 것을 선생님이 보듯이 말입니다. 우주의 넓은 곳에서 작은 지구의 강이나 산, 인간을 보면 정말 별 게 아님으로 보입니다. 그러니 우주를 품은 님들의 본성으로 지금 여기서 바라보면 됩니다. 인간의 관점에서 우주를 보고 우주의 관점에서 인간세계를 볼 수 있다면 있지도 않고 없지도 않은 존재의 비밀을 알 수 있습니다. 이렇게 보는 것을 초월이라고 합니다. 그럼 보는 것은 누가 어떻게 볼까요? 나라고 착각하는 오온이 자기 식으로 봅니다. 달리 말하면 인식으로 만들어 낸 세계에 개념지어 명색이라는 세계를 만들었듯이 고정관념인 인식이 봅니다. 원래는 공한 것을 욕심으로 인해 고착화된 인식으로 바라보는 것입니다. 몸은 애당초 내 것이 아닌 성품의 드러남이 몸이었는데 욕심으로 인해 즉 나의 것이라는 욕심으로 가꾸다 보니 업이 생깁니다. 다시 잘 길들여 보면 마음 따라 길들여지는 것을 알 수 있으며 욕심만 내려놓으면 마음 작용이 몸임을 알게 됩니다. 왜냐하면 마음이나 몸은 인연가합으로 생긴 것이므로 없는 것에서 시작했으니 인식 또한 없애 버리면 됩니다. 마음이 식을 잘 다스리면 몸을 잘 다스릴 수 있는 것이지요. 일중일체 다중일(一中一切 多中一), 일즉일체 다즉일(一卽一切 多卽一)입니다. 뭔 말인가 하면 우주는 인드라망에 연결되어 있기에 우주는 겨자씨 안에다 들어가 있습니다. 마음이라는 것이 시도 때도 없이 어느 곳이든 다 있다는 말입니다. 마음 밭에 다 들어앉아 있다는 말이지요. 인생의 고통과 재앙을 회피하지 말고 관찰하면 그것이 허망함을 깨닫고 탐착하지 않으면 됩니다. 어떤 이는 참는다고 하는데 그것은 무지스러운 것입니다. 참는 데도 한계가 있는 것이기에 깨닫고 탐착하지 않는 공부를 해야 근원을 없애버리는 것입니다. 억지로 참으면 화병이 나거나 작은 자극에도 폭발하게 됩니다. 그러니 실체가 없는 고통이나 모욕을 알고 고통을 고통으로 여기지 않는 연습, 모욕을 모욕으로 여기지 않는 연습을 해야 합니다. 사실 타인이 나를 욕하는 것은 나의 잘못된 행동을 한 몸뚱아리를 욕하는 것이지 품성을 욕하는 것은 아닙니다. 몸뚱아리는 실체가 없는 사라질 것으로 남이 자신을 비방하는 것은 실체가 없는 몸뚱아리에 비방하는 것으로 받을 것이 없습니다. 성품이 공한 것이므로 마음이 또한 공한 것이며 마음의 작용인 몸 또한 공한 것입니다. 그러니 부모미생전 본래면목으로 연습해서 업을 없애야 합니다. 연습하는 것은 돈오점수(頓悟漸修)요, 깨달아 탐착하지 않는 것은 돈오돈수(頓悟頓修)라고 합니다. 일상에서 돈오점수를 하다 보면 어느 날 '악' 하면서 돈오돈수가 되는 날이 옵니다. 보조지눌국사의 수심결에 보면 '유위의 세계는 원인과 결과가 있는 현상계로 점수해야 되면 무위의 세계는 인과법칙을 초월한 절대계로 돈오해야 된다'라고 말씀하셨습니다. 촉감, 느낌, 감정, 생각들은 사용하면 사라지기 때문에 내가 아닙니다. 내가 있다는 것은 변함이 없는 나를 말하는데 변하고 사라지니 그놈을 내라고 할 수 없습니다. 참나는 촉감, 느낌, 감정, 생각들을 조절할 수 있습니다. 생각하고 살펴보는 그놈이 참 나이며 공입니다. 이것이 절대계입니다. 참 나를 알아 가는 것이 지구촌에 태어난 이유이니 실습의 현장에서 열심히 자신을 찾아 방황도 하고 여행도 하면서 공부하시길 바랍니다. 우주가 다 나의 것임으로 걱정할 것이 없습니다. 사용해도 버려도 남을 주어도 다시 채워지니 주는 것도 잊어버리고 먹는 것도 잊어버리고 사용하는 것 또한 잊어버리니 이보다 더한 자유스럽고 행복한 삶이 어디에 있겠습니까? 악착같이 모을 필요가 없습니다. 경쟁에서 이길 필요가 없습니다. 양보할 필요도 없습니다. 사랑을 구걸할 필요도 없습니다. 다 충족되어 있으니 그냥 살아지는 대로 살면 됩니다. 연연하지 않으니 이 또한 얼마나 행복합니까. 탐착할 수 없는 무(無)처럼 유도 초월하여 무심해지면 공(空)하여 스스로가 채워지는 것이니 분별하지 말고 여여히 삽시다.

11. 성암스님의 내일은 없다

'내 마음에 사탄이 없는데 어찌 사탄이 보이겠으며 나를 이해하면 상대도 이해된다. 그러나 이해한다고 다 공부가 되었다는 것이 아니라 단지 입문만 되었다는 것이다.' 저는 이 말씀을 보고 충분히 이해한다고 착각하여 나도 이제 천하에 발도장을 찍을 수 있겠다는 조바심이 생겼던 기억이 납니다. 누구나 이 글을 보면 충분히 이해되는 내용이라 스쳐 지나가지만 지행합일(知行合一) 이라는 의미를 안다면 함부로 입에 올리지 못할 것입니다. 제 또한 제 자신을 비추어보고는 입이 쏙 들어갔습니다. 비슷한 이야기로 당나라의 재상 백거이와 도림선사(조과선사-나무 위에서 참선함)와의 대화입니다. 백거이(백낙천)가 인사차 조과선사에게 인사하고 '나무 위에 있으면 불안하지 않습니까?'라고 여쭈자 조과선사 왈 '내가 보기에는 그대가 더 위험하오.' 백거이 왈 '저야 땅에 서 있고 벼슬도 자사에 이르렀는데 무엇이 위험하겠습니까?' 조과선사 왈 '탐욕의 불길은 식을 줄 모르고 얄팍한 지식으로 교만한 마음만 늘어 번뇌가 끝이 없으니 그대야 말로 위험하지 않는가?' 이 말에 백거이는 어찌할 바를 몰라 하면서 삶의 좌우명이 될 법문 하나를 말씀해 달라고 합니다. 나쁜 짓 하지 말고 착하게 살라고 말하니 백거이가 웃으며 '세 살 어린애도 아는 이야기입니다'라고 하자 '세 살 아이도 알고 있는 말을 여든인 노인도 평생을 통해 실천하기 어려운 것이다'라고 말씀을 하셨지요.

이 말에 충격을 받은 백거이가 말을 타고 돌아가다가 개울물에 말이 넘어져 물에 비친 자신의 모습을 보고 영혼의 울림을 느꼈다는 이야기입니다. 전생에 4조 도신이라는 이야기도 있지만 무시하시면 됩니다. 불교 공부를 하다 보면 가끔 말을 하고 싶을 때가 생기는데 그때는 술을 마시고 지인에게 전화로 불교 관련 이야기로 자랑질하면 상대는 난감할 때가 태반이라 다시 일상적인 화제로 바꾸지만 관심의 대상이 달라 재미가 없어 차츰 전화하는 것이 줄어들었고 아주 가끔 불교인에게는 주디만 살아서 주디가 하는 소리입니다 라고 말을 먼저하고 설명했었는데 지금은 주디가 반만 살아 있습니다. 실행도 못하면서 발도장이나 생각했던 내가 얼마나 부끄러웠는지를 알게 된 너무나 고마운 말씀으로 다시 하심으로 돌아가게 만든 글귀입니다. 어떨 때는 정말 어려운 관문인데 '할 수 있을까'라는 생각이 들 때도 있지만 할 짓이 없는 나로서는 '마지막으로 도전이나 한번 해 보자'라는 생각으로 아직도 포기하지 않고 세월을 보내고 있습니다. 책으로 아는 자는 깨달음에 입문할 수 있으나 맑음에는 손톱 하나 담길 수 없음을 그때는 진정 몰랐습니다. 그래서 제가 책을 내나 봅니다. 님들이시여. 거듭 말씀 드리지만 저는 저의 지식으로 글을 쓰고 있는 것으로 사견임을 거듭 밝힙니다. 나 또는 세상을 욕하는 사람이 있으면 마음에 안 든다 라는 생각을 할 것인데 그때는 내가 그런 생각을 하고 있구나, 내가 그리 생각을 만들었구나, 내가 그리 만들어서 괴로운 것이니 있는 그대로 욕을 하고 있구나라고 알아차리고 그 어떤 생각도 만들어서는 안됩니다.(이 말이 금강경에 나오는 응무소주 이생기심의 구체적인 내용입니다) 그 사람이 나 또는 세상을 부정적으로 보니 힘들겠구나 라고 생각하면 화가 나거나 힘들 것이 없습니다. 다시 말해 생각은 또 다른 생각과 함께 고를 물고 오기 때문에 더 이상의 생각은 나와 남을 괴롭히는 것이 되므로 있는 그대로 보고 생각의 끈을 놓아 버려야 합니다. 재물은 타인과의 연에 의해 생긴 것이므로 동체입니다. 그러므로 나누어야 하며 무주상보시를 해야 됩니다. 칠판을 살펴보면 원래는 없었던 것을 씨를 뿌려 나무를 키워 톱으로 잘라 가공하고 못질하여 색을 입혀 만든 것입니다. 칠판은 여러 가지들이 모여 생긴 것이며 나무, 톱, 못, 색깔 등도 다 공한 것입니다. 공함에서 공함이 만들어진 것으로 인연가합으로 만들어진 우리의 6근과 같은 것입니다. 단지 지금은 우리가 사용하고 있기 때문에 있다고 하지만 탐착하면 자신의 욕심이 드러나 업을 쌓는 것이므로 실상으로 보아야 됩니다. 욕심만 버리면 실상으로 공함이 보이는 것이니 탐착하지 않는다는 말입니다. 자신의 마음밭에 그린 나쁜 감정을 칠판 지우게로 지워버리면 상대를 봤을 때 웃을 수 있게 됩니다. 마음에 긍정을 심으면 긍정이 나오고 부정을 심으면 부정이 나오는 것이 마음의 성질이기에 긍정하며 살아야 합니다. 일체유심조입니다. 다시 말해 실체가 없는 마음이 만드는 대로 보이므로 모두 헛것이고 꿈이기에 집착하지 말고 있는 그대로 보아야 본래면목을 보게 됩니다. 나는 더불어 살고 있는 신체와 공기, 물, 햇빛, 바람, 흙, 가족, 친구, 주위사람, 세상사람, 풀, 벌레 등이 있어야 살아갈 수 있는 "나"입니다. 그러므로 나라는 것은 님들로 구성되어있는 것이지요. 모든 것이 대아이든지 님들이든지 동체입니다. 덕분에 살아가고 있고 지금 불교 공부를 통해 나를 찾을 수 있으니 얼마나 고마운 님들이십니까? 그래서 감사하고 기쁘고 웃을 수 있습니다. 마음은 진공묘유입니다. 세속인은 아는 게 많아서 마음에 담아 두고 생각으로 분별하여 마음 쓸 줄을 몰라 마음이라는 감옥에 갇혀 살고 있습니다. 우주법계의 돌아감을 알면 그 허망한 마음에 꽃을 피울 수 있으니 내려놓고 보면 고맙고 감사하며 아름다울 뿐입니다.

12. 서암스님의 그대 보지 못했는가?

　노장사상에 '도가 도면 도가 아니요, 명이 명이면 명이 아니다'라는 말이 있고, 중생이 부처임을 알면 부처요 부처가 부처임을 알면 부처가 아니다'라는 말이 있습니다. 부처는 여여하고 진공묘유로 텅 비어 있으므로 자신이 부처다, 중생이다라는 생각 자체가 없습니다. 마조스님 왈 '부처가 천상천하유아독존 할 시 내가 있었다면 방망이로 쳐서 개밥을 줘버렸으면 천하가 태평했을 것이다'라고 말했는데 세속에서 사는 사람들은 당췌 뭔 말인지를 어찌 아시겠습니까? 이는 성품의 자리는 일구법문, 이구법문, 삼구법문의 이름이 붙지 못하는 자리입니다. 마조스님은 님들에게 자신이 부처인데 어디서 부처를 찾으려 하느냐 하는 경각심을 심어주는 법문입니다. 그러므로 말을 하는 것은 아직 멀었다는 말이기도 하지만 수처작주 입처개진의 한 방편이기도 합니다. 그러함에도 그 방편을 못 알아들으니 참으로 공부하는 사람이 드물다는 것입니다. 그런데 달마대사 왈 '네가 네 마음이 없으면 네가 나에게 묻지 못하고 내 마음이 없으면 너에게 대답하지 못한다. 네가 묻고 내가 답하는 그것이 부처다'라고 말했습니다. 이는 수준별 수업과 같은 내용입니다. 말하는 순간 멀어진다고 했는데 여기서는 묻고 답하는 것이 뭔 부처고 하겠지만 마음의 작용을 말하는 것입니다. 의문점을 묻고 답한다는 말은 머물지 않는 자리이기에 묻고 답함이 없습니다. 내가 세상에 태어나는 것도 병에 걸리는 것도 전생의 인과의 업으로 일어난 것으로 업력에 끌려가는 마음을 바로잡아 업장소멸하면 치료가 됩니다. 세상 모든 이치가 마음먹기에 달렸습니다. 곧 일체유심조(一切唯心造)라는 이 말을 잘 새겨들어야 팔자가 고쳐집니다. 그런데 어떤 이는 진리는 반드시 이러한 것이고 진리는 변하지 않는 것이며 진리는 모든 이에게 적용이 되는 것이라고 못을 박아 버리는 사람이 있는데 불법은 원래 이런 것이다 라고 못을 박아 버리면 그것은 죽은 불법의 진리입니다. 불법은 펄펄 살아서 생동하며 흘러가다 이렇게도 저렇게도 나타나는 것이 진리입니다. 금강경의 어법 불설단멸상(於法 不說斷滅相)이라는 내용과도 같은 의미입니다. 님들의 수준에 맞추어 진리를 변화시켜 깨우쳐 주니 법을 굴리는 것이지요. 진리 또한 이렇게 변하는 것이 진리입니다. 최소한 진리라는 것은 애초에 누가 만들었습니까? 님들이 만들었으니 만들지만 않았다면 진리 또한 없습니다. 진리가 없는데 진리 아님도 없는 것이지요. 예를 들어 계는 진리를 담는 그릇으로 비유를 많이 합니다. 계를 지키려다 도를 저버릴 수 있고 계를 깨뜨리다 부처인연을 버릴 수 있습니다. 더 구체적인 예를 들면 몽골은 육식 못 하게 하면 거의 모든 사람이 죽어야 됩니다. 육식을 안 하자니 피골이 상접하여 먹고 사는 것이 힘드니 불법을 배우지 못할 것이고 육식하자니 부처의 계를 저버리는 것이니 어떻게 해야 되겠느냐? 라는 말입니다. 죄는 무자성입니다. 그러니 중생의 어려움을 알아 처방을 잘 내려야 합니다. 옛날 불륜을 저질러 마을에서 쫓겨난 처자가 함께 배를 타고 가는 스님에게 말을 했지요. '스님, 저와 결혼해 주십시오. 결혼해 주지 않으면 여기서 뛰어내려 죽을 것입니다'라고 겁박했습니다. 스님이 파계하면 안된다는 일념으로 자기의 신념을 굳게 지키려고 '안된다'라고 말하자 그 처자는 뛰어내려 죽었습니다. 스님이 절로 돌아와 큰스님께 그날 있었던 이야기를 하자 큰스님 왈 '데리고 와서 공양주라도 아님 다른 인연을 맺어 주면 될 것'이라고 말하며 안타까워했습니다. 계행에는 상(常)이 없습니다. 상이 있다면 저도 그렇고 님들도 그렇고 모든 것이 똑같이 있어야 되는데 마음도 없고 그대의 모습도 없는데 그대를 어디서 찾을 수 있겠습니까? 기껏 변화되어 가는 그대만 찾을 수 있겠지만 그 또한 일정 기간만 가면 찾을 수가 없습니다. 만일 누가 날 죽이려고 할 때 나는 그에 대항하여 살생을 해야 됩니까, 아니면 내가 죽어야 합니까? 살생하면 안 되고 하지 않아도 안 되는 상황입니다. 살생을 하려니 불법을 어기는 것이요, 살생하지 않으려니 처자식과 부모님에 대한 불효를 저지르는 것이니 님들은 어떻게 할 것입니까? 불법은 정해진 것이 없습니다. 즉 매이지 않으면 됩니다. 매이는 순간 탐착으로 고가 일어납니다. 응무소주 이생기심인 것입니다. 천수경에 죄무자성종심기(罪無自性從心起)라는 구절이 있는데 죄는 원래 있는 것이 아니고 마음에서 일어나는 것이므로 그 마음을 없애면 죄라는 것은 사라지는 것입니다. 어느 큰 스님이 밭에서 풀을 매고 있었는데 뱀이 지나가자 호미로 뱀의 머리를 짓눌러 죽였습니다. 이 모습을 본 선비 왈 '천하의 큰스님으로 알고 문안 인사차 왔는데 소문하고는 달리 불법을 저버리는 노인에 불과한 사람이구나'라고 하자 큰스님 왈 '네가 거치나 내가 거치나'라고 말했습니다. 참으로 좋은 비유입니다. 처음 공부하시는 분은 이 의미를 이해하시기에는 많이 힘이 드시겠지만 앞의 내용들을 이해하시면 많은 도움이 될 것입니다. 저는 처음에 이놈이 이해가 되지 않아 많이 힘들어했던 기억이 납니다. 이해하려고 생각을 먼저 하시고 왜 그런지를 챙겨 보시면 좋을 듯합니다. 태양이 죽어 내일 다시 태어나듯이 나도 오늘 죽어 새로운 나로 다시 태어나리라.

13. 불감혜근 선사

멀리 있는 산을 보니 푸른 빛이 보이는데 가까이 있는 흐르는 물에서는 소리가 보이지 않는다라는 말씀을 하셨습니다. 이는 색으로 보면 산은 낮엔 보이고 밤엔 보이지 않지만 소리로 보면 산은 밤낮으로 들리지 않지만 흐르는 물은 밤낮으로 다 들립니다. 즉 각각의 성품으로 보면 밤낮으로 보이고 들립니다. 우리의 몸은 18계역으로 이루어져 있으며 각각의 계역이 있음을 가르쳐 주는 글로 그 계역 또한 공함을 아셔야 합니다. 있는 그대로 받아들이라는 말입니다. 받아들이지 못하면 욕심만 가득 차서 보이는 것도 들리는 것도 보지 못하고 듣지 못합니다. 님들은 자신이 받아들이고 싶은 것만 받아들이는 경향이 많을 것이며, 먹고 싶은 것만 먹기를 원하며, 보고 싶은 것만 보려고 하고, 좋은 느낌만

만지고 싶고, 듣고 싶은 소리만 들으려고 하며, 좋은 향기만 맡으려고만 합니다. 그리하여 다른 이의 취향을 이해하지 않게 되니 논란이 생깁니다. 상대의 의견을 상대 입장에서 듣고 상대를 이해하는 입장에서 받아들이면 상대가 왜 그런 취향을 갖게 되었는지를 알 수 있는 것이며 그로 인해 상대도 다른 나의 상대성을 이해할 수 있습니다. 서로 상대적인 이야기가 가능하게 됩니다. 있는 그대로를 받아들일 때 있는 그대로를 사랑할 수 있습니다. 내 곁의 사람이 부족한 것이 아니라 내가 정해 놓은 높이로 그를 보기 때문에 논쟁이 이루어지고 등을 돌리며 종국에는 싸움이 일어나기도 합니다. 부부간의 갈등이 그러합니다. 사랑해서 결혼할 때는 모든 것을 내려놓고 있는 그대로를 바라보다 내가 정해 놓은 높이가 제자리로 빨리 올수록 권태기가 빨리 옵니다. 그러니 내 마음에 알음알이가 없으면 있는 그대로를 받아들이기가 쉬운 것이니 알음알이에 집착하지 말아야 합니다. 이것이 응무소주 이 생기심입니다. 다름을 인정하고 조화로운 혜안을 키워야 된다는 말씀입니다. 사람과의 관계를 통해 배워나가는 곳이 이 지구촌입니다. 그런데도 사람들은 자신의 욕심을 채우기 위해 자신과 맞지 않는다는 하나의 이유로 싸움이 일어납니다. 싸움이라는 것도 같은 동료들과 하지 같은 동료가 아니면 싸움하지 않습니다. 사람은 사람과 싸우고 짐승도 같은 짐승끼리 싸움을 하지 종이 다른 것과 싸움하는 것은 생존을 위한 몸부림입니다. 지구촌에서 싸움을 잠재우는 유일한 방법은 내가 욕심을 내려놓는 것입니다. 욕심을 버리기 위해서는 자신을 바로 보는 것이 최우선이며 나라와 나라의 싸움도 사람이 욕심을 내려놓으면 사라지는 것입니다. 내가 조금 불편하면 되는 것을 내가 아닌 이 몸뚱아리를 위해 남과 싸움한다는 것은 어리석은 일로 업을 만들어 반드시 부매랑으로 돌아옴을 알아야 합니다. 업은 반드시 그렇게 만들어지게 됨이 우주의 인과법칙입니다. 그러니 종교인들이 더 노력해야 합니다. 불교나 기독교의 타협이 참으로 어려운 것을 보면 일반사람들이야 어찌 타협이 되겠습니까? 그러니 정치인들이 종교를 이용하는 것입니다. 종교계의 올바른 중심은 민중의 나아갈 길을 제시하지만 종교계의 타락은 민중을 도탄에 빠지게도 합니다. 그러니 스님, 목사님, 신부님들의 상호 간에 품어주는 관계가 되어 대한민국의 정신적 지주로서 민중의 표지석이 되어 주셔야 됩니다.

14. 수산주

'범부가 법을 구족하고 있으나 범부는 그것을 모른다. 성인이 법을 구족하고 있으나 성인이 그것을 모른다. 성인이 만약 안다고 하면 그것은 곧 범부와 같고 범부가 만약 안다고 하면 그것은 곧 성인이다.' 참으로 고마운 말씀이지요. 가난한 자는 자신이 일만 하면 부자가 됨을 알고 있으나 자신의 능력과 재력이 없음을 한탄하면서 실행하지 않지만, 부자는 자신이 부자라는 생각 없이 주어진 일을 능동적으로 진행합니다. 공부를 못하는 학생은 자신이 공부만 하면 잘할 수 있음에도 자신은 능력이 없다고 말을 하며 공부를 하지 않지만 공부를 잘하는 학생은 자신이 공부를 잘하고 있다는 생각을 하지 않고 공부한다는 것과 같은 것입니다. 여기에 부처님의 8만 4천 법문이 다 들어앉아 있고 8만 4천 법문을 말씀하시고도 나는 한 마디의 법문도 했던 적이 없다고 말씀하신 법문이 들어 있는 것입니다. 나무꾼이 나무를 하고 내려오다 어느 노인이 물을 마시는 것을 보고 '어르신 표주박의 길이가 참으로 깁니다'라고 말하자 노인 왈 '표주박의 길이가 길면 골도 깊지요'라고 말씀하십니다. 겉만 보지 말시고 성품을 보시라는 말이지요. 성품으로 보시면 무슨 말씀이신지 보이며 그대의 성품 또한 깊이가 한량이 없는 것을 볼 수 있습니다. 원래 구할 것이 없는데 구하는 것은 고(苦)입니다. 자신은 원래 부처인데 부처임을 모르고 구하려고 하니 고만 쌓입니다. 알면 자신이 애초부터 부처였구나라는 것을 알 수 있습니다. 그러니 님들에게도 지금도 부처라고 말을 해도 모르니 답답하다는 말입니다. 유마거사가 중생이 아프니 내가 아프다는 말을 한 적이 있습니다. 중생은 자기가 부처인데 부처임을 모르니 아프고 부처는 그대가 부처임을 가르쳐 주어도 모르니 답답해서 아프다는 말입니다. 러시아와 우크라이나의 전쟁이 님들과 무슨 상관이 있길래 공부 안하고 가슴 아파합니까?라고 말하면 연기의 흐름과 인과에 대해 이야기할 것임을 알고 있으나 상관이 없음을 공부해 보세요. 인은 공하고 연은 무심한데 님들과 전쟁이 뭔 상관인고? 님들의 가문의 원수가 죽어 천당에 갔습니다라고 말하면 님들의 마음은 어떠하신지요. 공부하세요. 내려놓으면 님들이 부처임을 볼 수 있습니다.

15. 머무르지 않는다는 말은

임제선사에게 어느 스님이 여쭈었다. 누가 와서 스님을 마구 때리면 어떻게 하겠습니까? 그러자 임제선사 왈 '그 사람이 오기도 전에 내가 어떻게 해야 할지 어찌 알겠노. 그 사람이 오면 그 순간에 결정해도 늦지 않을 것이다'라고 말씀하셨습니다. 이는 본인이 생각을 만들어서 걱정 근심을 사서 하는 것을 경계하라는 말씀입니다. 모두가 자기 안에서 만들어서 스스로 고를 초래하는 것이지요. 오면 오는 대로 가면 가는 대로 그때그때 머무르지 않고 받아들이면 됩니다. 금강경에 과거심불가득 현재심불가득 미래심불가득이라 했습니다. 마음은 공해서 얻을 것이 없는데 굳이 고생을 사서 합니다. 때가 오면 때대로 살아지는 것이요, 때대로 흘러가는 것입니다. 머무르면 썩어 고의 상처만 남겨 놓습니다. 마음에서 욕심을 내면 미래의 생각에 머물러 마음의 고통만 짊어지고 간다는 말씀입니다. 생각은 마음의 때요, 경계는 마음의 대(보안보살장 참조, 대=대상)입니다. 마음이 없으면 때도 없고 대도 없습니다. 한 예로 추울 땐 추운 곳에 있는 내가 되고 더울 땐 더운 곳에 있는 내가 되면 됩니다. 더울 땐 덥다는 생각 속에서 추위를 잊어버리면 되고 추우면 춥다는 생각 속에서 덥다는 생각을 잊어버리면 됩니다. 춥다고 해서 할 일을 하지 않거나 여름의 더운 날씨가 그립다고 탐착하면 마음에 고만 쌓일 뿐입니다. 더울 때도 마찬가지입니다. 덥다는 생각까지만 하면 됩니다. 번뇌가 보리입니다. 번뇌는 급해서 화만 냅니다. 화를 내는 것은 미래를 생각하고 자신은 틀리지 않다는 자만심에서 나오는 어리석은 행동입니다. 빠른 시일 안에 부처가 되겠다는 생각이 번뇌입니다. 차분히 부처 공부를 하면서 지금 여기서 최선을 다하는 것이 참다운 부처 공부입니다. 부처가 되겠다는 욕심을 내는 순간 부처는 저 멀리 사라지는 것이니 지금 여기서 최선을 다하다 보면 어느 날 자신 속에 부처가 앉아 있음을 보실 수 있습니다. 지금 최선을 다한다는 것의 한 예로 아는 지인과 전화통화를 하다 통화를 길게 해도 되나?라고 묻자 전에 지금 자리에서 최선을 다하라고 해서 약속 장소에 들어가지 못하고 있지만 지금에 최선을 다하려고 전화에 집중하고 있다고 하길래 지금 그대의 최선은 전화를 끊는 것이다라고 말을 하였더니 "아" 하면서 고맙다고 하더이다. 지금 여기서 최선이라는 것이 상대를 배려하는 것일 수도 있지만 상대와 단절하는 것도 최선의 배려일 수가 있음을 알아야 합니다. 법에 머무르지 말고 법을 굴려야 합니다. 급하거나 화를 내는 것은 지금 자리에 머물려는 욕심이며 제행무상에 위배되는 것으로 스스로를 속이는 것이니 공부하는 사람은 경계해야 합니다. 져주는 것이 보리요 이기려는 것이 번뇌입니다. 그러니 져주는 것이 이기는 것처럼 번뇌가 보리입니다. 머무르지 않는 것이 법을 굴려 번뇌를 보리로 전환시킵니다.

16. 무주상보시

　주는 사람도 없고 받는 사람도 없으며 주는 물건도 없이 주는 것을 무주상보시라고 합니다. 금강경에 무주상보시의 복은 끝이 없이 많다고 합니다. 끝이 없이 많다고 함은 계속 무주상보시를 할 수 있어 결국 공덕으로 나아갈 수 있게 되는 것이니 우리들이 보시 할 때 반드시 무주상보시를 실행해야 합니다. 무주상보시라는 단어 또한 공부하실때 적용해 보시면 적용이 안 되는 곳이 없습니다. 공을 공부해도, 무를 공부해도, 좌선을 해도, 명상해도 적용을 해 보시면 무주상보시가 작동하지 않는 곳이 없습니다. 그만큼 공부에 지대한 공헌을 하는 것이 무주상보시입니다. 삶을 살아가면서 무주상보시로 인해 돌아오는 것이 과연 있는지와 얼마나 많은 혜택이 있었는지를 살펴 보신다면 충분히 아실 수 있을 것입니다. 그러나 대부분의 사람은 자신의 능력으로 치부하거나 자신의 욕심으로 인해 그러한 생각을 하지 않습니다. 들판에 숨은 아주 작은 꽃을 발견하는 마음으로 자신을 살펴보세요. 사랑은 헤어짐을 전제로 아낌없이 주는 것입니다. 꽃을 보면 대부분의 사람들은 기분이 좋습니다. 그래서 그런지 사람들은 사랑을 고백할 때 꽃을 선사하나 봅니다. 마음이 편한 사람이 숲길을 거닐면 나무들도 편안함을 선사하지만 흥분을 한 광적인 사람이 오면 나무들은 경계의 파장을 보낸다고 합니다. 특히 숲속에서 살인을 저지른 사람이 그 숲에 가면 나무는 경계의 파장을 많이 보내기에 나무의 파장으로 살인범을 잡을 수 있다고 합니다. 무주상보시가 그러합니다. 무주상보시를 하는 사람에게는 우주법계가 다 알고 그리 보상합니다. 남을 괴롭히는 사람에게도 그에 대한 응분의 대가를 지불하는 것이 우주법계의 이치랍니다. 세간에서 준다는 의미는 대가를 바라고 준다는 의미입니다. 대가는 지불만 하면 사라집니다. 그러나 무주상보시의 대가는 끊임없이 흘러넘쳐 또 다른 무주상보시하는 공덕으로 흘러갑니다. 예를 하나 들어 보면 아무도 몰래 가난한 남의 집에 돈보따리를 놓고 가면 받은 사람은 도대체 그분이 누구인지 궁금해 합니다. 그리고는 항상 감사함을 갖게 되는 것이지요. 그 감사한 파장은 항상 보시한 사람에게 마음으로 전달될 것이며 그로 인한 파장으로 그 사람은 법계에 따라 잘 됩니다. 이 우주법계는 사람 하나하나의 선악을 다 보고 다 알고 있습니다. 사람들의 영혼의 울림이 파장으로 다 연결이 되어 있기 때문입니다. 만약 도와준 사람을 알게 되면 나중에 곤란함이 해결되어 여유의 돈이 생겨 지불을 하면 감사한 마음은 반감이 되어 그 파장 또한 반감이 됩니다. 그러니 무주상보시의 위대함은 대단한 것입니다. 사랑하는 사람에게 무주상보시를 하면 사랑하는 사람 또한 응분의 대가로 보답을 하듯이 무주상보시의 복은 이루 말로 열거할 수 없을 정도의 복을 그대에게 가져다 줍니다. 물질적이기도 하지만 깨달음으로 가는 덕도 주는 것입니다. 무주상보시를 공부하기 가장 좋은 것이 봉사활동입니다. 봉사활동은 남을 돕기도 하지만 스스로에게 무아라는 선물을 안겨주기도 합니다. 부모님이 자식에게 무주상보시를 하듯 이웃에게도 무주상보시를 하여 깨달음의 길로 가시길 기원합니다. 성경 말씀의 네 이웃을 사랑하라는 말입니다.

17. 진심직설에서

'선은 고요한 곳, 시끄러운 곳, 반연에 응하는 곳, 생각하고 분별하는 곳에는 없다. 이것을 알면 모두가 한 집안일이라 한다.' 참으로 좋은 말씀임을 공부하시는 분들은 아실 것입니다. 달리 말하면 분별하지 말고, 집착하지도 말며 욕심을 버리는 바보가 되어라라는 말입니다. 부모님의 입장에서 보면 참으로 황당한 말입니다. 세속에서 보면 '어찌 살려고 그러노?'라며 이야기할 것이나 우주법계는 바보가 되어야 복이 있으며 천국이 가까운 것입니다. 님들이 보면 우스운 말이겠지만 바보 입장에서는 여기가 천국입니다. 세속적으로 보면 어리석고 우둔하게 보이겠지만 사실 바보는 지금도 천국이요, 나중도 천국입니다. 어릴 때 유치원에서 배운 교육이 배움의 전부였다면 천국에 가지 못하는 사람은 없었을 것입니다. 부모가 천국으로 가는 길을 막았던 것입니다. 남들보다 더 잘 살려면, 돈을 더 많이 벌려면, 편하게 직장생활 하려면, 진급을 더 잘 하려면, 억척같이 살려면 이라는 말로 부모가 자식에게 그렇게 가르쳤기 때문에 우리는 욕심이라는 것을 부모에게 배운 것입니다. 부모의 대리만족을 채우기 위해 그리 살아가고 있지는 않은지 챙겨 보셔야 됩니다. 자식은 부모의 부속물이 아님에도 부모는 자식 걱정으로 그리하는 경우가 태반입니다. 이해는 되지만 부모의 역할은 그런 것이 아니랍니다. 부모는 인격 완성의 기치 아래 자식의 적성을 살펴 학교와 상의하여 자녀가 원하는 곳에 관심과 위로와 격려를 아끼지 말아야 합니다. 결혼은 부모가 될 자격이 있을 때 해야 합니다. '직지심경'이라는 책을 보시면 불교 극치의 말들이 나오는데 빠져보시면 헤어나질 못합니다. 모르는 분에게는 정말 재미없는 황당무괴한 글로 보이지만 공부를 하신 분들은 재미가 쏠쏠하실 내용들로 가득차 있습니다. 저도 처음에 읽어 보다가 이해도 못하겠고 그놈이 그놈이라 지루하기도 해서 중도에 포기를 했었는데 아직까지도 지루함이 엄습하여 책을 덮었습니다. 그러니 재미를 들이려면 불교의 교리를 공부하고 관심과 실천을 통해 노력하시다 보면 재미를 느낄 수 있습니다. 그러나 한번은 필독하시고 그중에 관심이 가는 화두는 챙겨보시는 것을 적극 추천합니다. 직지가 금강경을 어렵게 펼친 글이요, 여하방하착이라는 것과 같은 뜻입니다.

18. 임제선사

　임제선사가 공부를 할 때 스승인 황벽선사에게 '불교의 대의는 무엇입니까?'라고 세 번을 물었는데 세 번 다 방망이로 30대를 각각 맞았습니다. 그래도 모르자 황벽선사는 도반이었던 대우선사에게 공부시키라고 임제를 보냈습니다. 임제가 그간의 사정을 말씀드리자 '너의 스승이 그리 친절하게 가르쳐 주었는데도 알아채지 못하는가?'라며 또 30방을 맞았습니다. 그 순간 '황벽의 불법이 몇 푼어치도 안 되는군' 하며 순간 깨달았습니다. 대우가 멱살을 잡아 말해 보라고 하자 옆구리를 세 방 칩니다. 대우선사가 멱살을 놓으면서 '너의 스승은 황벽이니 돌아가거라'라며 임제를 돌려보내었습니다. 돌아와 자초지종을 말씀 드리자 황벽선사 왈 '대우 놈을 어떻게 한 방 먹일까?'라고 말하자 임제가 스승인 황벽의 빰을 세차게 때리자 황벽 왈 '이 미친 놈이 호랑이 수염을 뽑는구나'라고 말하며 할(喝-큰스님들 사이에서 행해지는 소리나 배우는 사람들의 어리석음을 꾸짖는 소리 또는 말이나 글로 나타낼 수 없는 불교의 이치를 나타내 보이는 소리)로 마무리를 지었습니다. 이것은 참으로 공부하는 사람에게는 세세하게 공부할 수 있는 화두입니다. 이것을 알면 불교의 대의를 확철히 아는 것입니다. 불교의 대의를 물었는데 왜 30방을 때릴까요? 저의 일화입니다. 좌선하면서 불교의 대의를 물었는데 왜 때릴까? 아무리 생각하고 생각해도 도저히 몰라서 술을 마시면서 미친 선사다 라며 스스로에게 훼방도 놓아보았습니다. 어떨 때는 하도 답답해서 연극도 했습니다. 황벽선사님 불교의 대의는 무엇입니까? 라고 물어보고 황벽선사가 나의 어깨를 30방 때리는 시늉도 하면서 그리고 또 답답하여 손으로 빰을 30대 때리기도 하고 머리로 30방을 벽에 치기도 했었습니다. 그래도 답답하기도 하다 어느 날 멍하니 있었는데 뭔가 꿈틀거림이 있었서 좌복에 앉아 고민을 하다 빰을 때리는데 환하지는 않았지만 알 것 같다는 생각이 들었습니다. 그리고는 혼자서 '불교의 대의는 무엇입니까'라는 문제 속에 답이 있음을 알았습니다. 금강경에 그 해답이 있음을 알았던 것입니다. 왜 옆구리에 세 방을 치는지 왜 황벽선사의 빰을 때리는지를 알게 되었습니다. 여기서 확실히 말씀드리는 것은 아직도 저는 확철하게 알지 못함을 밝힙니다. 이해를 하는 것처럼 하는 밝음도 아닌 이해를 하는 척하는 것임을 먼저 밝힙니다. 위의 내용이 이해가 되시면 초발심시변정각과 백척간두 진일보가 필요합니다. 아는 것과 실천하는 것은 전혀 다릅니다. 저는 말로만 아는 것처럼 나불거리는 이유가 책을 써야 하기에 어쩔수 없이 아는 것처럼 나불거리고 있으며 님들도 한번 저처럼 공부해 보라고 저의 이야기를 꺼낸 것입니다. 그러니 저는 아직 한참을 공부해야 하는 미천한 사람입니다. 님들께서도 이 화두만 확철히 아시면 책을 덮어도 됩니다. 책을 볼 필요가 없습니다. 말이 끊어진 자리만 보면 됩니다. 성품만 보면 본마음만 보면 한소식 하는 것입니다. 여기에는 반야심경의 심무가애 무가애고 무유공포 원리전도 몽상 구경열반(心無가碍 無가碍故 無有空怖 遠離顚倒夢想 究竟涅槃)이 앉아 있으며 연기법, 성품, 공함이 함께 있는 화두입니다. 충분히 이해가 되시면 초발심시변정각(初發心時變正覺)과 백척간두 진일보(百尺竿頭 進一步)를 위한 무아공부와 좌선에만 집중하시면 될 듯합니다. 말에 속지 마십시오. 보살은 부처의 세계에 한 발짝도 담글 수 없습니다. 내려놓아도 안보이고 또 내려놓아도 보이지 않음은 내려놓지 못했음을 알아야 합니다. 철저히 내려놓고 있음을 모르고 내려놓아야 참되게 내려놓는 것이니 실체가 없는 그 욕심을 내려놓아야 합니다. 밝음은 맑음에 스치지도 못함이여 보살이 손으로 눈을 가린다.

19. 마음은 본래 청정

 '참마음은 있는 것도 아니고 없는 것도 아닌 자리가 따로 있는 것으로 착각하지 마라. 생각과 말이 끊어진 세계가 따로 있는 줄 착각하지 마라.' 자성의 자리가 따로 있어 구하는 것이라 착각하지 말고 원래 있는 자성의 자리를 발견하라는 말입니다. 지금 그대로가 참마음인데 님들이 몰라서 그러합니다. 말하고 밥 먹고 치우고 일하고 잠자는 그것입니다. 평상심이 도라는 말입니다. 구하려거나 찾거나 하면 그 자리는 잡히거나 보이지 않습니다. 가만히 그 자리를 보십시오. 고요하고 편안하며 한가합니다. 보려고 하거나 확인하려고 하면 그 자리는 도망가 버립니다. 느끼려고 하는 순간 그 자리는 사라집니다. 지금 님들이 하는 그것이 그 자리입니다. 공함을 아는 것은 공함을 아직 모르는 것입니다. 공하되 공함을 모르는 것이 공함입니다. 물고기가 물을 모르는 것처럼, 사람이 공기가 있음을 모르듯이. '유무합치명위중도'라고 했습니다. '도가 도면 도가 아니다'라고 했습니다. 부처가 '부처다'라고 말하면 부처가 아니라고 했습니다. 무주상보시를 생각하십시오. 공합니다. 일해도 놀아도 잠을 자도 말을 해도 공합니다. 나는 특별한 사람이라고 생각하는 순간 나는 특별한 사람이 아닙니다. 나는 아무것도 모르는 사람이라면 우리가 말하는 특별한 사람이요 부처입니다. 돈이 많은 사람은 돈이야기를 하지 않습니다. 돈이 많다고 자랑하지 않습니다. 공부를 잘하는 사람은 자신이 공부를 잘한다고 말하지 않습니다. 벼는 익을수록 고개를 숙이듯이 말입니다. 천하의 부처도 순치황제도 원효도 방거사도 다 버리고 딸랑 몸 하나 의지하는 곳으로 갑니다. 익은 벼도 고개는 숙이나 스스로를 버리지 못합니다. 돈이 많다고 자랑하지는 않으나 버리지는 못합니다. 공부를 잘한다고 말은 하지 않으나 남을 위한 헌신적인 지식으로 사용하지 않습니다. 그러니 그들이 특별하지 않은 것입니다. 진정 특별하다는 것은 겸손이 아니라 겸손을 잊어버리는 것입니다. 성품에서 나온 마음에는 복락, 아픔, 겸손, 자랑 등 그 어떠한 것도 붙지를 못합니다. 왜냐하면 인과가 없기 때문입니다. 그러니 착각하지 마십시오. 돌아보면 후회요 자랑질은 허무함이라 앞을 보니 두려움만 가득하구나.

20. 중생이 부처다

　마음, 부처, 중생이 하나다. 자기를 바로 봅시다. 자기는 부처인데 자신이 부처임을 모르고 있습니다. 욕심만 버리면 부처입니다. 부모가 자식을 대하는 그 마음이 부처입니다. 부처행을 하고 있으면서도 부처임을 모르고 사는 것이 안타까울 따름입니다. 성품에서 나온 그 마음이 부처입니다. 님들의 자식 대하듯 이웃을 대하면 그것이 부처입니다. 그러니 중생이 부처입니다. 욕심에서 만들어진 인식도 욕심만 버리면 마음이 인식이요 마음의 작용이 그대의 몸뚱아리입니다. 욕심만 버리면 허무하거나 후회하거나 막막함이 사라집니다. 그대의 거울을 들여다보십시오. 그대로가 부처입니다. 돌아서도 부처요 앉아도 부처이며 걸어가도 부처입니다. '중생이 부처다'라는 확고한 믿음이 나를 부처로 만듭니다.

수처작주 입처개진입니다. 그러니 다른 곳에서 부처를 찾지 마십시오. 서산대사께서 말씀하신 소를 타고 다시 소를 구하는 꼴입니다. 부처님의 마지막 음성이 자등명입니다. 성철스님의 '자기를 바로 봅시다'의 제1장에 '모든 이를 부처로 축하합니다'라는 내용들이 있는데 자신을 바로 보면 부처 아님이 없습니다. 여기서 간과해서는 안 될 것이 있습니다. 중생이 부처라고 하니 자신이 부처인 줄 생각하면 중생입니다. 그러니 부처라는 생각을 쉬어야 부처입니다. 부처란 부처행을 하는 것이 부처입니다. 세속에서의 가장 좋은 부처행은 봉사활동입니다. 부처와 조사가 세상에 나오심은 중생에게 법을 주기 위함이 아니라 중생들로 하여금 스스로 본래 성품을 보게 하심입니다. 그러나 보여주어도 가르쳐 주어도 모르는 것은 자신의 업이니 착하게 살면 언제가 그 길로 접어들어 자신의 성품을 보게 되는 날이 반드시 올 것입니다. 그들의 앞선 행각이 나에게 지름길을 안내하여 조금이나마 빠른 깨달음과 헛된 일이나 후회스러운 일을 하지 않고 나아갈 수 있게 하러 오신 것입니다. 그러니 그분들의 발자취를 찾는 일을 먼저 하신다면 좀 더 빨리 그리고 편하게 부처가 될 수 있습니다. 책을 읽어 봅시다. 여러 책을 보고 나에게 맞는 문구의 글이 무엇인지 찾아봅시다. 절에 계신 스님에게 여쭈어 보셔도 됩니다. 그분들은 중생구제의 발심으로 스님이 되셨기 때문에 질문에는 감사히 답변해 주실 것입니다. 그러나 배우는 자세는 항상 견지하셔야 합니다. 항상 불교의 대의를 생각하고 선행도 하고 보시도 하는 사람이 되어야 불교의 대의가 찾아오게 됩니다. 선업도 없다고 말하고 싶으나 욕심으로 인해 업이 없음을 보지 못하게 될까 두렵습니다.

21. 공의 대화

영가스님 왈 '무명의 실제 성품이 불성이요, 허깨비 같은 빈 몸이 법신이다'라고 말씀하셨습니다. 이는 우리의 몸은 생멸의 모습이 있고 무명의 길 위에 있지만 그 몸이 진리의 몸이요, 생사가 끊어진 열반의 길 위에 있음을 표현한 말입니다. 이는 성품이 공하기 때문에 그러합니다. 공한 성품으로 보면 성품이 마음이요, 마음이 인식이며 불성 아닌 것이 없습니다. 담배 피우는 사람들은 비 오는 날 처마 밑에서 피우는 담배의 맛을 아실 것입니다. 그 맛을 느껴보려고 집 처마 밑에서 담배를 피우고 있었습니다. 그런데 가랑비 하나가 제 눈에 들어와 저도 모르게 눈을 깜빡거렸는데 그때 저는 이것 또한 '욕심이구나'라는 것을 느꼈습니다. 이 몸을 내라고 하니깐 살려고 눈을 깜빡인 것입니다. 철저히 이 몸을 버려야 성품이 허상인 이 몸을 잘 다스릴 수 있음을 알았답니다. 눈깜빡임에는 속지 않으나 아직도 이 몸에 기름칠하고 자랑질하고 있습니다. 깨달음 즉 성품으로 보면 불성 아님이 없으니 내 속에 불성이 가득차 있어 있는 그대로가 부처입니다. 성품에서 나온 욕심 없는 마음의 작용인 이 몸이 법신입니다. 철저히 욕심을 버리지 않으면 두려움으로 인해 바른 작용을 하지 못합니다. 이 몸뚱아리는 잠시 빌려 쓰는 것으로 언젠가는 사라짐을 안다면 두려울 것이 뭐가 있겠습니까? 금강경이나 반야심경에도 공포로 인한 바른 생각하지 못함을 말하고 있지 않습니까? 공포와 두려움은 내가 있고 나의 것이 있을 때 그것을 지키기 위해 생기는 것이니 내가 무아이고 욕심이 없다면 공포와 두려움은 붙지를 못합니다. 그러니 자신을 바로 보는 공부를 해야 하며 하나의 생각으로 그 끈을 놓지 말아야 합니다. 생각하는 그 놈을 계속 주시하셔야 한 생각에만 머무르게 되고 그 생각을 놓으면 자유인이 됩니다. 한 생각에 머무르는 것이 백척간두요 한 생각 내려놓는 것이 진일보입니다. 다음은 철저히 공함을 말씀하시는 두 분의 대담을 살펴보십시오. 영가스님 왈 '나고 죽는 일이 크고 무상이 너무 빠릅니다.' 육조 혜능선사 왈 '생이 없음을 체험해서 빠름이 없는 도리를 요달하지 못하는가?' 영가스님 왈 '본체는 생이 없고 터득하면 본래 빠름이 없습니다.' 6조 왈 '그대는 생멸이 없는 뜻을 잘 알았구나.' 영가스님 왈 '생이 없음에 어찌 뜻이 있겠습니까?' 육조혜능선사 왈 '뜻이 없다면 누가 분별하는가?' 영가스님 왈 '분별하는 것 역시 뜻이 아닙니다.'라고 말하자 인가하고 하루라도 같이 이야기하며 자고 가라고 해도 영가스님은 그냥 가버렸습니다. 영가스님의 고요하고 맑은 향기가 진동하지 않습니까? 향기가 너무 진해서 숨을 쉴 수가 없습니다. 어떻게 할까요? 님들 또한 어떻게 하시렵니까? 저는 공양이나 하렵니다.

22. 바람이나 깃발이 움직이는 것이 아니라 그대의 마음이 움직인다

바람에 나뭇가지가 흔들리고 푸른 하늘에 구름이 일어나는 것은 참마음의 작용입니다. 참마음은 부동입니다. 모든 것은 마음이 하는 것으로 생각을 일으키지 말아야 하며 생각은 욕심의 작용입니다. 모든 일어나는 현상은 마음의 작용임으로 범부는 망령된 마음으로 사물을 봅니다. 다시 말해 집착하는 상태이기에 분별을 통해 고를 일으키고 있습니다. 마음을 잊어버리면 법 또한 잊어버리는 것이며 마음과 법을 잊으면 성품이 됩니다. 마음에 무엇을 한다는 생각이 없고 하는 일에 분별하는 마음이 없으면 무심입니다. 불법이라는 것도 사람이 만들어 낸 마음의 작용입니다. 그러니 마음이 없으면 불법이라는 것도 사라집니다. 그러므로 불법을 무실무허(無實無虛)라고 금강경에서 설명하고 있습니다. 남에게 주는 것도 욕심입니다. 준다는 것은 내 것이라는 의미를 내포하는 것이므로 나의 것을 너에게 주는 것이니 너는 나에게 감사해라는 의미가 내포되어 있습니다. 줄 때는 주는 생각이 없이 주어야 자만심에 매이지 않습니다. 욕심 없이 주어야 합니다. 그것이 바로 무주상보시이며 무심으로 나아가게 됩니다. 다시 말해 밖에서 찾는 것이 아니라 안에서 찾는 것이 마음공부이며 그 마음이 공함을 알아 잊어버리는 것이 우리가 하는 불교의 공부입니다. 같은 맥락의 좋은 글이 있어 소개합니다. '무심으로 망심을 쉬는 것을 정법으로 삼고 온갖 선행을 익히는 것을 조법으로 삼는다.' 근본에 충실하다 보면 응용에도 능통해지는 것처럼 조법에 충실하다 보면 조법이 정법이 되어 갑니다. 안으로 공하고 밖으로 무심하면 쉬는 것입니다. 상대적인 말씀이 있어 비교해 보시면 공부에 도움이 될 내용입니다. 3조 승찬대사 왈 '있는 인연도 따르지 말고 공이라는 생각에도 머물지 말라. 한결 같이 마음을 공평하게(중도) 하면 망심은 저절로 소멸된다.'라고 말씀하셨습니다. 이 말씀은 안으로 공하고 밖으로는 무심하다는 것에 머무르지 말아야 된다는 말씀입니다. 무주상보시와도 같은 맥락이지요. 머무르는 순간 그 자체가 욕심입니다. '진심이 번뇌와 하나가 되어 5취를 두루 돌아다닌다.'라는 말이 있는데 이 말은 업력에 끌려 5취를 윤회하는 중생과는 달리 원력으로 5취를 두루 다니면서 중생의 애환을 함께 나누데 오가는 상이나 교화한다는 상도 없다는 말입니다.(5취는-지옥, 아귀, 축생, 인간, 신, 3계-욕계 색계, 무색계) 법에 굴림을 당하는 것이 아니라 법을 굴린다는 말로 선도 법이요, 악도 법이니 선법도 굴리고 악법도 굴리는 것입니다. 그래서 지장보살은 지옥에 있는 중생구제를 위해 부처됨을 포기하였음은 부처에 머무르지 않고 있음이니 이것이 바로 부처입니다. 6조 혜능선사의 금강경오가해에 '망심이 없는 그곳이 보리요, 생사와 열반이 본래 평등하다. 생사는 버리고 열반을 취한다는 분별은 부처의 세계가 아니다.'라는 말씀을 하셨습니다. 부처님께서 8만4천 법문을 하고도 한 말씀도 하시지 않았다는 것과 연계가 되시는지 모르겠습니다. 여기서는 무심하기만 하면 부처의 세계에 입문하는 것입니다. 생사니 열반이니 구분하시면 그곳은 부처의 세계와는 멀어집니다. 생사가 있는 여기가 열반입니다. 매초 마다 변화되어 가는 지금 여기가 열반이라는 말입니다. 생사의 세계가 여기이고 열반의 세계가 따로 있다는 말이 아닙니다. 오롯이 지금 여기입니다. 예를 들면 학생들을 포근히 감싸주는 존경받는 교사가 되는 것을 목표로 지금 여기서 공부나 언행이나 마음가짐이나 등에 최선을 다하면 교사는 나중에 저절로 따라오는 것입니다. 지금은 교사가 된다는 생각도 없이 지금 여기서 교사가 되기 위한 공부에 최선을 다하는 것입니다. 이것이 부처로 나아가는 공부입니다. 육조혜능대사는 겸손하나 철저히 아시는 분으로 수준별 수업의 최고의 경지에 있는 분이십니다. 사람의 근기에 따라 이해하기 쉽게 안내를 잘하시는 분임을 글에서 많이 느꼈습니다. 그래서 개울이 깊으면 표주박 자루도 길다는 생각을 하지요. 우리가 화두 공안을 큰스님으로부터 받을 때 사람의 근기도 중요하지만 어떤 것이 잘 맞는지를 알고 주십니다. 화두도 그룹이 있는데 그룹에 따라 답이 다 다릅니다. 그러나 한 걸음 더 나아가면 같습니다. 그러니 자신에 맞는 화두를 찾는 것이 중요합니다. 화두는 큰스님께서 사람의 인품이나 성격에 따라 근기에 따라 살펴보시고 주시는 것을 받는 것이 좋습니다. 저는 이 뭐꼬를 하는데 아직도 품성을 보지 못하고 살아가고 있습니다. 지금까지의 설명을 잘 이해하신다면 육조혜능대사의 '바람이 움직이는 것도 아니요, 깃발이 움직이는 것도 아닌 그대의 마음이 움직이는 것이다.'라는 내용을 다소 이해하는 데 도움이 될 것입니다. 이 말씀을 있는 그대로 받아들이거나 해석을 하신다거나 나는 알겠다 라는 생각을 하신다면 모르는 것과 다르지 않음을 말씀드립니다. 이 공안은 공을 아는 것과 같아서 분별하는 마음을 내려놓지 못하면 낭떠러지에 떨어집니다. 어떻게 하시렵니까? 저도 아주 쉬운 공안이라고 생각했었는데 정말 재미있는 공안입니다. 몇 번을 알겠다고 했지만 아닙니다. 쉽게 다가오는 공안은 아님을 아시고 고민을 많이 하셔야 됩니다. 처음으로 알겠다는 생각이 들었을 때 다른 공안은 보이지 않아서 잘못 알고 있나 라는 생각도 했었는데 공안 그룹에 따라 다 다름을 알게 되었고 진일보 하시면 그놈이나 이놈이나 한 식구임을 아실 것입니다. 그래서 자신에 맞는 공안을 얻는 것이 빠르다는 생각을 하게 되었지요. 그러니 큰스님에게서 공부를 하시는 것은 어렵고 하니 불교 서적을 많이 읽고 불교 관련한 다양한 체험을 하심을 적극 추천드립니다. 선법을 하시다 보면 언제가는 하나 얻어걸리는 날이 찾아오실 것입니다. 60년 전에는 내가 그대 곁으로 맴돌았으나 지금의 나는 오고 감이 없다.

23. 만행하며 배우기

옛날 어느 선사가 제자와 함께 만행하다 제자가 다리가 아프다고 쉬어 가자고 하니 선사 왈 참고 가자고 합니다. 제자 왈 스승님은 짐이 가벼워서 다리가 아프지 않으니 그런 말씀을 하신다고 하자 스승은 배움을 주고자 지나가는 처자의 입술에 미친 듯이 뽀뽀를 했습니다. 그 처자는 밑에서 농사일하는 농부들의 점심 식사를 가지고 가는 처자였는데 음식을 머리에 이고 가다가 다 쏟아졌고 그릇들이 떨어져 큰 소리가 났습니다. 이에 농부들이 고개를 들어 보니 미친 중놈이 처자를 욕보이고 있는 것을 보고 삽이고 낫이고 들고 마구 쫓아 왔습니다. 그러자 스승과 제자는 마구잡이로 도망을 갔습니다. 산을 넘고 농부들이 쫓아오지 않는 것을 확인하고서는 잠시 쉬는데 제자가 말했습니다. '스승님, 스님으로 해서는 안 될 일을 그리 하십니까?'라고 말하자 스승 왈 '다리가 아파 못 가겠다고 아우성을 치더니 내보다 더 빨리 도망가더구먼'이라고 말했습니다. 제자 왈 '농부들이 삽과 낫을 들고 죽이겠다고 하는데 그럼 도망을 안 가면 되겠습니까?'라고 답하자, 스승 왈 '아프면 방금처럼 그런 마음을 갖고 가면 아픔은 사라지는 것이니 다리가 아프면 너의 것도 아닌데 다리가 아프구나 하고 알아채면 되는 일을 다리 아픔에 경계를 두니 계속 다리가 아픈 것이다.'라고 하면서 배움을 주었던 일화가 있습니다. 자신은 마음이 공하니 처자와 뽀뽀를 해도 마음이 없으니 새로운 업을 만들 것도 없는 것이나 처자의 입장에서는 앞으로의 일이나 생각, 상황들이 난감할 것이지만 제자의 한 걸음을 걷게 해 주기 위해 그런 행동을 하신 것입니다. 그것이 더 큰 일이기 때문입니다. 한 사람의 깨달음은 모든 중생을 제도하기 때문입니다. 님들도 마음이 없다고 하면서 지나가는 여인에게 '키스를 해도 되겠네'라는 생각에 그리하시면 아마 감방에서 콩밥이나 먹고 있을 것입니다. 그 스님도 마찬가지로 요즘 세상에서 그리하시면 감방에다가 대한민국 스님의 욕을 한 바가지 얻어먹게 되겠지요. 그러나 그 스님은 제자를 위해 다른 방책이 없다면 그리하실 것입니다. 단지 감방에서도 콩밥을 맛나게 먹고 재미나게 생활하실 것입니다. 님들처럼 감방에서 황만이를 원망하지도 않을 것입니다. 단지 제자를 위함이니 대수롭지 않게 생각하실 것이며 처자가 키스를 하려고 해도 하지 않을 분이십니다. 여행을 다니실 때도 항상 배움의 자세로 사물이나 상황을 관찰하셔야 합니다. 있는 그대로 즐기고 보는 것도 좋지만 불교 공부하는 사람은 불법과 연관지어 바라보는 연습을 해야 합니다. 타산지석(他山之石)이며 삼인행필유아사(三人行必有我師)입니다. 이 말은 세상을 바꾸고 싶으면 가장 빠르고 정확하게 바꿀 수 있는 최선의 방법이 세상을 바라보는 자신을 바꾸는 것입니다. 부부관계에서 보면 남편의 잣대 높이를 달리하면 부인이 고마워서 잘해 주고 그러면서 부인의 잣대 높이도 달라지는 것을 볼 수 있을 것입니다. 이것이 뿌린 대로 거둔다는 말입니다. 주식으로 돈을 벌고 싶습니까? 자신을 바꾸면 됩니다. 부하뇌동도 가끔은 필요하겠지만 주식을 바라보는 나의 관점을 달리해야 합니다. 대상의 주식을 철저히 분석하고 세계의 흐름을 파악해서 타이밍을 찾아내는 나로 변모하면 돈을 버는 것입니다. 여행하며 배우는 공부도 내가 보는 것이기에 내가 나를 바르게 보는 공부가 우선입니다.

24. 문안의 수행과 문밖의 수행에서 발췌

　법상선사가 물었다. 어떤 것이 부처입니까? 마조스님께서 답했다. 즉심시불(卽心是佛), 즉 불시자성작 막향신외구(佛是自性作 莫向身外求 - 부처는 자기 성품으로 이루어지는 것이니 몸 밖에서 구하지 말라)입니다. 참선의 특색으로 참선은 불지견(佛知

見) 즉, '내가 본디 부처다'라는 지견에서 출발합니다. 사실 모든 생멸이 있는 것은 불성이 다 있는 것으로 그 불성을 자신이 가지고 있는지를 모르고 있어 밖에서 찾으려고 하니 분별만 일으키게 되고 닦아서 만들려고 하니 힘들어하는 것으로 겉치레에 지나지 않습니다. 원래 자기는 부처입니다. 부처이기에 내려놓기만 하면 자기의 성품을 볼 수 있습니다. 자신의 성품을 보면 그때는 모든 생명체의 성품만을 보기 때문에 선과 악이 없고 많고 적음도 없으며 생멸이 없어지게 됩니다. 우리는 욕심이 많은 부처님이기에 욕심 없는 부처가 되기 위해서는 욕심을 내려놓는 공부만 하면 됩니다. 그런데도 중생은 자신의 가진 것을 내려놓기가 힘들기 때문에 조건을 제시하는 기도를 합니다. 먼저 소원성취를 해 주면 열심히 절에 다니며 보시도 하겠습니다와 같은 조건들을 걸지요. 내려놓으면 그 조건들이 이루어질 수 있음을 모르고 말입니다. 그러나 부처는 조건이 없습니다. 부모님 마음처럼 품어줍니다. 그러므로 참선할 때는 내려놓고 비우고 '내가 부처다'라는 일념으로 이 뭐꼬 하면 됩니다. 그러다 보면 바보 멍청이 같은 손해 보는, 무시당하는 느낌도 들지만 그것이 공부가 익어가고 있다는 반증이기도 합니다. 그러다 보면 어느 날 심명변오(心明便悟) 즉 마음이 밝아 문득 깨달음을 얻게 되는 것입니다. 여기서 더 공부하면 마음이 맑아 천하가 하나임을 알 수 있게 됩니다. 마음공부의 3단계는 성품을 온전히 봐야 물들지 않습니다. 이제염오(離諸染汚)입니다. 법에 굴림을 당하는 것이 아니라 법을 내가 굴려야 합니다. 연꽃이 오염된 곳에서도 아름다운 꽃을 피우듯이 말입니다. 그 첫째로 一心(일심)공부이며 원효의 일심사상과 같은 내용입니다. 두 번째로 無心(무심)공부인데 응무소주, 즉 선입견이나 고정관념에 마음을 두지 말고 머무르지도 않는 공부입니다. 다시 말해 허상에 마음을 빼앗기지 않고 일이라는 것에도 머무르지 않아야 합니다. 세 번째로 發心(발심)공부이며 이생기심, 즉 우주는 실체가 없이 변하고 있습니다. 그러므로 우주는 우주가 아니라 그 이름이 우주인 것입니다. 마찬가지로 님들도 변하며 또한 지금 이 순간에도 변하고 있기 때문에 1초 전의 님들이 아닙니다. 마찬가지로 남을 볼 때도 어제의 화난 남을 보시지 말고 지금 있는 그대로를 보면 됩니다. 님들도 이름이 님들이라 표현을 하는 것이지 님들이 아니랍니다. 변하는 것에 단지 이름을 붙여 그러한 것입니다. 님들도 변하고 나도 변하고 주위의 만물이 다 변하니 과거를 보지 마십시오. 과거를 보는 순간 과거의 마음이 따라와 분별과 판단으로 인해 스스로 괴로움을 만들게 됩니다. 나의 성품은 님들의 성품만 봅니다. 불교교리의 핵심을 담은 대승기신론에 일심이문(一心二門-세간을 떠나서 불법이 없고 불법을 떠나서 세간법이 없다.)이라는 말이 있는데 일심은 부처님 마음, 본마음, 성품으로 누구나 다 부처라는 말이고 이문은 진여문 즉, 부처님 자리인 법신불을 말하며 생멸문은 중생자리인 보신불(마음)과 화신불(몸)을 말합니다. 다시 말해 성품에서 나온 욕심없는 님들의 마음과 몸을 말합니다. 세속법이 없으면 불법도 없습니다. 마찬가지로 불법이 없으면 세속법도 없는 것이지요. 그대가 있으니 내가 있는 것이요 내가 있으니 그대가 있는 것과 같은 이치입니다. 많음이 있으니 적음도 있고 밝음이 있으니 어둠이 있는 것과 같은 이치입니다. 그러니 밝음도 버리고 어둠도 버리면 맑음만 있습니다. 맑음은 허공입니다. 몸과 마음에 무심하면 그대의 성품을 볼 것입니다. 사신(四信)은 불법승 3보와 진여에 대한 믿음을 말하는 것으로 불법승 3보도 진여 즉, 본마음에서 나온 것입니다. 여기서는 몸과 마음이 본마음 자리에서 나왔는데 다시 본마음 자리로 돌아가려면 어떻게 해야 되느냐? 하는 공부를 해야 됩니다. 어떻게 해야 되노? 알고 저지르는 죄와 모르고 짓는 죄 중 어느 것이 더 나쁜 죄인가? ㅋㅋㅋㅋ 말해도 30방이요 돌아서도 30방입니다. 깨달음을 얻으려면 사신에 오행(보시, 지계, 인욕, 정진, 지관-선정, 반야)을 하면 됩니다. 왜냐하면 금강경에 선법을 수행하면 깨달음을 얻을 수 있으니 선법이 깨달음입니다.

25. 지관이 선정

　지관(止觀)은 마음을 고요히 하여 진리의 실상을 관찰하는 불교 수행법으로 지는 판단하지 않는 마음이 안정이요, 관은 분별하지 않고 보는 것으로 실상을 관찰하는 의미의 지혜입니다. 그러니 안으로는 공하고 밖으로는 무심한 머무르지 않는 제행무상입니다. 원효의 대승기신론소에 보면 지를 닦기 위해서는 고요한 곳에 머무를 것, 계율을 청정하게 지킬 것, 의복과 음식에 부족함이 없을 것, 훌륭한 스승인 선지식을 만날 것, 모든 반연되는 일들을 쉴 것 등을 갖추어야 한다고 했습니다. 이것은 배우는 사람들의 마음가짐을 말하며 의복과 음식에 부족함이 없을 것이란 최소한의 음식과 의복을 말합니다. 그리해야 욕심을 단속할 수 있고 생각이 단순해 짐으로 인해 마음이 차분해진다는 말입니다. 마음이 차분해야 생각에서 벗어나 지혜가 나타납니다. 생각하지 않고 분별하지 않기 위해 단순무식한 수행인 나무아미타불만을 집중해서 수행하면 극락정토 왕생하고 깨달음을 얻을 수 있다고 하지만 참으로 재미없고 지루하며 어리석은 모양새로 일반인들은 집중하기가 힘이 듭니다. 왜라는 의문을 갖고 6자를 외치는 것이 스스로 이상함을 보게 되니 웬만한 근기로는 그리하기 힘듭니다. 그러니 이론 공부가 어느 정도 익어야 좌선이나 행선 등을 할 수가 있는 것이며 참다운 배움을 시작할 수 있습니다. 능가경에 구모토각(龜毛兎角)이라는 말이 나오는데 거북이 털에 토끼 뿔이라는 말로 언어로는 존재하나 실체가 없는 것을 말하는데 실체가 없으면 처소도 없습니다. 그러니 우리가 인식하고 있는 고정관념 또한 실체가 없으니 처소도 없는 것이므로 버려야 합니다. 몸뚱아리라는 것도 지수화풍으로 만들어진 실체가 없는 것임에도 항상 있는 자신임으로 여겨 아끼고 다듬고 챙기고 합니다. 그러면서 그 몸뚱아리를 위해 욕심을 피워 타인의 아픔은 무시하고 새로운 업을 만들기도 합니다. 모든 것들은 인연에 의해 잠시 드러났을 뿐이며 잠시 드러나는 것은 잠시 후에 사라지는 것입니다. 그러니 존재에 대해 집착하여 스스로를 올가미에 매이게 하지 말아야 합니다. 범부도 범부가 아니라 그 이름이 범부입니다. 그러니 공부는 몸에 대한 집착과 마음에 의한 분별심을 놓으면 본마음이 드러납니다. 즉 몸과 마음을 알고 성품을 보면 깨달음을 얻는 것이 지관입니다. 몸이라는 것은 성품자리에서 한 마음이 일어났고 그 마음자리에서 몸이 나타나는 것이니 성품자리만 알면 마음과 몸을 자유자재로 사용할 수 있습니다. 마음으로 화두를 챙기는 것을 방편으로 삼아 성품을 보는 것이 간화선인데 사실 화두는 마음에 두고 있지만 마음이라는 것은 실체가 없는 것이라 처소도 없습니다. 그래서 화두도 실체가 없고 처소도 없는 것이니 어디에 고정해서 둘 곳이 없습니다. 이것이 화두 공부를 하는 이유이며 화두 또한 방편에 불가합니다. 돈오돈수(頓悟頓修)는 성품(체, 정) 입장으로 닦을 게 없는 것을 알고 닦는 것을 말하는 것으로 단박에 깨쳐지는 것을 말합니다. 돈오점수(頓悟漸修)는 상(相-용, 혜)의 입장으로 성품을 알기 전에는 닦아야 된다는 것으로 그것도 점진적으로 닦아야 된다는 말이며 성품을 알아도 습기(습관적인 기운)가 있어 닦아야 된다는 말로 육조혜능대사와 신수스님의 이야기가 가장 대표적인 예시일 것입니다. 육조혜능선사의 말씀입니다. '돈오와 점수를 모두 세우나 무주를 근본으로 삼고(무주위본 無住爲本) 무념을 으뜸으로(무념위종無念爲宗) 무상(無常)을 몸통으로 삼는다.'라는 말씀을 하셨습니다. '무주란 성품은 생각마다 머무르지 않는 것으로 역경계와 순경계를 떠나는 것이며, 무념은 생각하되 생각하지 않는 것으로 법에 대하여 생각을 일으키지 않는 것이고 일체 경계에 물들지 않는 것이다. 과거심, 현재심, 미래심이 끊어짐이 없는 것으로 끊어지면 법신이 떠나 죽는 것이다.' 뭔 말이지 조금 어려울 것이나 낙처는 끊어짐입니다. 끊어짐의 반대가 연결입니다. 끊어도 끊어지지 않는 것이고 연결해도 연결이 아닙니다. 응무소주 이생기심입니다. 분별만 하지 않으면 잡념이 살아지고 진여의 본성을 생각하게 됩니다. 이것이 무념이며 불이불염(不離不染-떠나지도 않고 물들지 않는 것)이라고 연꽃에 비유를 많이 하는 것입니다. 무상은 모양에서 모양을 여윈 것으로 밖으로 일체의 모양을 여의는 것입니다. 예를 들어 전쟁 때문에 괴롭다. 왜 전쟁 때문에 괴로울까? 전쟁하고 내하고 무슨 상관이 있을까? 아마 대부분은 연기적인 생각을 먼저 떠올릴 것인데 연기도 상입니다. 공부하는 사람은 연기가 상이라는 것을 알고 연기라는 말을 해야 당하지 않습니다. 여기서의 공부는 방하착입니다. 분별도 내려놓고 상관도 내려놓고 머무르지 않아야 합니다. 지금 여기 이 자리에서 완전연소 하는 삶이 머무르지 않는 삶입니다. '나중에'라는 생각을 하는 순간 분별이며 욕심이며 공부와는 담을 쌓는 것입니다. 낼 교통사고로 죽을지 10분 후에 심장마비로 죽을지 5초 뒤에 번개 맞아 죽을지 1초 뒤에 강도에게 죽을지 어찌 알겠습니까? 그러니 지금 이 자리에서 삶을 불태워야 합니다. 이것이 수처작주 입처개진(隨處作主 立處皆眞)이라 칭하는 것입니다. 스피노자의 '내일 지구의 종말이 온다 해도 나는 오늘 사과나무를 심을 것이다.'라는 말입니다. 그러니 내가 어떻게 하느냐에 따라 진리는 실체 없는 것으로 변한다는 것입니다. 진리는 변하지 않는 것이라고 하면 진리는 죽어버린 진리입니다. 진리는 살아서 활활 타오르고 있으며 그대의 삶의 자리에 끊임없이 약하게 또는 강하게 타오르고 있습니다. 진리는 상대적이었다가도 절대적이기도 했다가 매치고 엎어지고 하는 것이 진리라는 것입니다. 달마가 왜 동쪽에서 왔을까? 달마가 서쪽에서 왔다는 말은 들어도 동쪽에서 왔다는 말은 처음 듣는 말인데 라는 의문점을 가질 수 있지만 달마는 동쪽에서 왔습니다. 지관으로 보시면 달마는 오지도 않았고 가지도 않았습니다. 제가 좋아하는 구절로 지관과 아주 연관이 있는 내용으로 판단과 분별 없이 살펴보면 재미가 쏠쏠하실 것입니다. 결론은 자기가 부처인데 다른 것에서 판단하고 분별하여 찾지 말라는 말입니다. 보화비진요망연 報化非眞了妄緣-보신불(흰구름), 화신불(검은구름)

은 참이 아니라 요망한 인연일 뿐이다. / 법신청정광무변 法身淸淨廣無邊 - 법신불이야 말로 청정해서 넓기가 끝이 없다. / 천강수천강월 千江水千江月 - 중생의 다양한 근기와 바램에 맞추어 보신불과 화신불이 나타나네. / 만리무운만리천 萬里無雲萬里天 - 구름만 없어지면 모든게 다 법신불인 본마음자리다. 3연에서는 돈오점수지만 4연에서는 돈오돈수입니다. 뭔 말인가 하면 대승불교니 소승불교니 하는 것은 부질없는 짓임에도 대승불교를 해야 된다고 하고 처음에는 소승불교를 먼저 해야 된다고 억척이 난무합니다. 대승이 소승이고 소승이 대승인데 그곳에 뭘 미련이 많아 달라 붙느냐 말입니다. 돈오돈수와 돈오점수도 마찬가지입니다. 이 말에 가장 대변을 잘한 것이 바람이 움직이는 것도 아니요 깃발이 움직이는 것도 아닌 그대의 마음이 움직이는 것이다 라는 혜능대사의 말씀입니다. 법에는 돈오돈수, 돈오점수가 없으나 생멸이 있는 사람에게는 있구나.

26. 세간에서의 도 닦기

제가 직장을 그만둔 상태에서 불교 공부를 했음에도 불법 공부라는 것이 참으로 힘들다는 것을 알고 있는데 하물며 직장생활하면서 불법 공부를 한다는 것은 거의 불가능하다는 생각을 지금도 합니다. 그만큼 세속에서 도를 닦는 것이 얼마나 힘든 일임을 알기에 '공부하세요'라는 말을 하기가 상당히 어렵습니다. 하지만 해야 할 공부이며 그나마 최소한의 업을 만들기 위해서라도 알아두셔야 합니다. '항상 자기 허물 드러내 있게 하면 도와 더불어 서로 합당하도다'라는 말이 있는데 이는 먼저 자신의 단점을 이야기함으로써 자신을 낮추는 것이며 자신을 완전히 드러내 보이는 것입니다. 이로 인해 상대도 마음 편히 허물을 드러내고 허물을 품어주는 관계 형성이 됩니다. 세간에서의 가장 단순 간편한 바른 행동으로 도를 닦는 바른 길입니다. 어느 스님의 말씀입니다. "형상이 있는 것에는 저절로 도가 있거늘 도를 떠나 따로 도를 찾는지라 도를 찾아도 도를 보지 못하거나 도리어 스스로 고뇌만 하게 된다. 만약 애써 도를 찾고자 한다면 행동의 바름이 도이니라. 바르기만 하면 3가지 장애인 번뇌, 업, 보의 장애를 없앤다." 행동의 바름이 도이니 사회생활 하면서 바른 행동을 한다면 그것이 바로 불교수행이며 바르다는 것은 맑음이 아니라 밝음입니다. 맑음의 예시를 보면 "만약 참으로 도를 닦는 사람이라면 세간의 어리석음은 보지 않나니 만약 세간의 잘못을 보는 것은 자기의 잘못이니 도리어 허물이다. 남의 잘못은 나의 죄요 나의 잘못은 스스로 죄 있음이니 오직 스스로 남 탓하는 잘못된 생각 버리고 번뇌를 물리쳐 부수어라. 삿된 견해가 세간이요, 바른 견해는 세간을 벗어남이니 삿됨과 바름을 다 물리쳐 버리면 보리의 성품이 완연하리라." 이것이 맑음으로 밝음은 맑음에 한 발도 내디딜 수 없습니다. 위의 말은 나로 인해 연들이 일어나고 있지만 그 연을 받지도 버리지도 않는다면 성품을 본다는 말입니다. 참선은 무수무증(無修無證) 즉 닦을 것도 없고 깨달을 것도 없는 본래 자신이 부처였음을 아는 것입니다. 그러나 배우는 입장에서는 내려놓는 것이 그리 쉽지만은 않습니다. 하지만 해야 할 일이기에 삶을 통해 지금 여기서 완전 연소하는 삶을 연습해야 됩니다. 지금 사회생활 자체가 수행입니다. 사람이 지구촌에서 사는 것이 수행입니다. 그러나 수행은 단지 연습에 불과합니다. 마음에 욕심을 내려놓고 실천하는 것이 실전입니다. 부처행을 하는 것이 실전이며 맑음입니다. 그러니 사회생활하면서 주위의 모든 분들이 나를 도와주는 스승임을 알고 공부하도록 해야 합니다. 고정된 실체의 나는 없지만 시시각각 찰나 생멸하는 내가 없는 것은 아니기에 허무한 공부가 아닙니다. 자신의 자유와 우주경영을 위해 자신의 수행을 통해 배워가야 합니다. 화엄경에 '삼계가 내 집이요, 사생이 내 가족이다.'라는 말처럼 우주를 살림살이하는 자유인이 되기 위해 사회생활을 하면서도 한 걸음 한 걸음 수행해야 합니다. 올바른 견해는 세간을 초월한 것이고 삿된 견해는 세간입니다. 세간의 욕심에 의해 삿된 견해를 가지는 집단이 생겨나는 것이니 그런 집단에 고개 숙이지 않으며 모두의 이익을 위해 바른 견해를 보이는 것이 어렵지만 세간을 초월한 수행입니다. 그런 사람은 참으로 힘들게 사는 것 같지만 마음은 그리 힘든 삶을 살지는 않습니다. 받아들일 뿐입니다. 그러므로 본마음에서 나온 몸과 마음을 잘 닦아야 됩니다. "삿됨은 번뇌를 인연하여 오고 바름이 오면 번뇌는 없어지나니 삿됨과 바름 모두 쓰지 않으면 청정하여 찌꺼기 없음이로다. 성품이 망념 가운데 있으나 물들지 아니한다. 깨달음은 평등하게 깨닫고 수행은 더할 나위 없이 행하고 깨달음은 인연 없는 데에 계합하고 제도는 인연 있는 데서 할지로다." 연기법을 배우는 좋은 말씀이라 있는 그대로 옮겨 놓은 글입니다. 공부하시다 보면 이보다 좋은 말을 어떻게 더 보태고 없앨 수 있겠나 하는 생각이 들 때가 있을 것입니다. 님들의 가슴에 울림으로 다가가는 문장이 되길 바랍니다. 맑음은 허공과 같아서 내가 공부하지 않으면 알 수 없는 것이거늘 남의 말에 귀를 기울이면 귀를 없애라.

27. 번뇌가 보리

　육조혜능선사의 불제자들이 많이 늘어나자 질투한 신수선사의 애제자인 지성스님을 불러 혜능은 어떻게 강의를 하는지 알아오라고 지성스님을 남방으로 보내었는데 지성스님이 공부를 받아 보니 참다운 공부를 하는 것을 깨달았습니다. 공부를 배우다가 양심을 속일 수 없어 갈등 끝에 혜능선사에게 고백합니다. 저는 북쪽의 신수선사가 보낸 염탐꾼이라고. 그래서 혜능선사가 염탐꾼이군 하니 지성스님 왈 '말하기 전에는 염탐꾼이었으나 말씀을 드렸으니 염탐꾼이 아닙니다.'라고 말하자 혜능선사 왈 '번뇌가 보리인 것도 이와 같으니라.'라고 말씀하셨습니다. 져주는 것이 이기는 것이라는 것이 이와 같은 말입니다. 남을 속이는 것은 자신을 속이는 것이니 자신을 속이지 마십시오. 자신을 속이는 것이 번뇌요 동체대비임을 아는 것이 보리입니다. 우리는 자신의 자존심을 지킬려고 이웃, 친구, 가족 심지어 부모님이나 마누라까지 단절하는 일이 늘어나 이혼이나 독거인들이 많이 늘어나는 추세입니다. 단절을 통해 많은 것을 잃어버려도 그놈의 자존심을 지키려고 애를 씁니다. 사실 자존심이라는 것은 실체가 없습니다. 내가 없는데 자존심은 더더욱 없는 것입니다. 강한 아집으로 인해 생긴 자존심은 시간이 흐르면 흐를수록 감정적인 마음에서 후회라는 것으로 변화되는 것으로 허상입니다. 그런데 여기서 우리는 공부해야 할 것이 있습니다. 자존심으로 인해 잃어버린 것들 즉 심리적, 마음적, 물질적, 관계적인 것들이 상호 간에 얼마나 많을 것이겠습니까? 그 잃어버린 것들이 복리의 이자를 합치면 절이나 교회에 가서 기도하지 않아도 될 복으로 스스로가 그 복을 차버린 것입니다. 조과선사의 '알면 뭐하나 실천해야지'라는 말씀처럼 하루라도 빨리 실체가 없는 자존심을 내려놓아야 합니다. 내려놓으면 얼마나 편한지를 알면서 진작에 그리할 것을 하면서 후회합니다. 어떤 이는 죽을 때까지 고수하는 사람도 있습니다. 후회는 과거를 소환해서 자기식의 분별과 판단으로 인해 고를 가져오게 됩니다. 과거로 인한 후회는 얻을 수 없는 것이므로 지금의 있는 그대로를 받아들이는 것이 깨어있는 것입니다. 자존심으로 인해 야기되는 것은 어리석음으로 인한 것이니 무명이 근원입니다. 자존심은 번뇌이니 무명을 깨치는 자존심을 내려놓은 것이 보리입니다. 자존심을 내려놓아야 된다는 것이 확철히 보이면 다른 것들도 세세하게 살펴보시면 내려놓아야 할 것들이 보이게 되는데 물질적인 것이든 마음적인 것이든 모조리 내려놓아야 합니다. 내려놓는다는 말은 탐착하지 않는다는 말입니다. 내려놓으면 얻을 것도 없거니와 잃을 것도 없지만 탐착하는 마음이 사라져 괴로움이 사라진다는 크나큰 공덕을 얻습니다. 내려놓으면 내려놓지 못하고 쥐고 있었던 것보다 훨씬 많은 것들이 보인다는 것은 그만큼 옹졸하게 살았다는 것입니다. 위의 이런 일들은 대게는 다 경험을 하신 것으로 압니다. 그래서 조과선사의 말씀인 '알면 뭐하나 실천해야지'라는 말로 마칩니다.

28. 칠불통계(七佛通戒)-모든 부처님의 가르침

 몸과 마음의 차원으로 보면 제악막작(諸惡莫作-계)-모든 악은 짓지 말고 중선봉행(衆善奉行-혜)-선은 받들어 행하고 자정기의(自靜基意-정)-스스로 그 마음을 깨끗이 하라. 자성의 차원으로 보면 마음자리에 잘못 없음이 자성의 계요 마음자리에 어지러움이 없음이 자성의 정이요, 마음자리에 어리석음이 없음이 자성의 혜니라. 결국은 안으로 공하고 밖으로 무심하면 된다는 말입니다. 모든 부처님의 공통된 말씀은 '착하게 살아라'입니다. 그런데 어떻게 사는 것이 착하게 사는 것인지를 알아야 합니다. 팔정도입니다. 팔정도를 실천함이 부처의 길입니다. 착하게 살아야 된다는 이 명제는 불교뿐만 아니라 기독교 천주교, 이슬람교 등도 마찬가지입니다. 그러나 착하게 사는 방법을 시원하게 제시해 주는 종교가 불교라는 것입니다. 스스로 그 마음을 닦기 위해 평생을 해도 시원하게 해결하지 못하는 것인데 자신은 준비가 되어 있지 않으면서 교회나 절에 가서 기도한다고 하나님께서 들어주실 것이라는 착각을 하시면 안 된다는 말입니다. 성경말씀에 '두드리라 열리리라, 구하라 얻으리라'라는 말씀을 있는 그대로 받아들이면 스스로가 자멸하게 됩니다. 두드릴 때 얼마나 최선을 다해 두드렸는지 얼마나 최선을 다해 남에게 피해를 주지 않으면서 간절함으로 두드렸는지를 스스로에게 물어보아야 합니다. 구할 때도 마찬가지입니다. 성공을 위한답시고 남이야 어떻게 되든 성공만 하면 된다는 생각은 잘못된 생각입니다. 예수님께서는 어린 양들을 구제하시기 위해 최선의 노력을 견주시다가 결국은 죽음과 부활이라는 것으로 구함을 보여주신 분이십니다. 무엇을 구하든 만인이 좋아하는 것을 위해 일하면서 구하는 것이 가장 좋은 삶입니다. 이처럼 기도하기 이전에 자신이 지금 최선을 다해 두드리며 구하고 있는지를 먼저 살펴보셔야 합니다. 그러기 위해서는 먼저 자신을 바로 보아야 됩니다. 요즘 유튜버를 보면 스님이나 목사님들의 자신의 종교적인 신념들에 대해 열변을 토해내는 장면을 보면서 저렇게 많은 말들 중에 하나의 거짓된 것이나 잘못된 말, 틀린 말, 위선적인 말, 조작된 말이 있다면 그 책임을 어떻게 감당하려고 그러는지 모르겠다는 생각을 합니다. 사실에 근거해서 말씀하시는 것은 좋으나 개인적인 개념을 피력하시면서 예시를 드는 것이 난감하여 걱정이 되었습니다. 테스형은 아무것도 모른다고 말씀하셨고 성품자리는 어느 것도 붙지 못하는 자리임에도 자신이 깨쳐서 하는 말임을 과시하는 것으로 보여 걱정이 앞서기도 합니다. 물론 그분들은 다양한 근기의 사람들을 대상으로 하시기 때문에 이해는 하지만 걱정은 지울 수가 없습니다. 여기서 긍정과 부정에 대해 잠시 말씀드리면 다른 사람의 의견에 부정하기 시작하면 끝이 없습니다. 부정은 자신을 옹졸하게도 만들지만 욕심이 끝이 없듯이 부정도 끝이 없습니다. 긍정은 이해를 바탕으로 하기 때문에 더 이상의 생각이 근접할 수 없기에 욕심이 사라지게 됩니다. 좋은 예가 정치입니다. 정당을 대표하는 정치인이 되기 위해 자신의 말을 포장하고 자신의 말을 뒤집기도 하면서 합리화를 시켜 국민의 눈과 귀를 혼란스럽게 만들기도 하고 다른 정당의 제안은 듣지도 않고 말살시켜 버리며 고성을 지르고 싸움하는 정치인들의 예의는 어디에 숨겨두었는지 안타까울 뿐 입니다. 상대를 부정하고 나를 부각시키는 것이 정치라고 하면 그 집단의 인격은 최하위의 집단이며 고통 속에서 삶을 살아가는 사람입니다. 그런 사람은 언제 나락의 길로 떨어질지 모르는 하루살이 삶을 살아가게 됩니다. 자신을 먼저 바로 보고 국민의 삶과 질을 높이기 위한 상생을 도모하는 올바른 정치를 하시기를 기원합니다. 올바른 정치인은 안으로 겸손하고 밖으로는 공손해도 국민이 그를 따르고 그릇된 정치인은 안으로는 화와 함께 춤을 추고 밖으로는 권력으로 칼을 휘두르나 국민은 그를 안다.

29. 법화경의 낙처

　제불세존 유이일대사인연고 출현어세(諸佛世尊 唯以一大事因緣故 出現於世) 부처님께서 방편으로 삼불승(성문-부처님 제자로 끝남, 연각-연기법을 깨달음, 보살-중생과 부처의 다리 열할로 끝남)을 설하셨는데 결국은 부처가 되는 것입니다마는 '열심히 공부해'라는 의미에서 삼불승을 설하시었습니다. 여기서 일대사 인연은 안팎이 미혹하지 않아 양변을 떠나는 것으로 중용을 말합니다. 밖으로 미혹하면 모양에 집착하고 안으로 미혹하면 공에 집착하니 모양에서 모양을 떠나고 공에서 공을 떠나야 합니다. 그러므로 이 법을 깨달아 한 생각에 마음이 열리면 세상에 출현하는 것입니다. 마음을 바르게 행하면 법화경을 굴리는 것이요 어두운 자는 법화경에 굴림을 당하게 됩니다. 앞서 말한 것들이 다 한집안 일임을 말하는 것이니 한 가지 소식만 알면 염화미소를 띄우게 됩니다. 전법화념념수행불행(轉法華念念修行佛行) 법화경을 굴려 생각마다 부처의 행을 수행하는 것으로 부처행이 바로 부처입니다. 다시 말해 법의 상을 여의고 짓되 얻고자 함이 없어야 하며 머무름이 없고 애착하지 않으면서도 열심히 사는 것이 부처의 행이요 최상승입니다. 마음으로 깨달아서 스스로 자성을 보게 되면 자성이 마음이요 몸이니 그 어떤 법이나 말이라도 붙지 못합니다. 단경에 보면 '만약 중생을 알면 즉시 불성이며 중생을 모르면 부처를 못 만나고 범부가 부처요 번뇌가 보리이다.' 라는 말이 있습니다. 중생을 바로 알면 부처를 보는 것입니다. 다시 말해 중생이라는 것이 저런 것이구나 라고 여겨지면, 자신은 부처라는 생각을 하지 않고 중생처럼 살고 있지 않다는 것이므로 부처라는 말입니다. 자신이 부처인데 중생을 보니 중생은 저 모양 저 꼴이구나라고 하면 부처가 아님을 알아야 합니다. 부처는 중생을 알고 있으나 중생을 중생으로 보지 않습니다. 중생은 이름이 중생이며 부처도 부처가 아니라 그 이름이 부처임을 알고 있기에 분별하지 않습니다. 선과 악은 상황에 따라 자신의 입장에 따라 결정되는 것임으로 마음, 부처, 중생은 차별이 없으며 마음먹기에 달렸습니다. 부처는 중생을 부처로 봅니다. 즉 중생의 성품을 보는 것이지 욕심 많은 중생으로 보지 않고 욕심을 품은 부처로 봅니다. 그래서 선지식인은 세간 속 부처들에게 욕심만 내려놓으면 스스로 부처임을 본다고 말해주는 것입니다. 그러나 그렇게 친절하게 말해주어도 욕심을 버리지 않으려고 하니 안타까운 마음에 찾아올 때까지 문을 닫고 사는 것입니다. '중생은 저렇구나'라고 알면 부처이나 중생은 저러하니 내가 부처이구나라고 하면 부처가 아니라 보살이라 칭해야 되겠지만 보살도 그러하진 않습니다. 부처란 중생과 부처를 확실히 구분하지만 중생과 부처에 머무르지 않고 초월해 있어 부처를 만나면 부처를 보고 중생을 만나면 욕심있는 부처를 만납니다. 다시 말해 부처와 중생을 분별하는 순간 부처는 아닙니다. 중생 속에 부처 있고 부처 속에 중생 없다.

30. 무아설

　내가 없다는 말이 정말 내가 없다는 말일까요? 나는 인연으로 인해 그냥 드러날 뿐입니다. 고정된 실체가 없기 때문에 마음이든 성품이든 잘생긴 신체든 못생긴 신체든 어떠한 "나"라는 존재도 만들 수 있습니다. 나라고 하는 것은 내가 창조하고 지금 이 모습도 나의 작품이기에 나에 의해서 부처가 되던지 중생이 되던지는 마음먹기에 따라 내가 고칠 수 있습니다. 이왕 만들 작품이면 부처로 만드는 것이 모두의 마음이겠지요. 하심! 나를 자꾸 내려놓고 나를 자꾸 낮추고 낮추어 낮출 것이 없어지면 내가 없어지는 것이며 무아가 됩니다. 나라고 하는 것은 다른 사람이 나를 불러주기에 나라는 존재가 드러나는 것이며 나라는 존재는 주위의 환경에 의해 눈에 드러날 뿐입니다. 그 드러난 지금의 존재는 인연가합으로 인해 만들어진 허상입니다. 그런 허상을 위해 입히고 먹이고 재우고 하는 것에 온 정성을 들여도 그놈은 결국 배신

합니다. 배신하는 놈을 위해 자랑질로 꾸미고 드러낼 이유가 없습니다. 그러면 진정코 지금 말하고 먹고 싸는 이놈이 내가 아니란 말인가? 그놈이 그놈입니다. 님들께서 하는 행위가 님들입니다. 왜냐하면 그 행위는 본마음에서 나왔으며 본마음은 선하거나 악하기 이전의 자리입니다. 부모미생전 본래면목으로 보면 무성선악설(無性善惡說)이요 연기법으로 보면 성선악설(性善惡說-일체유심조로 마음먹기에 따라 성선설, 성악설이 된다)입니다. 성품인 무아로 보면 부모미생전 본래면목인 무성선악설로 중용이며 중용으로 보면 성선설이나 성악설을 있는 그대로 봅니다. 다시 말해 성선설이 성악설이요 성악설이 성선설이며 성선설이 성선설이고 성악설이 성악설이라는 말입니다. 내가 있으면 경계인 대상 즉 지옥과 천당이 있지만 일체의 법이 사람으로 인해 생겼으니 내가 없으면 지옥이나 천당도 사라지지만 있다손 쳐도 무아인 나와 무슨 관련이 있으며 사람이 없으면 일체의 법은 생기지도 않았을 것입니다. 지금 나의 존재가 허상인데 허상으로 바라보는 경계인 지옥과 극락 또한 허상이라 어디에 있겠으며 일체법 또한 허상으로 무슨 필요가 있겠습니까? 무아입니다. 내가 무아임을 알면 일체법 또한 무아이며 지옥과 천당은 사라집니다. 옛스님 왈 "내가 없기에 나를 얻을 수 없고 더구나 내가 아닌 것을 어떻게 얻을 수 있겠노. 찰나에 아비지옥의 업을 없애 버렸다." 무아가 인연가합의 업을 완전히 없애버린 말씀입니다. 어떤 스님이 혜능대사에게 물었습니다. 부처가 도대체 누구입니까? 혜능 왈 '불행시불(佛行是佛-부처행이 부처다). 자비는 관세음이요, 희사는 세지라, 청정은 석가요, 평등하고 곧음은 미륵이니라.' 이 말인즉 분별만 하지 않으면 부처라는 말로 님들이 청정·평등하고 부동(不動)으로 부처행을 한다면 자신이 부처임을 본다는 말입니다. 다시 말해 부처를 존경하여 공덕을 쌓으면 무아인 자신을 보고 부처임을 알게 되나 진실로 무아임도 부처임도 몰라야 부처가 됩니다. 부처라는 말은 자신이 말하는 것이 아니라 남이 부처라고 하는 것이며 이것을 우리는 무아라고 합니다. 다시 말해 무아이나 드러나는 허상의 내가 있기 때문에 무아라는 표현보다는 공한 내가 있다는 표현이 더 좋을 것입니다. 이해하기도 쉽고 간결하며 대부분의 사람들이 그렇게 알고 있고 그리 사용하여 무아라는 표현을 사용합니다. 잡을 수도 없고 보이지도 않으며 소리도 없고 냄새도 나지 않으며 느낌도 없고 생각으로도 알 수 없는 이 놈이 과연 무엇일까요? 보이면 안아주고 싶습니다.

31. 평상심이 도

 '신통묘용을 원하나? 물 긷고 나무 나르는 일이 바로 그것이다.' 요즘 말로 공부하고 취직해서 결혼하고 아들, 딸 낳고 손자 보며 놀다 가는 것입니다. 평상심이 도라는 말이지요. 먹고 살려니 먹을 양식이 필요하고 농사를 직접 짓지 않는 이상 돈으로 양식을 사야 하니 취직이나 사업을 해야 합니다. 살기 위해서는 아침, 저녁으로 몸이 부지런히 움직여야 하니 결국 몸뚱아리가 몸뚱아리를 위해 일합니다. 마음의 작용은 하나도 없는 것처럼 보이지만 성품의 막대기로 꾹 쑤시기만 하면 몸뚱아리는 알아서 합니다. 생각하지 않아도 몸뚱아리는 알아서 잘합니다. 몸뚱아리는 분별도 하지 않습니다. 단지 12입처가 작동해서 분별심이 생기면서 욕심 있는 마음이 작동하고 그로 인해 생각이 편함과 더 좋은 것을 생각합니다. 남에게 보이지 않게 피해를 주면서까지 이 몸뚱아리를 내 것으로 착각하면서 몸뚱아리에게 맛깔나게 대접을 합니다. 그러니 분별만 하지 않으면 성품은 가만히 있습니다. 나의 것이 아닌 몸뚱아리가 몸뚱아리를 알아서 챙겨줍니다. 가만히 명령을 내려 보세요. 걸어가자 하면 몸뚱아리는 '네' 하면서 잘 걸어갑니다. 참으로 신통하지 않습니까? 멈추어라 하면 '네' 하고는 군말없이 멈추어 섭니다. 정말 신통방통하지 않습니까? 무슨 말이냐 하면 지구상에 태어나 자신이 부처임을 알아라고 체험하러 여기에 업을 갖고 태어났단 말입니다. 이 몸뚱아리를 잠시 빌려서 업을 없애려고 지금 여기에 있는 것이지 새로운 업을 만들라고 지금 여기에 있지 않습니다. 성품과 몸뚱아리는 다르지만 성품의 작용이 몸뚱아리이므로 같습니다. 성품은 가만히 있어도 몸뚱아리는 알아서 변하고 몸뚱아리를 위해 몸뚱아리가 움직입니다. 배고프면 먹고 피곤하면 쉬고 밤이면 잠을 잡니다. 내가 명령을 내리지 않아도 알아서 하는 것이 지금 짊어지고 있는 그 몸뚱아리입니다. 이 몸뚱아리를 내라고 하는 순간부터 욕심을 내고 화를 내며 어리석은 짓을 합니다. 다시 말해 이 몸뚱아리가 내라고 하는 순간부터 모든 것을 분별하여 욕심을 내어 스스로가 가지고 있는 품성을 가린다는 것입니다. 욕심으로 인해 이 몸뚱아리를 어떻게 잘 먹이고 입히고 폼 나게 살아갈 수 있는지를 구체적으로 생각해서 겉으로는 피해를 주지 않으면서 착취를 하는 것입니다. 님들의 가족에게 성품으로 대하는 것이 아니라 인격을 가장한 남들보다 물질적으로 더 잘 살게끔 가르치는 것입니다. 성품은 성품만을 보는 것이니 자신의 성품을 찾아야 성품으로 교육할 수 있습니다. 회사의 사장 특히 공장을 운영하시는 분을 보시면 자신의 욕망을 살찌우기 위해 직원의 임금을 착취하고 환경을 파괴시키면서까지 자신의 부를 축적합니다. 자신의 권력행사만 하다 더 많은 권력의 기관으로 나아가기도 합니다. 욕심은 채워지지 않는 것으로 권력의 욕망 또한 끝이 없습니다. 권력은 남을 업신여기고 자신의 가치가 더 높다는 자만심만 키워줍니다. 분별하지 마십시오. 성품을 찾아서 성품만을 보시면 이 몸뚱아리는 빌려도 빌리는 것이 아닌 것을 알게 됩니다. 몸뚱아리는 업을 없애고 내가 부처임을 알게 하는 수단입니다. 그러니 수단을 잘 챙겨서 업도 없애고 새로운 업은 만들지도 않으며 가실 때 잘 반납하시고 조용히 가시면 됩니다. 이것이 신통방통한 평상심이 도입니다.

32. 도둑은 아무도 몰래 들어 온다

　어떤 스님이 조주선사에게 '개에게도 불성이 있습니까?'라고 묻자 조주왈 '무(無)'라고 대답했다. 이 말에 스님은 꼼짝도 못 하고 멍하니 앉아만 있자 조주는 가 버렸다. 이 스님은 '틀림없이 부처님께서 일체중생이 불성이 다 있다고 했는데 왜 무라고 했지. 다른 사람이면 몰라도 조주선사께서 농담할 사람도 아니고 허튼 대답도 할 사람이 아닌데 왜 어째서 무라고 했을까?'라는 의문을 품기 시작합니다. 왜 부처님 말씀의 반대로 무라고 했을까? '마음도 아니고 물건도 아니고 부처도 아닌 이것이 무엇인고?'라는 물음과 같은 말로써 대혜스님께서 다음과 같이 말씀하셨습니다. '이 한 글자는 나쁜 지식과 생각을 꺾는 무기다. 있다, 없다라는 분별을 하지 말며, 도리에 대한 분별을 하지 말며, 의식을 향하여 분별하지 말며, 눈썹을 치켜 들고 눈을 깜빡이는 곳을 향하여 뿌리 내리지 말며, 말길을 따라 살 계획을 짓지 말며, 일없는 속에 머물러 있지 말며, 화두 드는 곳을 향하여 깨달으려 하지 말며, 문자 속을 향하여 인용하여 증명하려고 하지 말라'고 했습니다. 어떤 것이 이 모든 말을 품을 수 있는 말이겠습니까? 그리고 6조 혜능대사의 '깃발도 바람도 움직이는 것이 아니라 그대의 마음이 움직인다'라는 말과 한 집안입니다. '알고 짓는 죄와 모르고 짓는 죄 중 어느 것이 더 무거운 죄인가?'라는 말과 같은 공부입니다. 무위진인(無位眞人)은 자리가 없어도 개의치 않고 자리로 상대를 판단하지 않으며 근근히 살아도 느리게 가는 사람입니다. 드러눕기엔 밑바닥만큼 좋은 자리는 없는 것이며 지위가 높을수록 죽음이라는 공포에 더 집착하게 됩니다. 이렇게 알고 집중하여 의문에 의문을 품고 생활하시다 보면 도둑이 아무도 몰래 집에 들어오듯이 어느 날 님들의 마음속에 깨달음이 앉아 있을 것입니다. 시골의 할머니들께서 항상 하시는 말씀이 자다가 죽으면 소원이 없겠다고 하십니다. 정말 욕심이 하늘을 찌르고 마지막 한 모습까지 욕심을 피우는 말입니다. 다음 생은 뒷전이고 지금의 나만 편하면 된다는 욕심의 생각입니다. 스피노자의 '내일 지구의 종말이 온다 해도 오늘 사과나무를 심겠다'라는 말을 해 드리고 싶으나 받아들일 준비가 되지 않아서 번번히 인사만 하고 있습니다. 반면에 권력, 명예, 부 등의 욕망이 커면 클수록 삶이 창창할수록 죽음의 거리와는 멀다고 여깁니다. 죽음은 항상 가까이 있는 것임에도 욕망의 늪에 빠져 헤어나오지 못해 자신을 바로 보지 못합니다. 사다리를 오를수록 바닥과는 멀어져 죽음에 대한 두려움이 커집니다. 운문스님의 말씀입니다. '산시산(山是山) 수시수(水是水) 산시비산(山是非山) 수시비수(水是非水)' 너무 널리 퍼진 말이지만 진정한 내용을 알아야 됩니다. 안다고 아는 것이 아니라 아는 것을 내려놓는 것이 진정 아는 것입니다. 이것이 조주의 무이면 혜능의 마음 없음이며 깨달음이 노크 없이 님들의 마음에 피는 꽃입니다.

33. 한가함

　석두희천선사가 약산유엄에게 '너 거기서 뭐하노?' 하니 유엄 왈 '아무것도 안하는데요'라고 하자 희천선사가 '그냥 한가롭게 앉아 있는 거로구나'라고 말하자 유엄이 '한가롭게 앉아 있다면 하는 일이 있는 겁니다.'라고 말을 했습니다. 세세하게 자신을 살피는 공부를 가르쳐 주는 내용입니다. 여하방하착이라는 말과 같은 맥락으로 '앉아 있다, 서 있다'라는 것은 다 분별이고 망상입니다. 한가하게라는 말도 같은 맥락입니다. 누가 물으면 그냥 자신이 하는 일이나 하면 되는 것을 질문에 답을 하려니 일하게 되는 경우가 다반사입니다. 사실 처음 아무것도라는 말을 했을 때 꾸짖어야 함에도 잠시 기다려 주면서 재차 질문한 것은 석두선사가 약산유엄의 공부를 알고 있기 때문입니다. 그러니 유엄스님께서 답변을 그리하는 것입니다. 위의 내용에서 보듯 일해도 일이라는 것에 머무름이 없어야 합니다. 생각하는 것은 일에 내 마음을 빼앗긴 것이 되는 것이니 내가 일을 하는 것이 아니라 일이 나를 구속하는 것이 되어 주객이 전도되는 것입니다. 색(6근)이 내가 아니기에 실제로 나는 일을 하지 않는 것이나 색을 나라고 생각하니 색이 일을 하는 것이 됩니다. 일이라는 것도 공한 것이어서 일이라고 할만한 것은 없습니다. 일이라는 것은 잠시 머물다 사라지는 것이므로 있는 것이 아닙니다. 그러니 일하는 사람도 없고 일도 없는 것입니다. 외부는 머무르지 않고 흐르고 있는데 내가 머물러 보는 것이니 지관(止觀)해야 됩니다. 모든 것은 내가 보고 판단하고 분별을 해서 결정함으로 문제는 내라는 것입니다. 그래서 일체유심조라 했고 내가 무아이면 올곧은 문제해결을 하는 것입니다. 화두는 알음알이로 답하면 알음알이에 불가한 분별이며 내다라는 아상입니다. 내 자신이 "나"라는 자체를 모르고 묻거나 답하고 있는 생각 자체도 끊어지면 그 자리가 텅 빈 자리요 일여한 자리입니다. 5온 또한 마찬가지입니다. 5온은 사대육근으로 잠시 후면 사라지는 것으로 나도 아니요 내 물건도 아닌 것으로 잠시 빌려 쓰는 것이므로 잘 다루고 아껴 쓰며 잘 챙겨주다 반납해야 할 허상입니다. 주인에게 허가받은 5온이라면 지혜와 자비를 가져다 주지만 허가받지 않은 5온은 3업만 쌓아주는 것입니다. 여기서 주인이 누구인고? 일색일향무비중도(一色一香無非中道)라. 하나의 색, 하나의 향기도 중도 아님이 없는 것으로 보면 무아인 부처의 허락을 받은 것입니다. 향기나는 향나무 입장에서 보면 자신을 중도라고 할까요? 님들처럼 부처가 아니라고 말할 것입니다. 물고기가 물을 모르듯이 사람이 스스로 부처의 성품을 가진 것을 모르듯이 향나무도 모르는 것입니다. 다시 말해 성품은 성품만을 보기 때문에 그러합니다. 우리들은 성품이 아닌 욕심을 가진 마음으로 보기 때문에 자신이 부처임을 모르고 있으니 욕심만 버리면 부처입니다. 단지 약산유엄선사처럼 철저히 버려야 합니다. 철저히 버리면 일이 사라져 항상 쉬는 것입니다. 몸뚱아리를 빌려 사용하는 것으로 여겨 두려움이 없으면 보살이요, 두려움의 유무를 초월하면 부처가 되는 것입니다.

34. 찾아오는 인연

고행자가 추워서 장작더미에 불을 지펴 몸을 녹이고 있었는데 수행자가 '태워야 할 것은 아니 태우고 태우지 말아야 할 것을 태우고 있는고'라고 말하자 고행자가 추워서 몸을 데우고 있는데 하찮은 말을 하니 화를 내었습니다. 그러자 수행자가 '그대의 타오르는 마음속의 화를 태우세요'라고 말하면서 '마차를 움직이게 하려면 마차를 때려야 합니까? 소를 때려야 합니까?'라는 요체를 일러 줍니다. 신체는 마차요 소는 마음이라 너의 마음을 견책(譴責)해야 된다는 말입니다. 마음을 다스리게 하는 문안의 공부를 해라고 일러주는 것입니다. 간절함이 일심이요, 일심으로 공부하면 추워서 장작더미를 태우더라도 가르쳐 주는 스승이 나타나는 것입니다. 수행자는 고행자를 알아 보았기 때문에 인연이 닿았기 때문에 가르쳐 주는 것입니다. 말을 해도 알아 듣지 못하는 사람에게는 말을 하지 않는 것이 좋은 것입니다. 괜한 봉변만 당하는 것이니깐요. 님들도 공부를 하다 보면 그 순간에 맞는 깨달음을 주는 뭔가가 나타납니다. 비슷한 내용 하나 더 소개하면, 자기 절에 있는 목불이 효험이 있다고 자랑질하는 절에 큰스님께서 법당에 있는 목불을 가져다가 방에 군불을 피우고 있었습니다. 지나가는 주지가 그를 보고 화를 벌컥내며 '부처님을 태우면 어찌합니까?'라고 하자 '그러면 사리가 있을 것 같으니 사리라도 찾아 보겠습니다.'라며 재를 이리저리 휘젓자 주지스님 왈 '나무에 뭔 사리가 나옵니까?'라고 말을 했지요. 그러자 '부처가 아니고 나무라고 하니 옆에 있는 목불도 마저 태워야겠습니다.'라고 말을 하자 주지는 큰스님의 의도를 알아챘던 것입니다. '감사합니다.'라며 큰절을 했지요. 연이 닿으면 그런 공부를 시켜주시는 사람이 옵니다. 그러니 열심히 공부하세요. 이런 것을 물활론이라고 하는데 무생물에 생명을 불어넣어 마치 살아있는 것으로 만드는 것을 물활론이라고 합니다. 부처상이나 마리아상, 십자가 같은 것이죠. 아이들이 인형을 가지고 노는 것도 그러합니다. 그러니 실상을 잘 보셔야 합니다. 살아있는 부처에게 잘하면 그게 참다운 불교입니다. 그것이 네 이웃을 사랑하라는 말로 평등하게 사랑하라는 말입니다. 아이가 인형에게 밥을 먹이고 이야기를 나누고 밤에 잠도 같이 자는 것을 보는 부모는 인형에 생명이 있다는 생각보다 그렇게 놀고 있는 아이가 귀엽고 위안받아 혼자서도 잘 있으니 다른 인형도 선물하는 것입니다. 마찬가지로 부처상, 십자가, 예수상, 마리아상에 절을 하며 기원하는 것 또한 같은 것입니다. 절에 가면 종이에 채색을 한 것이 부처고 나무나 돌이나 철이나 석고로 만든 것에 기도하고 소원을 비는 부처라면 그 부처는 어디서 왔습니까? 사람이 사람을 위해 만든 형상으로 나 이외의 모든 일체는 나를 위해 만들어진 것입니다. 상은 나를 낮추고 기도를 통해 위안을 받는 수단이며 방편임을 아셔야 합니다. 스님이나 목사님, 신부님이 전하는 성자들의 가르침을 배우거나 질문하기 위한 상징적인 것입니다. 성자들의 가르침을 배우는 곳은 절이나 교회지만 수행하는 곳은 생활처입니다. 예수님의 '네 이웃을 사랑하라'라는 말이 교회에서 공부를 하고 이웃에게 실천해라는 말씀입니다. 다시 말해 교회나 절이나 성당은 공부하는 곳이며 형상을 상으로 보는 것은 수행이 아니랍니다. 그러니 공부하는 곳에 계신 스님, 목사, 신부들은 성자들의 말씀을 있는 그대로 전달하여야 함에도 단체의 이익을 위하거나 개인의 명예를 드높이기 위한 변절된 말이나 왜곡된 예시를 통해 설명하는 것은 신도들을 파멸의 길로 안내하는 것이며 자신도 파멸시키는 길입니다. 자신을 바로 봅시다. 욕심있는 부처님께 봉양합니다.

35. 인과의 원칙과 질량보존의 법칙

 하나에도 충분히 만족해야 함에도 애착하여 하나를 더 얻으려고 하면 지금 있는 하나마저도 잃어버리는 것이 우주의 법칙입니다. 연기를 알아야 깊이 알 수 있는 내용으로 일심의 마음을 이야기하는 것입니다. 예를 들어 아내가 있는 사람이 불륜을 저지르는 일입니다. 결과는 대부분 다 아실 내용으로 이혼과 불륜 대상자의 떠남입니다. 그러나 무엇보다 가장 크게 잃는 것은 마음의 상처입니다. 시간이 흘러 자신의 잘못으로 인해 주위의 많은 사람들이 아파하는 것에 대한 후회로 인해 마음의 상처는 깊어집니다. 이것이 인과의 법칙이며 얻은 것 이상으로 잃는다는 것(이자 포함)이 질량보존의 법칙입니다. 공부는 오롯이 하나에만 집중해야 이루어지는 것인데 욕심이 올라오면 다른 것에도 관심을 두게 되고 시간이 갈수록 관심에서 취함으로 가게 됩니다. 이 말은 '중이 제 머리 못 깎는다.'라는 말과 관련이 있는데 중이 젯밥에 관심이 있다는 것입니다. 그러니 공부가 되겠습니까? 스님이 공부해서 중생을 구제해야 함에도 스스로도 구제를 못하는 사람이 어찌 중생을 구제할 수 있겠으며 중생의 보시와 관심을 어떻게 갚을 수 있겠습니까? 지옥도에 빠지는 것은 당연합니다. 이렇게 연관이 되면 '공부를 해야 되는구나'하고 신명나게 공부해야 함에도 욕심이라는 놈이 방심만 하면 나타나 달콤한 말로 유혹합니다. 그러니 공부는 오롯이 해야합니다. 좌선하면 오롯이 한 생각에만 머물러야 함에도 욕심이 발동하면 다른 생각으로 빠져 오만가지 생각으로 감당할 수 없을 정도로 넘쳐나게 되어 한 마음도 놓치고 오만가지 생각들로 인해 도로아미타불이 됩니다. 꾀를 많이 내면 하는 일이 잘 풀리지 않고 변덕스러운 마음을 쓰면 매사가 되는 일이 없어 괴로워집니다. 여기서의 꾀는 지혜가 아니고 임기응변식의 땜빵을 말합니다. 단기간이 아닌 일정 기간을 두고 살펴보시면 충분히 공감하실 내용입니다. 순간의 위기를 모면하기 위하거나 잠시의 이익을 취하기 위해 이 핑계 저 핑계로 꾀를 내어 보지만 시간이 흐르면 들통나 관계도 멀어지면서 신용이 떨어져 와야 할 복도 스쳐 지나가게 됩니다. 손바닥 뒤집듯이 변덕 부리는 사람을 어느 누가 신용하고 따르겠습니까? 눈에 보이는 복을 얻으려고 하면 괴로움이 동반되지만 보이지 않는 복을 짓는 것은 재물과 귀인을 만나게 되는 법입니다. 우리는 절이나 교회에서 자신의 소원성취를 빌어 보지만 이런 복은 시기와 질투로 인해 괴로움과 함께 오래가지 못하는 작은 복이기도 하지만 들어주지도 않습니다. 왜냐하면 복은 나와 관계하는 모든 사람들과의 인연으로 인해 만들어진 것이므로 한 개인이 그 복을 받는 것은 다른 모든 이들에게 시기와 질투를 받게 되는 것은 당연합니다. 모든 것은 나로 인해 돌고 돌아 나에게 다시 돌아오는 법이며 우주의 법계는 인과의 원칙과 질량보존의 법칙에 하나도 위배함이 없이 정확하게 이루어지는 법입니다. '이 사람은 이래서 좋고 저 사람은 저래서 싫다.'라는 정반대의 감정은 욕구에 바탕을 둔 분별입니다. 욕심으로 인한 분별 비교는 님들의 마음을 좀먹는 것으로 또 다른 하나를 얻으려고 하면 성품은 결코 님들의 곁으로 오지 않습니다. 오롯이 성품 하나에만 집중해서 공부해야 됩니다. 얻을 것도 없고 버릴 것도 없는 성품이여 금강검으로 너를 도려내고자 하니 목을 내놓아라.

36. 스스로에게 자유를 부여하라

  내가 특별한 존재라 착각하는 순간 인생이 괴롭고 결국은 특별한 존재가 되지 못합니다. 존재라고 할 만한 것이 없으면 특별함도 없습니다. 나의 존재는 인연가합으로 인해 생겨나 일정 기간 동안 변하면서 사라지는 실체가 없는 것인데 실체가 없는 것에 존재성을 부여하여 먹이고 입히고 치장하려니 나 아닌 것에 대한 착취와 배척으로 스스로를 힘들게 하고 괴로움을 유발시킵니다. 내가 착취하면 다른 사람도 착취하니 싸움이 일어나 나의 존재가 다칠까 봐 두려움이 생기기도 합니다. 두려움을 극복하기 위해 헛된 집착과 욕심을 내려놓으면 착취와 배척이 사라지고 따라서 두려움이나 괴로움이 사라지는 것인데 더 많은 착취를 통해 신변을 보호해 주는 사람을 고용하여 두려움을 없애는 것은 또 다른 나와 같은 사람을 만나 두려움을 재회하게 만드는 결과를 초래합니다. 욕심은 끝이 없는 또 다른 반복만을 가져올 뿐 근본을 해결하지는 못하는 것으로 새로운 업을 만들어 윤회만 거듭하게 됩니다. 그러므로 내가 생각하는 것만 '맞다'라는 아집을 버리면 괴로움, 분별, 번뇌가 사라지고 무아의 길로 접어들어 마음이 밝아지고 옳고 그름이 없다는 도리를 알게 됩니다. 모든 존재의 좋고 나쁨, 깨끗함과 더러움이 없기에 취할 것도 버릴 것도 없습니다. 나 아닌 모든 존재는 나의 생각과 필요에 따라 그 가치가 매 순간 달리 정해질 뿐입니다. 한 그릇의 밥은 배고픈 이에게는 약이지만 배부른 이에게는 독이 되고, 산모가 마시는 물은 젖줄이요 뱀이 마시는 물은 독이 되는 이치와 같습니다. 괴로움의 실체는 원래 없는 것이기 때문에 내가 관리를 잘하면 일어나지 않습니다. 괴로움을 다스릴 수 있는 내 삶의 주인이 되는 길은 모든 것이 내 탓이고 내가 뿌린 대로 거둔다는 자각입니다. 연기법을 알아 받아들이면 괴로움에서 벗어납니다. 마음의 노예가 되지 말고 마음을 다스리는 주인이 되어야 합니다. 연기법과 무아라는 것을 알아 실천으로 옮기기 까지는 많은 시간과 고통이 동반될 수 있으며 세속에서의 생활을 많이 하면 할수록 이 공부는 더 힘이 듭니다. 물론 세속의 연륜이 많아도 박차고 나온 사람의 결심은 대단한 것이기에 진척이 더 빠를 수도 있습니다. 하지만 이 공부는 평생을 해도 마치기 어려운 공부입니다. 가장 가치로운 일은 타인을 내 가족처럼 이로움을 주는 것으로 자기를 먼저 바로 볼 수 있을 때 그것이 가능하며 그 공부를 하는 것이 지금의 가장 가치로운 일입니다. 님들께서도 진정 가치로운 일을 지금 하고 있는지 살펴보시고 챙기셔야 합니다. 부처님께서 '모든 괴로움의 울타리에서 벗어나려면 가족이라는 단위를 벗어나야 된다'라는 말씀을 하셨는데 이는 나의 가족이며 내가 관리해야 하는 울타리를 만들지 말고 상대를 있는 그대로 받아들이고 상대를 이해하라는 말씀입니다. 물론 괴로움의 울타리도 만들지 말아야 합니다. 괴로움도 내가 만드는 것이고 울타리도 내가 만드는 것이기에 좋고 싫은 울타리를 만들지 말라는 말입니다. 시작하는 인연이든 이미 맺어진 인연이든 '좋다, 나쁘다'라고 분별하지 말고 좋은 방향으로 인연을 만들어야 됩니다. 화와 복은 들어오고 나가는 문이 없습니다. 어리석은 사람은 화와 복을 구별하여 복에만 편식을 하지만 깨어있는 사람은 재앙과 복을 구분하지 않습니다. 구분하지 않는다는 말은 머무르지 않는다는 말입니다. 재앙은 업장소멸해서 좋고 복은 베풀어줄 수 있어 좋은 것입니다. 그러니 공한 재앙과 복에 머무르지 말아야 됩니다. 현재에 깨어 있는 사람은 남이 칭찬한다고 우쭐대면 나중에 재앙으로 돌아오고 남의 비난에 스스로 반성해서 자신을 알면 도리어 복이 된다는 이치를 아는 사람을 말합니다. 사건이 생기면 과거를 돌이켜 미래의 관점에서 현재를 바라보는 사람, 또는 제3자의 시각으로 보는 사람 즉, 공간적으로 넓게 보고 시간적으로 길게 보는 사람을 정견(正見)하는 사람이라고 합니다. 즉 급하게 서두르거나 남의 탓으로 돌리거나 하면 스스로에게 아집이라는 성을 더 굳건히 만들고 스스로를 나약하게 만들어 무지로 인해 파멸의 길로 걸어가게 됩니다. 항상 여유롭게 편한 마음으로 남의 말을 있는 그대로 받아들이고 자신을 살펴 한 치의 흐트러짐이 없어야 합니다. 그러면 연꽃처럼 불리불염(不離不染)하는 사람이 됩니다. 물들까 겁내지도 않고 물들지 않는 걸 능사로 여기지도 않고 사람들과 함께 살면서 세상을 아름답게 물들이는 부처행을 하는 것입니다. 지금 당장 욕심있는 마음의 감옥을 박차고 나오셔야 합니다. 그리하여 자신을 먼저 사랑하여 남에게도 사랑을 베푸는 참다운 자아를 찾는 공부를 해야 합니다. 스스로를 옥죄어 괴롭히는 것이 아니라 스스로에게 자유로움을 주는 것입니다. 아파트의 구석진 곳에 피어 있는 민들레 한 포기는 보는 이의 마음에 행복함을 준다면 그는 무아입니다.

37. 지옥과 극락은 있기는 하나?

 우리가 알고 있는 지옥과 극락을 저는 아직까지 본 적이 없어 알려드릴 수가 없지만 틀림없이 여기보다 환경이 좋은 곳은 있다고 자신있게 말할 수 있습니다. 우주를 관찰하는 과학자들을 보십시오. 끝없는 우주를 보면서 자랑질이나 말을 하지 않습니다. 이는 우주의 끝이 없고 신비로움으로 가득참을 알아 자신이 우주에 비하면 참으로 나약하고 미진함을 알고 있기 때문입니다. 서방정토의 불빛이 지구촌에 도달하려면 헤아릴 수 없을 만큼의 시간이 흘러야 된다 거나 어떤 별은 그 별빛이 아직도 지구촌에 도착하지 않았다는 거리에 있을 만큼 우주는 광활하여 무수한 별들이 많이 있습니다. 불교에서는 공거천부터 비상비비상처라는 지구촌보다 훨씬 좋은 극락이 있다고 합니다. 우주는 헤아릴 수 없고 끝이 없는 공간이기에 보지는 못했지만 충분히 가능하다고 여겨집니다. 저의 개인적인 경험이지만 조용히 앉아 눈을 감고 끝없는 우주를 향해 여행하다 보면 가끔 황홀함(천국)이 보이기도 하고 아주 못사는 곳도 보이기도 합니다. 그곳이 천국인지 지옥인지 과거의 저의 모습인지는 몰라도 재미는 있었지만 아마 내가 만든 상상 속의 그림들이라 여겨 지금은 그런 곳에 가지 않습니다. 님들도 한번 해 보시면 보실 수 있는데 생각으로 여행하고 생각으로 우주를 살펴보는 것이라 빠지면 헤어나지 못해 걱정이 되기도 합니다. 사실 지옥과 천당이 있음을 보여주면 지구촌의 사람들은 선인만 있을 것인데 보여주지 않으니 참으로 답답할 노릇입니다. 그러나 보여주면 깨달음은 찾을 수가 없게 됩니다. 지옥을 알면 지옥을 면하기 위해 삶을 살아갈 것이고 극락의 삶을 알면 그곳에서의 삶을 위해 살아가는 지옥과 극락의 노예 생활을 하게 되는 것이기에 깨달음의 공부는 하지 않게 됩니다. 그래서 보여주지 않습니다. 큰스님들께서도 스스로 화두를 타파할 때까지 답을 가르쳐 주지 않고 기다리듯이 말입니다. 극락이라는 곳도 지구촌보다 편하게 공부하는 곳이지 완성된 곳이 아니랍니다. 최고의 극락이라는 비상비비상처의 극락도 부처의 발아래 있는 곳입니다. 우리는 삶을 살아가면서 지옥과 극락을 경험하고 있는 중입니다. 괴로움에 처해 있으면 잠도 못 자고 시간도 안 가는 지옥의 체험을 하셨을 것입니다. 시간이 어찌 그리도 안 가는 것이지를요. 극락의 즐거움 또한 왜 그리 빨리 지나가는지를 느껴보았을 것입니다. 극락정토(極樂淨土)라는 말은 북한 사람이 대한민국에 오면 대한민국이 극락이고 대한민국 사람이 더 좋은 나라에 가면 그곳이 천당이듯이 지옥과 천당은 상대적입니다. 다시 말해 사람의 마음이 극락과 지옥을 만드는 것이기에 천당, 지옥의 분별만 내려놓는다면 님들이 가는 그 길이 천당이요 내 마음에 번뇌가 사라지면 세상이 청정한 유심정토입니다. 부처님께서 '법은 문자를 벗어났으니 인에도 속하지 않고 연에도 있지 않다.'라고 말씀하셨습니다. 그러므로 입을 열기만 하면 벌써 어긋나는 것입니다. '그대가 행복하다고 하니 나도 행복하다와 내가 행복하니 그대도 행복할 것이다.'라는 것은 엄연히 다른 것입니다. 전자는 완성이요. 후자는 완성으로 나아가는 과정입니다. 내가 행복하다고 해서 행복하게 보는 것이 아니라 내가 행복함을 알았으니 그대도 행복하다는 것을 일깨워 주어야 합니다. 스님께서 음식을 절약하고 옷을 검소하게 입는 것은 만족함을 알기 때문이며 마음의 보배는 쓰고 또 써도 다함이 없습니다. 마음의 보배를 글로 쓴다는 것은 불가능하기에 더 이상 부연 설명을 할 수 없음을 알아야 합니다. 그래서 텅빈 충만이라는 표현을 합니다. 이것이 우주의 법계이며 우주에 굴림을 당하는 것이 아니라 우주를 굴리는 극락 위의 자유인이 되는 길입니다.

38. 업을 지어 부처가 된다고 한다면 부처가 생사의 조짐이다

제목의 글처럼 이 말을 잘 챙겨서 자신이 공함을 철처히 공부해야 합니다. 업과 부처의 연관성을 짓는 것은 분별입니다. 분별은 욕심이기에 부처가 생사의 조짐이라고 말하고 있습니다. 여기서의 업은 선업을 말하는 것으로 선업을 지으면 부처가 되지만 부처가 되기 위해 선업을 짓는 것은 욕심으로 분별입니다. 부처가 부처임을 모르듯이 선업을 짓는 것도 모르고 선업을 이행해야 합니다. 부처가 되기 위한 선업은 선업이 아닙니다. 원래 부처인데 자신이 부처임을 모르고 있기 때문에 선업을 짓는 것도 선업을 짓고 있는지 몰라야 모든 것을 부처로 보게 되며 그러므로 자신이 부처임을 다른 사람들이 부르게 됩니다. 업이란 것도 마음에서 연기되어진 것이며 마음이라는 것도 변하기도 하지만 사대육근이 사라지면 마음 또한 찾을 수 없습니다. 그러니 헛된 곳에 매진하는 것이 바로 생사의 조짐으로 모든 것을 편히 내려놓아야 된다는 말입니다. 모든 것이란 부처 되겠다는 마음 즉 마음에서 일어나는 모든 것을 내려놓으라는 말입니다. 성철스님의 얼음이 녹아 물이 되고 물이 얼어 얼음이 되는 것으로 그놈이 그놈입니다. 액체로 사느냐, 고체로 사느냐 하는 것이 다를 뿐입니다. 색즉시공, 공즉시색하고 있습니다. 그러니 불생불멸하고 있는 중인데 우리는 죽으면 없어질까 두려워하고, 여지껏 모아둔 재산과 권력과 명예가 일순간에 사라짐이 아까워서 두려움을 항상 안고 살고 있습니다. 일체는 변하지 않는 것이 없듯이 우리도 죽어서 완전히 사라지는 것이 아니라 또 다른 나로 변신하는 것입니다. 그래서 '생사불멸'이라고 말합니다. 부처로 사나, 중생으로 사나 마음 밭에는 부처가 앉아 있습니다. 그래서 부처 되겠다는 마음만 내려놓으면 부처다 이 말입니다. 청춘아 내 청춘아 어딜 갔느냐, 청춘을 돌려다오, 노세노세 젊어서 노세 등 나이 드신 분들의 한탄 섞인 노래들을 부르면서 하시는 말씀이 '삶이 꿈처럼 허무하더라'라는 말을 합니다. 진작에 알고 실행하였으면 부처가 되었을낀데. '삶이 꿈인 줄 알면 꿈이 삶이다'라는 말처럼 부처란 그림자를 가지고 노는 사람입니다. 그러니 그림자 같은 삶에 집착할 필요가 없습니다. 최근에 저는 월요일마다 낙산사 원통보전에서 사시예불에 참가해서 기도를 드리는데 나를 낮추고 지금하는 일에 최선을 다하자는 다짐을 하기 위해 빠짐없이 참가하려고 노력하고 있습니다. 기도할 때 '관세음보살님도 열심히 공부해서 부처되세요.'라고 기도를 빠짐없이 합니다. 특히 스님의 예불의식은 의식답게 최선을 다하시는 모습이 저에게 감명을 주기도 해서 원통보전을 고집하고 있습니다. 그때 저의 마음에 떠오른 메시지 내용이 "보살이 수행하여 부처가 된다는 무한한 세월이 공임을 통달해야 된다"입니다. 부처도 없고 나도 없고 보살도 없고 깨달음도 없고 열반도 없는 것인데 없는 것을 구하려고 하니 참으로 난감합니다. 그러나 배우는 사람의 입장에서는 특별한 사람을 제외하고는 과정이 있습니다. 과정에는 선법을 알아야 됩니다. '착한 마음과 왜'라는 것이 항상 따라다녀야 하기에 구하여야 합니다. 마지막 한 생각을 가지기 위해 구하고 구하듯이 그리고 마지막 그 한 생각마저 놓아야 됨을 공부하듯이 부처되기를 갈망해야 합니다. 그러다 보면 부처는 이름에 불과하며 부처를 구하지 말고 법을 구하되 문안의 마음의 법을 구하고 믿으면 됩니다. 그것이 자등명입니다. 믿는다는 것도 공부해서 믿는 근거가 있어야 함에도 자신이 잘못된 길을 가고 있음을 자각하지 않고 믿는다면 시간이 갈수록 돌아오지 못할 강을 건너게 됩니다. 믿지 못하면 판단과 분별로 발전이 없이 헛공부만 하게 됩니다. 마음이 나뉘어 육근을 통한 18계의 경험 세계를 이루는 것이니 마음이 없다면 자성은 해탈이며 자유인이 됩니다. 그러므로 '마음을 쉬거라'라고 선사들이 이야기들을 하는 것입니다. 어느 선사께서 "안장 지고 재갈 문 것은 누구 탓일까?"라는 말씀을 하셨는데 자기 탓입니다. 그놈이 옛적에 마음을 잘못 썼기 때문인데 짓는 것은 마음(망심)이요, 받는 것은 몸으로 몸과 마음을 잘 다스리면 짓고 받고가 없습니다. 정말 좋은 문장이지 않습니까? 제가 처음 불교 공부를 했을 때 '무아이면 자랑질을 못하고 자랑질을 못하면 지금껏 열심히 살아온 것들이 허망해서 우짜노'라는 생각을 떨칠 수가 없었는데 지금은 많이 내려놓았다고 여겨지지만 아직도 책을 쓰고 있는 나를 보면 아직 한참이나 멀었다는 생각을 합니다. 그래서 저의 좌우명이 '삶이 꿈인 줄 알면 꿈이 삶이다'입니다.

39. 중도란?

　부처님께서 '유무합치명위중도(有無合致名爲中道)'라고 말씀하셨습니다. 중은 인연 따라 깨달음을 얻은 것이요 도는 성인이 실천하는 것을 말하는 것으로 밖으로는 무심하고 안으로는 공함을 말하는 것입니다. 다시 말해 마귀와 부처 모두를 확실히 분별하되 둘 다 쳐부숴 버리는 것이 중도입니다. 의지할 것이 없음을 깨닫는다면 부처 역시 얻을 수 없음을 아는 것이 참된 견해입니다. 여기서 부처를 얻을 수 없음은 부처가 없다는 의미로 이름이 부처입니다. 본마음은 찾을수록 더욱 멀어지고 구할수록 더욱 어긋나는 것이기에 찾지도 구하지도 않고 쉬어야 자신이 부처임을 볼 수 있습니다. 마음의 안과 밖에 법이 없는데 구할 것이 하나도 없습니다. 법과 계율은 자신을 바로 보지 못하고 나태해지는 것을 방지하기 위해 사람이 만든 것이므로 죄와 복도 없고 손해와 이익도 없으니 적멸한 성품은 묻거나 찾을 것이 없습니다. 무명이 불성이요, 중생이 부처다. 이제는 이 말이 이해가 될 것이나 이것 또한 확실히 분별하되 있는 그대로 보며 중도를 실천해야 됩니다. 어느 스님이 말씀한 내용으로 '만법은 태어나는 형상 없으나 매년 봄이 오네'라는 말씀을 하셨는데 참으로 성품 즉 중도를 잘 표현한 내용입니다. 적멸한 성품 가운데서 인연 따라 먹고 마시고 놀고 잠을 자더라도 분별하지 말고 여여하면 쉬는 것입니다. 이 말을 대변하는 말씀이 '참됨도 구하지 않고 망상도 끊지 않음이여 두 법이 공하여 모양 없는 줄 앎이로다'와 '취할 수도 없고 버릴 수도 없음이여 얻을 수 없는 가운데 이렇게 얻을 뿐이다'라는 말입니다. 일색일향무비중도(一色一香無非中道-하나의 색 하나의 향기도 중도 아님이 없다)입니다. 다음은 6조 혜능대사께서 제자들에게 설하신 내용입니다. '일체법을 설하되 모양과 상(몸, 마음)을 떠나지 말지니라. 법을 묻거든 쌍으로 대법을 취하고 나중에는 쌍을 없애고, 가는 곳 마저 없게 하라'라고 말씀을 하셨습니다. 이는 공함을 알고 분별하되 분별에 머물지 말라는 말씀입니다. 어둠이 스스로 어둡지 아니하나 밝음 때문에 어두운 것이며 밝음 또한 스스로 밝지 아니하나 어둠 때문에 밝음이 있는 것이니 이는 서로 오고 감이 서로 인연한 것에 기인한 것입니다. 하늘과 땅, 해와 달, 음과 양, 물과 불이 이와 같은 이치입니다. 그러니 절대와 상대를 용납하되 물들지 말라고 말씀하셨습니다. 이는 부처님의 거울에 비유한 내용과 다름이 없습니다. 이 우주는 선도 악도 없는 것을 내가 선하다, 악하다고 보는 이유가 나와 세상을 분별하는 내가 있어 그렇습니다. 나 아닌 일체가 나를 위해 만들어졌으니 모든 존재가 나입니다. 동체대비란 말입니다. 내가 나를 보듯이 선도 악도 나입니다. 나와 세상을 분별하는 순간 일체가 분별입니다. 그러니 동체대비로 보면 일체가 나이고 내가 일체이니 일체는 무아이고 내가 무아입니다. 일체인 우주의 실상은 대립이 사라지고 어우러짐입니다. 우주 전체가 모르고 보면 제각각으로 보이지만 실상은 하나로 선이 악이요, 악이 선으로 선악이 어우러져 하나 되어 구별이 없습니다. 내가 우주이며 우주가 나인 것으로 이것이 중도입니다. 중도는 죽어도 죽은 것이 아니요, 살아도 산 것이 아니며 빌려도 빌린 것이 아니요 빌리지 않아도 빌리지 않은 것이 아님을 알아야 취할 것도 없고 버릴 것도 없이 그냥 쓸 뿐인 쉬는 것입니다. 중도의 실상을 알면 모든 공안이 헛것임을 알아 속지 않을 것입니다. 이를 일러 '밝은 달이 어두운 태양에게 춥다고 말한다.' 분별하되 분별하지 않고 무심하기만 하면 됩니다. 무심이라고 하면 생각에도 물질에도 중도에도 무심해야 합니다. 부처님의 선정에 들었어도 선정에 들지 않았다는 말이 무심해야 함을 강조한 것입니다.

40. 분별은 자신을 좀먹는 좀비다

선사의 말에 질문자가 '욕계에는 선이 없는데 선정이 있다고 하십니까?'라고 말하자 선사 왈 "그대는 욕계에 선정이 없는 줄만 아는구나. 선계에 욕심이 없는 줄은 알지 못하는구나."라고 말씀하셨습니다. 질문자의 분별의 극치를 분쇄시키는 선사의 수준별 답변이 참으로 좋은 본보기를 보이는 말씀입니다. 세속에서 사시는 분이 이 말씀을 이해하시기에는 상당히 어려울 것입니다. 수학 문제를 풀 듯이 사람의 마음을 끄집어내어 수치로 환산하여 정답을 유추해 내는 것은 거의 불가능합니다. 사람의 마음이 무게가 있는 것도 아니고 그렇다고 고정된 실체가 있는 것도 아니며 들여다볼 수도 없으며 유동적이라 어디에 맞추어야 할지 모르는 수치로는 환산이 불가합니다. 그렇다고 언어적인 논리성으로 사람의 마음을 표현한다는 것이 그리 쉽지는 않지만 이런 글은 더더욱 그렇습니다. 뜨거운 사랑이나 폭발하는 심정을 표현할 때 말을 할 수 없는 경우처럼 언어로는 표현할 수가 없습니다. 계산적으로 논리적으로 마음을 헤아릴 수 없음을 먼저 인식하고서 접근해야 합니다. 어리석음으로 인해 업과 함께 고를 만들지만 12연기 중 한 가지만 멸할 수 있다면 모든 12연기를 멸하여 업장소멸과 고를 멸할 수 있듯이 분별만 내려놓으면 욕계가 무색계이며 번뇌가 보리입니다. 분별하고 따지는 제자에게 분별하지 말라고 조언의 말씀을 해 주신 공안입니다. 자신이 공부해야 할 숙제이니 잘 챙겨 보시기 바랍니다. 분별은 욕심입니다. 세세하게 하나하나를 철저히 살펴보아야 분별하지 않는 공부로 나아가는 것이니 위의 글을 잘 새겨 보아야 합니다. 저도 이 대화의 내용을 몰라서 노트에 황만의 숙제라고 적어 놓은 글입니다. 저는 숙제가 있으면 하루 종일 생각하며 해석을 내리는 사람인지라 깨달을 사람은 아님을 알지만 이 말은 참으로 질기게도 길게 몇 달을 짊어지고 다닌 내용입니다. 혜능대사의 바람도 깃발도 움직이는 것이 아니라 네 마음이 움직인다의 화두와 같은 것입니다. 그만큼 혜능대사의 화두는 중요하기도 하고 쉽게 다가설 수 있지만 감히 함부로 근접할 수 없는 화두입니다. 욕계, 색계, 무색계는 누가 만들었습니까? 최고의 극락인 비상비비상처에 살고 있는 사람에게 물어 보면 무엇이라고 대답할까요? 님들이 비상비비상처에 사는 사람이라면 무엇이라고 대답했을까요? 그것이 오늘 물음에 대한 해결책입니다. '죄성은 무자성이며 나 또한 무자성'이라 내가 나를 가질 수 없는데 죄는 무슨. 죄성은 안과 밖 중간에도 있지 않고 과거는 가지 않고(머물지 않고) 미래는 오지 않으며 현재에도 머물지 않는 것이 마음과 같습니다. 그러니 불가사의(不可思議-부사의라고도 하는데 마음으로 생각할 수 없고 입으로 논할 수 없다. 즉 입으로 말하려 하면 말을 잃어버리고 마음으로 생각하면 생각을 잃는 것이다)한 일이나 불가사의 한 것이 아닌 일상의 일입니다. '붉은 고깃덩이 위에 지위 없는 하나의 참사람이 있다.'라고 어느 스님이 말하자 '지위 없는 참사람이라니 무슨 똥 닦는 막대기 같은 소리고'라고 다른 스님이 말했지요. 이것이 불가사의입니다. 하지만 불가사의한 일이 아님을 아셔야 공부할 수 있습니다. 이것이 소승불교이자 여러분에게 일러 주는 대승불교입니다. 달을 보며 울부짖는 늑대는 달을 그리워하지 않는다.

41. 심생즉종종법생(心生則種種法生) 심멸즉종종법멸(心滅則種種法滅)

한 마음에서 탐심이 일어나면 만 가지 생각이 일어나고 욕심을 내려놓으면 만 가지 생각하지 않는 법이다. 일체유심조 만법유식(一切唯心造 萬法唯識)이라. 일체를 바라보는 것은 마음이기에 욕심있는 그 마음이 바로 식이며 그 식이 마음입니다. 그러니 식을 잘 다스려 생각하되 머물지 않는 생각을 해야 하며 무의식에서조차 인식인 알음알이에 머물지 말아야 합니다. 이것이 일체유심조 만법유식인 불교 공부입니다. "내가 만나는 만남의 인연은 내 안의 나와의 마주침으로 싫은 사람이나 이기적인 사람을 만나는 것은 내 안의 싫은 마음, 이기적인 마음을 만나는 것이다." 책에 있는 글을 그대로 인용했는데 다 아실 말이지만 이렇게 함축적으로 관계에 대한 나의 탓으로 돌리게 하는 표현에 감동 받은 글입니다. 일체는 나로 인해 나타나는 것임을 자각하는 것이 내 삶의 주인이 되는 출발점으로 타인에게 그 원인을 찾는 것은 어리석은 짓입니다. 따라서 불운이 오면 타인을 원망하지 말고 자신에게 집중해야 합니다. 고의 원인은 바깥 즉 주위 환경이나 타인에게 있는 것이 아니라 내가 세상을 보는 잘못된 인식과 진리에 미혹한 탓으로 이를 우리는 무명이라 합니다. 스스로의 욕심으로 인해 집착이 생겨 자신을 바로 보지 못하는 것이니 집착으로 허상에 매달리어 살아가는 자신을 알면 보이지 않는 자아를 느끼게 됩니다. 그러므로 일체에서 자신을 찾는 것이 아니라 일체를 수단으로 해서 자아를 살피는 것이 고를 없애는 것이며 지구촌에서 살아가는 이유이기도 합니다. 삶은 방하착하지 않아도 그대로 흘러가는데 공연히 미리 스스로 힘들다는 생각으로 선악, 시비, 행·불행을 만들어 내어 고통을 받는 데 무심하면 스스로 받는 것들이 사라집니다. 여기서 무심이라 하면 유무에 분별이 없고 생각을 떠난 것을 말합니다. 의식을 통한 생각이 만들어 낸 마음이 선악, 시비, 행·불행의 분별을 만들어 고를 유발시킵니다. 그러니 마음만 없애 버리면 본래불(本來佛)입이다. 다시 말해 행·불행이 오면 무심하게 여겨, 넘치면 나누고 모자라면 내가 아닌 몸뚱아리가 조금 불편하면 되는 것이니 연연할 필요가 없습니다. 모든 시작은 나로부터이고 그 끝은 나의 시작이 어떠했느냐에 따라 나에게 부메랑으로 찾아옵니다. 그 부메랑을 받은 내가 다시 시작되면 그 끝은 그 부메랑을 또다시 받는 것으로 반복되는 것입니다. 그러니 받는 내가 없다면 화와 복인 부메랑도 사라지게 됩니다. 그러니 내가 무아이면 경계가 사라지고 자유인이 됩니다.

42. 자유인이란?

  내가 자유인이 되어 보지 못해 알 수 없는 경지이나 추측은 해 봅니다. 금강경에 부처님이 중생의 삶을 다 보고 다 안다는 내용이 있는데 참으로 고민을 많이 했습니다. 어떻게 그 많은 사람의 마음을 다 보고 알 수 있는지를요. 한때 교회를 가면 하나님은 전능하시어서 다 안다고 하는데 어떻게 안다는 것인지 궁금하였습니다. 금강경을 읽을 때마다 궁금함으로 흘러 지나쳤지만 궁금증은 해소가 되지 않았습니다. 그러다 6조 혜능대사께서 제자들에게 "내가 어디 가는지 모르는가"라는 말에 "말을 안해주니 어찌 알겠노"라는 반문도 했지만 혜능도 알고 제자도 아는 것을 나도 고민하면 알 수 있을 것 같아 고민을 참으로 많이 했습니다. 부처는 자유인인데 자유인은 어떤 삶을 사는지 궁금하기도 했습니다. 부처를 왜 자유인이라 할까? 자유인은 우주를 경영한다고 하는데 어떻게 생활하길래 그리 말할까?라는 고민에 빠져 보았습니다. 우주는 인더라망에 연결이 되어 있으니 연기법으로 보고 알 수 있을 것이고 시법 평등무유고하이니 깨달은 자 그 파장이 달리 나오니 그 파장을 챙겨 보면 알 것이라는 예측을 해 보았습니다. 사람이 죽으면 영혼은 잠시 원자로 떠돌다 자신의 업으로 인해 업의 인연을 따라 다시 무엇인가로 다시 태어나는 것이며 업이 없는 자유인은 하나의 원자로 여여하게 있다가 스스로의 필요에 따라 주위의 모든 것들을 가져와 쓰는 것입니다. 우리가 물이 필요하면 수소와 산소를 결합시켜 물을 만들 듯이 그리 쓰는 것입니다. 지구가 폭발하여 산산조각이 나도 다시 조각과 조각들이 결합하여 또 다른 무엇인가로 변화되어 가듯이 원자는 필요에 따라 스스로 그것들을 인위적으로 사용할 수 있다는 것입니다. 우주를 탐험하러 가는 생각은 상상할 수 없는 거리를 1초 만에 가듯이 자유인은 그렇게 가는 것입니다. SF영화가 현실이 되듯이 생각은 이루어지는 것입니다. 그렇듯 자유인은 그냥 주위에 널려 있는 것들을 그렇게 사용하는 것입니다. 그러니 우주를 경영하는 것입니다. 연기법으로 챙겨보다 특별한 파장이 있으면 측은지심으로 좀 더 챙겨보시는 것입니다. 오롯이 공부할 때 도움이 필요하거나 필요한 것이 있으면 귀인을 만날 기회를 주시는 것이 그러합니다. 어떨 때는 화신으로 오실 수도 있는데 간절함이 묻어나야 베풀어 주십니다. 그것이 성경의 '두드려라 열릴 것이다'라는 말입니다. 이것이 수처작주 입처개진으로 나아가는 사람이며 부처는 수처작주 입처개진입니다. 회사 직원이 사장의 마음으로 일한다면 틀림없이 그 회사는 번영할 것이며 그 회사는 그런 직원들에게 응당의 보답을 하겠지요. 그러니 직원이라 할지라도 사장의 마음으로 일하는 사람이 수처작주 입처개진하는 사람입니다. 이것이 자유인의 마음으로 욕심만 내려놓으면 내가 사장이듯이 욕심만 내려놓으면 극락이라는 감옥에 갇혀 사는 것이 아니라 우주 곳곳을 왕래하며 경영하는 것이 자유인이라는 말입니다. 모든 유·무정에게는 나름의 파장이 다 있습니다. 한 사람의 파장도 화가 났을 때의 파장과 평온한 마음의 파장이 다르듯이 깨어있는 사람의 파장은 특출한 것입니다. 그래서 마왕도 고개숙여 보살들을 살피고 지켜주며 따르는 것입니다. 깨달은 가섭이 공양물을 얻기 위해 밖으로 나오지 않은 이유가 천상의 사람들에게 보시를 받고 있었기 때문인 것처럼 깨달은 사람에게는 천상의 사람도 고개 숙여 보시한다는 것입니다. 공부합시다. 혜암스님의 '공부하다 죽어라'라는 말처럼 평생 가치로운 것에 공부하다 죽는다면 그 공부는 참으로 가치로운 것입니다. 참고로 이것은 저의 개인적인 생각임을 다시 말씀드립니다.

43. 스승의 표상

　제자가 큰스님의 목욕물을 받기 위해 아궁이에서 불을 지피며 가마솥에 물을 끓이고 있는데 큰스님께서 오셔서 불이 잘 지펴지는지 본다고 제자 옆에 앉아 '목불도 태우면 잘 태워지겠는데 언제 목불을 태울 수 있을려나?'라고 들릴 정도로 혼잣말을 했습니다. 그 말을 듣고 제자가 여쭈었습니다. '큰스님 대체 팔만대장경이 무엇입니까?'라고 하니 큰스님 왈 '끓는 솥 속의 종발(鐘鉢-작은 그릇)이 내는 소리다'라고 말씀을 하십니다. 제자가 어안이 벙벙하며 '무슨 말씀입니까?'라고 되묻자. '아무리 입으로 불이라 해도 입은 뜨겁지 않느니라.'라고 말씀하자 그 소리에 제자는 법당에 있는 목불을 들고 나와 아궁이에 넣고는 잠시 후 큰스님을 외치고는 부지깽이로 '목불에도 사리가 나오는지 잘 보십시오.' 하면서 마구 흔들어 보아도 사리라고는 없었습니다. 이에 스승은 '이제 공부가 좀 익어가는구나' 하며 방으로 들어갔습니다. 스승의 제자 사랑이 진하게 묻어나오는 이야기입니다. 다시 말해 말은 실상이 아니며 실상 또한 실상이 아님을 알아야 됩니다. 실상이 실상이 아님을 아는 것이 무주상보시의 주는 것 없이 주는 것과 같은 말이며 그것이 내가 공이고 공이 나인 것과 같은 이치입니다. 큰스님의 혼잣말이라는 것이 이제 알 것 같으니 질문을 함해 보아라는 말을 제자는 알아채고 질문을 했었고 제자의 질문에 답을 하니 제자는 이제야 실상을 알아채고 목불을 태웠습니다. 팔만대장경도 방편에 지나지 않음을 확연하게 알게 된 것입니다. 큰스님은 제자의 수준에 맞추어 하나부터 열까지 말은 안해도 다 챙기고 있었던 것입니다. 제자 또한 배우기 위한 마음의 자세가 되어 있으니 그리 챙기며 일러 주는 것입니다. 스승은 자신을 바로 보는 사람이기에 제자를 잘 챙겨 이끌어 줄 수 있었습니다. 스승은 인연 있는 곳에만 거두어 주시기 때문에 제자는 항상 노력해야 합니다. 초발심시변정각을 잊지 않고 스승을 모시며 스승의 평상심을 알아챌려고 공부해야 스승이 지도해 주십시다. 스승은 제자가 올바르지 못하면서 배우우려는 자세가 보이지 않으면 거두지 않는 이유가 잘못 알아 어두운 그림자를 덮고 삶을 살아가게 되기 때문입니다. 제자는 자신을 바로 보지 못하면 자신뿐만 아니라 남에게까지 낭떠러지로 밀어 버리는 일이 생겨나는 것이니 자신을 바로 보는 공부를 먼저 해야 합니다. 유를 모르는 사람에게 무를, 무를 모르는 사람에게는 유를 그것을 다 아는 사람에겐 중도의 도리를 일깨워 주어야 합니다. 이것이 대승불교이며 스승의 참모습입니다.

44. 살아 있음이 보배요 희망이다

 숨을 쉬고 있는 것이 보배이며 희망으로 우리는 부처이기에 살아 있다는 것은 언젠가는 스스로가 부처임을 볼 수 있게 됩니다. 그러니 괴로움에 직면했을 때라도 호흡을 느끼고 감사해야 합니다. 눈 한 번 깜빡임이 욕심임을 안다면 공부해야 살아 있음에 감사하는 겁니다. 번뇌라는 것도 번뇌를 번뇌로 여기지 않으며 번뇌에 머무르지 않으면 보리입니다. 일체유심조인 번뇌가 보리입니다. 침대에 누워 드라마를 보면서 슬플 때는 눈물을 흘리고 악인이 이기는 장면이 나오면 흥분해서 화를 내기도 합니다. 드라마는 단지 드라마인데 현실로 받아들여 다음날까지 주위 사람들과 실감나게 욕까지 섞어 가며 이야기를 나눕니다. 한 달만 지나면 다 잊어버리는 것들을. 마찬가지로 지금의 삶이 꿈속임에도 미래의 꿈을 키우며 꿈을 위해 채워가고 있습니다. 드라마를 현실로 착각하듯이 꿈속에서 꿈을 꾸고 있음을 모르고 살아가고 있습니다. 헛된 욕심만 키우고 있는 것이지요. 남자들의 로망이 돈을 부지런히 모아 시골에 한옥을 지어 텃밭 가꾸며 여유롭고 한가하게 살아가는 것인데 3년만 살아보면 다들 도시로 나가버립니다. 자신의 습이 묻어 있는 도시가 그립기도 하지만 시골의 고독과 조용함에 외로움을 느껴서지요. 사실 그 외로움을 공부해야 함에도 외로움을 이기지 못하고 나가버리는 겁니다. 도시에 살아도 힘이 부치면 외로운 것은 마찬가지임에도 지금 당장 외로우니 나가버립니다. 나이 드신 분들의 한결같은 말이 '삶이 꿈처럼 흘러갔다'입니다. 삶이 꿈인데 시골의 텃밭을 꿈꾸고 있으니 꿈속에서 꿈을 꾸고 있는 것입니다. 부처님께서 아나율에게 옷을 기워주시면서 '욕심은 아무리 채워도 채워지지 않는다'라는 말씀을 하셨습니다. 아마 아나율이 눈이 멀어 옷을 깁지 못해서 눈뜬 사람이 부러워 스스로를 원망하고 있었나 봅니다. 아나율의 마음을 안정시켜 주기 위해 일부러 찾아가서 옷을 기워준다는 핑계로 그런 말씀을 하신 것 같습니다. 그렇습니다. 어느 누구라도 욕심을 가지는 순간 욕심은 절대 채워지지 않습니다. 지금 당장 하지 않으면 나중에 할 것 같지만 채워지면 더 채울려고 하는 것이 범부들의 생활입니다. 주위에 보면 아무리 노력해도 경제적으로 힘들게 살아가는 사람이 있습니다. 주위에 도움도 받지 못하면서 하는 일마다 되는 일이 없는 사람이 있습니다. 참으로 안쓰럽지요. 업의 결과이니 받아들여야 하겠지만 그래도 마지못해 하루하루를 그리 살아갑니다. 경제적으로 도움을 드릴 수 없으면 따뜻한 말 한마디라도 해 주심이 도와주는 것이며 복을 짓는 것입니다. 살아가는데 지장이 없으면 지금 당장 무주상보시하는 것이 정신적인 삶의 건강에도 좋으며 복을 짓는 일입니다. 님들의 작은 손길이 이름모를 어느 누군가에게는 보배요, 희망이 됩니다. 더 모아서 보시한다고 하는 것은 1주일 후에 담배를 끊을 것이라는 것과 같은 것입니다. 지금 당장 하지 않으면 못합니다. 화도 그렇습니다. 99번을 참아도 한 번 화를 냈다고 하는 것은 앞의 99번은 아무 소용이 없으며 99번의 화를 내다가 한 번 참는 사람보다 못한 것입니다. 지금 화를 내지 않는 것이 중요합니다. 내일 나는 죽을지도 모르니 오늘 하루 알차게 살아가는 것처럼 지금 당장 일을 처리해야 합니다. 살아 있을 때 주는 옷은 선물이지만 죽어서 주는 것은 재수 없다고 받지도 않습니다. 가지고 갈 재산은 하나도 없습니다. 장례비용만 두고 그냥 가는 것입니다. 자식들이 알아서 다 처리해 주니 적당히 주고 사회 환원하는 것도 나쁘지 않습니다. 이왕 줄 것이면 무주상보시를 합시다. 무주상보시가 왜 좋은지를 말씀 드리지요. 똑같은 조건에서 똑같은 씨앗을 뿌려 싹을 피워 한 식물에게는 사랑을 다른 한 식물에게는 미움을 나머지 식물에게는 무관심을 주면 가장 잘 성장하는 것은 사랑이요 다음으로는 미움이요 마지막이 무관심입니다. 눈이 없어 볼 수 없는 식물도 사람의 사랑을 파장으로 알아채는데 하물며 만물의 영장인 사람이 그것을 모를 리가 없습니다. 무주상보시를 받은 사람의 감사의 파장은 식물의 파장에 비해 엄청 크고 많고 강한 것이니 복을 받게 됩니다. 금강경에 무주상보시의 복은 헤아릴수 없이 많다고 합니다. 맞는 말입니다. 덕은 마음을 닦는 것으로 무주상보시 자체가 덕을 닦는 것입니다. 만약 보시로써 복덕을 쌓으려는 것은 댓가를 바라는 것이므로 마음을 닦는 것이 아니요 또한 몸을 닦는 것도 아닙니다. 무주상보시의 복은 헤아릴 수 없는 복을 가져다 주지만 스스로의 덕도 채우니 이웃의 아픔을 잘 챙겨 무주상보시 하신다면 희망과 보배를 님들의 마음에 심는 것입니다. 나중에가 아니라 지금 당장 여기서 실천해야 합니다. 힘 떨어지니 줄 물건 있으나 줄 수 없고 가져가라고 말하고프나 찾는 이 없네.

45. 성품의 자리는 지금 이 자리다

빨리 걸어도 그 자리요, 천천히 걸어도 그 자리, 차나 비행기를 타도 그 자리며 가만히 있어도 그 자리일 뿐입니다. 즉 자성불의 본래 자리는 오고 감이 없으며 서고 앉고 눕고가 없는 자리며 지금 이 자리입니다. 우리가 원하고 찾고 있는 것은 이미 다 이루어져 있고 다 갖추어져 있음에도 욕심에 눈이 가려 지금 이 자리를 보지 못할 뿐입니다. 휴대폰을 들고 휴대폰을 찾는 격입니다. 사람은 고된 삶의 탈출이나 일상의 탈출을 꿈꾸지만 결국 잠시 가라앉혀 두는 삶을 살아갑니다. 절에 가실 때는 잠시나마 내려 놓을려고 하기도 하고 내려놓기도 하지만 돌아서면 똑같은 일상으로 돌아가듯이 그러합니다. 진정한 삶의 탈출은 나의 인식의 틀을 혁신시켜 무너뜨리는 것입니다. 생각의 틀을 혁신하려니 보수적인 생각들이 나를 붙잡고 진보적인 생각은 지금의 나를 힘들게 하니 지금의 틀을 버리지 못하고 있습니다. 사실 무아인 자신을 살펴보면 내라는 존재 자체가 없는데 외부에 뭔 관심이 있겠습니까. 보수나 진보나 지금의 가치나 미래의 가치나 관심이 없는데 상관이 없습니다. 그러나 참나는 분별하되 분별하지 않으며 과거를 참조해서 미래의 관점에서 현재를 살펴보되 머무르지 않습니다. 이것이 밖으로는 평등하고 안으로는 고요하다는 것입니다. 그놈의 욕심 때문에 자신이 깨어있는 사람임을 자신의 성품이 부처임을 모르고 살아가고 있는 것입니다. 경계는 아무런 잘못이 없으며 더위는 더위일 뿐입니다. 즉 내 마음이 '좋다, 싫다'라고 하는 것이지 경계인 더위는 좋고 싫은 것이 아닙니다. 예를 들어 여름에 덥다고 짜증을 내면서도 사우나에서는 일부러 땀을 낼려고 한증막에 들어앉아 있기도 하고 삽질하면서 어떤 사람은 운동이라 생각하고 어떤 사람은 노동이라 생각합니다. 달을 보면서 한사람은 우울함을 어떤 이는 행복함을, 어떤 이가 내가 좋아하는 사람을 칭찬하면 좋아하고 싫어하는 소리를 하면 그 사람을 미워하게 됩니다. 괴로움도 즐거움도 내가 선택하여 받아들이는 실체가 없는 것입니다. 선택이라는 것도 분별이며 욕심으로 그냥 그대로 놓아 버리고 있는 그대로 바라보면 괴로움은 사라지게 됩니다. 배우는 사람에게는 6근이 내가 아니다에서 시작하지만 깨달은 이에게는 6근청정에서 시작하기 때문에 그 어떠한 경계에도 탐착하지 않아 상관이 없습니다. 깨달은 이는 생각이 나거나 불편하거나 배가 고프면 분별하지 않고 바로 저지르고 무지한 사람은 생각에 생각을 더하여 생각에 머물러 불편하거나 배가 고파도 해결하지 않고 남탓으로 돌려 원망만 합니다. 나는 과거로부터 갖고 온 짐은 없었지만 지금의 나는 미래에 갖고 갈 짐도 아닌 짐들이 엄청나게 많습니다. 가난하다고 생각하는 사람이 있을 뿐 가난한 존재는 없고 부족하다고 느끼는 사람이 있을 뿐 부족함은 없습니다. 우리 모두는 절대 평등한 자기 나름대로의 몫을 온전히 해 냄으로써 우주 법계를 환히 밝히고 있습니다. 비록 도로 위 풀 한포기라도 온전한 법신 부처님의 몫으로써 법계를 비추고 있습니다. 이것이 인과응보요, 연기법이며, 인연법입니다. 그래서 '연연하지 말고 받아들여라'라고 말합니다. 그래야 새로운 업을 짓지 않습니다. 삶을 지금 바꾸고 싶으면 시절인연이 올때를 위해 스스로를 준비시켜야 하는데 지금 여기서 깨어있으면 시절인연이 찾아옴이 보이고 그때 그 인연을 맞이하면 됩니다. 새로운 일이 일어났을 때 어리석은 사람은 남이나 상황을 탓하면서 비난의 화살을 외부로 돌리고 지혜로운 사람은 자기로부터 시작되었기에 자기를 탓하며 깨달은 사람은 자신도 남도 탓하지 않습니다. 불행이나 행복이라고 해석하지 않고 법계 유지를 위해 일어나야 할 일이 일어났기에 주어진 삶을 받아들일 뿐이기에 더는 할 일이 없습니다. 다시 말해 분별하지 않고 있는 그대로 받아들여 생각이 머물지 않기에 항상 한가합니다. 그대는 지금도 숨을 헐떡이고 있는가?

46. 생각대로 이루어진다

'술이나 담배 때문에 나의 몸이 망가질 것이다'라는 생각이나 집착을 하지 말아야 합니다. 그 집착이 몸을 망가뜨리는 것입니다. 나의 몸은 항상 건강하며 면역으로 스스로 치유함을 신뢰한다면 집착이 사라지고 망가지는 몸 또한 사라지며 건강한 몸으로 더욱 활기찬 생활을 할 수 있습니다. 말이나 생각에는 에너지가 있기 때문에 자신을 죽이기도 하지만 자신을 살리기도 합니다. 그러니 긍정적인 생각으로 타인을 이해하고 품어주어 스트레스를 받지 않아야 합니다. 스트레스라는 것이 벌써 마음에 부정을 담은 것이니 몸과 마음이 아픈 것입니다. 그러니 마음이 사주한 생각이 긍정적으로 받아들이는 생각을 할 수 있도록 습을 잘 만들어야 합니다. 잘못한 행동 뒤의 죄의식도 마찬가지입니다. 죄의식이라는 실체도 마음이 만들어 낸 것으로 마음의 실체가 없는데 죄의식의 실체가 있을 수 있겠습니까? 집착이나 생각을 버리려면 마음이 있는 한 되지 않습니다. 그러므로 마음을 버릴려는 그 마음을 일으키지 않으면 되는데 분별이라는 욕심이 마음에 불을 질러 마음을 더 키우고 살찌게하여 스스로를 보지 못하게 하여 파멸의 길로 안내합니다. 마음이라는 것은 인연가합으로 만들어진 실체가 없는 것이므로 무심하기만 하면 일어나지 않습니다. 이것이 불교의 정수입니다. 좋아서 하는 섹스도 결국은 허망하고 괴로움도 지나고 나면 허망한 것입니다. 어떠한 일이든 지나고 나면 허무한 것이니 그냥 무심히 지나치면 즐거움도 괴로움도 없습니다. 즐거움과 괴로움이 없다고 하니 세간의 사람들은 '허망하다는 생각을 가질 수 있고 즐거움은 취하고 괴로움은 받지 않는 방안은 없을까?'라는 생각들을 할 수 있지만 일체유심조라 그렇게 받아들이면 그렇게 됩니다. 생각하면 생각하는 대로 된다는 말입니다. 즐거움이 오면 즐거워하되 탐착하지 않고 즐거워하면 되고 괴로움이 오면 실체 없는 것으로 여겨 무심하면 허망한 괴로움이 됩니다. 욕심만 내려놓으면 생각대로 반드시 그렇게 됩니다. 그렇지만 이렇게 생각하기 전에 먼저 겸손해야 합니다. 님들이 아무리 잘나도 지구 땅덩어리 위에 있는 하나의 미물에 불과함을 알아야 합니다. 미물에 불과한 사람이 욕심을 앞세우는 것은 즉 좋은 것만 받고 괴로움을 받지 않으면 그 괴로움은 누가 받아야 합니까? 우주는 인드라망으로 연결되어 유기적인 관계로 살아가는데 님들이 다 누리면 동체대비인 다른 사람은 어찌 살아야 하겠습니까? 독식하는 것은 욕심이며 관계 속에서 살아가는 자신을 안다면 베풀어야 합니다. 괴로움을 괴로움으로 여기지 않고 받는 것이 남의 괴로움을 덜어주는 베풂입니다. 결론적으로 탐착하는 마음만 내려놓으면 화와 복을 즐기기도 하고 지나가게 하기도 하는 것이니 생각대로 이루어지는 것입니다. 다시 말해 6근청정이면 생각대로 됩니다.

47. 공덕이란?

'자기의 법성(자성, 영혼)에 공덕(功德)이 있으니 견성이 공이요, 평등이 덕이니라. 보시의 복으로 공덕을 삼지 말라. 항상 공덕을 행하여 스스로 몸을 닦는 것이 공이요, 마음을 닦는 것이 덕이니라.' 옛날 양나라 무제(464~549)는 불교를 신봉하여 수많은 사원과 불상을 조성하고 불서를 찬술하였고 불교 교리에 통달하여 경전을 강의하기까지 했던 황제보살입니다. 더구나 계율을 지키기 위해 육식과 술을 끊고 승려들에게도 단주육문(斷酒肉文)을 발표하여 금지령을 내렸던 황제였습니다. 그런 그가 인도의 유명한 달마대사가 오자 궁궐로 초대하여 자랑질 쪼로 '짐은 절을 많이 짓고 승려를 양성했는데 무슨 공덕이 있겠습니까?'라는 질문에 달마대사 왈 '공덕이 없습니다.'라고 했습니다. 이는 보시의 복으로 공덕을 삼지 말라는 말입니다. 보시는 복은 받을지은정 공덕과는 무관하다는 것입니다. 그러나 무주상보시는 다른 것입니다. 무주상 안에는 공덕이 들어 있으니 무주상보시는 깨달음으로 가는 길입니다. 무주상보시의 첫걸음이 봉사활동이라고 다시 일러 드립니다. 선행은 복을, 수행은 열반(공덕)을 가져옵니다. 여기서 일시적인 선행은 복으로만 환수하지만 계속된 선행을 통해 수행을 하다보면 무주상선행으로 이어져 공덕을 받게 되기도 합니다. 수행은 작은 선행에서 시작합니다. 금강경에도 선행을 하면 깨달음을 얻는다고 명시가 되어 있습니다. 양무제는 자랑질하기 위한 선행을 했기 때문에 공덕이 없다고 달마대사가 말한 것입니다. 우리는 박스를 가득 실은 리어카를 밀고 가는 할머니를 보면 측은지심이 생기는데 바로 행하면 될 것을 고민을 먼저 합니다. 측은지심이 발동하는 순간 직관으로 연결되어 생각하지 않고 행하면 되는 것을 생각으로 인해 12입처가 작동을 하고 욕심을 갖고 고민을 하게 됩니다. 생각이 없다는 것은 분별하지 않는다는 말입니다. 그러나 대부분의 사람은 수레를 밀기에 너무 더럽거나 장갑이 없어서 또는 너무 힘겨워서 또는 남들이 보니깐 쪽팔려서 등 여러가지 변수를 생각하게 됩니다. 더구나 내가 뒤에서 밀어주다 내 손이 더러워지고 더러워지면 몸에 병균이 옮아 나의 가족이나 주위사람에게 전파 할 수 있는 걱정까지 하는 고민의 생각까지도 합니다. 그 생각은 현실적인 타당성과 합리성을 견주어 보고 타당하다는 결정이 되면 밀어준다는 것입니다. 이것이 공덕하고는 상관이 없습니다. 측은지심이 생기면 즉시 실행하는 것이 공덕을 닦는 것입니다. 즉시 한다는 것은 생각이 없고 생각이 없다는 것은 분별이 없으며 집착하지 않는다는 것으로 보상이나 기대함도 일체 없는 것입니다. 그러니 의(意-생각)의 대상인 법(法-의식, 존재, 경계, 대상)에 머무르지 말아야 된다는 말입니다. 잠오면 자고 배고프면 밥먹듯이 삶도 목표를 정하고 계획을 세우되 목표와 계획에 집착하지 말고 지금에만 충실하면 된다는 말입니다. 지금 열심히 하면 계획과 목표는 따라오는 것이며 설령 계획처럼 되지 않아도 계획을 수정하여 다시 지금을 하면 됩니다. 삶은 내가 노력하는 만큼 법계와 어우러져 함께 변화되는 것임으로 대상에 탐착하지 않고 나아가면 보살입니다. 탐착만 하지 않으면 자신을 바로 보고 자신 안에 깨달음이 있음을 알게 됩니다. 깨달음은 밖에서 구하는 것이 아니라 내재되어 있는 깨달음을 발견하는 것이 삶의 진정한 목표입니다. 저는 아직도 달을 보며 울고 있는 외로운 늑대이오나 반달을 그리워하지는 않습니다.

48. 복이 많은 사람을 부러워하지 마라

　천계만사량(千計萬思量) 홍노일점설(紅爐一點雪)이란 말이 있는데 돈이 많은 부자나 지식이 풍부한 사람이나 인기가 많은 사람이나 권력이 막강한 사람 등은 불에 가열된 화롯불에 떨어지는 한 점의 눈에 불과하니 부러워하지 말라는 말입니다. 이것이 금강경의 시법 평등무유고하입니다. 복을 구하는자 복이 많은 사람이 부럽고 지식을 구하는자 지식인이 부럽고 가수를 꿈꾸는자 노래 잘하는 사람이 부럽지만 부러움의 대상을 면밀히 살펴보면 그도 불안한 삶을 엮고 있는 나와 같은 불완전한 삶을 살아가고 있는 중임을 알 수 있습니다. 돈이 많거나 권력이 강한 사람들의 가족사를 보시면 잘 아실 것입니다. 다들 불안하게 살면서 걱정을 안고 살아가고 있는 중임을 확연히 느낄 수 있습니다. 인기 연예인들을 보시면 하나의 프로그램이 잘못되어도 삶이 무너질 듯이 긴장과 한숨으로 삽니다. 겉으로의 삶은 화려하게 보일지라도 내면은 좌불안석입니다. 사다리계단을 오르는자 높이 오를수록 떨어질 때는 더욱 아픈 것입니다. 군자는 남이 올라가게 하지만 욕심있는 사람은 남을 내리고 자신이 오르기 때문에 죽을 때는 한으로 남고 떨어지게 되면 상처가 커서 재기함이 어렵습니다. 군자는 오르고 내려감이 없기에 여여합니다. 행여 죽음이 떨어뜨려도 가진 것이 없으니 깃털 되어 안착합니다. 그러니 부러워할 것이 없습니다. 부러워해야 할 것은 지금의 삶에 만족하는 깨어있는 마음입니다. 부러워해야 할 것은 부러워하지 않고 부러워하지 않아도 될 것을 부러워하고 있습니다. 부러움의 근원은 자신에게 있으며 자신에게서 찾아내면 부러움은 사라지며 부러움의 표상이 됩니다. 복은 한순간이지만 만족은 영원한 것입니다. 복의 한계는 있지만 만족이라는 복의 한계는 한량이 없습니다. 어떠한 삶을 살든지 만족이라는 공부는 누구나 할 수 있는 것입니다. 돈이나 지식, 권력, 명예 등의 유무와 많고 적음의 차이는 상관이 없는 것이 만족함을 아는 공부입니다. 여기서 만족함이란 만족함이 아니라 그 이름이 만족함임을 알아야 합니다. 만족함이 공함을 안다면 만족함을 아는 것입니다. 이것이 부처님의 84천법문을 말하시고도 한마디도 하지 않았다고 하는 것입니다. 이것이 부처님께서 선정에 들었지만 선정에 들지 않았다고 말씀하시는 것과 같은 것입니다. 복의 많고 적음, 있고 없음에 상관없이 고는 항상 함께하나 공덕은 변함이 없습니다. 공덕의 복은 넘치면 복 없는 자에게로 흘러가고 모자라면 절로 채워지는 깊은 계곡의 소(沼)와 같은 것입니다. 그러니 복 받기 위해 복을 닦는 것이 아니라 복이 절로 따라오는 공덕을 쌓아야 합니다. 청색광명으로 나타나는 부처중의 최고의 부처인 비로자나 부처를 현몽했다는 것에 현혹 당하지 말아야 합니다. 현몽했다는 말은 님들이 비로자나 부처를 그렇게 생각하였기에 현몽을 하는 것으로 그런 생각이 없었다면 현몽도 없을 것이고 현몽을 했다고 해도 뭔지 모르고 지나

쳤을 것입니다. 그러니 비로자나 부처는 님들이 만들고 현몽한 것으로 분별이며 욕심입니다. 이것을 알아 현몽을 물리치는 것이 공덕을 쌓는 것입니다. 이것이 부모미생전 본래면목입니다. 달마대사 왈 '밖으로 모든 인연을 쉬고 안으로 헐떡이지 않으면 능히 도에 들어가리라.'라는 말이 공덕을 쌓는 공부임을 말하며 깨달은 사람은 주위가 그를 감싸고 지켜주지만 깨닫지 못한 사람은 안으로 춤을 추고 밖으로는 뭔가를 노리고 있어 항상 주위가 그를 또한 노리고 있습니다. 복을 구하다 복에 의해 자신을 망치는 일이 있으니 공덕을 쌓아야 되며 공덕을 쌓는 일은 더 이상 업을 짓지 않는 것으로 금강경의 시법 평등무유고하입니다.

49. 『미라래빠』라는 책을 읽고

저는 티벳 불교를 전혀 모릅니다. 공부하지 않았기도 하지만 공부할 이유나 생각이 없습니다. 금강경과 선지식인들의 말씀으로도 충분히 배움의 길이 있다고 생각하기 때문입니다. 그리고 이 책을 보면서도 지금까지 공부한 내용과 다름이 없음을 알기에 다름이 없음을 알려주는 차원에서 좋은 내용 위주로 이 내용을 적어봅니다. 성철스님의 이 뭐꼬처럼 '잡아도 잡을 수 없고 생각해도 생각할 수 없는 이것이 지금 이 순간에도 끊임없이 드러나고 있나니 신비하고 오묘하구나.'라고 이 뭐꼬를 역설하였는데 같은 말씀으로 신비하고 오묘함으로 장식을 하였습니다. "머릿속의 일반적인 관념이나 개념이 에고(ego)를 살찌우게 하지만 맑은 침묵으로 에고의 존재성을 알지 못한다. 또한 침묵수행으로 마음의 평정을 얻으면 맑은 침묵이 지속되며 인식에 머물지 않음을 안다. 세월의 흐름에 따른 일체의 실상을 알아 집착하지 않고 함께 어울리되 물들지 않는다." 기본교리만 공부하셔도 충분히 아실 내용입니다. 12입처가 나와 세상을 분리하여 욕심이 생기면 아상(자아)인 6근이 대상을 취할려고 알음알이인 식을 살찌우게 합니다. 알음알이(식)를 없애기 위해 화두를 들거나 명상을 통해 하나의 생각에서 그 하나의 생각마저 놓아버리면 맑음을 얻는 것입니다. 하나의 생각에 빠져있는 것이 무아로 자신의 존재를 알지 못하는 것이며 말이 붙지 못하는 자리의 깨달음을 얻는 것입니다. 그 자리는 이사무애법계의 자리로 빌려도 빌리지 않는 자리이며 세속에 있으도 물들지 않으며 세속인의 마음에 감동으로 움직이게 하는 자리입니다. 연꽃처럼. "믿음에 철저하면 열매가 풍성하고 은둔처에 굳건하면 천신, 천녀들이 수호하며 편안함을 구하지 않으면 욕심이 사라지고 자신과 세상에 집착하지 않으면 악마도 마귀도 방해하지 못하며 부귀와 빈천의 차별심 사라지면 바른 목적 향해서 나아감이며 명상 수행 일심이면 깨달음이 반드시 찾아 온다." 이 말씀은 부처님의 생애만 보아도 알 수 있는 내용입니다. 그러니 제가 말씀드리고 싶은 내용은 기본교리만 충실하고 금강경의 내용을 공부하시면 그 어떤 내용도 일체법으로 수용할 수 있다는 말입니다. 이것은 저의 제한적이며 지금까지 공부의 한계로써 올리는 말이지만 아직은 변함이 없습니다. 부처님께서는 온, 처, 계로 모든 이들을 교화시켰습니다. 온이란 몸으로 몸은 실체가 없는 헛것으로 집착할 것이 못됨을 가르쳤고, 처는 12입처로 나와 세상을 분별하는 것으로 분별을 통해 모든 욕심이 생기므로 분별하지 말라고 말한 것입니다. 계는 18계로 각각의 계역을 이루는 것으로 알음알이를 말하는데 많이 알수록 많은 욕심을 만들어 내는 것입니다. 욕심은 가져도 가져도 채워지지 않음을 가르쳐 주셨습니다. 그러므로 온처계만 알면 깨달음으로 갈 수 있는데 온처계를 알기 위해서는 연기나 6근, 6경, 6식 등의 일체법을 알아야 된다는 것을 제가 기본적인 교리에 넣어 두었던 것이니 기본적인 교리에 충실히 공부하시면 부처님의 방편법을 알 수 있습니다. 미라래빠도 깨달은 선지식인으로 선사나 조사와 같은 분이십니다. 그러니 기본에 충실하신 다음에 님들이 어떤 공부하실지를 정하심이 좋을 듯 합니다. 가장 중요한 것은 좋은 스승을 만나야 한다는 것입니다. 깨달음으로 가는 길은 다양하나 나에게 맞는 길을 잘 찾아야 합니다.

50-1. 『신과 나눈 이야기』라는 책을 읽고

　기독교인으로 살다 불교식으로 성경을 재해석한 것인데 저에게는 타 종교에 거부감이 다소 있었던 시기였을 때 읽은 책으로 생각의 전환점을 가져올 수 있었던 계기의 책이었습니다. 그러나 너무 방대하여 정법인 불교 공부만 하면 누구나 성경을 새롭게 해석할 수 있음을 알게 되었던 내용입니다. 이 내용은 제가 저의 시각으로 재편성한 것이니 그리 아시고 읽어주십시오. '신(영혼-성품, 자성)은 관찰자다.'라는 표현이 있었는데 우리의 성품은 마음이 지은 업이 없어지거나 사라지게 하는 깨달음을 얻을 때까지 마음을 품어주고 기다려 줍니다. 마음이 텅 비어 버리면 마음이 성품의 작용이 됨으로 인해 윤회하지 않게 됩니다. 자기 안에 내재되어 있는 부처를 알 때까지 부처는 마음을 기다려줍니다. 영혼은 마음에게 깨어나라고 명령하지 않고 마음이 영혼에게 문을 두드리면서 깨어있게 해 달라고 매달려도 영혼은 마음을 믿고 기다려 줍니다. "타인을 심판하거나 비난하지 말라. 후회하게 된다. 왜냐하면 그런 일이 왜 일어났는지 어떤 식으로 끝날지 모르기도 하거니와 심판과 비난의 화살이 언젠가 나에게로 올 것이니깐." 이것이 연기법입니다. 지금 여기서 우주는 완벽하게 돌아가고 있습니다. 중도로 보면 모든 것에는 옳고 그름이나 유무가 없습니다. 있다고 하면 분별입니다. 분별은 욕심으로 이어져 자신을 바로 보지 못합니다. 그러니 그냥 제 갈 길을 가면 됩니다. 묵묵히 제 갈 길을 가면 되는데도 불구하고 필요함에 조금씩 중독되어 탐착하게 되는데 탐착하는 순간 분별과 생각과 고를 함께 지고 가야 합니다. 그것이 업이 되어 윤회를 통해 새로운 고를 만들고 있음을 모르고 있습니다. '보살은 악을 사랑하는 것 이상으로 선을 사랑하지 않습니다.' 선과 악은 상대적이며 기준도 없는 존재 전체의 일부분입니다. 그래서 히틀러는 천국으로 갔다고 하는 것입니다. 히틀러가 천국을 가든 지옥으로 가든 님들이 공부하는 데는 아무 관련이 없습니다. 우주법계는 한치의 흐뜨러짐이 없이 완벽하게 변화되어 가고 있습니다. 나의 가치가 아무리 옳다고 해도 타인에게 해를 입히지 않는 방식으로 맞서야 합니다. 나의 가치가 옳다고 하는 것은 나의 가치가 변하는 것으로 실체가 없는 것으로 나의 가치가 옳고 그름은 없습니다. 나는 그대에 의해 살아가는 동체대비임을 안다며 싸울 이유가 없습니다. 그러니 품어야 합니다. 자신을 바로 보는 것이 상대를 바로 볼 수 있는 유일한 길입니다. 누가 나를 공격하는 것은 나를 이해해서 도와 달라는 것이니 나를 내려놓으면 어떻게 도와주어야 되는지를 알게 됩니다. 영혼은 마음과 몸이 있어 존재가 드러나는데 마음이 욕심을 버리면 영혼의 존재가 드러납니다. 지금 여기서 깨어있음이 현실이며 선각자는 화와 복에 탐착하지 않기 때문에 어떤 것을 현실로 만들지를 스스로 선택할 수 있습니다. '어려운 순간을 수행의 기회로 여겨 어려운 순간에 감사하고 탐착하지 않고 받아들여야 합니다.' 삶을 살면서 성품을 찾는 일 말고는 달리 할 일이 없음을 알아야 합니다. 나는 완벽하고 내 주위도 완벽하니 구할 것고 없고 버릴 것도 없으니 쉬는 일 말고는 달리 할 것이 없습니다. 그러니 자신의 완벽함을 찾아내야 합니다. 내가 완벽하여 화와 복을 탐착하지 않는다면 고통없이 고통스러워 할 수도 있습니다. '영혼은 되는 것 말고는 아무것도 할 일이 없습니다.' 연기법으로 보면 우주법계는 완벽히 흘러가고 있습니다. 그러니 연연할 이유가 없습니다. 자유라는 것은 특정한 결과를 요구하지 않지만 그렇다고 가만히 있지도 않습니다. 콩 심은데 콩나고 팥 심은데 팥나는 법이니 화와 복에 얽매이지 말아야 합니다. 수고시 료고이요 형복시 소복(受苦是 了苦이요 亨福是 消福)이니라. 고는 고요 복은 복이니 고와 복을 받거나 소진하면 고와 복이 사라지는 것이니 고와 복에 집착하여 얽매이지 말라는 말입니다. 지나고 나면 고와 복은 물거품과 같은 것입니다.

50-2. 신은 어디에나 있다

 사람이 있기에 신이 있습니다. 사람의 욕심에 의해 신을 창조하였기에 사람이 죽거나 욕심을 내려놓으면 신 또한 사라집니다. 그래서 신은 내가 필요할 때는 언제, 어디서나 완벽한 모습으로 나타나기에 신은 특별한 어느 곳에 있을 수 없습니다. 이것을 역으로 엮어내면 내가 만든 신이 완벽하기에 나는 완벽하며 신처럼 욕심이 없기에 완벽한 나는 신이 필요치 않습니다. 다시 말해 욕심만 없다면 내가 신이고 신이 나입니다. 님들의 마음에 지옥이 없다면 히틀러는 천국으로 갔고 이순신도 천국으로 갔습니다. 자연재해(지진, 폭풍, 폭우 등)는 많은 사람의 인명과 재산을 빼앗아 어디로 갔습니까? 히틀러나 이순신이나 자연재해는 흔적조차 없이 사라졌습니다. 주어진 순간마다 자신이 할 수 있는 최상의 일을 했을 뿐 나쁘고 좋고를 했던 사람이나 자연재해는 없습니다. 좋고 나쁨이 있다고 한다면 분별로 인한 원망과 감사함으로 인해 스스로에게 고난 무게를 짊어지고 살아가는 것입니다. 길흉화복 또한 공한 것입니다. 길흉화복이 지나간 다음 살펴보시면 아무것도 없이 사라져 있습니다. 괜스레 붙잡아 두려고 못 오게 하려고 했던 것들이 헛수고 임을 아실 것입니다. 공한 것을 배우라고 길흉화복의 체험을 하게 한 것이니 이 기회를 정신차려 마음을 가다듬는 기회로 여기십시오. 성품은 자명하기에 몸뚱아리가 죽지 않는 이상 침묵하고 기다려주듯이 우주도 완벽하여 기다려 줍니다. 우리는 단지 그 완벽함을 찾아 쓸 뿐입니다. 과학자들은 무수히 많은 것 중에 하나를 발견했을 뿐임을 알기에 자랑하지 않습니다. 정치하는 사람들이 그들의 목적에 부합되지 않는 것에 대해서는 억압과 탄압을 위한 열변을 하고 자랑질도 돈을 뿌려가며 하는 것입니다. 권력과 명예욕에 사로잡혀 있으니까요. 범부들이 공통적인 신을 만들어 신의 뜻이 아닌 자신들의 뜻에 따르지 않는 사람들을 신의 뜻에 따르지 않는다고 배척하기도 합니다. 그들이 가는 종교, 그들이 가는 단체에 가지 않으면 배척하기도 하지만 그곳에 가면 표를 많이 획득하기 때문에 자신의 이익을 위해 종교단체를 택하기도 합니다. 님들에게 하나 여쭈어 보겠습니다. 매일 죄를 짓고 신에게 참회하는 사람과 신은 믿지 않지만 남에게 선의를 베푸는 사람 중에 님들이 신이라면 어느 사람을 구원시켜 주시겠습니까? 목사님은 달리 생각할 수 있겠지만 대부분의 사람은 착한 사람을 구제해 주실 것이라 여겨집니다. 그렇습니다. 죄라는 것도 신이라는 것도 스스로가 만들어 선택합니다. 내가 없으면 이 세상은 사라지듯이 내가 있기에 이 세상이 있는 것이며 사람의 욕심으로 신이 탄생되었고 욕심으로 신을 선택합니다. 절이나 교회에 가서 기도를 드리고 소원도 빌어 보실 것인데 내가 욕심이 없어 빌 것이 없다면 절이나 교회를 찾아가지 않을 것입니다. 성경말씀에 '두드리라 열리리라, 구하라 얻으리라'라는 말씀이 있는데 대부분은 얼마나 내가 최선을 다해 두드렸고 구했는지를 자문해보라고 하는데 실제는 내가 욕심이 많아 욕심을 내려놓을려고 하지만 내려놓지 못하고 있음을 말하는 것입니다. 우리는 이것을 물질적인 소원성취를 위한 두드림으로 해석하고 있지만 실제는 마음자리를 묻는 것입니다. 욕심을 내려놓기 위해 두드리고 성품을 보기 위해 구하는 것입니다. 마음하나 처리하지 못하면서 두드렸다고 못구했다고 신을 원망하는 것은 자신을 원망하는 것입니다. 자신의 성품을 보시면 신을 볼 수 있는데 두드리고 구하면 성품을 보게 됩니다. 범부들의 마음속에 미워하는 마음이 있으면 사람도 가려 사귀게 되어 분별하게 됩니다. 미워하는 사람이 길 저 멀리서 걸어오면 다른 길로 갑니다. 어떨 땐 눈을 부라리고 지나갑니다. 스스로가 고를 만들어 내고 있습니다. 내 마음에 미움이 사라지면 누구나 있는 그대로 보게 되어 고는 사라지게 됩니다. 그러니 공부만 하면 즉, 구하거나 두드리기만 하면 구해질 것이고 열리게 되어 있습니다. 그러니 공부해야 합니다. 지금이 공부하는 최고의 나이입니다. '내 나이가 어때서 사랑하기 딱 좋은 나이지'라는 유행가 가사처럼 말입니다. 나이 들어 불교 공부 하는 것이 쉽지만은 않습니다. 책을 보면 눈이 아파 힘들고 집중도 안되고 체력이 약해 좌선하면 오래 앉아 있지 못해 힘들고 공부할 곳도 제한적이라 여간 불편한 것이 아닙니다. 그래서 좀 더 일찍 시작했으면 하는 후회도 하지만 절대 그런 생각은 하지 마십시오. 지금이 최고의 적기입니다. 님들의 삶의 경험이 딱 맞는 나이이기 때문입니다. 지금 하지 않고 차일피일 미루면 결국 공부와 담을 쌓는 것이니 지금 당장 공부합시다.

51. 금강경의 백미

금강경에 대한 말을 한다는 것은 더구나 나의 스승으로 여기며 살고 있는 나로서는 감히 함부로 입에 오르내릴 수 있는 것이 아니고 덧붙이고 빼야할 그런 것 또한 아니지만 님들의 접근에 조금이나마 도움이 되었으며 하는 바램으로 첫장만 말씀을 드립니다. 저는 금강경에서 가장 대표하는 글로 52페이지와 67페이지에 나오는 무실무허(無實無虛)라는 단어를 꼽습니다. 물론 많은 좋은 말씀의 글들이 있지만 사람들의 상황이나 수준, 분위기 등에 따라 달리 선택할 수 있지만 마음 챙김을 공부하다 보면 저의 말에 공감하실 분들이 많을 것이라 여겨집니다. 그런 의미에서 금강경의 1장은 시사하는 바가 크다고 할 수 있습니다. 제1장은 평범한 스님들의 일상과 같이 부처님의 일상을 전하는 글로 배울 것이라고는 전혀 없는 내용입니다. 그러나 그 속에 숨겨진 것은 모든 장을 포함하는 것이 제1장임을 아셔야 합니다. 드러나지도 않고 숨어 있지도 않으며 장엄하다거나 누추하지도 않는 부처님의 일상 속에서 평상심이 도임을 알려 주는 것입니다. 평상심이 도라는 말은 탐할 대상이나 경계가 없다는 말임으로 드러낼 것이 없습니다. 깨달은 사람은 자신이 깨달았다고 드러내지도 않지만 일상이 범부들과 다르지 않음을 있는 그대로 드러내어 보여줌으로써 범부 또한 부처임을 알려주는 것입니다. 금강경의 모든 좋은 말들도 도를 이루기 위한 방편이며 그 방편을 통해 도를 완취함은 부처님의 일상과 같음을 알 수 있습니다. 연역법으로 금강경을 설명하고 있습니다. 금강경을 그렇게나 많이 읽었지만 제1장이 답임을 왜 몰랐을꼬? 아마도 금강경에 대한 나의 욕심이 앞섰기 때문입니다. 금강경의 제1장을 확실히 알고 금강경을 배우시면 더 공부에 도움이 될 것임을 알려드리기 위해 건방지게 금강경에 대한 평가를 감히 함부로 내려 봅니다. 백제의 궁궐에 대한 평하는 글을 보면 '검소하나 누추하지 않고, 화려하나 사치스럽지 않다(검이불누 화이불치儉而不陋 華而不侈)'라는 말이 있습니다. 백제의 왕이 그러한 삶을 살았다면 백성도 그리 살았을 것입니다. 아마 부처님도 평상심이 도임을 있는 그대로 보여주며 제자들을 가르치고 살았을 것입니다. 평상심이 도임을 안다면 수처작주 입처개진인 자유인이 되는 것입니다. '평상심이 도임을 이해하고 안다'라고 말을 쉽게 하지만 모든 금강경을 이해하고 알아야 평상심이 도임을 이해하고 아는 것임을 알아야 합니다. 그만큼 평상심이 도임을 이해하고 안다는 것은 어려운 것으로 함부로 말을 하는 것이 아님을 알아야 합니다. 평상심이 도임을 안다는 것은 부처님처럼 실천하는 것이 참답게 아는 것입니다. 84천 법문을 말씀하시고도 나는 한마디도 말을 하지 않았다고 말씀하심을 아셔야 평상심이 도임을 아는 것입니다. 말하는 순간 진리는 사라집니다. 이것이 평상심이 도입니다. 더하는 생각은 끝이 없지만 빼는 생각은 마지막 한 생각 사라짐이 평상심이 도이니 말에 속지 말아야 합니다. 실천이라는 말과 '달을 가르키는데 손은 와 보노'라는 말입니다. 깨달음을 전해주는 사람과 받는 사람은 다르지만 깨달음은 같지도 다르지도 않습니다. 그러니 마음의 눈으로 보아야 됩니다. 자신을 바로 보아야 합니다. 배우는 사람의 기본은 예수님의 말씀과 법문을 중요시 해야 함에도 법을 전하는 목사나 스님 쫓아가는 것이 손가락입니다. 법문을 알고 나면 자등명입니다. 책을 보고 밝음의 이치를 알아도 단 일보도 걷지 못하며 자등명으로 자신을 내려놓고 내려놓아서 내려놓음을 잊어버리면 맑음을 얻고 맑음을 얻으면 세상에 할 일이 없어집니다.

52. 일체법이 불법이다

　일체법(一切法)이란 정법을 말하며 정법은 비법을 포함하는 법으로 법 아님이 없음을 말합니다. 협의적으로 말하면 정법은 선법이고 비법은 악법으로 선법이 아닌 모든 법을 비법이라 합니다. 그러니 일체법인 불법은 선법과 악법을 다 아우르는 법입니다. 이것이 중용이며 님들의 성품입니다. 선과 악이라는 것도 상대적이어서 딱히 기준이 없습니다. 선도 무에서 나왔고 악도 무에서 나온 것으로 선이 없으면 악도 없는 것이요 악이 없으면 선도 없습니다. 도둑놈이 살인자에게 나쁜 놈이라고 말하는 것처럼 악의 기준이 없는 상대적인 것입니다. 숫자 1은 01이나 편리성을 위해 1로 표현하는 것으로 숫자 1은 0에서 나왔음을 표기하는 것입니다. 그러니 1이란 숫자는 언젠가는 0으로 돌아가는 것입니다. 님들의 몸뚱아리도 공한 것에서 나왔기 때문에 실체가 없는 것이며 역시 또한 0으로 돌아가는 것입니다. 5부터 1까지 갈수록 악한 것이고 6부터 10까지 갈수록 선한 것이라고 할 때 5와 6의 기준은 무엇일까? 이 기준은 사람이 만든 것이지만 참으로 애매모호한 기준이 되는 것입니다. 10의 입장에서 보면 1부터 9까지는 다 악한 것이며 1의 기준에서 보면 2부터 10까지는 1보다 악하지 않다는 것입니다. 상대적인 것으로 사람들이 자신의 기준에서 선과 악의 기준을 만들어 판단하는 것입니다. 1부터 10까지가 0에서 나왔듯이 사람의 선과 악도 공에서 나온 것으로 사람의 기분이나 마음가짐에 의해 그 기준이 바뀌는 실체가 없는 것으로 사라지는 것들입니다. 굳이 선과 악의 기준을 불교적으로 해석해 보면 악을 실행하면 악은 물질적으로나 마음적으로 지금보다 쌓여 가지만 선은 물질적 마음적으로 줄어들게 됩니다. 악은 생각을 많이 해서 남의 것이나 공용의 것을 자신의 것으로 만들어 쌓여 가지만 선은 무주상보시로 인해 물질도 줄어들고 생각도 줄어들게 됩니다. 그러나 사람의 마음먹기에 따라 선과 악의 기준은 실체가 없는 것으로 결국 사라지는 것들입니다. 처음 숫자를 배우는 아이에게 1부터 10까지 숫자를 가르쳐 주고 1+1을 콩으로 가르쳐 주는데 컵 속에 콩 한 알을 넣고 또 콩 한 알을 넣었을 때 콩 2개가 나오는 것은 정법으로 그 아이는 1+1은 2임을 알게 됩니다. 그런데 다른 아이에게 하나의 콩이 반으로 쪼개져 3개가 되면 그 아이는 1+1은 3으로 아는 것이 비법입니다. 정법을 아는 아이는 비법을 이해하여 포용해 줄 수 있지만 비법을 정법으로 인식하는 아이는 정법을 이해하지 못하고 배척하게 됩니다. 그래서 불교가 일체의 모든 법을 포용하듯이 정법은 비법을 포용하는 것입니다. 그러니 불법인 정법을 만남에 정말 감사함으로 공부해야 되며 불교를 공부하는 사람은 다른 종교를 포용해야 하나 물들지 말아야 합니다. 비법을 포용하고 정법을 일러 주려면 정법을 확철히 배워 익혀 법을 굴릴 수 있어야 비법인에게 정법을 가르쳐 줄 수 있으며 그것이 부처님의 역할을 하는 것입니다. 법을 굴리지 못하는 사람은 비법에 물들거나 논쟁을 야기시켜 분란을 일으켜 비법인과 마주하지 않는 옹졸하고 그릇된 행동으로 이어지는 불상사를 초래하기도 합니다. 노래에는 정법과 비법이 없음에도 불교 노래니 기독교 노래니 구분을 하는 것은 불법이 아님을 알아야 합니다. 숫자 1이 0임을 안다면 다시 말해 색즉시공을 안다면 선과 악은 공한 것이요, 숫자 0이 1임을 안다면 다시 말해 공즉시색을 안다면 선과 악을 초월하는 것입니다. 분별하고 있는 자신을 바로 봅시다.

53. 시간은 흐르지도 변하지도 않는 여여한 상태다

시간은 여여한 것인데 일체가 변하듯이 시간이라는 개념을 만들어 시간이 흐르니 일체가 변화되는 것이라 사람들은 말을 하지만 시간은 그 이름이 시간입니다. 태양계에 있는 일체도 스스로 변화하는 것으로 시간을 끌어들여 시간이 흘러가니 태양계 안에 있는 모든 은하들은 변한다고 합니다. 사람의 성품은 그대로이나 신체가 변해감으로 인해 시간을 끌어들여 '시간이 흘러가니 사람도 늙어가는구나'라고 합니다. 시간이 흘러가는 것이라고 한다면 시간을 빨리 가게도 늦게 가게도 할 수 있어야 함에도 시간은 그 어떠한 것으로도 변화를 시킬 수가 없습니다. 그러므로 성품처럼 시간도 여여하며 여여함은 오고 감이 없고 더하거나 빼거나도 없으며 그 어떠한 것으로도 설명할 수 없는 공한 자리입니다. 블랙홀이란 것도 스스로 변화되어 가는 과정이며 시간을 내포하는 것이 아니라 상대적인 시간을 인위적으로 개입시키는 것입니다. 시간이라는 것은 우리의 변화에 대한 일상을 공유하기 위한 약속으로 만들어진 명색일 뿐으로 탐착할 내용이 아닙니다. 우리가 약속한 시간이란 것도 우리의 편리성을 위해 잠시 만들어 사용하는 것입니다. 시간이라는 것이 실제적으로 존재한다면 시간은 흐르는 것일까? 아니면 일체가 변화되어 가듯이 시간도 변화되어 가는 것일까? 시간과 사람과의 관계는 있을까? 시간은 흐르는 것도 아니고 변하는 것도 아니며 내 마음이 변하기 때문입니다. 내가 여여하면 시간 또한 여여한 것입니다. 그러니 시간하고 나와는 아무 관련이 없다는 것입니다. 6조 혜능대사의 바람과 깃발이 움직임에 대한 답변입니다. 시간은 스스로 변화되는 것이지 시간이 우리를 속박해서 나를 생로병사로 만드는 것은 아닙니다. 지구의 자전에 의해서 어두워지면 잠을 자고 밝아지면 일어나 활동을 하는 것에 우리의 편리성을 위해 시간을 가져온 것으로 실제는 시간으로 인해 구속을 받는 것이 아니고 밝고 어두움에 따라 활동의 편리성으로 달라지는 것입니다. 차원의 세계도 그러합니다. 1차원의 세계인 점선 스스로가 생긴 것임에도 시간이 흘러 점선이 생겼다고 합니다. 2차원의 세계도 점선이 모여 면을 이루는 것으로 스스로가 변하여 면이 생긴 것인데 시간이 흘러 면이 생겼다고 합니다. 점선이나 면은 시간하고는 아무 상관이 없이 스스로 변한 것이며 편리상 시간을 도입하는 것입니다. 3차원인 공간 또한 같은 이치입니다. 점선이 생겨 면이 되기도 하지만 주변의 여건으로 인해 점선으로 생을 마감하는 것도 있으며 면 또한 공간으로 변화되는 것도 있지만 면에서 사라지는 것도 또한 있습니다. 4차원의 세계도 3차원의 세계에 시간을 인위적으로 끌어넣어 블랙홀이란 명색을 만들었지만 블랙홀이란 공간 역시 스스로 변하여 만들어진 시간하고는 상관이 없는 것입니다. 단지 비교에 의해서 블랙홀의 시간이 늦게 간다는 것이니 비교하는 분별만 하지 않으면 블랙홀 스스로가 그렇게 변하고 있는 것입니다. 아마도 블랙홀이 지옥이기도 하고 극락이라고도 할 수 있습니다. 극락의 세계인 사천왕천이나 도리천, 야마천이 지구 하루의 50년, 100년, 200년이라고 하니깐 그리 생각을 해 봅니다. 지옥 또한 탈출하고픈 마음에 하루가 10년이 되겠지요. 블랙홀이라는 지옥과 극락도 스스로가 에너지를 토하고 먹고 하듯이 지구 또한 똑같습니다. 비교하니 지옥과 극락이라 하지만 마음이 공하여 비교 분별만 하지 않는다면 지구가 블랙홀과 같은 지옥과 극락입니다. 인간이라는 것도 태어나면 집에서만 생활을 하는 것이 1차원 세계이고 밖으로 나가서 돌아다니다가 집으로 돌아오는 것이 2차원 세계이며 직장과 집을 오가며 생활하는 것이 3차원이며 나이 들면 블랙홀입니다. 나이가 들면 60대는 60km로 70대는 70km로 간다고 합니다. 그러나 병들고 허약한 80대는 왜 이리 시간이 안가노 하며 시간을 한탄하는 것입니다. 이것이 상대적인 시간을 적용한 블랙홀입니다. 이는 사람의 상황에 따라 시간이 빨리가고 늦게가고 하는 상대적인 것으로 시간은 가만히 있는데 자신이 스스로 그렇게 변해가고 있음에도 시간을 탓하는 것입니다. 자신의 늙고 죽음을 스스로의 변화에 의함을 알아야 함에도 시간이라는 것을 만들어 시간이 흐르니 늙고 죽음을 찾는 것은 자신을 바로 보지 못하고 있음입니다. 생로병사(生老病死)와 성주괴공(成住壞空), 생주이멸(生住異滅)이라는 것도 스스로가 변하는 것이지 시간하고는 아무 상관이 없습니다. 자신의 늙고 죽음을 외부인 시간을 탓하는 것은 자신이 아직 자신의 성품을 보지 못함을 알아야 합니다. 부처가 여여하듯 시간이라는 것도 여여하고 님들의 성품 또한 여여합니다. 사람이 블랙홀을 경험하는 순간은 윤회하는 순간입니다. 사람이 죽어 순간적으로 시·공이동하여 엄마의 자궁속에 머무름은 블랙홀입니다. 범부는 스스로가 가지 못하고 업에 이끌려 마지못해 가지만 자유인은 스스로가 선택하되 선택에 머무르지 않고 시공을 초월하여 필요한 곳이면 블랙홀과는 상관없이 갈 수 있다는 말입니다. 내(6근)가 여여하면 시간(육진-의식)이 여여하고 공간(육식)이 여여합니다. 블랙홀 또한 우주안의 작은 공간에 지나지 않는 변화하는 공간입니다. 이것이 육근청정이 육진청정이며 육식청정입니다. 성품이 청정하면 시간이 청정하고 공간이 청정하며 블랙홀 또한 청정합니다. 이런 의미로 보면 시간이 공간이며 공간이 시간입니다. 시간이 변하니 공간이 변하고 공간이 변하니 시간이 변한다는 말입니다. 지구가 태양계에 영향을 미치고 영향을 받듯이 블랙홀 또한 자신의 태양계에 상호작용을 하고 있습니다. 이것이 우주법계의 동체대비이며 연기법인 것입니다. 시간과 공간은 분리되어진 것이 아니라 함께 하는 것이며 우리와 함께 변화하고 있는 것입니다. 결국 시간이 공간이며 공간이 시간입니다. 시간과 공간은 나이기도 하며 나는 시간과 공간이기도 하다는 것입니다. 내가 없으면 시공은 없는 것이나 나라는 존재는 찾을 수는 없으나 지금 여기서 말하고 먹고 쉬는 그놈은 시공과 함께 항상 변화하고 있는 것입니다. 그러면 영화에나 드라마에 나오는 '시간을 과거나 미래로 가서 변화시킬 수 있을까?'라는 것인데 저의 지금까지의 공부로는 불가합니다. 과거나 미래를 볼 수는 있지만 변화시키는 것은 현재를 부정하는 것으로 현재를 부정하면 과거나 미래는 없는 것이 됨으로 불가합니다. 미래를 볼 수 있다 함은 과거의 현상을 참고하여 지금의 상황으로 미루어 미래를 예측 할 수 있듯이 미래 또한 볼 수 있다고 하는 것입니다. 백년을 사는 인간도 하루살이의 죽음을 예측하는 것과 같은 것입니다. 단지 내가 확신을 못하는 것은 금강경의 어법 불설단멸상이라는 말처럼 불가능은 없는 것이고 예외없는 법은 없는 것처럼 백 프로의 확신은 할 수 없습니다. 미래를 바꿀 수 있는 유일한 길은 지금 여기서 깨어있는 것만이 미래를 바꿀 수 있습니다. 한 인간도 과거를 보면서 지금의 인간을 예측하듯이 지금의 한 인간을 보면서 미래의 한 인간을 예견하는 것과 같이 이 우주도 그러합니다. 그것이 일미진중함시방입니다. 미래를 바꾸기 위해 지금이라는 것에 강제적인 힘을 가하게 되면 미래를 변하게 하지 못하면서 업만 더하는 것이니 그것을 순순히 받아들이면서 지금의 여기서 욕심을 내려놓는 것만이 미래를 변화시키는 길이며 천상천하유아독존이요 빛과 소금입니다. '싹이 노랗다.'라고 표현하는 것이 미래를 표현하는 것처럼 앞서 이야기한 절간 동자의 관상과 같은 이야기입니다. 그러니 지금 여기서 최선을 다하는 것만이 미래의 자신을 변화시킬수 있다는 말입니다. 님들이 우주와 한 몸이 되면 과거심불가득, 현재심불가득, 미래심불가득으로 과거, 현재, 미래가 분별이며 욕심임을 알게 됩니다. 선사님들이 님들을 다 구제하고 싶으시나 말을 해도 알아듣지 못함에 말씀을 못 하는 것입니다. 그래서 알아들을 수 있는 사람에게만 그것도 인연이 닿는 사람에게만 깨달음을 베푸는 것이랍니다. 바꾸어 말하면 아직 때가 일러 많은 사람을 구제하는 것이 어렵기에 그때가 오면 미륵불이 오신다고 하지 않습니까? 그것이 제2의 부활임을 직시해 봅니다. 성품으로 보면 과거니 현재니 미래니 하는 것은 장난임을 알아 지금 자리에서 쉬고 있습니다. 내가 공하면 시간과 공간이 공하여 시공을 초월하게 됩니다.

54. 화를 내면 지는 것이다

　무심하면 어떤 누가 무엇을 한들 화날 일이 없습니다. 이 몸뚱아리가 내가 아님을 알기에 죽음이 두렵지 않은데 누가 나를 해쳐도 화낼 일이 없으며 내 속에 귀신이 없는데 어찌 귀신을 알아 무서워 하겠습니까? 우리는 몸뚱아리를 잠시 빌려 쓰고 있습니다. 작년의 일입니다. 책을 쓰면서 술을 마시고 담배도 피우면서 운동은 하지 않고 추워서 이불속으로 빨리 들어가 유튜버를 보는 시간이 잦아지면서 가슴이 답답함을 느끼고 있었는데 술 마신 다음날 심하게 답답함을 느껴 죽음이라는 공포가 엄습하면서 절대자를 찾는 나의 모습을 보면서 제자신에게 화를 내었던 적이 있었습니다. 공부가 덜 되었고 공부하는 자세가 글러먹었다는 내자신에게 화를 내면서 책이 완료되면 초심으로 돌아가 무아공부를 더 열심히 해야겠다고 다짐을 했습니다. 이처럼 죽음이라는 것은 공포 그 자체입니다. 몸뚱아리는 인연가합으로 생긴 사라질 물건임을 알면서도 순간적이지만 죽음에 대한 두려움으로 절대자를 찾는 것은 아직도 남아있는 의지처, 나약한 마음의 무지, 가진 것에 대한 두려움 등 욕심 많은 사람임을 스스로 증명하게 된 순간이었습니다. 지의선사라는 분이 있었습니다. 지의선사는 업을 짓지 않기 위해 울타리를 치고 종이로 만든 옷으로 아랫도리만 가리고 집에서만 생활하고 있었는데 이 이야기를 들은 조산탐장선사께서 깨달음을 주시기 위해 손수 집으로 방문하셔서 '어떤 것이 종이옷 아래의 일인가?'라고 묻자 '옷 한 벌 겨우 몸에 걸쳤으니 만사가 모두 다 그러합니다.'라고 답했다. 탐장선사가 재차 '어떤 것이 종이옷 아래의 작용인가?'라고 묻자 합장을 하고서는 아랫도리를 가린 옷을 벗었습니다. 탐장선사 왈 '그대는 그대와 같이 가는 이치는 알고 있으나 그와 같이 오는 이치는 모르고 있구나'라고 말씀을 하자 '성품이 어머니의 태를 빌리지 않을 때에는 어떠합니까?'라고 반문했습니다. 탐장선사께서 '묘한 것이 아니다.'라고 말하자 '어떤 것이 현묘한 이치입니까?'라고 또다시 물었다. 탐장선사께서 '빌리지 않으면서 빌리는 것이다.'라고 말씀을 하셨는데 그때 깨달음을 얻고는 열반을 하셨습니다. 지의선사는 업도 짓지 않고 이 몸뚱아리를 자신의 것이 아니라는 집착에 빠져 있었던 것입니다. 그것을 탁 건드려주자 바로 알아차렸던 것입니다. 업은 마음이 짓고 재앙은 몸으로 받습니다. 그러니 마음이 중요하지 재앙을 몸으로 받지 않을려고 몸을 내팽겨치는 것은 잘못된 마음의 작용이었습니다. 성품에서 나오는 마음의 작용은 공한 것이므로 마음이 짓는 업은 없는 것이며 마음에 업이 없으니 몸의 업도 없습니다. 그러니 마음과 몸이 공한 것으로 생사가 없는 것이니 두려울 것이 없으며 두려울 것이 없으니 화를 낼 이유가 없습니다. 화를 내는 것은 자신이 옳다는 것과 상대는 틀렸다는 생각이 앞서는 욕심에서 비롯된 것으로 나중을 먼저 생각해서 그런 것이며 남의 말을 끊고 말하는 것도 자신을 내세울려는 욕심에서 비롯되는 것입니다. 그러니 남의 말을 끝까지 들어주는 습관을 가져야 하며 상대의 말을 이해해야 합니다. 상대가 왜 그런 말을 하는지를 이해하라는 말입니다. 마음이 여린 사람들을 보면 항상 후회를 많이 합니다. 그런 분들이 불교 공부를 하면 빨리 습득합니다. 상대에 대한 이해심이 높고 자신을 탓하기에 후회를 하는 것임으로 스스로가 자신의 방어적인 생각을 확장시켜 상상하는 경향이 많습니다. 그런 분들은 불교의 포용하는 것과 같기 때문에 진전이 빠를 수가 있습니다. 타인에게 줄 수 있는 가장 큰 도움은 스스로 깨어나게끔 하는 것인데 중생이 부처임을 행동으로 증명할 수 있는 것이 무주상보시로 봉사활동을 함께하는 것입니다. 이것이 화 대신 공덕으로 품는 동체대비입니다.

55. 지금의 순간은 완벽하다

예외없는 법이 없듯이 세상에는 일어나지 않아야 할 일은 없습니다. 살면서 하필이면 이렇게도 많은 사람들 중에 암이 나에게 발생하는지 또는 하필이면 번개가 우리 집에 등의 표현을 합니다. 사실 일어날만 하니 일어나는 것입니다. 조용한 곳에서 가만히 앉아 제3자가 되어 생각을 해 보시면 원인을 찾을 수가 있습니다. 그러니 일어나는 것입니다. 원인을 찾을 수 있다는 것은 인정하는 것이니 완벽한 것입니다. 나에게 좋은 일이든 나쁜 일이든 일어나는 순간은 완벽합니다. 순간의 완벽한 일이 일어났을 때 대부분의 사람들은 순간적인 고를 모면하기 위해 태도와 행동들이 바뀌게 되는데 그것이 또 다른 업을 만든다는 생각은 하지 않고 원인을 다른 곳에서 찾거나 타인에게로 원인의 화살을 돌립니다. 이런 사람들은 다음에 또 다른 화살을 맞는다는 생각은 하지 못하기에 그런 행동을 합니다. 이 또한 그 사람에게는 완벽한 선택이며 행동인 순간입니다. 지혜로운 사람은 그 순간을 잘 이해하고 순순히 받아들여 함께 하면서 대상을 무심으로 응대합니다. 무심으로 대하면 재미가 없어서 일정한 시간이 가면 사라지는 것들이 대부분입니다. 이 또한 완벽한 순간입니다. 거물로 바람을 잡을 수 없듯이 그 어떠한 것도 공한 마음에 걸림이 없는 것임에도 벗어나려고 발버둥을 치는 것은 자신의 틀에 스스로 갇혀 사는 사람들입니다. 사람은 완벽하며 완벽한 사람에게 일어나는 화나 복도 완벽하게 일어나는 것이니 잘 받아들이는 연습을 해야 합니다. 나도 완벽하고 세상도 완벽한 것입니다. 그 어떠한 것도 완벽하지 않은 것이 없습니다. 그 순간은 완벽하나 그 후의 나의 태도나 행동이 문제입니다. 존재한다는 것 자체가 우주가 완벽하게 돌아가고 있음이며 나로 인해 우주가 움직이고 님들로 인해 우주가 완벽하게 돌아가고 있습니다. 각 개인은 나름 완벽하게 자신의 일을 하고 있으니 남을 미워하거나 질시하는 것은 자신을 해치게 되는 것으로 돌아오는 것은 법계의 질서입니다. 깨달음은 있는 것을 분별이나 판단 없이 인정하는데서 시작되기에 인간관계에 있어서도 타인을 먼저 인정하고 자신을 살피고 제어하면 앞으로 나아갈 수 있지만 부정하는 순간 의심과 분별로 인해 제어하는 장치가 사라져 자신을 살필 수 없어 스스로의 감옥에 갇혀 버립니다. 자유는 있음에 있지만 유무에 분별하지 않습니다. 나는 내가 아닌 것에서 나를 발견할 수 있지만 스스로에게서 자신을 찾을 수 없습니다. 그러니 나 아닌 것이 나인 것으로 이 세상 전부가 나인 것이니 나를 내세울 것도 없고 자랑할 대상도 없는 것이니 나는 무아입니다. 나와 세상을 분별하나 나와 세상이 다 나이므로 분별이 사라지는 것이며 이것이 불이법문입니다. 미라레빠의 글에 보면 '강한 바람 불어도 허공 안에 있고, 번뇌 망상 많아도 본성 안에 있으며, 생각 감정 강해도 본질 보면 공하네.'라는 말이 있습니다. 사람의 자성을 비유한 말로 기쁨은 결핍이 있어야 얻어지는 것이고 결핍 또한 기쁨이 있기에 얻어지는 것이니 중도를 말합니다. 기쁨이나 결핍이 일어나는 그 순간 이곳에 존재하는 그 자체로 완벽한 것이 연기의 완벽함 입니다.

56. 공포는 실체가 없다

두려움과 죄의식은 자신의 길을 개척하는 장애물로 스스로 가시밭길을 만들고 안개로 가득찬 낭떠러지 길을 만들어 자신을 내팽개치는 길을 만듭니다. 공포로 인해 자신을 부정하는 것은 삶의 목표를 잃어버리고 자신을 바로 보지 못할 뿐 아니라 종속된 삶을 살아 남에게 해를 끼치기도 하거니와 후회하는 삶을 살아가게 됩니다. 두려움은 길을 잃게 만드는 안개며 삶의 마침표인 독극물입니다. 흉부외과 의사들이 처음 해부할 때 두려움을 없앨려고 술을 잔뜩 마시고 들어간다는 말을 합니다. 실습을 마치고는 두려움과 공포로 또다시 술을 마시지만 두려움은 사라지지 않는다고 합니다. 그러나 두려움을 이겨내지 못하면 의사가 될 수 없기에 술과 도반에 의지하고 선생님들이나 선배들의 격려 속에서 두려움을 극복하려고 노력하지만 의사의 신념으로 술에 의지도 하지만 공포와 두려움에 당당히 맞서 두려움을 이겨낸다고 합니다. 공포나 두려움은 자신의 욕심으로 만들어 낸 것으로 나와 마주함이 없기를 바라는 마음에 두려움이 확대 재생산되어 스스로를 위축하게 만들게 됩니다. 좋아하는 것은 당당히 받아들이면서 싫은 것은 피해가려는 것이 욕심입니다. 그러니 좋은 것이나 나쁜 것이나 있는 그대로 받아들여야 하며 이왕 받아들여야 할 것이라면 스스로 성장하는 밑거름이 될 수 있게끔 두려움을 극복하는 대상이 아니라 실체가 없는 것으로 받아들여야 합니다. 실체가 없기에 극복할 수 있는 것이며 극복할 것도 없는 것을 안다면 프로에 입문하는 것입니다. 좌선할 때 평소 자신이 무서워했던 것이 떠오르기도 하는데 그때부터는 좌선만 하면 계속 떠오르게 되는데 그때는 무서움에 대항을 해야 합니다. 해부할 때도 무서워서 들어가지 못하면 의사가 되지 못하듯 무서움이 떠오른다고 좌선을 하지 않으면 공부를 포기하는 것과 같은 것입니다. 어떤 스님이 좌선을 하면 뒤에서 뭔가가 자꾸 끌어당겨서 무서웠는데 큰스님이 그때는 머리를 끌어당기는 놈에게 들이 박아라고 일러주자 그렇게 했었는데 그게 바로 쌀통이었습니다. 쌀통에 머리를 들이박았던 것인데 그 이후로는 좌선을 해도 끌어당김이 없어졌다고 합니다. 저는 뱀을 아주 많이 싫어하는데 영화 아나콘다를 보고 아나콘다가 사람을 한 입에 먹어치우는 장면이 항상 남아있었는데 좌선을 하면 그 생각이 나서 두렵고 집중이 되지 않아 힘들어 했었는데 앞의 이야기를 읽고 그래 내가 너의 입에다 머리를 처박아 넣어주겠다고 하여 처박아 보니 그런 생각이 사라졌습니다. 참으로 신기했었고 그 이후로는 지나가는 뱀도 쳐다보기 시작했었는데 스스로가 이상타할 정도였습니다. 두려움이나 공포는 맞서 싸워야 할 대상입니다. 공부하기 싫은 것도 맞서 싸워 이겨야 공부하게 되는 것과 같은 이치입니다. 실체가 없는 것은 맞서 싸우기만 하면 이길 수 있는 것들입니다. 당당히 맞서 싸워야 구속받지 않고 주체적인 삶을 살아가게 됩니다. 삶을 살면서 당당해야 수처작주 입처개진하는 주체적인 삶을 살아가게 됩니다. 정견하는 마음과 금강검을 들고 내 속에 내재되어 있는 성품을 찾으러 당당하게 전진합시다. 금강경에 경천(輕賤)이라는 단어가 있는데 그 단어가 있는 페이지를 읽을 때는 경천을 당한 장면들이 떠올라 읽기도 싫었고 집중도 되지 않았으며 얼른 읽고 넘길

려는 생각이 참으로 오래 갔던 기억이 납니다. 그 당시에도 더 나를 경천시켜 보아라는 생각으로 경천하는 그에게 머리로 쳐박아 보기도 했지만 경천 당한 그 생각에서 헤어나오기가 참으로 힘들었습니다. 그러다 경천이 경천이 아니라 그 이름이 경천이며 내가 공하고 경천 또한 공함을 느끼면서 차츰차츰 사라지게 되었고 지금은 '그때 그리 힘들었었지'라고 하면서 넘어가고 있습니다. 그러니 님들도 남에게 짓누르는 행동을 하는 것은 오래토록 남에게서 좋지 못한 파장을 받는 것이니 그런 행동은 일절 하지 않아야 합니다. 두려움이나 죄의식은 내가 만든 것이기에 내가 충분히 없애 버릴 수 있는 것들입니다. 저에게 경천의 마음을 사라지게 해 주었던 어느 선사의 말씀입니다. "사대를 빌려서 몸으로 삼았고 마음은 본래 생겨나지 않았으나 대상을 따라서 생겨나게 되었네. 앞에 둔 대상이 없다면 마음 또한 없으니 죄와 복도 마음이 일어나고 멸함과 같네." 다시 말해 죄를 행해도 했다는 생각이 없으면 죄는 소멸입니다. 무주상보시와 같은 말입니다. 밖으로 사물을 뒤쫓지 않으면 대상이 공한 것이니 내가 행한 것도 행한 것이 아닙니다. 그러므로 일체가 마음작용이며 원래부터 마음은 없는 것으로 마음 밖의 대상을 인식하지 않거나 탐착하지 않으면 됩니다. 사실 공한 것을 공하지 않게 생각해서 그런 것이니 공부하다 보면 공함을 알고 공함을 알면 그 어떠한 대상도 사라지게 됩니다. 두려움과 죄의식은 내 마음에서 연기되어 나타난 것이니 실체가 없습니다. 욕심에 의해 선을 그어 분별을 만든 내 마음작용이 두려움과 죄의식을 만든 것이니 마음을 내려놓으면 욕심이 사라져 두려움이나 죄의식이란 대상 또한 사라집니다. 자기를 바로 봅시다. 공한 것들이 감히.

57. 착한 일이라고 생각하는 것도

'나는 이 집안을 부흥시키길 원한다.'라는 말에서 원한다는 것은 물질적, 마음적으로 부족하다는 반증입니다. 나는 이 집안을 부흥시키기 위해 무엇을 선택한다는 선택은 분별이며 욕심입니다. 의도는 좋지만 그 의도를 통해 업을 짓게 됨은 본인도 힘들지만 집안도 잘 되지 않습니다. 집안도 빼고 부흥도 빼고 원함도 빼고 그리하면 됩니다. 그리하여야 머무르지 않고 하는 행동은 업으로 남는게 아니라 공덕으로 남게 됩니다. 측은지심이 일어나 행하는 것은 공덕이요, 생각하고 분별해서 행동하는 것은 괴로움입니다. 그래서 불교는 순수실천종교입니다. 그래야 쉬는 것이며 쉰다는 것은 마음에서 나온 생각이 머무르지 않는다는 말입니다. 행동은 외부의 그 어떤 자극에 반응이 일어나는 것으로 마음에서 일어난 생각은 업으로 다시 오게 되어 있는 것이니 생각에 머무름이 없이 행동해야 합니다. 그것이 결과가 좋든 나쁘든 상관이 없는 것으로 성공과 실패가 공한 것과 같은 것입니다. 성공한 사람의 성공은 자만심으로 인해 마음이 실패한 것이요, 실패한 사람의 실패는 실패를 거울삼아 또다시 도전하려는 것이니 마음이 성공한 것입니다. 성공과 실패는 실체가 없는 것으로 '50보 100보'라는 말입니다. 년 수입이 10억 인 사람이 년 5억의 사람에게 너는 실패한 인간이다라고 말할 수 있지만 연봉이 1억 인 사람은 5억의 사람에게 성공했다고 말하는 것과 같은 이치입니다. 성공과 실패는 상대적인 것으로 실체가 없습니다. 마음공부가 된 사람은 1,000억 자리에도 머무르지 않고 떠날 때를 알면 언제나 그 자리를 내팽개칩니다. 사람 나고 돈 낫지 돈 나고 사람 낫냐 입니다. 용서함에 모든 고가 해결되듯이 돈으로 인해 고가 생긴다면 1,000억도 손사래 치는 것입니다. 인간은 자신 안에 지혜가 다 들어가 있습니다. 보이는 대로 있는 대로 머무르지 않는 생각으로 사용하면 됩니다. 구하거나 얻을 필요가 없다는 말입니다. 내려놓으면 다 이루어져 있는데 가지려는 생각이 알음알이로 채워 스스로 고를 만들고 남에게는 해를 입혀 업만 쌓아 올립니다. 집안을 부흥시키는 것도 마찬가지입니다. 집안의 공덕을 쌓는 것이 복을 비는 것보다 헤아릴 수 없을 만큼 복이 옵니다. 지금 있는 자리에서 만족함을 아신다면 그것이 공덕이며 자유인입니다. 그곳에 이르는 길은 지금자리입니다. 다시 말해 천당을 원하시면 지금자리에서 만족하면 천당이라는 말입니다. 천당을 아무리 찾아다녀도 지금자리 만큼 좋은 천당은 없다는 것입니다. 이것이 부처행이요 부처행을 하는 중생이 부처입니다. 부처님 법문에 '대성이의 병을 덜어 주면 황만이의 병을 더 보태야 된다.'라는 법문이 있는데 이는 우주 법계의 질량 보존의 법칙이 그대로 적용되는 말입니다. 질량이란 몸뚱아리요 마음으로, 마음으로 짓고 몸으로 받은 병이나 고통도 질량보존의 법칙이 생생히 적용되는 것이니 우리가 잘 쓰고 잘 다스려 돌려주어야 함에도 몸과 마음을 함부로 사용하니 연이라는 것이 생겨 고통과 아픔을 받는 것입니다. 법성계에 보면 불수자성수연성(不守自性隨緣成)이라. 자기 성품을 고집하지 않고 연 따라 이루어진다는 말로 방하착해서 받아들이라는 말로 받아들이지 않으면 또 하나의 연을 만드는 것이니 질긴 업을 짊어지고 가야 합니다. 내려놓고 받아들이기만 하면 괴로움은 사라지고 세상을 경영하는 수처작주 입처개진하는 사람이 됩니다. 인은 진공묘유이기에 연을 있는 그대로 받아들이기만 하면 되는 것이며 나는 고정된 실체 없이 그때그때 인연 따라 상황에 맞게 역할을 할 뿐입니다. 마음은 몸과 외부세계를 연결하는 인드라망을 구축하고 있으므로 받아들일 때 앙탈부리지도 말고 남에게도 주지 말고 꼭 껴안고 있지도 말며 혼자 재미나게 놀다 가게끔 지켜만 보면 만사가 쉽게 됩니다.

58. 마음에 분별의 선을 긋지 마라

마음에 줄을 긋는 순간 세상의 절반은 적폐이며 적폐가 되는 순간 또 다른 선을 그어 또 다른 적폐의 대상이 나타납니다. 그러므로 줄을 긋는 것은 분별이며 집착입니다. 그러나 거리가 우리를 자유롭게 하기도 합니다. 그래서 깨달은 이는 아무리 가르쳐 주어도 모르니 때가 될 때까지 가슴 아프지만 인연을 기다립니다. 예수는 죽어서 어디로 갔으며 부처는 죽어서 어디로 갔단 말인가? 아마 님들도 죽으면 기억은 못하지만 부처나 예수처럼 어디에 있을 것임은 분명합니다. 마음을 안고 사는 영혼은 불생불멸로 또렷이 존재하는 것으로 선한 사람은 부활하고 악한 사람은 부활하지 못해 사라진다는 것은 영혼의 차별이며 분별입니다. 천당이든 지옥이든 장소만 다를 뿐 부활은 반드시 있습니다. 부모가 차별 없이 자식을 사랑하듯 하나님도 우리들을 차별 없이 사랑하시기에 부활하게 됩니다. 선한 사람도 천당에 악한 사람도 천당으로 부모님 마음처럼 인도해 주십니다. 설악당 무산 조오현 스님 왈 '삶의 즐거움을 모르는 놈이/ 죽음의 즐거움을 알겠느냐/ 어차피 한 마리/ 기는 벌레가 아니더냐/ 이 다음, 숲에서 사는/ 새의 먹이로 가야겠다.' zzz 우찌 이 말을 알겠노. 천당과 지옥의 선이 없는데 무엇이 두려울 것이 있냐 하는 말입니다. 그러니 마음에 줄을 긋지 말라고 말하는 것입니다. 줄을 긋는 순간 님의 마음에 줄을 긋게 되는 것이며 지옥과 천당이 춤을 추게 됩니다. 좌선하다 고개 들어 뜨리면 북망산천길입니다. 어느 스님의 질문에 석두희천선사의 답변의 글입니다. '어떤 것이 해탈입니까? 누가 너를 묶었느냐? 어떤 것이 정토입니까? 누가 너를 더럽혔느냐? 어떤 것이 열반입니까? 누가 너에게 생사를 주었느냐?' 해탈과 정토와 열반을 내려놓으면 그 자체가 해탈이요, 정토이며 열반입니다. 다시 말해 해탈, 정토, 열반과 해탈, 정토, 열반 아님과의 선을 그어 분별하지 말라는 말입니다. 용을 쓰면 용을 쓰는 만큼 도리에서 벗어납니다.

59. 생각하지 마라

석가모니 부처님께서 "나는 선정에 들지 않았다"라는 말씀을 하셨는데 이는 선정에 들었다는 말은 선정이라는 집착이기에 선정에 들지 않았다고 말한 것으로 선정에 들었다는 말은 방편으로 일러주신 것입니다. 공부는 이렇게 세세하게 내려놓아야 마음이 공해 진다는 말입니다. 다음에 나오는 말씀들은 선사들의 간결하면서도 묵직한 울림을 전해드리는 말씀입니다. 잘 챙겨보십시오. 하택신회선사의 말씀으로 "진실한 모습은 생겨나지 않았는데 몸과 마음으로 볼 수가 없다. 생각 없음을 종지로 삼고 짓지 않는 것을 근본으로 삼아야 된다." 마음에서 나오는 생각은 참으로 요망스러운 것입니다. 처음에 나오는 생각은 청정하였으나 생활하면 할수록 욕심으로 가득차게 되어 그 욕심의 생각이 습으로 되어 괴로움이 함께합니다. 예를 들어보면 태어나서 성인이 되기 전에는 해로운 담배를 생각도 하지 않았을 것이나 자신의 이익(욕심)에 의해 즉 친구를 사귀기 위한 수단으로 또는 답답함을 풀어보기 위해 앞의 사람들이 했던 것을 생각하여 피우게 됩니다. 담배를 끊을려고 하는 사람들은 찬찬히 자신을 살펴보시길 바랍니다. 담배는 생각하지 않으면 피우는 것을 모르고 지나감을 가끔 느낄 것입니다. 아침 출근 시 차를 타기 전에 담배를 피우는 습관이 있는 사람이 출근 시간이 늦을 경우 담배 피우는 것을 생각하지 못하고 그냥 승차해서 출근합니다. 또는 일하다가 일의 집중이 흐뜨러지면 생각나는 것이 담배입니다. 그러니 생각이 없으면 담배 또한 사라집니다. 생각에 의해 배운 담배는 생각을 잠재우면 사라집니다. 잠들기 전에 오늘 못한 일이나 내일 할 일을 잠시 생각하지만 생각은 힘들다는 것만 가져다줄 뿐 도움이 되지 못합니다. 다음날 아침에 일어나면 알아서 되는 것을 미리 사서 생각으로 고를 유발시키는 경우가 허다합니다. 이것은 빨리하겠다는 잘하겠다는 욕심에 의해 일어나는 생각입니다. 아기 때의 마음은 생각도 없고 분별이나 판단도 없이 행하는 것으로 청정한 마음 그 자체입니다. 이와 유사한 말씀이 있어 제시합니다. 황벽희운선사의 말씀입니다. "마음을 잊지 못하고 텅 비어 잡을 것이 없는 곳에 떨어질까 두려워하지 마라. 공은 본래 공이 아니고 오직 하나의 참다운 법계다." 공부하시는 분들은 한번쯤은 지금까지의 나의 마음이나 가진 것들이 공이라고 생각하면 허망하다는 생각을 해 보셨을 것입니다. 저 또한 그런 생각을 하였고 공에 집착하여 드러나 있는 나를 보지 못해, 중도를 생각하지 못해 허망함을 또다시 느껴 집어 던질려는 생각도 했던 기억이 납니다. 경계에 머무르지 않으면 될 것을 경계인 공에 집착하여 허망함으로 인해 불법을 버릴려는 생각을 했으니 어리석음을 언제 깨칠지 안타까울 뿐입니다. 성불하려면 부처님 공부하지 말고 구하지도 말고 집착하지 않는 것을 배우기만 하면 됩니다. 다시 말해 구하지 않으면 마음이 생기지 않고 집착하지 않으면 마음이 멸하지 않습니다. 이것이 두려움도 법계도 모르는 것으로 생각하지 않으면 분별이 없어져 두려움 자체가 사라지며 애착하지 않음은 욕심이 사라져 연기법이란 순탄한 배에 타서 즐기며 노는 것입니다. 그러니 인연가합으로 만들어진 마음에 욕심을 내려놓고 쉬면 됩니다. 마음이 쉰다는 것은 대상이 다 끊어짐을 말하는 것으로 마음이 대상을 보지만 대상은 탐하는 물질이 아니라 필요할 때 사용하는 것으로 머물지 않으면 됩니다. 마음이 여여하면 대상도 여여하여 사용해도 여여하게 사용할 뿐으로 육근청정이면 육진청정이요 육식청정이라는 말입니다. 반산보적선사의 말씀입니다. "삼계에는 법이 없는데 어디에서 마음을 구할 것이며 사대는 공한 것인데 부처님은 어디에 머무르시겠는가?" 구할 것이 없으면 마음이 공하고 마음이 공하면 부처를 눌러버린다는 말로 내가 무아인데 찾을 것도 없고 부처가 어디에 머무르던 상관도 없으며 자신이 공한데 공한 부처를 찾는 것은 공이 공을 찾는 격이며, 부처를 안고 부처를 찾는 격입니다. 홍선유관선사의 말씀입니다. "참된 닦음은 부지런히 하지도 말고 잊지도 말아야 된다. 즉 심요(心要)다." 다시 말해 마음이 나아가야 할 가장 중요한 정수라는 말로 부지런하다는 것은 집착이요 잊는 것은 무명이니 알음알이가 있으나 머무르지 말라는 말입니다. 홍선유관선사의 말씀과 같은 남전선사 말씀입니다. "도는 안다거나 모른다는 것에 속해 있지 않다. 안다면 허망한 깨달음이요, 모른다면 무기(無記)일 뿐이다. 생각으로 미치지 못하는 것이 도이니 어찌 시비할 수 있겠는가?" 이처럼 공부는 찬찬히 세세하게 살펴야 하며 안다고 아는 것이 아니라 알수록 자신을 더 살펴보는 것이 도에 부합되는 것이며 무아로 나아가게 되는 것입니다. 다시 말해 생각해서 말을 하지만 도는 생각이나 말이 붙지 못하는 자리입니다. 다음으로 무주화상선사의 금강경과 연관된 내용입니다. "기억하지 말라고 하는 것은 계(戒-과거심 불가득)를, 생각하지 말라는 것은 정(定-현재심 불가득)을, 망상하지 말라는 것은 혜(慧-미래심 불가득)를 말하는 것으로 하나의 마음도 없이 계, 정, 혜를 갖추니 하나도 셋도 아님이로다." 인연에 의해 생긴 마음이라는 놈이 없어도 3학이 갖추어지게 되는데 억지로 3학을 공부할 필요가 없다는 말입니다. 마음은 인연가합으로 만들어진 사대육근이며 사라 없어질 것에 집착하지 않으면 됩니다. 계는 대상이 있어야 지키는데 대상이 다 끊어져 없는 자리이기에 지킬 필요가 없고 과거가 없으니 현재도 없고 미래 또한 없는 자리입니다. 마음은 물질이 아니기에 생사가 없는 자리이며 욕심만 없으면 본래 그 자리인 성품이 마음입니다. 결국 욕심만 내려놓으면 된다는 말입니다. 자성의 본성은 부처입니다. 마지막으로 휴정선사의 말씀입니다. "버리려 하든 구하려 하든 모두가 더럽히는 것이다." 버리지도 말고 구하지도 않을려면 어떻게 해야 되겠습니까? 아마 25세 정도 되었을 것입니다. 그때는 경남 기장이었고 지금은 부산에 편입되어 부산의 기장이라고 합니다. 기장의 안적사 뒷산에 등반하다가 스님의 차량이 작은 도랑에 빠져나오지 못하는 것을 도와드렸더니 공양하고 가라고 해서 공양하고 이야기를 나누다 저에게 법문을 하나 일러 주었습니다. '부처님의 법이 이 우주공간에 가득차 있는데 법에 위촉되지 않게 침을 뱃으려면 어찌해야 되느냐'라며 물어보시기에 당황하다 그냥 뱃으면 되죠 하니 그리 쉽게 말하지 말고 고민을 해 보시라고 하셨습니다. 가끔 생각은 했지만 고민할 정도는 아니였습니다. 그러다 세월이 흘러 불교 공부를 하면서 생각을 해 보니 난감하였지만 지금은 역시 알음알이는 공부에 저해됨을 알게 되었습니다. 소크라테스는 알기 때문에 모른다고 말하였고 범부는 모르면서 아는 척합니다. 사실 범부도 다 아는데 욕심에 의해 보지 못할 뿐입니다. 알아도 말할 수 없음이 연기요, 한가함입니다. 한가함에는 생각이 끊어지고 글이나 말이나 뜻이 붙을 자리가 없으며 뜻을 알려하면 분별이며 고통입니다. 알음알이는 또 다른 알음알이를 만들어 괴로움을 동반하게 합니다. 깨어있음이란 욕심을 내려놓은 영혼의 울림인 정신입니다. 휴정대사의 말이나 안적사 주지스님의 말씀이나 가섭이가 아난존자에게 말한 것이 다 같은 맥락입니다. 사람은 누구나 다 부처의 지혜를 가지고 태어났음을 확고히 알게 되는 말씀입니다. 부처님께서 꽃을 들고 염화미소를 지을 때 가섭이는 부처님의 미소를 보았습니까? 꽃을 보았습니까? 달을 가리키면 달을 봐야지 손은 왜 보노.

60. 불교 공부는 이렇게 해야 한다

불교 공부를 하려면 철저하게 내려놓고 세세하게 살펴야 합니다. 철저히 내려놓지 못하면 생각에서 벗어날 수 없으며 법 또한 굴릴 수가 없습니다. 먼저 철저히 내려놓는다는 말은 마음적으로나 물질적으로 내려놓아야 한다는 말로 마음적으로는 방하착이나 무심, 무분별, 무탐착 등으로 여러차례 설명을 드렸기에 생략하고 물질적으로는 어느 정도 철저히 내려놓는지에 대한 예를 들어보겠습니다. 방거사는 원래 부유한 집에서 태어났으므로 재산이 많았는데 수행하기 위해서는 재산이 장애가 되겠다는 생각에 전재산을 금과 바꾸고는 동정호의 깊은 곳에 가서 다 버렸습니다. 가난한 사람에게 주어도 될 것을 아무에게도 주지 않고 버린 이유는 나에게 도움이 되지 않는 것은 다른 사람에게도 도움이 되지 못한다는 생각으로 버렸습니다. 그러고는 초막에 살면서 온 가족이 대나무 그릇을 만들어 생활하면서 방거사는 물론 아내와 아들, 딸 모두 득도를 했습니다. 열반의 재미있는 이야기는 여타의 책이나 인터넷에서 찾아보시면 됩니다. 하나 더 말씀드리면 옛날 어느 주지스님께서 제자들을 가르쳐 주기 위해 행하였던 내용입니다. 주지스님 밑에서 공부하는 스님 두 분이 만행을 떠나면서 4월이 되면 돌아와서 논 세 마지기를 지을 것이라고 말씀을 올리고는 떠났습니다. 그러던 어느 날 가난한 농부가 찾아와서 논 3마지기를 자신이 짓고 싶다고 말을 하기에 주지스님이 제안을 한가지 했습니다. 논 3마지기 위에 있는 사용하지 않는 야산 2마지기를 개간하면 3마지기를 주겠다고 하자 가난한 농부는 밤낮을 가리지 않고 개간하여 세 마지기를 얻고는 세 마지기에 농사를 짓기 위해 준비하고 있었는데 스님 두 분이 만행을 마치고 돌아오면서 자신들이 지을 논에 일을 하고 있는 농부를 보고 자신들이 지을 논에 무얼하고 있는지를 물어보니 여짓껏 있었던 일을 말해 주었습니다. 그러자 두 분의 스님이 주지스님에게 달려가 세 마지기를 주고 두 마지기를 받는 것은 한 마지기를 손해 본 것이라며 연유를 여쭤자 주지스님 왈 '총 다섯 마지기로 두 마지기를 얻은 것이다.'라는 말씀을 하셨습니다. 그렇습니다. 동체대비이며 동체대비를 실천하면서 제자들을 깨우친 것입니다. 내려놓는 것은 이렇게 내려놓는 것이 철저히 내려놓는 것이며 바라보는 것 또한 이렇게 바라보아야 합니다. 님들은 여기서 무엇을 느끼시나요? 자유인은 전체를 보지 부분을 보지 않습니다. 님들이 잘살면 내가 잘 사는 것이요, 그대가 아프니 내가 아픈 것과 같은 말입니다. 나는 님들로 인해 드러날 수 있으며 나의 이익은 그대들과의 관계에서 이루어진 것이니 나의 것이라 할 수 없습니다. 이렇게 내려놓고 이렇게 바라보는 것이 철저히 내려놓는 것입니다. 다음은 세세하게 살피는 것을 보겠습니다. 형악혜사선사의 말씀입니다. "몸의 병은 업에서 나며 업은 마음에서 일어난다. 그러나 마음의 근원은 일어나는 일이 없거늘 바깥경계가 어찌 존재하리. 병과 몸, 업은 구름이나 그림자와 같은 것이다." 여기서 연기법이 공임이 보이면 세세히 챙기는 것입니다. 이렇게 알고 실천하면 할 일이 없어져서 쉬는 것입니다. 간단하고 명료합니다. 이렇게 간단, 명료한 것을 믿고 따르기만 하면 되는 것을 분별하고 판단하니 공부에 진척이 없고 진척이 없으니 괴로워합니다. 분별은 욕심에서 나온 것이므로 욕심을 버려야 합니다. 욕심만 버리면 성품이 마음이요, 신체며 의식이며 인식입니다. 그러니 마음은 인식하되 인식하지 않는 것입니다. 근원인 욕심만 버리면 됩니다. 이렇게만 알고 하면 되는 것을 84천 법문을 공부해야 하니 참으로 힘이 듭니다. 무업선사께서 "성품은 허공과 수명이 같아서 생멸이 없다. 공함으로 그 어떠한 법도 없음을 알지니라"라는 말씀을 하셨습니다. 공부도 이렇게 해야 합니다. 생멸이 없는 것처럼 공부해야 합니다. 죽어도 공부하고 살아도 공부를 해야합니다. 허공의 수명과 같이 공부하다 보면 공부하는 것을 잊을 때가 오고 잊으면 허공과 같은 성품을 보게 됩니다. 혜암스님의 '공부하다 죽어라'처럼 공부하다 죽는 것이 가장 행복한 죽음임을 아셔야 합니다. 공부하는 것이 괴로움을 추방시키고 괴로움으로 인한 업도 완전박멸하는 것이니 행복한 죽음입니다. 모든 선지식인의 말씀은 항상 철저히 자신을 내려놓고 세세하게 살펴보는 습관을 가져야 한다고 하셨습니다. 철저히와 세세함은 자신을 비추는 거울임으로 마음적이든 물질적인든 둘 다 철저히 세세하게 살펴야 합니다. 다시 말씀드리지만 공부는 철저히 내려놓고 세세하게 살펴야 법을 굴릴 수 있습니다. 가도 가도 끝없는 길을 가는 것은 막힘이 없기 때문이다.

61. 체(體)와 용(用)

체는 성품이요, 용은 체의 작용입니다. 어느 스님께서 '초심자는 어떻게 해야 도에 들어갈 수 있는 방법을 얻을 수 있습니까?'라고 묻자 귀종선사는 막대기로 솥뚜껑을 3번치고 '소리가 들리느냐?'라고 묻자 스님 왈 '예 들립니다.' 귀종 왈 '나는 안들린다.'

마음이 귀를 통해 듣는데 나는 마음이 없기에 들리지 않는다. 즉 체의 입장으로 답을 했습니다. 그리고는 또 솥뚜껑을 3번 치고 '소리가 들리느냐?'라고 묻자 스님 왈 '들리지 않습니다'라고 답하자 귀종 왈 '나는 들린다.' 용의 입장으로 답하는 것입니다. 체와 용의 의미를 쉽게 표현한 내용이라 아실 것입니다. 현상계는 보이거나 들리거나 헛것으로 그 자리는 말로 할 수 없는 자리이며 체와 용은 둘이 아닌 하나임을 가르쳐 준 말씀입니다. 여기서 부처님의 '개에게도 불성이 있다'라는 유와 조주선사의 무라는 말의 의미를 아실 수 있을 것입니다. 중도를 부처님은 유로 조주선사는 무자 화두로 설파하신 것입니다. 그것을 알아차린 어느 스님이 고집스럽게 유라고 말한 이유가 또한 이와 같은 중도를 표방한 것입니다. 이러한 공부가 되어야 참으로 알아 나는 모른다고 말할 수 있습니다. 취암선사 왈 '문밖으로 나서면 미륵을 만나고 문안으로 들어서면 석가를 본다.' 이는 용 차원으로 안과 밖이 같은 부처로 본다는 말로 성품이 마음이고 마음 작용이 부처를 보고 만난다는 것입니다. 이에 소주산주가 '문밖으로 나서면 누구를 만나고 문 안으로 들어서면 무엇을 보는가?'라고 물었는데 이는 체 차원으로 이야기 한 것입니다. 체 차원으로 물었으니 용차원으로 답하면 안 되고 체 차원으로 답을 해야 합니다. '안과 밖이 공하니 보고 만날 것이 없습니다'라는 답은 삼구법문입니다. 님들은 어떻게 답을 하실렵니까? 조금 알면서 아는 것처럼 조잘거리거나 불평을 하는 것은 자신의 허물을 드러내지 않음이니 도와 계합하지 못합니다. 그러니 자신의 허물을 먼저 드러내는 겸손을 보이시거나 자신을 바로 보는 공부를 하시고 조언을 구하셔야 합니다. 말이 많으면 천리를 가나 그곳은 수라도입니다. 분주무업선사 왈 '털끝만큼이라도 범부와 성인의 정념이 남아 있다면 당나귀의 태나 말의 뱃속에 들어가는 것을 막을 수 없다'라고 말하자 백운수단선사가 '설령 털끝만큼의 범부와 성인의 정념마저 깨끗이 없어지더라도(체) 역시 말의 뱃속에 들어가는 것을 막을 수 없다(용).' 참으로 어려운 내용이나 알면 정말 공부 다했습니다. 말에 속으면 안된다는 말입니다. 말을 비교하거나 분별하는 그 마음을 내려놓지 못하면 이 말을 해결할 수가 없습니다. 이렇게 말해도 알아듣지 못함은 자신을 바로 보지 못함이니 다른 곳에서 원망할 일이 아닙니다. 이 말에는 독약이 있는데 그 독약을 먹어야 알 수 있으니 참으로 난감합니다. 그 독약은 찾을 수도 없으니 어찌해야 하겠습니까? 체와 용의 도리를 먼저 알아야 합니다. 가섭이가 아난에게 당간지주를 무너뜨리면 받아 준다는 도리를 알아야 합니다. 무심이라는 말은 대상의 유무를 떠난 것을 말합니다. 이렇게 말해도 모름은 자신을 바로 보는 공부가 미약함이며 열심히 하시다 보면 시절인연이 오게 되어 있는 것이니 "도대체"라는 말이 계속 나오도록 집착을 해야 합니다. 6조 혜능대사의 '바람도 깃발도 움직이는 것이 아니라 너의 마음이 움직인다'라는 것이 여기에 해당되는 것으로 참으로 놀라운 공안임을 아셔야 합니다. 이 말씀만 확철히 하시면 위의 말은 물론 그대의 모든 궁금증들이 하나같이 사라짐을 볼 수 있을 것입니다.

62. 영가(靈駕)란?

　업에 묶인 존재로 한(恨-집착)이 있어서 영가의 몸이 그대로 있는 줄 착각하며 살아가고 있는 존재입니다. 중생도 집착하는 면으로 보면 영가입니다. 사람은 살아서나 죽었어도 항상 업의 포승줄에 묶여 살고 있으면서 활개도 치지 못하면서 활개 칠려고 아우성입니다. 50보 100보 하고 있습니다. 영가는 인간보다 9배나 뛰어난 능력이 있어 49재를 하는 동안에 많은 가르침을 배워 각성하여 기분 좋게 다음 생으로 갑니다. 49재를 하실 때 가장 중요한 것은 노련하여 형식적이고 격식으로 하시는 스님보다 초보자라도 진심으로 각성시킬려고 하시는 스님을 만나는 것이 최고입니다. 마지막을 항상 금강경으로 마무리 해 주시는 스님이면 최고입니다. 그러나 한이 많으면 애착한 것에 대한 한으로 인해

49재와는 상관없이 그곳에서 벗어나지 못하고 머무르기도 합니다. 아무리 일러주어도 한을 풀어주거나 각성을 시켜주지 않으면 가지 않고 그 주위에 머무릅니다. 영가들은 대부분 요절하여 한을 벗어나지 못해 존재하는 것이 대부분입니다. 오래 살면 삶이 꿈이라는 것을 알기에 내려놓고 떠날 준비를 하기 때문에 한이 없어 떠날 때가 왔으니 떠납니다. 하지만 억울하게 객사를 당하거나 아니면 자신이 억척스럽게 모은 재산을 땅속이나 집의 벽채에 숨겨두었다면 그 주위를 떠나지 못하고, 근처에 오는 어느 누구에게도 방해를 해서 접근을 못하게 합니다. 머무르면 정체되어 썩게 되는 것임에도 한 많은 영가는 그 곳에 갖혀 한에 대한 경비병으로 머무르며 업만 쌓게 됩니다. 절에 가면 예불시간에 영가에 대한 무상게를 하는데 절마다 다른 내용을 하지만 참 좋은 말들이 많답니다. 꼭 한번 읽어보십시오. 평소에 이런 공부를 하시면 49재가 필요없고 갈 때는 뒤도 안돌아 보고 갑니다. '떠날 때를 알고 떠나는 이의 뒷 모습은 아름다워라'라는 싯구절처럼 그리 떠나야 합니다. 미련이 남아 있으면 다음 생도 그 미련으로 인해 그러한 사람으로 또 태어납니다. 그러니 훌훌 털어버리고 가신다면 좀 더 나은 인연으로 거듭 태어나는 것입니다. 영가 되기 전에 공부합시다.

63. 만법귀일(萬法歸一)=일체유심조(一切唯心造)

 모든 것은 마음먹기에 달려 있다는 말로 아직은 한 걸음 더 허공을 향해 걸어야 되는 단계입니다. 화엄좌주가 물었다. '어찌해서 푸른 대나무가 모두 진여이며 만발한 국화가 모두 반야라는 것을 인정하지 않습니까?' 대주선사 왈 '법신은 형상이 없으나 푸른 대나무에 응하여 형체를 이루고 반야는 알음알이가 없으나 국화를 상대하여 모습을 드러내나니 대나무와 국화에 법신과 반야가 있는 것이 아니다.' 이 말씀이 '물고기가 물을 모르니 부처일까?'라는 물음에 명쾌하게 일러주고 있습니다. '부처님께서 참된 법신은 허공과 같고 사물에 따라서 모습을 드러내는 것은 물속의 달과도 같다'라고 말씀을 하신 것은 보신과 화신은 진짜가 아니고 부처도 법을 설하는 자가 아니라는 것입니다. 부처님께서도 방편인 84천 법문을 말씀하시고도 한 마디도 말씀하신 적이 없다고 했던 것과 같은 말입니다. 공부하는 사람에게 더 없는 좋은 말씀입니다. 모든 것에는 상대적인 것이 있으며 상대적인 것도 절대적이라는 말에 대한 상대적인 표현입니다. 중생과 부처, 흐림과 맑음, 어둠과 밝음, 나와 너, 생과 사 등처럼 항상 상대적인 것이 있기 때문에 절대적인 것과 상대적인 것을 내려놓는 공부가 침묵이며 은둔이며 금강경의 어법 불설단멸상이기에 두 가지를 다 내려놓아야 합니다. 내려놓지 않으면 집착입니다. 나는 집착이 아니라고 하나 위의 내용처럼 자신이 맞다고 하는 것이 상대적으로 틀린다는 내용을 내포하고 있다는 예를 잘 보여준 내용입니다. 기본에 충실하면 응용적인 이런 내용을 잘 파악해서 공부의 나아가는 방향을 잘 잡아야 합니다. 대주선사의 답변이 정말 멋있지 않습니까? 부처님의 법을 꿰 뚫어 법을 굴리는 아주 좋은 답변입니다. 이런 것에 비추어 '거품이 물에서 생기는 줄만 알았지, 물 또한 거품에서 생기는 줄 어찌 알겠노'라는 표현이 나온 것입니다. 결국 공으로 마음작용입니다. 다시 말해 절대적인 생각이나 상대적인 생각을 버리지도 않고 취하지도 않는다는 말입니다. '밝은 거울과 같다'라는 비유의 말입니다. 번뇌보리불이(煩惱菩리不二)라는 말이 있습니다. 이는 중생이 부처며 부처 또한 공하다는 것입니다. 다시 말해 인간 존재의 실상이 무아이며 무아로서의 존재가 살아가는 세계의 실상이 연기다' 라는 말입니다. 이 말을 곱씹어 보면 번뇌에 쌓인 중생은 이 몸뚱아리가 자신임으로 착각하여 존재에 대한 것도 실상으로 보며 사는 것이고 부처는 보리라는 지혜로 무아로써 허상을 알아 집착하지 않고 연기되어진 삶에 연연하지 않으며 살아가는 것이 부처다라는 말과 같습니다. 가만히 살펴보면 중생이나 부처나 별반 차이가 없고 단지 집착하지 않아 고가 있고 없음이 차이입니다. '그래서 번뇌가 보리요, 중생이 부처요'라고 하는 것인데 이렇게 쉽게 설명해도 자신이 부처임을 모르고 살아갑니다. 자신이 부처임을 알고 부처행을 하면 부처이며 실상을 바로 볼 수 있습니다. 실상이라는 말 자체도 사실 허상입니다. 그러니 실상이라는 것에 속지 않는다는 말입니다. 그래서 승고선사가 "스스로 무심해라. 무심에 들어가면 일주일 이내에 해결되며 무심은 마음 없음이 아니라 유 무의 분별심이 끊어진 것이다."라는 말씀을 하셨습니다. 다음은 어느 선사께서 하신 말씀입니다. "한가지 법은 모든 법의 근본이고 만법은 한 마음에 통하는 것이나 마음만이 오직 그대의 성품이니 다르다거나 같다고 말하지 말라" 알 것 같기도 하지만 답답하기도 하실 것입니다. 공이라 함은 이름이 공임을 알아야 합니다. '분별하지 않는다'라는 분별도 그 이름이 분별임을 알아야 합니다. 이것을 알면 부처님의 84천 법문도 다 아실 것입니다. 왜냐하면 부처님도 84천 법문을 하시고도 나는 한마디 법문도 하지 않으셨다고 하셨습니다. 다시 말해 84천 법문도 그 이름이 84천 법문인 것입니다. 번뇌가 보리이듯 마음 한번 고쳐먹으면 동체대비가 되어 부처가 되고 극락을 만듭니다. 한밤중 두견새 울음 속에서 한소식이 눈을 뜬다.

64. 수준별수업

신회선사의 말씀입니다. '생각하고 생각하다 구하지 않으니, 구함은 본래 생각 없음이다.' 공부하고 공부하고 또 공부하고, 좌선하고 좌선하고 또 좌선하고, 조언받고 조언받고 또 조언받고, 공부하고 좌선하고 조언받고 공부하고 좌선하다 "악" 하며 깨닫고는 이 쉬운 것을 하면서 대중들에게 이야기 한 내용입니다. 생각의 끝은 없지만 생각의 시작은 공한 것에서 출발했습니다. 공한 것에서 욕심이 발동하여 생각을 짓고, 또 짓고하여 하늘을 벗어나 우주를 파멸시키는 생각의 칼을 만들었습니다. 그 칼이 자신을 해치고 있음을 모르고 생각의 칼날만 갈고 있습니다. 지금도 자신을 살펴보면 죽음으로 달음질치고 있는 자신을 보아야 함에도 보지 못하고 근시안적인 생각으로 남을 속이는 말로 자신을 포장하기 위한 온갖 방법들을 동원합니다. 그것이 자신을 내세울 무기임을 자랑하듯이 그러합니다. 나이 들어 찾아주는 이 없을 때 그때 누가 이야기를 해 주었으면 하는 후회를 하지만 이야기를 해 주어도 들을 사람이 아닙니다. 들을 사람이라면 담벼락 아래 홀로 피어있는 민들레 꽃에도 반응합니다. 지금도 남의 탓으로 돌리려는 그런 생각이니 아직도 멀었습니다. 나의 잘못으로 여겨야 지금이라도 인생공부를 합니다. 모든 것은 자신이 뿌린 그대로 수확을 합니다. 다음은 백운선사의 말씀입니다. "허망한 몸은 원래부터 공하므로 그 전체가 그대로 본각의 마음 자체이다. 그리고 마조선사의 도는 본래 있는 것이고 닦는 것이 아니다. 더러움에 물들지 않게 하라." 이 말씀은 님들이 있는 그대로가 부처라는 말입니다. 우리들은 태어나면서 부처로 태어났는데 부모로부터 욕심을 배웠기 때문에 부모에게서 더러움에 물들기 시작하는 것입니다. 부모님의 사랑이라는 무기로 내 자식이 남들 보다 공부를 더 잘하고 남들보다 더 건강해야 하면 남들보다 더 크고 잘생겨야 되며 남들 보다 더 많이 가져야 하는 교육을 받는 것입니다. 사랑이라는 무기는 결국 부모의 만족만을 채워주는 도구로 전락하고 자식은 힘들고 남을 위해 달리는 폭주 기관차와 같은 삶을 엮어가게 됩니다. 부모의 욕심에 의한 자식은 고통과 이기심으로 스스로에게 칼을 들이대게 만들었습니다. 지금도 부모님, 가족, 친구, 사회에서 더 많은 생각으로 더 많은 더러움에 물들어 가고 있는 중입니다. 자신이 물들고 있음을 자각하는 사람이 없으니 공부하지 않습니다. 3살짜리 아기의 행동을 보십시오. 호기심으로 이것 저것 가림이 없이 만지면서 놀다 배고프면 주위에 있는 먹을 것을 먹고 잠 오면 어디서든지 잠을 잡니다. 놀다가 그릇이나 도자기 같은 것들을 부수기도 하고 먹다가 흘리면 주워 먹기도 하고 차가운 거실에서 자기도 합니다. 어떨 때는 아기의 웃음에 모든 가족들이 함박웃음을 터뜰일때도 있습니다. 생각이 없기에 그냥 그렇게 하는 것입니다. 천상 부처입니다. 그래서 부모는 주위를 청결히 하고 정리 정돈을 합니다. 다시 말해 태어날때는 부처였는데 주위 환경으로 인해 부처가 중생으로 물들어 갑니다. 그러므로 부모는 부모의 역할이 무엇인지에 대한 공부를 하셔야 합니다. 자식의 행복한 삶을 위한 것이 무엇인지에 대한 공부를 하셔야 바르고 행복한 삶으로 안내하는 길잡이가 되어주는 부모가 됩니다. 부모와 자식의 만남은 전생의 악연으로 인해 그 대가를 치루기 위해 만난다고 하지 않습니까? 아마 자식으로 인해 공부를 많이 해라고 그런 것이라고 여겨집니다. 석두선사 왈 '어떤 것이 그대의 마음인가?' 대전화상 왈 '지금 말씀하신 것이 그것입니다.' 일주일이 흘러 석두가 물었다. '그대의 마음을 가지고 오너라.' 대전화상 왈 '가져다드릴 마음이 없습니다.' 석두선사 왈 '일주일 전에는 유심이더니 지금은 무심이구나. 분별심을 아직도 짊어지고 있느냐'라며 꾸짖었습니다. 짊어지고 가면 업보만 키우게 됩니다. 이는 알고 있는 이치를 되짚어주는 말로 알면서 방심하고 있는 것을 스스로 반성하여 깨닫게 해 주는 내용입니다. 신회선사의 말씀은 공부를 열심히 해야 하는 사람에게 던지는 말씀이고 백운선사의 말씀은 공부를 열심히 하고 있는 사람에게 던지는 말로 하지 않아도 자체가 부처임을 알면 된다는 말씀이며, 석두선사의 말씀은 공부가 어느 정도 익은 사람에게 들려주는 말씀입니다.

65. 환갑 넘긴 내 나이가 어때서

환갑의 나이에 삶을 되돌아보면 나는 무엇을 했으면 지금 어디로 가고 있는지 라는 생각을 하게 됩니다. 돌아보면 후회와 허망함이요, 앞을 보면 암울하고 죽음에 대한 공포로 두려움이 엄습할 것입니다. 동네 어른신들의 공통된 말씀을 보면 젊어서 자식들 키운다고 여행도 못가 봤는데 이제 여유가 생기니 몸이 말을 듣지 않아 여행도 못간다며 후회들을 많이 하십니다. 공감하는 말입니다. 그러나 사실 우리나라에도 여행할 곳이 참으로 많습니다. 지척에 산과 바다가 있으며 거대한 현대식의 거리와 전통적인 문화들로 인해 다른 나라의 장점들을 다 가지고 있는 말 그대로 금수강산의 나라입니다. 다양한 먹을거리와 사통팔달의 도로 그리고 친절하고 예의 바른 문화강국의 대한민국은 어느 한 곳도 놓칠 수 없는 여행꺼리들로 가득차 있습니다. 그러함에도 많은 사람들이 해외로 발길을 돌리는 것은 욕심도 있겠지만 넓은 세상을 보기 위함이겠지만 결국은 사람 사는 곳이라 비슷들 합니다. 남이 장에 가니 거름장 지고 장에 가듯이 그러합니다. 그런데 가만히 생각해 보시면 자신을 위해 과연 무엇을 투자하고 무엇을 얻었는지를 보면 다들 남을 위해 살았다는 생각이 드실 것입니다. 어려서는 부모님의 마음에 들기 위해 친구의 인기를 끌기 위해 살았고 결혼해서는 가족을 위해 살았고 나이 들어 혼자이다 보니 나를 위해 남은 것이라고는 늙어 있는 초라한 자신만이 덩그러니 앉아 있습니다. 그러면 자신을 위하는 것이 무엇인지 곰곰이 생각해 보십시오. 먹고 마시고 입히고 하는 것이 자신을 위한 것입니까? 그리 살아도 나이 들면 덩그러니 주름으로 점쳐진 그 모습 그대로입니다. 후회스러운 마음은 이러나 저러나 같은 것입니다. 그러니 후회스러운 마음을 없애 버리면 이리사나 저리사나 후회할 것이 없습니다. 그러니 자신에게 투자하는 것은 마음 공부입니다. 타인이나 사회가 요구하던 욕망들을 충족시키기 위한 허구적인 삶을 사는게 아니라 오롯이 자신의 마음공부에 투자해야 합니다. 여행을 많이 다니십시오. 마시고 놀고 어울리며 친분을 쌓는 것이 아니라 자신을 자연과 어울리게 만들라는 것입니다. 나도 자연의 일부임을 알아차리는 마음 공부를 여행을 통해 배워야 합니다. 그것이 자신에게 투자하는 것입니다. 물론 사람을 만나면 틈새행복도 누려야 하지만 틈새행복도 마음공부에서 벗어나지는 않습니다. 마음공부가 되면 행복은 지속되지만 틈새 행복은 일시적인 것이라 다시 삶의 고를 가져오게 됩니다. 욕심을 버리십시오. 그러면 삶이 나를 속였음을 알 수 있을 것이며 무엇이 자신을 위한 삶인지가 눈에 선명히 보입니다. 평생 신체 하나에 고와 함께 먹고 입히고 즐기며 살았는데 신체는 결국 배신을 하고 있음을 느끼고 보고 있습니다. 그러니 신체를 나라고 생각하는 것은 잘못된 생각입니다. 조용한 곳에서 명상이나 산책을 하면서 여지껏 나라고 했던 이놈이 진정 무엇인지를 고민해서 그놈을 알아가는 공부를 합시다. 늦었다고 포기하는 것보다 지금 당장 하는 것이 가장 빠른 시기이며 행복을 찾아가는 길입니다. 저는 직장을 떠나 할 일이 없어 도서관에서 책을 읽다 불교 공부를 하게 되었고 그로 인해 60넘어 부모의 역할이 무엇인지를 알게 된 참으로 어리석은 사람이었습니다. 지금도 공부하고 있지만 지금이라도 공부하여 알게 되었으니 얼마나 다행입니까? 그러니 지금 당장 두드리고 구하십시오.

66. 연기를 보면 부처를 본다

두 주먹 불끈 움켜쥐고 태어나 부모의 보살핌과 가르침으로 성장하여 사회로부터 삶의 체험과 살아가는 방식을 배우고 내가 했던 것처럼 자식에게도 그런 전통 교육에 자신만의 교육을 주입시키고 늙어가는 것이 일반적인 삶의 방식입니다. 이런 삶의 방식이 생로병사라는 연기의 관념을 만들어 분별하기 때문에 끊임없는 생로병사의 삶을 살아갑니다. 생로병사라는 삶과 항상 같이 동반되는 것이 "고"라는 것입니다. 고라는 것만 없다면 생로병사라는 것도 그리 크게 문제삼지 않아도 되겠지만 고통과 위험과 통증과 상처 등이 동반되기 때문에 문제가 되고 그 문제를 해결하려니 시원한 해답이 없어 그냥 저냥 살아갑니다. 그러나 분별만 버리면 인식의 고정관념이 사라져 업을 단박에 끊을 수 있습니다. 자아는 욕심이라는 것이 내포되어 있는 존재임으로 인식대상을 인식하기 까지 자아는 항상 존재합니다. 나와 세상을 분별하지 않으면 자아는 사라지고 분별하되 욕심을 버리면 자아는 있으나 머무르지 않아 자아는 사라지게 됩니다. 나와 인식의 대상을 통체대비로 보는 것 또한 자아가 형성될 수 없습니다. 다시 말해 마음 작용인 신체와 세계의 모든 존재를 분별하지 않으면 인식하되 인식하지 않는 것으로 자아는 사라집니다. 이것이 연기관념이며 존재를 살필 때 연기관념으로 볼 수 있으며 자아가 없어짐으로 공해서 부처를 본다는 말입니다. 인식의 대상에서 분별하지 않으면 자아는 드러나지 않으나 욕심에 의해 분별하는 순간 자아가 나타나는 것은 자신을 드러내는 거울과 같습니다. 그러니 인식대상을 보면 자아의 유무를 살펴보거나 바로 행하면 됩니다. 편안함에 구속되어서는 바로 행함이 더디고 분별하여 결국 몸뚱아리의 편안함으로 선택을 합니다. 편안함이란 것이 바로 자아가 나타났음을 내포하며 즉시 행함은 자아가 일어나기 전에 행함이니 자아를 볼 수가 없습니다. 이것을 습관적으로 몸에 물들게 함으로써 자아를 물리쳐야 합니다. 결론적으로 자아의 유무를 먼저 살펴 본다면 인식의 대상을 바로 볼 수 있다는 말입니다. 그러나 12연기의 무명이 모든 것의 근원으로 무명을 물리쳐야 한다고 하지만 12연기의 어느 하나라고 물리치면 12연기가 사라지게 되는 것처럼 4정근으로도 자아를 사라지게 할 수도 있음을 말씀드립니다. 그러나 일반적으로 자신을 먼저 바로 보는 것이 먼저입니다. 자등명이며 자신에게서 해답을 찾는 것이 물들지도 않고 남을 구제해 줄 수 있는 확실한 방안입니다. 용수보살은 '공은 가명일뿐 오직 제법무아의 연기에서 비로소 공함을 얻는다'라고 말씀하셨습니다. 경계에 묶이지 않으며 물들지도 않는 마음은 연기로 보고 깨어있으면 경계의 집착에서 벗어나게 됩니다. 무아로서 존재의 실상을 바라보고 연기로써 우주의 실상을 볼 수 있다면 안으로 공하고 밖으로 무심하다는 말입니다. 우주와 내가 한 몸임을 알면 우주를 가지고 살림을 하는 것이며 우주를 가질려고 하면 업만 쌓이는 것이니 지구촌에서 작은 것들에 연연하지 말아야 합니다. 화엄경에 '모든 현상의 차이는 인식에 의할 뿐이다'라는 말이 있는데 이는 인식의 인연으로 마음에서 나온 생각이 모든 현상을 의식하여 자기식으로 인식했으니 마음이 생각이고 생각이 의식이며 의식이 인식이므로 인식의 인연이라 합니다. 인식조차도 연기되어진 것임을 알아야 합니다. 연이 없으면 그러한 현상을 의식하지 못하였을 것이니 인연입니다. 어떤스님이 마조도일 선사에게 물었습니다. '술과 고기를 입에 대는 게 옳습니까? 대지 않는게 옳습니까?' 마조도일 왈 '입에 대는 것은 일한 댓가를 즐기는 일이요, 입에 대지 않는 것은 복을 짓는 일이지요.' 여기서 연기가 보이십니까? 연기는 보이지 않는 곳이 없습니다. 그러니 잘 찾아 보세요. 다음은 열반송으로 '나는 다만 그렇고 그런 놈이었다'라는 말은 나의 있음이란 것에 대한 답장으로 있음은 남들이 만든 것입니다. 그래서 자신의 존재를 그리 표현한 것입니다. 사실은 무아라 그런 말도 하지 않았겠지만 표현을 하자니 그리 표현한 것입니다. 표현하지 않으며 님들이 어찌 알겠습니까? 그분의 속내는 내가 봐도 내가 아닌데 하물며 남이 보는 내가 나일 수 있겠는가입니다. 여기서도 연기가 보여야 합니다. 보이면 무심하여 부처를 보게 됩니다. 연기를 아는 자 우주를 경영하는 수처작주 입처개진인 자유인이 되는 것으로 마음이 맑으면 세상이 밝아지고 세상이 밝아지면 연기가 공함을 볼 것이다.

67. 일체는 완벽하지 않은 것이 없다

　내가 태어나기 이전 나의 부모와 형제, 친척, 이웃은 나의 탄생을 위해 삶을 준비해 주셨고 내가 태어난 후에는 나의 탄생을 축하와 함께 동반자로서 삶을 살게 해 주셨습니다. 다시 말해 지구(우주)는 나의 탄생을 위한 무수한 인연과 세월을 통해 준비했었고 그 인연과 세월에 발맞추어 살고 있는 나의 사후는 또 다른 나를 만들어 내는 완벽함으로 흘러갑니다. 그러니 내가 우주요, 우주가 나입니다. 이것이 연기법이며 인연입니다. 나를 위한 완벽한 우주가 있고 우주의 완벽함을 위해 내가 있는 것이니 나는 우주의 작은 위치에서 완벽한 역할을 하고 있습니다. 그러니 완벽한 자신을 알고 있다면 연연하는 삶을 살 이유가 없습니다. 소로 태어나도 고삐가 없다면 자유를 찾는 것입니다. 지금 이 순간의 내가 연기의 우주를 일으키고 있음을 알아채고 선과 무아, 무주상보시, 공한 삶을 실천해야 세상이 지금 보다 더 나은 밝음으로 나아가게 됩니다. 용수의 팔불게(八不揭)가 포함된 중론 서두의 귀경계에 '소멸하지도 않고 생겨나지도 않으며, 연속되지도 않고 단절된 것도 아니며, 동일하지도 않고 다르지도 않으며, 오는 것도 아니고 가는 것도 아닌 연기'라는 글귀가 있습니다. 이는 아무리 머리를 감싸고 고민을 해 보아도 그러한 것은 없는 것 같지만 자신을 잘 살펴보시면 없는 것도 아니랍니다. 무아라는 말로 연에 머무르지 말라는 말입니다. 잡아함경에 '스스로 짓고 스스로 받는다고 하면 내가 옳음에 떨어지고 다른 것이 짓고 다른 것이 받는다고 하면 그대는 틀렸음에 떨어진다'라는 말이 있습니다. 진리는 항상 옳다 라는 것에 집착을 하는 것은 분별이라는 말입니다. '아니 땐 굴뚝에 연기 나랴'라는 말처럼 원인이 있기에 결과가 있는 것이지만 원인이나 결과에 무심하기만 하면 굴뚝에 나는 연기가 스스로 사라져 맑은 하늘의 허공을 보게 되는 이치입니다. 욕심을 내려놓으면 공함을 알아 참다운 연기법을 알게 됩니다. 법설(法設)은 중도에서 법을 설한다는 말로 '이것이 있음에 저것이 있고 이것이 일어남에 저것이 일어나는 것이다'라는 말을 참답게 알게 됩니다. 손으로 달을 가리키면 달을 봐야지 손가락은 왜 보노. 사자에게 돌을 던지면 돌을 던진 사람을 보지만 개는 돌을 보는 것과 같은 것입니다. 안으로 공하고 밖으로 무심하면 굴뚝의 연기가 사라져 허공을 보게 됩니다. 그러면 연기법 또한 공한 것입니다. 인연을 살피는 연기법은 견해를 보는 것이 아니라 견해를 끌어내게 한 이유와 목적을 살피는 근원적인 통찰법으로 무명에 의해 일어나는 악순환을 단박에 끊어버리는 지혜의 칼입니다. 무명은 삿된 분별을 일으키는 어두움으로, 어두움을 밝히는 지혜로 무명을 무찔러야 합니다. 부처님은 죽음의 문턱까지 간 고행이 어리석었음을, 최상의 의식처(의식처-최상의 무소유처와 비상비비상처)라는 명상수행도 잠시의 휴식처만 될 뿐 해탈은 아님을, 생로병사를 끌어안고 고뇌하는 자신의 존재에 대한 통찰, 생로병사의 주체인 나는 분별의 미망에 의해 일어나는 연기 존재였음을 깨닫게 되어 자유인이 되었습니다. 안으로 공한 무아와 밖으로 무심한 연기로 다가가면 파사현정(破邪顯正)을 보게 되는 것입니다. 참고로 파사현정은 부처의 가르침에 어긋나는 사악한 생각을 버리고 올바른 도리를 따르면 사악하고 그릇된 것을 깨고 바른 것을 드러낸다는 뜻으로 사고방식을 바꾸어 얽매이는 마음을 타파하면 바르게 된다는 중도의 의미입니다. 보수와 진보는 융합(조화와 공생)해야 바른 성장을 이룩할 수 있습니다. 보수와 진보가 각기 현실만을 직시해서 문제를 해결하는 것은 기회주의자가 하는 아주 이기적인 발상입니다. 문제를 나에게서 찾아야 타협이 가능하지만 남에게서 찾으면 반목과 싸움만이 생기게 됩니다. 보수와 진보는 융합이라는 수단으로 바른 성장이 목적이 되어야 합니다. 여기서 우리는 중요한 것을 놓치면 안 되는 것이 수단이 목적이 되어야 한다는 것입니다. 예를 하나 들어보겠습니다. 학생이 커서 대통령이 되겠다는 목표를 갖고 지금 공부하고 있습니다. 대통령은 국민의 안녕과 나라를 지키고 번창시켜야 하는 자리이므로 지금 여기서 그러한 대통령이 되기 위한 공부를 하는 것입니다. 법을 알아야 되고 측은지심으로 사람을 대하며 주위의 나라와 어떤 외교관계를 펼칠 것인지에 대한 정세 파악을 하는 공부를 지금 여기서 해야 합니다. 지금 여기서의 그런 공부들이 잘 되어 있으면 대통령은 따라오게 됩니다. 부처님 말씀에 조화를 중도의 지혜라고 했는데 이는 말로 짓는 구업인 망어, 악구, 기어, 양설을 삼가고 사람들을 화합시키고 화합된 사람을 격려하여 조화에 즐거워하는 사람을 만들어 내야 하는 것입니다. 그러므로 조화와 상생을 위해서는 성장이라는 것에 무심해야 한다는 것으로 조화와 상생(융합인 수단)을 위해 최선을 다하면 성장(목적)은 따라오게 되는 것입니다. 불교 공부가 그런 것입니다. 안으로 공하고 밖으로 무심하면 자유인이 되는 것으로 수단인 공과 무심에 최선을 다하면 자유는 절로 따라오게 됩니다. 원인과 결과, 수단과 목표, 선과 악, 보수와 진보 등에 분별을 하지 않고 완벽한 우주와 그 속에 완벽한 나의 역할을 알기만 한다면 연연하지 않아 업이 사라지고 자유인이 됩니다. 비가 오니 오리가 날갯짓한다.

68. 돈오돈수(頓悟頓修)와 돈오점수(頓悟漸修)

돈오돈수는 성품 입장으로 체, 즉 정으로 닦을 게 없는 것을 알고 닦는 것을 말하며 돈오점수는 상의 입장으로 용, 즉 혜로 성품을 알기 전에는 닦아야 되며 성품을 알아도 습기(習氣-습관적인 기운)가 있어 닦아야 된다는 것입니다. 보조지눌국사는 '무위의 세계는 인과법칙을 초월한 절대계로 돈오해야 되며 유위의 세계는 원인과 결과가 있는 현상계로 점수해야 된다'라고 말씀하셨지요. 그리고 성철스님은 제자들에게 돈오돈수만이 깨달음을 얻는다고 하시면서 '이 뭐꼬'라는 화두를 들고 공부하라고 강조했습니다. 행주좌와 어묵동정 중에도 화두를 들고 있어야 만이 돈오돈수 할 수 있다고 했습니다. 돈오돈수가 맞는지 돈오점수가 맞는지를 두고 가끔 갑론을박을 하는데 6조 혜능대사의 '돈오와 점수를 모두 세우나 무주를 근본으로 삼고 무념을 으뜸으로 무상을 몸통으로 삼는다'라고 하셨습니다. 참으로 간결하게 답을 제시하셨습니다. 님이시여. 저의 사견을 말하오니 잘 헤아려 보시길 바랍니다. 그대가 착함을 닦는 것은 그대의 공부에 도움이 되는 복을 받는 것이랍니다. 복을 받는다고 깨달음이 오겠습니까? 성철스님이 계셨으면 '복 같은 소리하지 말고 공부해'라고 하셨을 것입니다. 아니면 공양 축내지 말라고 죄짓지 말라고 밥값 못하면 떠나라고 하셨을 것 같습니다. 부처님은 제자들에게 좌선이라는 말은 하지 않은 것으로 알고 있습니다. 자등명을 강조하시면서 수준에 맞게 제자들에게 안내하여 깨달음의 세계로 나아가게 하셨습니다. 돈오돈수와 돈오점수는 따로라는 생각보다는 돈오돈수를 하는 인내와 용기가 바로 돈오점수입니다. 착함을 닦으면 깨달음의 길로 가듯이 점수를 하다 보면 돈수가 옵니다. 색즉시공 공즉시색이라 연기법에도 돈수가 있으니 돈오가 있고 돈오가 있으니 돈수가 있는 것입니다. 돈오만 있고 돈수는 없다면 돈오도 없는 것이며 돈수만 있다면 돈오도 없는 것입니다. 어둠은 밝음이 있어 존재하듯이 돈오나 돈수도 그러합니다. 계정혜의 정혜쌍수라는 표현은 함께하는 존재입니다. 정이 혜요 혜가 정이며 마음이 몸이며 몸이 마음이듯이 그러합니다. 마음을 쓰니 몸이 움직이고 움직인 그 몸이 마음의 결과이듯이 분별하여 판단하는 것은 탐착입니다. 옳고 그름이 중요한 것이 아닌 과정에서 잘못된 것이니 결과 또한 잘못된 것임을 지적하는 것입니다. 성철스님도 스님의 근기에 따라 돈오돈수를 강조한 것이지 저와 같은 사람에게는 먼저 돈오점수를 하라고 하셨을 것입니다. 저도 점수를 하다가 돈오를 할려고 맨날 앉아 있지만 맨날 망상하고 놀고 있습니다. 색즉시공이 절대계요 공즉시색이 현상계라 현상이 없으면 알지 못하고 절대계가 없으면 고를 겪을 것입니다. 이를 우리는 중용이라 합니다. 임제록에 좌주와의 대화 내용이 있는데 처음 불교 공부를 시작하는 사람에게는 무엇을, 왜, 그리고 불교의 참맛을 보여주는 것이니 진지하게 고민하길 바랍니다. 임제 왈 '어떤 경론을 강의합니까?' 좌주 왈 '백법론을 익혔을 뿐입니다.' 임제 왈 '한 사람은 삼승십이분교에 밝고 한 사람은 삼승십이분교에 밝지 못하다면 이 두 사람이 서로 같습니까? 다릅니까?' 좌주 왈 '밝으면 같겠지만 밝지 못하면 다릅니다.' 낙보(시자) 왈 '여기에 무엇이 있다고 같으니 다르니 하고 말합니까?' 임제 왈 '낙보야,

너는 어떻게 하겠노?' 낙보 왈 '악' 임제 왈 '좌주를 보내고서는 아까 니가 나에게 악 하였느냐?' 시자 왈 '예 그렇습니다.' 임제선사께서 바로 뺨을 때렸습니다. 왜 때렸을까요? 공하다고 해 놓고는 있다고 하니 맞는 것입니다. 과거심 불가득입니다. 돈오돈수도 없고 돈오점수도 없으며 돈오돈수도 있고 돈오점수도 있음을 잘 설명한 내용입니다. 배고프면 공양간에 가야지요.

69. 맑음과 밝음

밝음은 깨달아 아는 것으로 보살이요, 맑음은 그대로가 공한 것이니 부처입니다. 깨달아서 얻는 지혜를 어디에 사용할 것이며 사용해서 얻는 것이 있다면 무엇하겠습니까? 그냥 그대로가 맑음인 것을, 알려고 하면 집착이니 지금 님들이 가는 길 그대로 받아들이면 맑음이요 헤쳐 나가면 밝음입니다. 님들의 지금 그대로가 부처인데 더 무엇을 밝히려 꿈틀거립니까?. 삶을 돌이켜보면 후회하듯이 되돌아보는 것은 밝음입니다. 저는 20대 초반에 걸어서 부산에서 대구까지 40대 초반에는 대구에서 구미까지 그리고 50대 말에 구미에서 서울역까지 뭔가를 채워 보려고 걸어가 보았는데 각기 느낌이 다 달랐고 배움도 다 달랐습니다. 체험을 통해 뭔가 배운다는 기분으로 갔지만 결국은 자랑질이 종착역이었습니다. 지금은 그때의 경험을 바탕으로 머무르지 않고 실천하는 공부를 하고 있지만 아직도 공부 중입니다. 그때는 별 흥미 없이 공부에 게으름을 피우는 것 같아서 여행을 걸어서 하기로 하고 이왕이면 구미에서 서울역까지 세상 공부한다는 심정으로 출발했습니다. 하루를 걷고는 발바닥에 물집이 생겨 털신을 신고 왔음에 후회를 엄청 했었지만 이왕 가는 것 참고 천천히 세월을 낚는 기분으로 가면 된다는 가벼운 마음으로 하루하루 참고 걸었습니다. 하지만 발바닥의 고통은 구경하는 것보다도 더 힘들었습니다. 향교가 보이면 구경해야 함에도 서울역이라는 목표가 정해져 있으니 그냥 멀리서 저기로 가면 향교이니 다음에 가야지 하고는 아픈 다리를 끌고 지나가곤 했습니다. 구경거리는 뒷전이고 오로지 걷는 데에 온 힘을 다하여 걸었습니다. 어느 날 저 멀리 문경의 산들이 보여 '저기까지 언제 가겠노'라는 힘겨운 마음으로 걷다 보니 몸도 마음도 지쳐갔습니다. 오후 3시경에 문경에 도착해서 일찍 쉬려고 숙소를 알아보니 가격이 비싸서 문경세재를 넘어가면 시골이라 그곳에서 잠을 청하기로 하고 산을 올랐습니다. 어둠이 살짝 깔리자 마음이 급했습니다. 그러나 숙소는 평일이라 그런지 영업은 하지 않았고 어둠이 차츰 깔리면서 급한 마음에 무작정 산을 내려갔는데 내리막에 급한 걸음을 재촉하니 잘못된 길로 인해 다리와 마음만 고생이었습니다. 다행히 지나가는 사람이 산 아래 여관 있는 곳까지 태워주어 참으로 고맙게 내려왔습니다. 다음 날 아침공양을 마치고 어제 걸었던 산을 보면서 어제 아침에 저 멀리 앞에 있었던 산이 이제는 저 멀리 뒤에 있음을 보고는 앞에 있는 산을 바라보는 나와 뒤에 있는 산을 보고 있는 나의 마음은 완전히 달라져 있었습니다. 전자는 고를 가지고 있었지만 후자는 필요없는 고를 가진 것에 후회를 가지고 있었습니다. 시간이 가면 알아서 해결이 되는데 지금 가는 걸음에만 열심히 가면 되는데 생각이 많아 고하고 같이 걸었던 것입니다. 후자도 마찬가지로 후회한다고 변하는 것이 없음에도 후회라는 짐을 걸망에 지고 있었습니다. 지금 걷는 그 걸음에 최선을 다하는 그 한 점에 오롯이 집중하여 걷는다면 고도 버리고 후회도 버릴 수 있음을 알게 되었습니다. 하지만 이런 생각도 잠시 걸음을 걸을수록 발바닥의 통증은 나의 생각을 가만히 놓아두지 않았습니다. 10분만 걸어도 발이 폭발할 것 같음에도 참고 30분을 넘겨 쉴 곳이 있는 곳에서 휴식을 취하고 신발을 신을 때는 부은 다리로 인해 참으로 힘겨웠습니다. 한참을 반복하며 걷다가 이래도 걷고 저래도 걷고 한 달 안이면 서울역에 도착할낀데 50년이면 죽을낀데 서두를 필요가 없음을 인지하고 휴식시간을 늘려 보니 통증이 차츰 사라지고 마음 또한 한결 가벼워졌습니다. '그래 급하면

지는 것이니 즐기며 가자'라는 생각을 하는 순간 과거심 불가득, 현재심 불가득, 미래심 불가득이라는 글자가 떠올랐습니다. '그래 지금의 마음도 내려놓고 즐기며 가는 것이 얻을 수 없음을 알고 얻는 것이다'라는 것을 공부했습니다. 이렇듯 현장체험은 나에게 크나큰 공부를 시켜주고 있었습니다. 그러면 그것을 배웠다고 잡생각이 안드느냐 하면 전혀 아니었습니다. 많은 생각들을 짊어지고 발걸음을 옮기는 것은 여전하였으며 다리에게 미안했습니다. 아는 그것이 밝음이요, 실천하는 것이 맑음임을 알고 있지만 저는 밝음도 맑음도 없었습니다. 또 하루는 터널을 지날 때의 일입니다. 터널에서는 차의 굉음이 차의 속력에 따라 귀가 공포스러울 정도로 시끄럽습니다. 운전하시면서 터널 속을 가더라도 시끄럽다는 생각을 못하지만 터널을 걸어가는 사람은 공포스러울 정도로 시끄럽다는 것을 알게 되었습니다. 또한 터널의 길이는 눈에 보이는 길이보다는 한참 길다는 것입니다. 우리는 환한 밖을 보며 걸으니 가깝게 여기지만 보이지 않는 앞의 거리는 보지 않고 걷기 때문에 실제의 거리는 상당히 멉니다. 이것은 자기가 원하는 대로 보고 싶은 대로 보고파 하는 욕심 때문입니다. 그래서 가도 가도 거리가 좁혀지지 않음을 느낍니다. 그러면서 이 시끄럽고 긴 터널 안에서 걸어가는 발바닥에 집중하자고 하고는 발바닥에다 신경을 집중해서 걸으니 소리도 안들리고 공포감도 사라지고 어둠이나 터널 밖의 밝음에도 신경쓰지 않게 되니 마음이 편했습니다. 신기하다 하면서도 걸음을 걸었는데 신기하다는 생각을 하는 순간 소리가 들리고 공포감도 몰려 왔습니다. 그때 집중한다는 생각도 버려야 편하게 걸음을 걸을 수 있다는 생각에 이르렀고 '큰스님들의 내려놓아라'라는 말씀이 생각 났습니다. 좌선을 통해 집중을 하고 집중이 잘 되면 집중하는 그놈을 내려놓아야 됨을 알기에 집으로 돌아 와서는 좌선에 집중하는 것에 시간을 투자하기 시작했는데 맨날 생각에 생각을 더하는 것은 변함이 없었습니다. 그래도 생각이 욕심으로 흐르는 것이 아니라 집중해야 하는 습관을 들여야 한다는 쪽으로 바뀌고 있음을 느꼈습니다. 지금도 여전히 집중하자고 하지만 이놈은 변하지 않고 그대로입니다. 장호원에서부터 서울이라는 이정표가 보이면서 마음이 가벼워지고 가벼워지니 주위의 경관들이 보이기 시작했습니다. 처음 걸음을 걷는 때와는 상황이 달라졌음을 알 수 있었습니다. 비가 와도 '이정도야 맞고 가도 된다' 하고는 걸었고 비가 많이 오면 나무 밑이나 상가 앞에서 쉬었습니다. 참으로 여유로움을 찾았던 것 같았습니다. 지금도 서울역에 도착한 그 장면을 기억하지만 서울역에 도착한 것을 즐기고픈 생각에 숙소를 찾다가 자만심을 즐기는 것 같아서 바로 내려가자는 생각으로 밤기차에 몸을 실었습니다. 몸뚱아리는 힘들었지만 완주하니 기분은 좋았습니다. 서울역을 가기 위해 물어 보고 길을 잘못 들어 둘러가는 일도 다반사였지만 목표를 향해 나아가다가 보니 서울역이었습니다. 문경 이후의 "생각하지 말자"라는 걸음을 밝음이라고 한다면 맑음은 여전히 근처에도 못가고 있습니다. 집으로 돌아와 내린 결론입니다. 처음부터 서울역은 어떻게 해도 가는 것인데 어제의 힘든 걸음으로 지금이 괴롭고 내일 다시 걸어야 하니 괴로운 짐을 짊어지게 되었던 것이니 괴로움은 생각이나 분별하지 않으면 사라지는 실체가 없는 것임과 통증 또한 급하지 않고 쉬어주면 사라지는 일시적인 실체가 없는 것이다 입니다. 그 당시 잘못 들인 길로 인해 다시 나올 때의 후회와 짜증들이 지금은 사라지고 오히려 담담히 받아들일 준비가 된 것에 스스로 놀라울 뿐입니다. 우주를 바라보는 마음으로, 우주에서 살고 있는 내가 걷고 있는 너를 바라보듯이 확장된 마음으로 바라볼 수 있다면 지금의 연연하는 삶은 살지 않을 것임을 알게 된 것입니다. 그냥 오늘 내가 가는 이 길이 나의 길이기에 그냥 받아들이기만 하면 된다는 것이 맑음입니다. 마찬가지로 삶도 그리 받아들이면 원래부터 부처임을 알게 됩니다. 화와 복은 들어오는 문이 없으며 나가는 문도 없는 허상입니다. 그러니 화와 복에 매이면 어리석음이요 혜쳐나가면 밝음이나 어느 세월에 자기를 바로 보아 맑음을 알겠습니까? 안으로 정하고 밖으로 무심하면 그것이 맑음입니다. 밝음은 맑음의 그림자에 먼지 하나 닿을 수 없음을 알아야 합니다. 밝음은 중생과 부처를 분별하나 맑음은 중생과 부처가 없습니다. 맑음은 실천입니다.

70. 의지처

 선지식인들은 제자들에게 직접적인 가르침을 주지 않았습니다. 자신이 깨달을 수 있는 방편은 제공하더라고 깨달음은 자신이 직접 체험해야 얻는 것이기에 제자들를 기다려 줍니다. 절에 가면 자신을 낮추기 위해 부처님 전에 절을 합니다. 어떤 이는 소원성취를 위해 절을 하면서 기도합니다. 대웅전에 가 보시면 1년 등을 달아 장엄하기도 합니다. 부처님이 이 많은 소원을 들어주실지 의문을 가져보기도 합니다. 더구나 부처상이라는 것은 돌이나 쇠붙이 또는 석고상을 조각한 것으로 돈을 받고 일을 하는 사람들이 만든 조각에 불과합니다. 탱화 또한 그러합니다. 그러한 것에 기도하는 것을 보면 알고 하는 것인지 모르고 하는 것인지 참으로 난감하기도 합니다. 그놈의 돌이나 그림이 뭔 능력이 있다고 그리하는지 모르겠습니다. 그렇지만 그러한 것에 절하는 것은 인간이라는 약한 존재의 의지처가 되기도 하고 자신을 그만큼 낮추는 것으로 무아임을 배워 나가게 됩니다. 집에서 하는 제사나 차례도 사실 그러합니다. 자신을 낮추는 것입니다. 자신을 낮추고 가족의 끈끈한 사랑을 다시 한번 느껴보면서 과거의 회상을 통해 미래의 발걸음을 가볍게 만들어 가는 좋은 의미입니다. 기도를 하는 것은 의지하고 있음을 반증하는 것이나 아무리 기도해도 울림이 없음에도 스스로가 울림이 있는 것처럼 받아들이며 의지합니다. 자신이 열심히 하는 것에 대한 기도의 성취는 열심히 해서 그런 것임에도 절대자가 도와주셨다고 여김은 의지하기 위함입니다. 인간이 노력도 하지 않고 허황된 꿈을 기원하는 것은 의지처를 통한 자기자신의 마음의 위안이며 마음의 평안을 가져올 수 있기 때문입니다. 님들이 로또를 사는 것은 1주일을 허황된 꿈으로 살 수 있기 때문에 5천원을 지불합니다. 그래도 사람의 욕심은 이번 주가 안되면 다음 주에 또 다음 주가 안되면 그 다음 주를 기대하며 또다시 구입합니다. 절에서의 기도 또한 안 되면 용하다는 절로 가서 기도를 하기도 하는 것은 다 욕심에서 비롯된 것입니다. 의지처가 있다는 것은 자신의 편안함을 위한 욕심입니다. 천상천하유아독존입니다. 자신의 삶과 죽음에 도움을 줄 수 있는 사람은 어느 누구도 없기에 자신의 삶과 죽음은 오로지 자신의 몫입니다. 그러니 자신을 바로 알아야 되며 자신을 바로 보는 것 또한 자신밖에 없음을 알아야 합니다. 부처님이나 예수님에게 기도를 하면 들어주시려나라는 생각이 위안이며 의지하는 욕심입니다. 그러니 팔자를 고치는 길은 자신을 내려놓는 것입니다. 욕심을 버리고 네 이웃을 그대의 자식처럼 사랑할 수 있으면 팔자를 고치는 것입니다. 사실 욕심이 없으면 기도할 것이 없는 것이며 기도할 것이 없으면 그대의 기도가 소원성취 되는 것이니 철저히 욕심을 버려야 합니다. 낮은 곳으로 임하소서란 말이 이런 것입니다. 내려놓지 못하면 업만 쌓여 결국 또 다른 고를 안고 살아가게 됩니다. 영원한 부활은 업을 만들지 않는 것입니다. 욕심을 버려 낮은 곳에서 삶을 영위하면서도 불편하나 불편하다는 생각 없이 만족하게 사는 것이며 비교하는 삶이 아니라 있는 그대로를 인정하고 만족하는 삶입니다. 요순황제가 다 버리고 절의 부목을 하는 것이 천하의 만족한 삶을 영위하는 것과 같은 것입니다. 선각자들이 다들 그리하였습니다. 살아보니 별것도 없는 삶에 에너지를 허비하는 것을 느끼고 가장 편한 삶을 살아가는 것입니다. 그것이 누구에게도 구애받지 않는 '무소의 뿔처럼 혼자서 가라'라는 말입니다. 그러니 예수님이나 부처님이나 선지식인들의 삶을 다시 한번 살펴보시고 왜 그런 삶을 살아가야 하는지를 공부해 봅시다. 그러한 분들이 거짓말할 사람들이 아님을 잘 알듯이 지금 당장 공부합시다. 내가 의지해야 할 곳은 오로지 자등명과 법등명입니다.

71. 불교를 왜 공부해야 하나?

　사람은 타인이나 자연과의 관계 속에서 살아가고 있으며 관계를 벗어나서 살 수는 없습니다. 이왕 맺을 관계라면 좀 더 우호적이고 상생을 위한 관계형성을 하고 싶을 것입니다. 관계는 나를 먼저 내려놓고 다가가야 상대의 신뢰를 얻을 수 있는 것이기에 자신이 자신을 먼저 바로 볼 수 있어야 합니다. 자기자신을 바로 보는 것이 인격형성의 기본입니다. 사람의 됨됨이라는 인격은 어릴 때 형성이 되기 때문에 부모로부터 가장 많은 영향을 받지만 선생님이나 친구 등도 무시할 수는 없습니다. 그런데 불교라는 것은 나이와는 상관없이 배우면 배울수록 인격 형성에 도움이 된다는 것입니다. 저는 평생을 욕심으로 살았는데 불교 공부를 하면서 인격 형성의 새로운 전환을 하게 되었고 부모로서의 반성과 형제들과의 관계 소홀로 인한 반성을 많이 하고 있지만 아직도 신뢰를 쌓을 회복은 못하고 있습니다. 실천은 미진하나 알게 되었다는 것 자체만으로도 불교를 만난 것에 감사하고 있습니다. 다음은 불교에서 강조하는 윤회입니다. 물론 제가 윤회 관련 체험이 없기에 조심스러운 면도 있지만 윤회 관련 서적이나 유튜버를 보시면 믿지 않을 수 없을 정도의 세세함이나 자료들이 많다는 것입니다. 그것도 기독교인이 조사하다 믿을 수 없는 자료가 나오니 기독교인으로 더 이상 조사할 수 없다는 사람도 있습니다. 윤회한다는 정황이 너무 명확한 것들이 넘쳐나고 있을 정도입니다. 성철스님의 '자기를 바로 봅시다.'란 책에 보면 2,500건이 있다고 하니 지금은 훨씬 더 많을 것입니다. 더구나 부처님도 달마대사도 예수님도 부활을 하셨습니다. 그분들의 부활은 있는 모습 그대로 부활을 하셨지만 우리들은 갓난아기로 부활한다는 것이 다를 뿐입니다. 사람도 다른 사람의 몸으로 부활한 사례도 있습니다. 윤회 관련 사례를 읽어보시면 믿지 않을 수 없습니다. 그러니 '청춘을 돌려다오'라는 노래보다, 젊은 청춘들을 보면서 나도 한때는 저런 시절이 있었는데 하는 후회보다 윤회하여 사람으로 태어나면 청춘보다 더 젊은 생각이 없어도 돌봐 주시는 부모 밑에서 편히 살 수 있으니 얼마나 좋습니까? 단지 그 청춘이 좋음을 알지 못하고 업만 쌓아가는 행동을 하는 것이 문제이기도 하거니와 님들의 업으로 인해 어떠한 삶을 살지 모르지만 반드시 태어남은 고와 함께 함을 아셔야 합니다. 업이 있으면 누구나 그 업을 몸으로 받아야 합니다. 예수님도 십자가에 못 박히는 업을 피하지는 못했고 부처님도 자신의 업을 피하지는 못했습니다. 단지 그분들은 그 업을 피하지 않고 순순히 받아들였지만 우리들은 그러한 일이 다가오면 피해갈려고 다른 나쁜 업들을 지어 결국 삶의 고를 해결하지 못하여 또다시 윤회를 합니다. 그러니 지금부터라도 업장소멸을 위해 불교 공부를 하시기 바랍니다. 마지막으로 불교 공부를 하면 할수록 의심에서 확신으로 바뀌어진다는 것입니다. 불교의 기본교리만 알아도 자신의 삶을 대입해 보면 놀라울 정도로 그러함을 알 수 있으니 더 심오한 공부를 하게 됩니다. 불교에서 과거심 불가득 현재심 불가득 미래심 불가득이라는 말은 그대가 부처임을 말하는 것입니다. 얻을 것이 없는 부처임을 말하는 것입니다. 단지 업을 외면하지 말고 순순히 받아들이면 됩니다. 나쁜 업이든 좋은 업이든 받아들이면 됩니다. 마음을 비우면 업은 오지만 머물지를 못합니다. 다시 말해 업은 마음으로 짓고 몸으로 받는 것이지만 마음에 욕심이 사라지면 몸뚱아리를 공한 것으로 보니 받아야 할 업은 머물자리가 없게 됩니다. 님들도 과거의 경험으로 지금의 자신을 바로 보신다면 앞으로의 삶을 예견할 수 있듯이 자신을 바로 보는 인격형성의 기본을 불교를 통해 배우신다면 미래의 삶이 희망적임을 알 수 있습니다. 기독교에서는 불로써 지구는 멸한다는 예언을 하고 있지만 이 예언은 과학자라면 누구나 할 수 있는 예언입니다. 불교 용어

중에 성주괴공이라는 말이 있습니다. '지구가 생겨 지금처럼 있다가 폭발하여 사라진다'라는 말로 그 어떤 것도 변화되어 가는 것이기에 멸하여 사라짐은 당연합니다. 사람도 태어나고 머물다 죽어 없어지는 것과 같은 이치입니다. 단지 언제 멸하여 사라지는지를 모를 뿐이나 과학자들이 연구하고 있으며 세월이 흐르면 어느 정도 가능할 것입니다. 중요한 것은 미래도 중요하지만 지금 있는 내가 어떠하냐가 미래를 결정짓는 것이기에 지금 이 자리가 중요합니다. 스피노자의 '내일 지구의 종말이 온다고 해도 나는 오늘 사과나무를 심을 것이다'라는 말처럼 미래를 미리 걱정할 필요가 없습니다. 미래는 필히 오겠지만 오는 것을 막을 수는 없습니다. 나의 늙음도 막을 수 없는데 어찌 나 아닌 것을 막을 수 있단 말입니까? 그러니 지금 여기서 삶을 살아가는 것 즉 어떻게 삶을 살아가야 하는지만 알고 실천하는 것이 중요합니다. 예수님의 '뿌린대로 거두리라'라는 말처럼 지금 여기서 잘 뿌리면 절로 잘 거두어 들이게 됩니다. 과거를 거울삼고 현재를 살펴보며 미래를 점쳐 볼수 있지만 미래에만 머무름은 어리석은 짓입니다. 어느 스님께서 '너의 과거가 알고 싶으면 지금 너의 모습을 보면 알것이요, 너의 미래가 궁금하면 지금 너의 행동을 보면 알 것이다'라는 말씀을 하셨습니다. 이것이 지금의 여기가 가장 중요한 것을 말하는 것입니다. 얻을 것이 없는 것을 알고 지금 여기서 부처행을 하는 것이 가장 훌륭한 삶을 살아가는 것입니다. 우리는 누구나 부처입니다. 인간이라는 존재는 욕심으로 인해 나약하고 병약하여 의지하고픈 마음이 있습니다. 그래서 종교를 찾아 의지할려고 하지만 죽음에 와서는 그 어떠한 것도 도움이 되지 못하며 평소에 의지하였던 종교에도 도움을 받지 못합니다. 요즘은 과학문명이 발달하여 자신이 사용하던 폰을 새로 산 휴대폰으로 자료를 전송하여 사용하듯이 사람의 뇌도 그렇게 될 날이 멀지 않았다는 생각도 해 봅니다. 그러나 지구의 종말이 온다면 그때는 면하기 어려울 것이나 또다른 별나라의 이주생활도 가능하리라 여겨집니다. 이런 계속되는 생각은 1과 2 사이의 숫자를 생각하는 것과 같은 어리석은 생각이니 지금에 충실하는 것이 미래의 삶을 살찌우는 것이니 있는 그대로 받아들여야 합니다. 다시 말해 자기를 바로 볼 수 있는 정법인 불교를 통해 삶을 조명하고 지금 자리가 완벽함을 알아 유무에 초월하는 자유인이 되도록 공부합시다.

72. 4정근을 통한 좌선

처음에는 마음이 6근을 통제하지만 6근이 어느 정도 통제가 되고부터는 마음이 다른 곳으로 가 있어도 6근은 각자 따로따로 놀고 있음을 알 수 있습니다. 목적지를 향해 길을 걸어가면서 딴생각하고 있어도 걸음은 목적지를 향해 걸어갑니다. 장모님께서 씨암탉에 소주를 준비했으니 오라고 하면 잽싸게 운전하면서 맛나게 먹고 마실 생각을 해도 운전하던 습관대로 처갓집 주차장으로 잘 가고 있습니다. 운전은 보고 듣기는 대로 몸은 감각대로 잘 움직이고 있습니다. 각 가정의 김치도 그러합니다. 집에서 어릴 때부터 부모가 담가준 김치를 먹은 사람은 집에서 먹은 김치가 최고로 맛있는 것이 되었기 때문에 식당이나 다른 집의 김치를 평가할 때 부모님의 김치를 기준으로 맛을 평가합니다. 어릴 때 똥냄새를 향기로운 것으로 배웠다면 방귀 냄새를 역겨워하지 않았을 것입니다. 마음도 어릴 때 욕심을 배우지 않았다면 청정했을 것이나 나와 남을 분별하고 부모가 가르쳐 준 알음알이로 탐착하여 나쁜 업을 취하는 습관을 길러냅니다. 6근은 다 그러합니다. 그러니 4정근이 몸에 스며들 정도로 훈련을 시켜야 합니다. 여지껏 잘못된 습관들을 4정근을 통해 바꾸어야 합니다. 그러니 처음 배울 때가 중요합니다. 육신이 숨을 쉬지 않으면 6근은 소멸하는 것이니 연습을 통해 이 몸뚱아리가 내가 아님을 각인시켜야 합니다. 그렇게 함으로써 좌선에 집중이 훨씬 더 잘 됩니다. 내라는 것이 없으면 생각의 범위는 그만큼 좁아지고 생각이 좁아지는 것은 그만큼 욕심이 줄었다는 증거입니다. 생각은 욕심이며 생각을 놓으면 바로 깨달음입니다. 깨달음은 지금 여기서 극락을 반찬 삼아 우주를 먹고 살아가는 것입니다. 살아있는 부처입니다. 좌선은 화두를 들고 하나의 생각으로만 오롯이 앉아 있는 것이나 그 한 생각을 놓으면 우리가 말하는 깨달음입니다. 깨달음으로 가려면 가장 먼저 4정근을 통해 몸뚱아리를 굴복 받아야 합니다. 4정근이라 하면 앞에서도 말씀을 드렸지만 이미 생긴 나쁜 법(습관)을 지금 즉시 없애고 아직 생기지 않은 나쁜 법을 서둘러 생기지 않게 하고 아직 생기지 않은 선한 법을 서둘러 생기게 하고 이미 생긴 선법은 물러서지 않도록 머무르게 하는 것, 즉 선법을 증장하고 악법을 버리려는 끊임없는 노력을 말합니다. 착한 사람은 착한 행동을 하기 때문에 착한 사람이라는 말을 듣고 악한 사람은 나쁜 행동을 하였기 때문에 악한 사람이라는 말을 듣습니다. 선을 행함으로써 자신을 낮추고 선을 반복적으로 행함으로써 이 몸뚱아리를 자신이라고 여기지 않는 마음을 더 많이 가지게 됨으로 인해 좌선에 힘이 실려 집중하는데 많은 도움이 됩니다. 그러니 처음으로 좌선을 하려는 님들은 4정근을 먼저 하시면서 좌선을 하는 것이 깨달음으로 가는 최선의 지름길입니다. 깨달음으로 가는 길은 다양합니다. 그러나 자신에게 맞는 깨달음의 길을 잘 선택해야 하기에 스승을 잘 만나는 것이 무엇보다 중요합니다. 배울 때는 스승이 중요하나 깨달으면 스승도 헌신짝처럼 버려야 합니다. 지금은 저의 스승이 금강경이나 머지않아 금강경도 버리고 자연을 품어주어 내가 자연이고 자연이 나이길 기대합니다. 저는 개인적으로 달리기 후에 좌선하면 집중이 잘 되어 일주일에 두 번 정도는 달리기를 합니다. 처음 하는 곳에서의 달리기는 길을 몰라 집중도 하고 구경도 하면서 달리기 때문에 힘들거나 지루함을 모르며 달리지만 반복적으로 하다 보면 하기 싫을 때도 있고 걷고 싶을 때도 있으며 '한 쿼트 왔네, 반 왔다, 저곳을 지나면 지루한 코스인데' 등 힘들어서 하기 싫은 내색의 생각들이 꼬리를 물고 일어납니다. 생각하지 않고 발바닥에만 집중해야지 하면서도 내 것이라고 하는 이 몸뚱아리가 힘들어서 편하게 해주려고 온갖 생각들을 만들어 냅니다. 그럴 때는 좌선을 하는 기분으로 '지금 여기서 최선을 다하면 목적지는 죽기 전에 도착한다'라는 생각으로 지면에 닿는 발바닥의 느낌에만 집중하며 발바닥 발바닥 하며 구호를 외치며 달립니다. 또한 '내가 어제와 다르고 주위 환경 또한 어제와 다르니 보이는 것은 다 새로움이기에 새로움으로 새로움을 느끼고 달리니 새롭지 않은 것이 없으니 생각하지 말자'라고 다짐도 합니다. 어제의 발바닥에 집중하는 것과 오늘 느끼는 발바닥의 느낌 또한 다른 것이지만 비교하지 않을려는 생각으로 달리기를 합니다. 그러면 생각이 없어지고 힘듦이 사라집니다. 몸이란 것은 욕심만 없으면 알아서 목적지로 가고 힘이 들면 속도를 늦추며 알아서 달리기를 합니다. 그러다 마지막 50미터를 남기고 전력질주를 할 때는 욕심 있는 마음이 작동하여 억지로 전력질주를 합니다. 이러면 골인 지점에서 힘들어서 헉헉거립니다. 이유는 몸을 단련시켜 좌선을 더 잘하기 위함도 있지만 의지력을 키우기 위함도 있습니다. 운동은 스트레스입니다. 스트레스를 통해 스트레스를 받지 않고 마음을 순화시키는 공부이기도 합니다. 걷기를 하지 않고 달리기를 하는 이유는 발바닥의 자극을 크게 느낄 수 있기 때문에 집중하기가 쉽고 걷기는 지루해서 집중을 하지 못함은 제가 아직 집중력이 약하기 때문입니다. 이것이 4정근을 통해 몸을 단련시키는 저의 습입니다. 운동하지 않으면 집에서 유튜버를 보든지 낮잠을 자든지 아니면 뭔가 일하듯이 운동이 그런 일들 중 하나입니다. 시간은 모든 이에게 똑같이 흐르지만 누가 더 효율적이고 알차며 보람있게 보내는냐가 중요합니다. 남진의 님과 함께 가사처럼 전원생활을 하시면 3년 이내로 외로움과 쓸쓸함이 닫쳐 와서 다시 도시로 나가는 이들이 태반입니다. 이유는 마음의 준비를 하지 않고 감성적인 마음으로 전원을 즐기려는 마음이기 때문입니다. 즉 욕심이 앞서기 때문입니다. 마음에 욕심을 내려놓는 것이 환경의 변화에 잘 순응하는 것이며 즐기는 것입니다. 내가 새롭고 주위 환경이 새로우니 항상 새로운 것입니다. 그래서 일일시호(日日是好) 또는 부모미생전 본래면목인 이라고 합니다. 맛있는 식사를 한 달 동안 먹어 보시면 대부분은 지겨움이나 힘겨움을 느낄 것이며 잠도 24시간 자 보셔도 누워 있는 것이 힘듦을 아실 것입니다. 병문안을 가시면 확연히 느낄 수 있습니다. 바다가 보이는 집이나 풍광이 아름다운 전원에서의 삶도 준비가 되어 있지 않으면 완벽한 아름다움을 볼 수 없어 스스로가 도태되어 다른 감각적인 것을 찾아 나서게 됩니다. 어제의 태양과는 다른 오늘의 태양이 뜨듯이 님들의 마음 또한 어제와 다른 마음으로 주위 환경을 보게 되니 모든 것이 새로운 것임에도 욕심으로 인해 볼 수 없습니다. 그러니 자신의 마음을 잘 살펴 보는 것이 무엇보다 중요합니다. 문 밖에서 찾지 말고 문 안의 수행을 통해 여여해 지셔야 합니다. 우리의 삶은 결국 죽음으로 가는 행보입니다. 님들이 사랑하는 사람과 사랑을 나누어도 죽음의 시간은 그만큼 짧아지고 있으며 님들이 좋아하는 게임이나 좌선을 하는 순간에도 죽음은 그 만큼 가까이 다가오고 있습니다. 달리기를 하든 술을 마시든 사랑을 나누든 죽음은 그만큼 다가오고 있습니다. 나중에 홀로되어 죽음을 맞이하는 순간이 오면 담대하게 받아들이고 혼자서도 잘 놀고 죽음이 와도 친구로써 함께 할 수 있는 공부가 되어 있어야 합니다. 그러기 위해서는 4정근을 통해 자신을 준비해야 합니다. 일반적으로 종교는 의지처가 되기에 종교를 선택하고 공부하여 올바른 삶을 엮어가길 기원합니다. 4정근의 협조자인 종교는 내 삶의 수단으로 버려야 할 뗏목과 같은 것입니다.

73. 내려놓는 만큼 자신의 부처를 본다

마음이라는 놈에 욕심이 쌓여 있어 스스로는 자신의 성품을 보지 못하고 있습니다. 자신의 성품(성품작용인 마음)을 보려면 지금까지 알고 있는 알음알이를 내려놓아야 합니다. 하나의 욕심을 버리고 또 버리고 하다 보면 편안함을 느껴 또 다른 욕심을 내려놓게 됩니다. 욕심을 하나씩 내려놓는 것은 자신의 부처를 그만큼 드러내는 것이기도 합니다. 사람은 세월의 흐름에 따라 힘이 없어지면 하고픈 일들을 결국 포기하면서 내려놓게 되어 있지만 지은 업은 빚이기에 빚을 갚으러 다시 윤회하여 삶의 고를 지고 살아야 합니다. 빚지지 않고 살기 위해서는 내려놓고 또 내려놓고 갚고 또 갚고를 하염없이 해도 갚을 수가 없습니다. 마음에 욕심을 버려야만이 인연가합으로 이루어진 마음이 사라져 빚지지 않고 업을 다하는 유일한 길입니다. 내가 죽음과 함께 친구가 되는 공부를 하지 않는 이상 죽음은 공포를 안겨줄 것이며 더구나 내가 일군 것들이 많을수록 더 그러합니다. 그러니 살아생전에 욕심을 내려놓고 무주상보시로 업장소멸을 해야합니다. 지구촌은 할 일이 있는 사람만 오는 곳이어서 할 일이 없게 되면 윤회에서 벗어나 자유인이 됩니다. 지금의 삶에 만족하고 지금 여기서 최선을 다하는 것이 자신을 바로 보는 것이며 지금의 삶에 만족하여 할 일이 없어지면 없어지는 만큼 자신의 부처를 드러내게 됩니다. 부처님께서 아나율의 옷을 기워주시면서 '욕심은 채워도 채워도 채워지지 않는 것이다'라는 말씀을 하셨습니다. 그러면 반대로 욕심을 완전히 내려놓으면 바라는 것이 없기 때문에 자신의 소원이 다 이루어지는 것입니다. 삶에서 더불어 사는 삶이 가장 아름다운 삶이라고 하는데 욕심이 많은 사람, 욕심이 조금 작은 사람, 욕망이 큰 사람, 관심이 나와는 다른 사람 등 어떤 경우에라도 나와 같은 생각을 하는 사람은 없습니다. 심지어 쌍둥이라 할지라도 그러합니다. 그러니 더불어 사는 삶을 사는 것도 나름 참으로 힘든 삶입니다. 관계형성에서 자신을 바로 보는 것이 중요하듯 더불어 사는 삶 또한 나를 먼저 내려놓아야 합니다. 자신을 바로 본다는 것은 자신을 내려놓는 것이며 내려놓으니 불편해도 마음은 편하니 지금의 삶에 만족하게 됩니다. 청춘 남녀가 결혼해서 같이 살아도 3년이면 단점이 보이면서 차츰차츰 거리감이 멀어지는데 하물며 타인이야. 마음이라는 놈은 자신의 이득을 위해 시시때때로 변하는 것으로 그 변화를 격려와 긍정과 새로움으로 변화를 줄 수 있으면 하루하루의 삶이 향기 나는 새로움으로 변화되어 배우자와 타인도 그렇게 변해질 수 있습니다. 그러한 변화는 먼저 자신을 변화시켜야 하는데 욕심을 내려놓기만 하면 됩니다. 욕심만 내려놓으면 숨어있는 향기로움이 피어나 주위의 사람들에게 널리 퍼지면서 만인의 마음을 울리게 하여 거리감이 사라지면서 지금의 삶에 만족하게 됩니다. 만족한다는 것은 만족한다는 생각이 없이 만족하는 것으로 오로지 지금의 생활에 최선을 다한다는 말입니다. 최선이라는 것 또한 최선에 머물지 않고 탐착하지 않으며 경계에 무심하여 분별하지 않는다는 말입니다. 세간의 한 칸 집이 보살이요, 보리 한 톨 부엌이 미륵이면. 텅 빈 방이 그대의 마음자리라네.

74. 부처님의 유(有)와 조주선사의 무(無)

  조주선사의 무와 부처님의 유와의 차이가 무엇일까? 같을까? 다를까? 덕산방에서 덕산은 '말을 해도 30방이요, 말을 하지 않아도 30방이다'라는 것과 무엇이 다른 것일까? 옛날 어느 선사가 지름 1m 남짓의 동그라미를 그려 놓고 원 밖을 나가도 안 되고 안에 있어도 안 된다고 말하고는 일러 보라고 합니다. 더구나 틀리면 저녁공양 없다고 하니 난감합니다. 하나를 알면 다 안다고 하는데 도대체 이게 어떻게 같이 이해가 된다는 말인가? 참으로 고민스럽습니다. 연기법으로 보아도 보이고 누워서도 보이고 걸어가도 보이고 밥을 먹어도 보이는 이것이 무엇입니까? 보려고 해도 보이지 않고 들으려고 해도 들을 수 없으며 냄새로 맡을 수도 없고 맛을 보려고 해도 알 수 없고 잡거나 느끼려고 해도 잡을 수도 느낄 수도 없으며 생각으로도 알 수 없는 이것은 도대체 무엇이라는 말입니까? 부처님 살아생전에 불성의 유무를 조주선사가 무라고 했다면 부처님은 무엇이라고 했을까요? 염화미소를 보내었을까요, 아님 덕산선사처럼 방망이로 30대를 때렸을까요? 막힘이 있는 곳에 해결의 실마리가 있습니다. 응무소주 이생기심의 그 마음도 내려놓아야 알 수 있습니다. 여러분은 어떠한 답을 하시겠습니까? 임제선사였다면 할이라 할 것이요, 덕산이었으면 30방으로 때렸을 것이며 조주선사였으면 무라고 할 것입니다. 바람이 부니 등잔불이 꺼집니다. 각각의 질문에 선사의 가르침은 한결같습니다. 질문은 다르지만 가르침은 한결 같으니 뭔가 있을 법도 합니다. 질문의 낙처가 어디있을까요? 금강경에 '법에도 머무르지 말아야 하는데 응당 법아님에야'라는 말이 있습니다. 일체의 법은 다 불법(佛法)이며 불법(佛法) 아님이 없습니다. 그러니 성공도 실패도 불법(佛法)이라는 말입니다. 그러니 실패한다고 나쁘다고만 바라보는 시각은 잘못된 것입니다. 실패를 응당 받아들이며 실패에 머무르지 않으면 실패는 바람이 옷깃을 스쳐 지나가듯이 그냥 지나가는 것에 불과한 것입니다. 실패를 통해서 성공했다면 실패가 성공의 밑거름이 된 것이니 실패가 바로 성공이며 성공 또한 자만심만 키워 실패입니다. 실패가 없으면 성공도 없고 성공이 없으면 실패가 없는 것이니 실패가 성공이며 성공이 실패입니다. 성공했다고 성공에 도취하거나 실패했다고 낙담하는 것은 성공과 실패에 머무르는 것으로 분별이며 욕심이 드러나는 것이니 분별하지 않고 받아들이기만 하면 바람처럼 지나갑니다. 성공과 실패는 성공과 실패가 아니라 그 이름이 성공과 실패입니다. 유무합치명위중도라는 말입니다. 그런데 조주선사는 중도를 알면서 무를 말하는 것은 무엇입니까? 그는 중도에도 머무르지 않기 때문입니다. 중도라는 것은 중도에 머무르지 않는 것을 말하는 것입니다. 무주상보시라는 것과 같은 의미입니다. 그러니 무를 말한들 유를 말한들 아무 상관이 없습니다. 단지 제자의 가르침을 주기 위해 무를 말하는 것입니다. 부처님 입장에서는 무는 불법(不法)이나 불법(不法) 또한 불법(佛法)입니다. 단지 머무르지 않는다는 것이 중요합니다. 임제선사가 제자인 낙보에게 덕산선사에게 가서 "말을 할 수 있는데도 어찌 때릴려고 하십니까?"라고 말하고 때리려고 하거든 몽둥이를 잡고 덕산선사를 밀쳐버려라"라고 시켰습니다. 낙보가 실제로 가서 그렇게 하니 덕산선사가 방으로 돌아가 문을 닫았습니다. 여기서 어디가 무고 어디가 유며 어디가 응무소주 이생기심입니까? 무가 유요, 유가 무이니 응무소주이생기심이라고 할 것이 뭐가 있단 말입니까? 참고로 저는 글을 작성하면서 많은 공부가 되었고 지금도 공부하며 책을 쓰고 있지만 일시적인 일로 생각이 항상 공함에만 집중하다 보니 어느 날 허무하여 집어던질까 라는 극단적인 생각도 했었습니다. 그러다 항상 드러나 있고 말하고 있었던 것을 보지도 듣지도 못하고 있었음을 알고 얼마나 웃었는지 모릅니다. 기본이 안 되어 있으니 한쪽으로만 치우쳐 보았던 것이지요. 이 말이 참조가 되었으며 하는 바람입니다.

75. 보는 걸까 보이는 걸까?

　6근의 입장에서는 보는 것이요. 6진의 입장에서는 보여지는 것입니다. 6근이 본다는 것은 뭔가 있기 때문에 봅니다. 친구와의 만남을 위해 약속 장소로 걸어가는 동안에 오롯이 친구와의 만남장소로 가고 있다면 주위의 전시 되어진 물건이나 상황, 분위기 같은 것을 의식적으로 보고 느끼고 냄새 맡고 가지만 도착해서 보면 아무것도 기억이 없음을 경험하였을 것입니다. 사람은 하나의 일만 할 수 있지 두 가지를 동시에 할 수가 없습니다. 왜냐하면 마음이 하나고 마음에서 나온 생각이 하나이기 때문입니다. 그래서 생각은 하나의 생각만 하다가 또 다른 하나의 생각으로 빠집니다. 6근의 대상이 6진이기 때문에 당연히 보거나 보여지게 되어 있습니다. 기억이라는 것은 뭔가 특별하거나 자신에게 관심이 있는 것에만 회상을 할 수 있는 것이기에 자신이 관심이나 호기심이 발동할 수 있는 것들이 스쳐 보이면 생각하거나 근처에 가서 관심 갖고 볼 수 있는 이것이 애착입니다. 애착을 하는 것은 분별이며 분별을 한다는 것은 인식 즉 알음알이로 나아갑니다. 여기서 욕심이 생기면 인식을 자신이 유리한 방향으로 합리화를 시켜 새로운 인식으로 거듭나기도 합니다. 욕심이 있으면 보는 것이고 욕심이 없으면 보든 보이든 상관이 없습니다. 육진의 입장에서는 6근과 인식(육식)의 매개체이므로 보여지든 보이든 상관이 없는 의식의 입장입니다. 그래서 육근청정이면 육진청정이고 육식청정이라고 합니다. 참고로 보이는 것과 보여주는 것은 완전히 다른 말입니다. 보여주는 것은 욕심을 가지고 접근하는 방식이기 때문에 사심이 내포되어 있는 것으로 공부하시는 님들과는 아무런 상관이 없는 것이나 상관이 있다면 님들의 욕심이 발동하여 분별하고 판단하는 누를 범할까 걱정입니다. 자신의 삶을 찬찬히 되돌아보면 집에서나 직장에서나 보여주기 위한 삶을 평생 살았던 것을 알 수 있습니다. 직장에서는 진급하기 위한 수단으로 가정에서는 위엄을 유지하기 위한 수단으로, 정작 자신을 위해서는 아무것도 하지 않은 채 기껏 자랑질하는 것만 늘어난 것입니다. 그래서 자신을 바로 볼 수 없었던 것입니다. 지금 여기서 당장 자신을 위한 시간과 돈을 투자하는 것만이 자신을 바로 보고 속지 않으며 여지껏 힘들게 살았던 자신을 위로하는 것입니다. 우리는 절이나 교회, 성당에 가면 소원성취하려고 기도하는데, 기원한다는 것은 잘하고 있으니 기원하는 것이고 앞으로 잘 할테니 기원하는 겁니다. 자신을 바로 보면 잘할 것도 없고 잘 보일 것도 없으며 기원할 것도 없습니다. 자기를 바로 봅시다. 나 아닌 곳에서 구할려고 하며 구할 수도 없고 구해지지도 않습니다. 구한다는 것 자체가 욕심이며 구함 또한 끝이 없는 것으로 욕심 많은 사람을 싫어하듯이 욕심 많은 사람의 소원을 들어줄 리가 만무합니다. 그러니 자신의 성품을 보기 위한 욕심의 그림자를 걷어내기만 하면 본래부터 있었던 자신의 부처를 찾는 것이며 여지껏 부처임을 모르고 살았음을 알게 됩니다. 이것이 세상에서 가장 위대한 발견입니다. 항상 부처하고 살고 있으면서 절에 가서 부처상에 빌고 있었으니 한심스럽기도 합니다. 그러니 자신의 부처에게 감사히 여기고 물들지 않게 잘 다스리시길 바랍니다. 공부합시다. 공부하다 죽을지라도 공부합시다. 이왕 죽을 인생 빈둥빈둥 놀거나 자랑질하며 사는 것보다 알찬 삶이기도 하거니와 다음 생에 지대한 영향을 미칠 것이니 공부하다 죽읍시다. 다시 말해 본다는 것도 보이는 것도 다 분별이고 욕심이며 집착입니다. 본다는 것은 지금 여기서 직접 판단하여 분별하는 욕심이며 보이는 것은 내재적이고 간접적인 분별이니 본다거나 보이는 것은 다 분별이며 욕심입니다. 공함 가운데 보고, 공함 가운데 보이는 것에 분별하는 것은 마음이 머무르지 않음이니 이것이 빌려도 빌리지 않음으로 님들의 성품입니다.

76. 속담과 사자성어는 언어 예술의 극치다

중학교 시절, 한문수업 시간에 한자의 사자성어나 격언들을 배우면서 나에게 살아가는 방향이나 삶의 가치와 도덕성을 제시했던 것들을 나의 일기장에 적어 두었던 속담과 사자성어는 '언어 예술의 극치다'라는 표현이 기억납니다. 아마 지금도 대부분의 사람들은 자신이 좋아했던 한자어를 기억하고 있을 것이며 어떤 이는 집에 가훈으로도 걸어두고 있는 집도 있을 것입니다. 불교 공부를 하면서 나에게 도움이 되었던 한자어들은 착하게 살면 복이 온다는 말입니다. 가장 불교 공부에 도움이 되었던 것만 말씀드리면 삼인행 필유아사(三人行 必有我師), 조삼모사(朝三暮四), 역지사지(易地思之), 오십보백보(五十步百步) 호사다마(好事多魔), 새옹지마(塞翁之馬) 등인데 불교 공부를 하시든 하시지 않든 삶을 살면서 도움이 되는 문구임을 아실 것입니다. 설명이 필요 없는 불교와의 접목이 아주 밀접한 문구로써 불교 공부를 하면서 자신을 비추어 보게 되는데 이 말이 문득문득 떠오를 것입니다. 위의 한자어들은 '착하게 살고 힘들어도 참고 살면 좋은 날이 있을 것이며 자신을 속이지 말라'라는 아주 좋은 의미를 내포하고 있는 것들입니다. 삼인행 필요아사는 나쁜 것은 하지 말고 좋은 것은 따라 해라는 의미 있는 가르침의 스승입니다. 스승에게 대하듯 모든 이에게 나를 낮추고 스승으로 모신다면 최소한 말수가 줄어들 것입니다. 다음은 오십보 백보를 필두로 뭉뚱그려 말씀을 드립니다. 선과 악이 그러합니다. 선과 악을 구분 짓는 기준은 없습니다. 무주상보시를 접목하면 가장 선한 것은 선을 자랑하지 않고 실행하는 것입니다. 담배꽁초를 버리지 말라고 말하는 것보다 직접 담배꽁초를 줍는 것이 상대의 마음을 변하게 합니다. 악도 그러합니다. 도둑질하는 놈이 나는 살인은 하지 않는다고 하는 것과 같습니다. 착하게 산다는 기준은 자신의 잣대이지 상대하고는 아무 상관이 없습니다. 상대에게 불편함을 주어야 할 일이 있으면 사실을 설명하고 양해를 구하는 것도 자신의 잣대입니다. 상대에게 양해를 구했음에도 물러서지 않으면 자신의 불편함을 감수하고 법적으로 처리해야 하지만 서로에게 불편함만 더 가중시키는 결과로 업만 늘어나게 됩니다. 공부하는 사람으로서는 동체대비라는 생각으로 내가 불편함을 감수하는 것이 현명할 것입니다. 이웃을 잘 만나야 된다는 말이기도 합니다. 하지만 고마운 이웃을 만났다 하더라도 이웃의 불편함의 유무를 챙겨 보셔야 합니다. 이웃에게 좋은 복만 받다 보면 복이 다 소진되어 다음에는 나쁜 이웃을 만나게 되는 것이니 좋을수록 챙겨 보셔야 합니다. 질량보존의 법칙에 의해 나의 이익은 남에게 불이익을 주는 것입니다. 마찬가지로 불편함을 내가 감수하면 나중에 좋은 복으로 돌아오게 되는 것이 법계의 질서입니다. 잘해주는 이웃이 있으면 더 많은 기대를 하는 것이 아니라 나는 얼마나 잘해 주었는지를 살펴보는 것이 자신을 성찰하는 공부입니다. 제가 2년 전에 헌혈하기 위해 석달을 금연하고 헌혈했었는데 이왕 주는 피 깨끗하게 해서 주겠다는 다짐도 있었지만 혈압이 높아서이기도 했습니다. 지금은 다시 담배를 피우고 있어 적십자에 가면 혈압이 높아 헌혈하지 못하고 돌아옵니다. 물론 혈압약은 지금도 먹지 않고 있습니다. 헌혈하기 위한 정성이 그만큼 사라졌습니다. 헌혈을 위한 초발심을 유지해야 함에도 그러지 못함은 불교 공부를 하는 것과 같은 것으로 타인을 챙기는 것이 그만큼 어렵습니다. 덧붙여 자신의 허물을 먼저 들어내 놓거나 자신의 잘못을 먼저 인정하시는 것이 이해와 용서를 통해 복으로 돌아오는 번뇌가 보리입니다. 우주법계는 결국 뿌린대로 거두기 때문에 무주상보시를 하는 것이 중요합니다. 자신을 먼저 살펴보고 남의 아픔을 넘기지 말아야 합니다. 금강경에 보면 어법 불설단멸상(於法 不說 斷滅相)이라는 말이 있는데 깨달은 사람은 불법에 있어 모든 상이 끊어져 없어졌다고 말하지 않는다는 말입니다. 산의 정상을 올라가는 길은 수없이 많이 있습니다. 우리는 일반적으로 걸어서라는 생각을 하지만 어떤 이는 헬기를 타고 가는 사람도 있습니다. 옛날 비행기가 없는 시기에 생각지도 못한 일입니다. 그러므로 진리도 변해가는 것이며 진리라는 것도 인간이 만들어 낸 실체가 없는 것입니다. 그래서 부처는 여여합니다. 불법은 절대라거나 당연하다와 같은 단어는 사용하지 않습니다. 예외 없는 법이 없는 것처럼, 세상에 이런 일이 왜 나에게라는 것처럼 절대 오지 않을 일이 나에게도 온다는 것입니다. 착하게 사는 사람은 착하다거나 악하다거나 말을 하지 않고 중생의 이로움을 위해 실행하는 사람입니다. 다음 삶은 북한주민의 해방과 세계의 이로움을 위해 김정은 아들로 태어나 남북통일을 만들어야지.

77. 어느 선지식인의 말씀

어느 스님께서 하신 말씀입니다. '깨달음은 평등하게 깨닫고 수행은 더할 나위 없이 행하고 깨달음은 인연 없는 데에 계합하고 제도는 인연 있는 데서 할지로다.' 이것이 배우는 사람의 마음가짐입니다. 일체는 동체대비이며 일미진중함시방이며 시법 평등 무유고하입니다. 깨달음은 둘이 아닌 하나이나 하나 또한 모르고 있기에 평등하게 깨닫게 되어 있습니다. 절에 가면 불이문(不二

門)이라는 현판을 보실 수 있는데 불이라는 말은 두 개가 아닌 3개 또는 4개 또는 무한대라고 할 수도 있지만 일반적으로 하나라는 말을 합니다. 그럼 그 하나는 무엇입니까? 하나의 먼지가 모든 우주를 다 품었다고 하는데 그 하나의 먼지는 무엇입니까? 그 하나가 하나같지 않은 평등입니다. 그 하나는 잡으려고 할수록 보려고 노력할수록 더 꽁꽁 숨어버리는 것으로 물고기가 물을 모르듯이 도둑이 아무도 모르게 집을 방문하듯이 그런 것입니다. 그것이 평등입니다. 평등은 너무 고른 것이어서 평등이 무엇인지 모르는 것이 평등입니다. 그러니 그 하나는 있지만 너무 평등해서 있다는 것을 모르는 것으로 삶은 똑같음에도 똑같음을 모르고 살고 있습니다. 삶이 똑같으므로 깨달음도 남녀노소 불문하고 공부만 하면 깨달을 수 있습니다. 모든 사람은 부처 아님이 없습니다. 단지 자신이 부처임을 모르고 있을 뿐입니다. 깨달은 사람이 보면 다 부처입니다. 모든 일체가 평등한 부처입니다. 이렇게 보고 이렇게 실천하는 사람이 우주를 경영하는 자유인입니다. 그런 자유인이 되고 싶다면 공부하세요. 공부는 오롯이 해야 합니다. 하나뿐인 자식을 잃은 과부가 자식을 생각하며 밤낮없이 우는 것처럼, 백주대낮에 도시에서 설사를 만나 화장실을 찾듯이, 잃어버린 1등 맞은 로또용지를 찾듯이 공부해야 알게 됩니다. 그렇게 열심히 수행할 때 선지식인이 나타나 도움을 주거나 안내를 해 주게 됩니다. 이것을 우리는 시절인연이라 말을 하지만 시절인연 또한 실체가 없는 공한 것입니다. 가르치는 사람은 아무리 가르쳐 주어도 모르는 사람에게는 도움을 줄 수 없으니 때를 기다립니다. 안내는 할 수 있으나 깨달음은 오로지 자신 밖에 없으니 챙겨만 줄 뿐입니다. 불교 공부를 하는 데 있어서 깔끔하게 정리해 주는 시원한 물줄기와 같은 말씀입니다. 하나가 전체요, 전체가 하나라고 하는데 그러면 그 하나는 무엇인지 아시겠죠. 이래도 모르시면 불이문을 들락날락하시면 아실 수도 있지요.

78. 아는 것과 모르는 것의 차이

　톨스토이가 '책은 정말 할 일 없을 때 마지막으로 읽어보는 것이다'라는 말을 했습니다. 무슨 말인지 의문이 가실 수도 있습니다. 있는 그대로 해석을 하면 큰일 납니다. 저도 처음에는 있는 그대로 해석을 했었는데 생각은 할 일이 없으면 일어나지 않는 것을 떠올리면서 의미를 알게 되었습니다. 책은 한 개인의 일생이 들어있는 것으로 남의 인생을 알려면 집중해서 읽어야 하기에 할 일이 없어야 생각하지 않고 집중하여 읽을 수 있습니다. 알고 짓는 죄와 모르고 짓는 죄 중 어느 것이 더 무거운 죄입니까? 판사에 따라 죄질을 판단해서 형량이 달리 주어질 수 있겠습니다마는 모르고 짓는 죄는 자신이 죽을 때까지 자신의 잘못을 알지 못해 뉘우치지 못합니다. 그렇지만 알고 짓는 죄는 최소한 자신의 잘못을 죽기 전에 뉘우칠 수 있는 기회가 있다는 것입니다. 물론 피해자의 입장에서는 알고 짓는 사람이 더 미울 수 있으나 가해자의 입장에서는 그러합니다. 다시 말해 상대적인 것으로 분별할 필요가 없습니다. 부처님께서도 그러합니다. 말을 그리 많이 하셨으면서도 나는 한마디도 하지 않았다고 합니다. 여기서 우리는 간과하지 말아야 할 것이 알고 말해야 된다는 것입니다. 알기에 가르쳐 주시려고 하는 말임을 알아야 합니다. 님들을 위해 말을 했던 것입니다. 그렇다고 님들을 낮추어 보신 것도 아닌 부처로 바라보면서 말씀하셨습니다. 모르고 하는 말은 상대에게도 피곤함을 주는 말이 되므로 알고 말해야 합니다. 부처님께서는 우주 법계를 다 꿰뚫어 보시고 삶의 길잡이 역할을 해 주신 분입니다. '아는 것과 모르는 것은 백지 한 장 차이다'라는 말이 있듯이 아는 사람의 입장에서는 백지 한 장 차이지만 모르는 사람의 입장에서는 그런 생각을 하지 않습니다. 그래서 알아야 합니다. 알면 부처요, 모르면 중생입니다. 부모도 마찬가지입니다. 알아야 자식을 키울 수 있음에도 자신의 욕심으로 남이 하는 결혼이니 나도 한다고 하면서 결혼하지만 결혼은 부모의 역할을 공부하고 결혼해야 합니다. 자식을 키울 인성이 되지 못하면 자식을 망치는 결과를 초래합니다. 마찬가지로 삶을 알아야 지구촌에서의 신명난 놀이를 할 수 있는 것입니다. 예수님의 '너의 이웃을 사랑하라'라는 말은 님들이 결혼해서 자식을 키우다 보면 자식에게 무한한 사랑을 보내는 것처럼 하라는 말입니다. 그런데 결혼하지 않으면 예수님의 사랑을 이해하지 못하는 경우가 태반입니다. 요즘 혼밥 먹는 사람이 늘어나는 추세이지만 결혼은 타인을 만나 이해하고 맞추어 살며 희생하는 것을 배울 수 있으니 삶의 가장 큰 가치를 배우는 수단입니다. 그리해야 이웃도 사랑을 그렇게 할 수 있습니다. 3대가 사는 가정집의 자손들을 보면 대부분 선하게 자라나는 경우가 많습니다. 부모는 사회에서도 낙오되지 않게 현실적으로 키우지만 할아버지 할머니의 사랑은 오로지 사랑이기 때문에 남을 배려하면서도 사회의 한 일원으로서의 삶을 순탄하게 살아가지 않나 라는 생각입니다. 성직자들은 모든 사람들과 결혼하신 분들이기에 더할 나위 없이 감사한 분들이고요. 가족을 알아야 이웃을 사랑할 수 있듯이 삶도 알아야 됩니다. 부처님처럼요. 그런데 아는 데까지가 참으로 힘든 과정임을 결혼하신 분들은 자식을 키워 보면서 부모님의 삶을 알게 되는 것과 같습니다. 우리도 부처님처럼 알기 위해 힘든 과정을 거쳐야 됩니다. 그 과정 중에 하나가 간접경험을 체험하는 독서입니다. 책은 사람의 경험을 토대로 미래지향적인 관점에서 현재의 책이 나오게 됩니다. 그렇게 나온 책이니 오롯이 집중하여 읽어 나의 것으로 만들어야 자식농사 잘 짓고 부모도 성숙되고 부모의 부모를 공경하게 되는 것이며 삶을 살찌우게 됩니다. 피카소는 60이 되어서야 '이제 진정한 그림을 그리게 되었다'라고 하지 않았습니까? 욕심을 내려놓아야 삶이 눈에 보이고 삶이 눈에 보이면 책은 덮어도 됩니다. 책은 내려놓기 위한 방편이었으니 덮어도 된다는 말입니다. 성품으로 보나 연기법으로 보나 알고 짓는 죄와 모르고 짓는 죄는 있는 그대로입니다. 그대로가 성품입니다.

79. 덕산방

중국 당나라 때 금강경에 통달하여 '금강경청룡소초'를 지어 남쪽으로 내려가 한가닥하는 스님들의 코를 납작하게 만들며 천하의 덕산이라 불리며 절간을 다닌 분이 덕산선사입니다. 그러던 어느 날 배가 고파 떡을 파는 노파를 만나 떡을 사 먹으려 하니 노파가 하는 말 '바랑에 지고 있는 것이 무엇입니까?'라고 묻자 '금강경이며 남방의 조사선을 가르치려고 내려 왔습니다'라고 합니다. 그래서 노파가 금강경을 그리 잘 아신다고 하니 질문을 해서 맞추면 떡을 그냥 드리고 맞추지 못하면 팔지 않겠다는 제안에 덕산은 금강경이라고 하니 '무엇이든지'라며 제안에 수락하였습니다. 노파의 질문입니다. '금강경에 과거심불가득, 현재심불가득, 미래심불가득이라는 말이 나오는데 그대는 지금 어느 시점에 점을 찍어 떡을 먹겠습니까?'라고 묻자 덕산은 아무 말도 하지 못하고 꿀 먹은 벙어리가 되었습니다. 문제의 요지도 모르겠고 답도 모르겠고 반문도 못할 지경이 되자 할머니 왈 '용담숭신선사에게 가 보세요'라고 안내해 주고는 떡을 팔지 않고 가버렸습니다. 배고픔을 참고 숭신선사를 만나러 갔는데 사람이라고는 보이지 않고 용담구경을 하고는 처소쪽으로 가다 보니 숭신선사가 있어 "용담에 용이 없으니 숭신선사라는 사람도 별것이 없는 것 같소"라고 말하면서 금강경에 대해 장대히 설명을합니다. 숭신선사가 "덕산아"라고 하자 '예'라고 대답합니다. 여기서 알아차려야 할 것은 위엄(威嚴)은 말을 많이 하는 것에서 생기는 것이 아니라 딱 한 마디면 족하다는 것입니다. 그러고는 처소에서 담소를 나누다 덕산이 처소를 가기 위해 밖을 나와 보니 너무 어두워 불을 달라고 합니다. 그래서 불을 붙여주고 돌아서는 순간 숭신선사가 입으로 불어 불을 꺼 버렸습니다. 여기서 덕산은 분별을 보았습니다. 그러고는 다음날 자신의 생명처럼 여겼던 금강경청룡소초를 불태워버리고 제자가 되었습니다. 홀로 좌선에 매진하여 나름 깨달았다며 내려와 숭신선사께 이야기를 하려고 하면 '부시 부시(不是不

是)' 또 이야기를 할려고 하면 '부시부시(不是不是)'라고 합니다. 그래서 다시 올라가 좌선에 매진하여 참다운 깨달음을 얻게 되어 천하의 덕산방이 되었습니다. 제가 드리고 싶은 말은 공부하는 사람은 기본적인 이론 공부는 되어 있어야 자신의 경험을 비추어 반성도 하고 모르는 것은 여쭈어 볼 수 있어 한 걸음 나아갈 수 있습니다. 그래야 숭신선사가 조언을 해 주면 그것을 받아먹을 수 있습니다. 숫자를 모르는 사람에게 미적분을 설명할 수 없듯이 기본을 모르면 설명해 줄 방도가 없습니다. 그냥 '착하게 살아라'라는 말 외엔 딱히 드릴 말이 없습니다. 자신이 최고라고 여겼던 덕산이도 숭신선사의 '덕산아'라는 한마디에 대답을 했던 자신을 보면서 자신이 아직도 두려움이 있음을 알게 된 것입니다. 금강경에 불경불포불외 당지시인 심위희유(不驚不怖不畏 當知是人 甚爲希有)라는 내용과 같습니다. 숭신선사의 촛불을 끄는 것에 분별하는 욕심 즉 자신이 최고라는 아상의 상을 가지고 있음을 알게 되었습니다. 그래서 아상의 존재인 책을 분별과 함께 태우고는 초발심으로 공부에 매진하게 되었습니다. 이렇듯 이론 공부는 맑음에 한 발자국도 내딛지 못하나 배움의 첫걸음은 이론공부를 겸손한 마음으로 반드시 해야 합니다. 생각의 욕심은 나무가지를 잘라도 옆에서 새로 나오듯 끊임없이 일어나는 것임으로 나무의 뿌리를 뽑아 없애듯 마음을 비워야 욕심의 생각이 사라집니다. 욕심을 내려놓는다는 말은 님들의 알음알이들을 철저히 내려놓고 하심하며 아상을 쳐부수는 한 생각입니다. 한 생각만 오로지 나타나는 그때가 숭신선사의 부시 부시 순간입니다. 그 한 생각까지를 내려놓는 그때가 바로 우리가 말하는 깨달음을 얻는 것입니다. 하나의 공안을 타파했다고 했을 때가 부시부시입니다. 그래도 아직 공부하셔야 합니다. 다른 공안도 다 타파할 수 있어야 참답게 깨닫는 것입니다. 숭신선사 밑에서 깨달음을 얻은 이후에 법을 배우러 오는 이에게는 방망이로 내리쳤다 하여 덕산방이라고 불려졌습니다. 이번에 제가 책을 준비하면서 공부의 깊이가 배가 되었고 아직도 더 열심히 공부해야 함을 가르쳐 준 님들에게 고맙고 감사하고 그렇습니다. 그러면서 머무르지 않는 가족이 되어야 함을 배웠습니다.

80. 동산양개화상과 운암스님의 대화

　동산양개화상이 '어떤 사람이 운암스님의 참모습을 찾는다면 어떻게 대꾸하시렵니까?'라고 묻자 한참을 말없이 있다가 "그저 이것뿐이라네"라고 말합니다. 동산스님이 당황하면서 말없이 있자 양개화상! "이 깨치는 일은 정말로 자세하게 살펴야 한다"라고 말씀하셨습니다. 동산스님은 그때까지도 의심하다가 개울물을 건너면서 자신의 그림자를 보고 앞의 종지를 크게 깨닫고는 게송을 지었는데 그 게송은 "남에게서 찾는 일 절대 조심할지니, 자기와는 점점 더 아득해질 뿐이다. 내 이제 홀로 가나니, 가는 곳마다 그분을 뵈오리. 그는 지금 바로 나이나, 나는 지금 그가 아니라네. 모름지기 이렇게 알아야만, 여여(如如)에 계합하리라." 여기서 남에게서의 남이 누구인지 철저히 아셔야 합니다. 나 아닌 다른 사람을 남이라고 하지만 동체대비입니다. 한소식을 크게 보면 같은 한소식이나 어떻게 해서 깨달음에 도달하는지는 다르기에 가르침도 다를 수 있습니다. 그러나 결과는 같은 한소식입니다. 위의 글에 분별이라는 것이 보이십니까? 분별하는 순간 한소식은 멀어집니다. 무아이기에 남에 의해 드러나지만 드러난 나는 누구일까요? 무학대사의 부처 눈에는 부처가 보이고 괴물 눈에는 괴물로 보이는 것으로 무아로 보면 나 아님이 없지만 무소의 뿔처럼 혼자가는 것입니다. 나라고 하는 그놈(성품)을 생각하지 않는 무아이기에 나는 그놈이 아닙니다. 부처가 나는 부처라고 말하면 부처가 아님과 같은 것입니다. 그리해야 내가 니고 니가 내지만 니는 내가 아니요. 나 또한 니가 아닌 동산이 물위로 가는 이치를 진정 알게 됩니다. 그래서 부처님께서 '자등명'이라고 했습니다. 위의 말이 이해되면 다른 공안도 알 수 있습니다. 말이 많으니 가슴이 답답합니다. 동산스님이 뒷날 운암스님의 초상화에 공양 올리던 차에 어떤 스님이 물었다. '스승께선 이것뿐이다라고 하셨다던데 바로 이것입니까? 그렇다. 그 뜻이 무엇인지요? 당시엔 나도 스승의 의도를 잘못 알 뻔하였다. 운암스님께서는 알고 있었습니까? 몰랐다면 어떻게 이렇게 말할 줄 알았겠으며, 알고 있었다면 어찌 이처럼 말하려 하였겠나'라고 말씀하셨습니다. 마지막 문구에서 동산양개화상은 운암스님이 아님을 확연히 드러내신 것입니다. 이 말씀은 조주선사의 무와 제자의 유에 대한 이야기와 상통합니다. 이야기를 막 하고 싶으나 더 이상 말할 수 없음이 저 또한 운암스님과 동산스님께 감사할 뿐입니다. 내가 무슨 말을 해도 그 자리는 말이 붙지 못하는 자리이며 말을 해도 알아들을 수 없는 자리임으로 스스로가 참구하여 밝혀야 무아로 연기법을 초월하게 됩니다. 그러니 깨치고 싶으면 철저하고 세세하게 살펴야 합니다. 밥은 그대가 먹는 것이지 내가 떠먹여 주는 것은 그대와 나를 죽이는 것일세. 내가 밥은 이렇게 먹는 것이라고 보여주었으니 그대도 잘 살펴 그렇게 먹으면 되나 그대의 기풍은 무엇인지가 궁금하이. 이렇게 말하면 공부해야 함에도 모르니 운암스님, 동산스님께 인사하고 갑니다. 이 법문에는 모든 것이 다 들어앉아 있어 감사할 뿐입니다. 애석하고 애석하도다. 앞에 있어도 잡지 못하는 어리석은 부처야, 나고 죽음은 내 어찌 못하나 동산의 실눈은 여기 둔다. 서래조의 선사가 물을 마시고 있는데 지나가는 나무꾼이 '표주박의 손잡이가 왜 그리 깁니까?'라고 물어보자 선사 왈 표주박 자루를 보이며 '개울이 깊으면 표주박 자루도 길다오'라고 말을 했습니다. 나무꾼은 뭔소리인지 몰라 그냥 우물쭈물하며 내려갑니다. 님들은 무슨 말인지 아시겠습니까? 분별하지 말라고 이렇게나 친절하게 말을 하여도 모르니 답답도 할 것이나 운암스님의 '그저 이것뿐이네'라는 말로 대신합니다. 인연은 준비된 자에게만 주어지는 것입니다. 지금 생각하고 말하고 듣고 있는 그놈이 그대이나 찾으려고 하면 찾아지는 것이 아닌 그 놈을 우리는 무아라고 합니다. 그놈을 찾아보세요. 그날이 빨리 오기를 기원합니다. 부자는 자기가 부자라고 말하지 않지만 더 가지려고 능동적으로 활동하고 가난한 자는 자신이 가난하다고 떠벌리며 가난에서 벗어나고프나 가난의 원인을 남의 탓으로 여겨 수동적으로 대처합니다. 이 두 사람이 부자나 가난함을 놓아 버리면 번뇌가 보리며 보살입니다. 서산대사의 '60년 전에는 내가 닌줄 알았는데 60년 후에는 니가 나였구나'라는 말이 있습니다. 동산스님의 말씀과 같을까요? 다를까요? 한가족임을 알면 실눈이나 다름을 모르면 눈 뜬 봉사다. 말에 속을까 걱정되나 님들의 몫이니 내 알 바가 아니다. 참고로 공부하는데 도움이 될 것 같아 동산스님의 이야기를 덧붙입니다. 동산스님이 운암스님의 제삿날에 재(齋)를 올리는데 어떤 스님이 '운암스님에게서 어떤 가르침을 받으셨는지요?'라고 질문을 했습니다. 동산스님 왈 '거기 있긴 했으나 가르침을 받진 못했다.' 어떤스님 왈 '가르침을 받지 못했다면 무엇하러 재를 올리십니까?' 동산스님 왈 '어떻게 감히 운암스님을 등지겠는가?' 어떤스님 왈 '스님께선 처음에 남전스님을 뵈었는데 어째서 운암스님에게 재를 올립니까?' 동산스님 왈 '나는 스님의 불법을 중시하는 것이 아니라 다만 나에게 법을 설명해주지 않은 점을 중히 여길 뿐이다.' 어떤스님 왈 '스님께서는 스승을 위해 재를 올릴 때, 스승을 긍정하십니까?' 동산스님 왈 '반은 긍정하고 반은 긍정하지 않는다.' 어떤스님 왈 '어째서 완전히 긍정하지 않으십니까?' 동산스님 왈 '완전히 긍정한다면 스승을 저버리는 것이 되기 때문이다.' 마지막 글에서 같으면서도 다르고 다르면서도 같은 이치의 동산스님만의 모습을 드러냅니다. 그러니 남에게서 찾는다면 부화뇌동으로 남의 꽁무니만 따라 다니다 분별로 인해 깨닫지 못하고 죽는 것입니다.

81. 색즉시공, 공즉시색(色卽是空, 空卽是色—색이 공이요, 공이 색이다)

　옛날 어느 스님이 탁발을 하고 산사로 가기 위해 산허리에 접어 들자 갑자기 폭우가 내려 마침 작은 동굴이 있어 피신을 하게 되었는데 그칠 비가 아니어서 공양하고 저녁 예불을 드리는데 자벌레가 바위에서 내려와 예불에 참석했었습니다. 다음날 아침 비가 그쳐 산사로 가서 저녁예불을 하는데 스님의 걸망에 붙어 함께 온 그 자벌레가 저녁예불에 참석하고 있음을 보고는 '다음에는 사람으로 태어나거라'라고 이야기를 해 주었는데 그 자벌레는 윤회를 거듭하여 사람으로 태어나 스님이 되었다는 이야기가 있습니다. 그만큼 예불에 참가하면 복을 받습니다. 자벌레가 죽으면 금방 썩어 사라지는 것은 색즉시공이요 사람으로 태어남은 공즉시색이니 자벌레가 스님이요 스님이 자벌레입니다. 마음과 신체의 관계도 그러합니다. 마음의 작용이 신체이니 마음이 신체요, 신체가 마음입니다. 사람이 죽으면 마음 또한 찾을 수 없고 3업에 의해 인연가합으로 다시 태어납니다. 6근은 부처도 있고 중생도 있지만 나와 세상을 분별하는 12입처는 부처에게는 없습니다. 단지 부처는 중생구제를 위해 6경과 6식을 가져와 설명을 하나 설명을 했다는 것도 없습니다. 이것이 응무소주 이생기심입니다. 예를 들면 큰스님과 제자가 전날 내린 비로 불어난 개천을 건너야 했는데 처녀가 개울을 건너지 못해 안달하는 것을 보고 큰스님이 측은지심으로 처녀를 업고 건너 주고는 제각기 길을 가다 제자 왈 '여색을 멀리함이 불교의 계이거늘 어찌 스승은 여자를 업고 개울물을 건널 수가 있습니까?'라고 다그치자 노스님 왈 "아직도 생각에서 헤어나오지 못하고 붙들고 있노, 마음만 무겁고로"라는 답변을 하면서 응무수주 이생기심의 실행을 보여주었지요. 노스님은 남녀노소, 미사여구의 구분 없이 자비심으로 부처행을 했습니다. 계에 얽매이지 않는 노스님의 자유로움을 제자에게 가르쳐 주고 제자는 배우면서 노스님을 존경하며 따르는 것입니다. 욕심이 공하면 색을 색으로 보지 않으니 색이 공입니다.

욕심이 없는 마음은 걸림이 없지만 욕심 있는 마음은 집착을 하게 되어 경계에 얽매이게 되는 것이니 마음작용이 몸뚱아리임을 알아 욕심만 내려놓으면 자기를 바로 보게 됩니다. 경계에 집착해서 고를 유발시키느냐 아니면 집착하지 않아 걸림이 없는 것이냐의 차이입니다. 반야심경의 색즉시공, 공즉시색 이런 이치의 말로 공한 마음이 색이요, 색이 공한 마음이니 색이 마음이요 마음이 색입니다. 지수화풍으로 만들어진 몸뚱아리는 인연이 다하면 사라지는 것으로 변한다는 말입니다. 어제의 나와 지금의 내가 변했듯이 죽는 것이 아니라 변화하는 것입니다. 일체는 변화하는 것으로 정체되는 것은 없으며 정체된다는 것은 물이 정체되면 악취가 나듯 어리석은 영가가 몸이 있다고 여기고 떠나지 못하고 있는 것과 같은 것입니다. 고정된 실체는 없는 것으로 그것이 좋은 쪽이든 나쁜 쪽이든 일체는 변합니다. 님들은 변화함에 좋아지는 변화를 원하기에 삶의 전쟁터에서 노력하며 살아가고 있지만 마장의 늪에 스며들고 있음을 모르고 있습니다. 모든 것이 스스로가 느끼지 못할 정도로 서서히 변하다 보면 어느 날 탐욕으로 가득찬 자신과 마주함을 볼뿐입니다. 요나라 순치황제처럼 알게 되면 바로 박차고 나와야 함에도 그것을 오히려 즐기며 살아갑니다. 세간에서 연꽃처럼 삶을 가꾸며 살아가기란 여간 어려운 것이 아니지만 평상심이 도임을 알아 색즉시공, 공즉시색을 실천하다 보면 경계에 물들지 않습니다. 이제염오(離諸染汚-연꽃이 진흙탕물에서 살아도 물들지 않고 아름다운 꽃을 피운다)라는 말로 정리하지만 색즉시공, 공즉시색으로 욕심만 철저히 내려놓으면 그 어떠한 미사여구로도 설명할 수 없는 자유인이 됩니다.

82. 멸죄송(滅罪頌)

상(相)이 없음을 가리키며 어리석은 사람은 복을 닦고 도를 닦지 않으면서 복을 닦음이 곧 도라고 생각하지만 보시하는 복이 많을지라도 마음 속 3업은 그대로 남아 있습니다. 세간은 복 받을 일만 생각하고 생사고해(生死苦海)에서 벗어날 마음을 일으키지 않으니 공덕이 없으며 보시의 복은 한정이 있으나 공덕의 복은 다함이 없습니다. 보살이 공부하여 부처가 되듯이 보살행은 수행, 보시, 봉사를 함이 없이 하는 것으로 무주상보시를 말합니다. 그래서 미혹한 사람은 복 받기 위해 염하고 지혜로운 사람은 생각을 내려놓고 마음으로 행함으로 이것을 참으로 염하고 있다고 합니다. 자기의 법성(성품)에 공덕功德(몸, 마음)이 있나니 견성이 곧 공이요 평등이 덕이니 보시의 복으로 공덕을 삼지 말라고 하셨습니다. 금강경에도 무주상보시를 보시로 분류하지만 저는 무주상보시를 계속하면 무아가 되기 때문에 공덕으로 나아가는 길이라고 합니다. 항상 공덕을 행하여 스스로 몸을 닦는 것이 공이요, 스스로 마음을 닦는 것이 덕이라 합니다. 즉 몸이 공이요, 마음이 덕이니 몸이 내 것이 아닌 빌려 쓰는 것이라 알면 견성이요, 하심을 하면 모든 이에게 덕을 베푸는 평등입니다. 복은 꿈이요, 공덕은 꿈에서 깨는 것이니 미혹한 사람은 염불하여 극락에 가려고 하지만 깨달은 이는 스스로 그 마음을 깨끗이 합니다. 달마대사와 양무제의 이야기에 명확히 기술되어진 것이 있어 제시합니다. 양무제가 자랑도 할 겸 칭찬도 받을 겸 살아있는 부처라고 말하는 달마대사에게 다음과 같은 질문을 하였습니다. '짐은 절을 많이 짓고 승려를 양성했으며 불교관련 강의도 하는데 무슨 공덕이 있습니까?'라고 칭찬받을 결의에 찬 말로 물어보자 달마대사 왈 '無功德(공덕이 없다).' 화가 나기 시작한 양무제는 '무엇이 불법의 근본이 되는 성스러운 진리입니까?'라고 묻자 달마대사 왈 '만법은 텅 빈 것으로 성스럽다고 할 것이 없다.'라고 했습니다. 이에 화가 머리까지 올라온 양무제는 '지금 나와 마주하고 있는 그대는 누구인가?'라고 질문하자 달마대사 왈 '불식(不識-아는게 없다).' 이 말을 듣고 양무제는 화가나서 달마대사를 즉시 내쫓았습니다. 나중에 양무제가 지공화상에게 위의 사실을 말하였고 지공화상이 달마대사가 어떤 사람인지 아시느냐고 되묻자 '불식(不識)'이라고 말을 했습니다. 달마대사의 불식과 양무제의 불식은 말이나 글은 같지만 의미하는 바는 극과 극의 말입니다. 소크라테스의 나는 아무것도 모르는 사람이 묻지 말라는(속뜻을 알아야 함) 의미를 품고 있는 달마대사의 말입니다. 그래서 부처님께서 '그 마음이 깨끗함을 따라 부처의 땅(정토)도 깨끗하니라'라는 말씀을 하셨습니다. 우리는 극락이 정토라고 생각하지만 마음에 상이 없으면 지금 이 자리가 정토가 되는 것이며 따로 정토를 찾을 필요가 없습니다. 극락 또한 하나의 상으로 상에 갇힌 집착입니다. 멸죄송이란 지금 여기서 당장 마음을 비우면 모든 상이 사라져 정토가 되는 것을 말합니다.

83. 인생은 즐겁지도 허무하지도 않다

 저의 경험입니다. 공부하다 보면 내려놓는 것이 아깝고 나라는 존재를 상실하는 것이라 여겨지며 손해 본다는 생각이 많이 들기 때문에 공부하기가 썩 내키지 않아 다소 하기 싫은 생각이 들 때가 있습니다. 그러나 이 공부는 하면 할수록 재미가 있어 내려놓지도 못하고 내려놓으려니 아깝고 하는 생각이 일시적으로 올라올 것입니다. 참고 하다 보면 이번에는 공에 머물러 공에만 탐착하여 순간적이나마 집어 던지고 싶은 심정이 있을 것입니다. 그러나 항상 중도를 생각하지 못하고 있었기 때문임을 알아차리는 순간 항상 드러나 있었음을 알고는 지금껏 공부한 것에 대한 미안함이 생겨 부끄럽기도 하지만 다시 공에 집착하는 공부를 할 수 있습니다. 다시 말해 나는 있지도 없지도 않기에 고(苦)도 없고 허무하지 않음을 다시 확인할 수 있습니다. 내가 드러나고 있음은 부처와 보살이 내가 있는 곳이거나 생각하는 곳에는 다 있기 때문입니다. 보살행은 무주상보시로 수행, 보시, 봉사를 함이 없이 하는 것이니 내가 좋아하는 것을 한다는 그 자체가 바로 보살행입니다. 심혈을 기울여 유행가를 만드는 작곡가나 작사가는 노래를 만드는 수행을 통해 사람들에게 보시하고 그 대가로 돈을 받아 가족들에게 봉사하니 보살입니다. 님들도 생각해 보시면 다 보살입니다. 마찬가지로 부처 또한 가진 것 없어도 만족하기에 다시 말해 텅빈 충만으로 스스로는 없는 게 없습니다. 다 가지고 살고 있습니다. 님들도 지금 자리에서 만족하기만 하면 텅빈 충만으로 없는 게 없는 삶을 살아갈 수 있으니 부처입니다. 만족만 하시면 그곳에는 부처가 있고 심혈을 기울여 일하는 곳에는 보살이 빙그레 웃고 있음을 보실 수 있습니다. 부처님께서 분노의 마음이 있다는 사실을, 분노의 마음이 일어나고 있음을, 분노의 마음이 사라지고 없음을, 분노의 마음이 없음을 분명하게 알아차려야 된다는 말씀을 하셨습니다. 이것이 문안의 수행으로 나중에는 한 생각 그치듯 분노라는 것을 그치면 부처님의 일을 하는 것입니다. 세세하게 자신을 살피라는 것으로 분노가 그치면 욕심이 사라져 만족이고 만족하면 부처입니다. 우리가 부처임에도 부처임을 모르는 것은 물고기가 물속에 살면서도 물을 모르는 것과 같은 이치입니다. 물고기는 물을 모르니 집착에서 벗어난 것이며 물고기가 불생불멸 즉 공함을 안다면 그것이 부처입니다. 바다에 가서 물고기에게 집착이 없는 물고기야 낚시 바늘의 미끼는 왜 그리 물고 난리니? 라고 물어 본다면 물고기는 무엇이라고 답할 것 같습니까? 무지라고 답할까? 희생이라 답할까? 아니면 무엇이라 답할까요? 부처님께서 유정에게는 불성이 있다고 했는데 님들이 물고기라면 무엇이라고 답할까요? ㅋㅋㅋ 님들이 지금 그렇게 살고 있으니 진리에 어두운 것입니다. 님들은 공함이 무엇인지를 알고 있고 6근이 내가 아님을 알고 있으니 욕심만 내려놓으면 부처의 염화미소를 활로 명중시킬 수 있습니다. 공부하시다 보면 혜능의 깃발도 바람도 사라지고 마음 또한 사라집니다. 공을 실천하는 사람은 자비를 베풀어 줄 수 있지만 입으로만 공하면 자비가 없습니다. 이를 일러 중생이 부처임을 모르니 어리석은 부처라 합니다. "사모님, 나이스 샷"에서도 부처님 말씀이 있고, 지금 말하고 있는 중에도 부처가 있어서 님은 부처라고 말씀을 드려도 사람들은 자신이 부처임을 모르고 아무리 그대의 말에 향기 있음을 말해도 자신이 향기 있는 말을 했음을 모르고 있으며 이것이 연기법임을 아무리 말해도 모르고 있습니다. 그래서 중생이 자신이 부처임을 알면 부처요 부처가 자신이 부처라고 말하면 부처가 아님을 말하는 것입니다. 번뇌가 보리이듯 중생이 부처입니다. 석가모니부처도 전생의 업을 갚으러 왔던 부처이므로 중생 또한 업을 갚으면 부처가 되는 것이나 지금 그대로도 부처임을 알아야 합니다. 옛날 어떤 사람이 선사에게 부처가 무엇입니까?라고 여쭈어 보자 선사 왈 즉심시불(卽心是佛)이라고 했는데 그분은 짚신시불로 듣고 왜 선사님은 짚신이 부처라고 했을까 라는 고민에 빠져 오로지 짚신시불에만 집중하다 깨우쳤다는 이야기가 있듯이 욕심만 내려놓고 공부하시면 누구나 자신이 부처임을 발견할 수 있습니다. 자신의 성품자리는 그 어떠한 미사여구의 말로도 표현할 수 없음을 알게 되면서 침묵과 만족으로 맑은 삶을 사는 것입니다. 3조 승찬대사의 신심명(信心銘)에 보면 다언다려(多言多慮) 전불상응(轉不相應) 절언절려(絶言絶慮) 무처불통(無處不通) 이라는 말이 있는데 말이나 생각이 많으면 깨달음에 이르지 못하며 말과 생각이 끊어져야 통하지 않은 곳이 없다, 즉 깨달음을 얻었다는 말로 깨달음에는 그 어떠한 말이나 생각이 붙지 못하는 자리입니다. 맑은 마음은 깨끗한 마음, 밝은 마음, 가벼운 마음을 내포합니다. '티벳 사자의 서'라는 책에 '궁극적인 진리는 신들조차도 자신의 영혼에서 비치는 빛이고 자신의 영혼에서 투영된 모습이다'라는 글이 있습니다. 이는 자신의 마음이 세상을 죽이기도 하고 만들기도 하니 자신의 마음을 잘 다스려야 한다는 말입니다. 다시 말해 마음이 텅 비어 버리면 영혼의 울림으로 마음을 사용할 수 있음으로 인해 자유롭다는 말입니다. 공부하는 사람은 많은 사람들 속에 있을 땐 자신의 입을 살피고 혼자 있을 때는 마음을 단속하면서 자신이 하고 있는 마음의 주제를 놓지 않도록 해야 합니다. 이것이 자신을 보는 방법이며 깨어 있는 사람의 도리입니다. 갓 태어난 아기에게 귀신이 없는데 귀신이 있을 리가 없고 귀신이 없기에 무서울 리가 없습니다. 세속에서 하는 말 중에 '아는 만큼 보인다'라는 말이 있는데 많이 알고 있어서 많은 것이 보인다고 상대를 얕잡아 보는 어리석은 누를 범하는 잘못된 결과를 초래하는 경우가 있어 아는 만큼 무섭기도 합니다. 아는 것은 모르는 것과 같고 모르는 것은 아는 것과 같은 것이며 알고 모르고가 중요한 것이 아니라 자신을 바로 보면 아는 것과 모르는 것에 구애받지 않고 만족하며 살아갈 수 있습니다. 아는 사람이 오면 무서움을 가르쳐 주고 모르는 사람이 오면 앎을 가르쳐 주어 알고 모르는 것을 없애 버려야 합니다. 4대 종교의 공통적인 가르침이 뿌린 대로 거두리라 입니다. 여기서 중요한 것은 악의적이거나 개인적 이익 창달을 위한 해석은 하지 말아야 합니다. 예수님의 가르침을 있는 그대로 전달해야 함에도 목사의 이기적인 생각이나 단체의 단합적인 모습을 통한 우월성을 보여주기 위해 개인적인 해석으로 자신을 따르는 사람들에게 예수님의 말씀을 그릇되게 가르치는 일을 삼가야 한다는 말입니다. 자신을 잘 살피고 바로 보아야 예수님의 가르침을 잘 받아 신도들에게 있는 그대로 전달하여 신도들이 참다운 예수님의 가르침에 따라 생활하게 하는 것이 목사님들의 전달자로서의 의무를 다하는 것이라고 여깁니다. 말에는 비수가 있어 사람을 죽이기도 하는 것이니 자신을 잘 살펴 말을 해야 합니다. 중생들이 중생을 구제해 달라고 시주를 하는데 공부는 하지 않고 잿밥에 관심이 있으면 시주물에 대한 예의가 아닙니다. 그 죄를 어찌 갚을 수 있겠습니까? 만족하며 산다는 것은 부처행으로 자신을 잘 살펴 중생의 이익을 위해 삶을 살아가는 것입니다. 님들이 부처이니 자신 안에 있는 가장 위대한 발견인 부처를 발견해 보시길 기원합니다.

못다 한 이야기

1. 북한 식량 지원

　처음 직장을 그만두고 조용히 혼자만의 시간을 갖기 위해 휴대폰 번호를 2번이나 바꾸고 인터넷이 되지 않는, 걸고 받고만 하는 폰으로 바꾸었습니다. 필요한 자료는 도서관에 가면 컴퓨터를 사용할 수 있었기에 불편함을 느끼지 않았으며 TV도 없이 세상과는 단절된 상황을 5년 정도 만들며 생활했습니다. 그러다 코로나로 인해 도서관까지 폐쇄돼 자료 찾을 일이 있어도 찾을 수가 없어 메모지에 메모하며 시간을 보냈지만 코로나의 장기화로 인해 인터넷이 되는 휴대폰으로 바꾸었는데 어처구니없게도 유튜버를 알아버려 조금씩 보던 것이 요즘은 유튜브에 시간을 많이 할애하고 있는 실정입니다. 처음에는 영화를 보기도 했었고 농사 관련 자료를 보기도 했었는데 우연히 북한 사람들의 채널을 보다가 남한을 찾기 위해 사투를 벌이는 그들의 노력에 동감과 감동의 눈물을 흘리곤 했습니다. 그런데 남한에 오니 집도 주고 돈도 주고 해서 꿈에도 생각 못한 운전까지 하고 있으며 열심히 한국에 적응해서 살아간다는 어느 북한 분의 말씀에 박수를 보내기도 했습니다. 그중에서도 가장 감명 깊고 고맙게 보았던 부분은 그분들이 남한에 대해 감사함을 느끼고 있으며, 북한에서 남한으로 오면서 가졌던 초심을 잊지 않고 살아가려고 노력하고 있고, 통일이 되면 북한으로 가서 그들의 의식 체계를 변화시켜주는 삶의 현장의 안내자로서의 역할을 할 것이라고 말씀하시는 장면이었습니다. 그것을 보면서 남한은 남한에 정착한 북한 사람으로 인해 끊임없는 발전이 되겠다는 생각을 하게 되었습니다. 통일 한국은 남한의 정착 탈북민이 보이지 않는 역할을 담당해 주시기에 의외로 통일 비용이 많이 들지 않겠다는 생각을 했었고 강한 삶의 애착과 교육열은 대한민국의 공통된 열망이기에 문화 흡수도 그리 어려울 게 없다는 생각이 들었습니다. 그래서 하는 말인데 정치하시는 사람들의 통일관에 대해 여야가 토의해서 국민들의 여론이 수렴된 일관된 통일 철학을 확립해야 되겠다는 생각입니다.

물론 통일관도 시대에 따라 바뀌어야 되겠지만 그때는 또다시 논의해서 변화의 물결에 맞는 통일관을 찾으면 됩니다. 제가 드리고자 하는 말씀은 북한 식량 지원에 대한 것입니다. 김정은의 착취로 인해 북한은 해마다 식량부족으로 인해 많은 어려움을 겪고 있으며 특히 어린 아이들의 죽음으로 내몰리는 현장의 사진을 보면 대한민국의 60년대가 떠올라 가슴이 아픕니다. 6.25 남침으로 인해 힘들게 살아가는 우리들의 경제까지 완전히 거덜내게 한 원흉이었지만 그로 인해 각성하여 북한이 감히 범접하지 못할 정도의 경제성장을 이루었고 지금은 전 세계가 부러워하는 문화강국이 되었습니다. 대한민국이 일어설 수 있었던 결정적인 계기가 애민정신 지도자와 강한 교육열, 그리고 상부상조하는 국민들의 따뜻한 마음입니다. 이러한 것들이 하나가 되었을 때 발전이 있으며 복도 함께 따라오게 됩니다. 침략을 당했으면서도 그들에게 보복하지 않고 함께 나아가는 홍익인간의 정신이 깃들어 있기에 복을 받는 대한민국이 되었고 앞으로도 그렇게 될 것입니다. 대한민국은 반드시 평화통일이 이루어질 것이며 장담하건대 통일을 밑바탕으로 대한민국이 세계로 뻗어나가는 실크로드의 문을 활짝 열어 유럽의 사람을 빛나는 대한민국으로 초청하는 그 날이 멀지 않았기에 북한에 대한 저축과 통일을 위한 철저한 준비가 필요합니다. 그 우선이 식량 지원입니다. 대한민국도 외국 원조를 통해 일어설 수 있었듯이 북한도 식량 지원만 해 주면 북한 주민의 사고를 열어젖힐 수 있습니다. 먹을 양식이 없으면 무엇이 옳고 그른지를 따질 생각도 못하고 인격과 자유는 먹을 것에 구애를 받지 않을 때 찾는 것이니 먹고 사는 것은 남한에서 지원을 해 주는게 가진자의 의무이기도 하지만 통일로 가는 밑거름이기도 합니다. 식량 지원만 해 주어도 북한 주민은 입소문으로 알아차리며 북한 체제에 대한 협조가 비협조로 돌아서기도 할 뿐만 아니라 체제 전복을 위한 스스로의 힘을 키울 수 있는 인식 전환의 계기가 되는 것이니 복을 지어 큰 복을 받는 격입니다. 남한에서 정착한 사람들이 스스로는 남한에 그 어떠한 역할도 하지 않았음에도 불구하고 더구나 북한에 있을 때 남한에 대한 적개심으로 살았음에도 이런 지원을 해 주시는 남한에 감사해서 초심을 잊지 않고 더 열심히 살아갈 것이라는 순박한 말씀처럼 북한 사람은 강인한 삶과 함께 착한 대한민국의 국민입니다. 먹고는 살아야 되지 않겠습니까? 걱정될 일이 있으면 직접 북한 주민들에게 지원할 수 있는 방안을 강구해 보시면 될 것 같고 무엇보다 외교적인 노력이 반드시 필요하니 외교에 밝은 사람을 잘 활용하시면 좋은 결과가 갑자기 나타날 수 있습니다. 독일의 통일처럼 대한민국의 통일도 생각하지 못한 것에서 이루어질 수 있으며 이를 통해 우리의 자손이 전쟁이라는 위험에서 벗어남으로 인해 홍익인간의 삶을 지구촌에 베푸는 날이 오는 것입니다. 점심무료지원센터에서 봉사하는 분들을 보시면 점심식사를 하시러 오시는 분들 중에 고맙다고 수고 많다고 인사하시는 분들도 계시겠지만 청소상태가 어떻니, 불친절하니, 음식에 정성이 없다느니, 늦게 왔다고 밥도 안주나 등 짜증과 온갖 욕설을 하면서 횡포를 부리는 사람들도 아주 가끔은 있지만 그래도 그런 사람에게 식사 대접을 합니다. 주고, 다음날도 불평해도 주고 하면 그분들도 동화가 되고 주위에서도 그러지 말라는 조언이나 왕따를 시킴으로 인해 스스로 나오지 않을 때도 있겠지만 대부분은 자신의 행동에 변화를 주면서 동화를 하기 시작합니다. 부모님도 마찬가지로 자식들 중에 미운 자식은 있을지라도 차별하는 사랑은 하지 않고 오히려 기다려주거나 포용하며 함께합니다. 부모가 자식을 품어주듯 북한을 품어주는 외교정책이 필요합니다. 통일 비용에 대한 걱정을 하시는 분도 있겠지만 대한민국의 교육열과 북한 출신 남한 가족의 지원으로 통일이 되면 우리의 60년을 북한은 20년이면 충분합니다. 20년만 투자하면 님들의 자녀들이 그만큼 넓은 세상으로 나아가는 것이 됨과 아울러 러시아와의 교역 확대로 인해 중국을 견제하면서 많은 이득을 얻을 수 있습니다. 님들이 윤회해서 북한사람이 된다고 생각을 해 보시면 어떠합니까? 그래서 지금의 북한 어린이처럼 역이나 시장통에 쪼그려 앉아 떨어진 음식을 주워먹는다고 생각한다면 북한 사람이 나의 이웃이라 생각하시면 도와주지 않겠습니까? 남한에는 버리는 음식들이 너무 많다고 하니 북한을 도와줌으로 인해 낭비하지 않고 초심을 잃지 않는 기회도 주어지는 것이며 이로 인해 반드시 남한의 복으로 다시 돌아옴을 아셔야 합니다. 유유상종이라는 말처럼 북한은 대한민국이며 대한민국은 북한을 포용하는 정책으로 인해 더욱 좋아져야 하기에 말씀드리는 것입니다. 가장 가치로운 삶은 더불어 사는 삶입니다. 그것이 대승불교의 나아가는 방향입니다. 무주상보시의 복은 헤아릴 수 없는 복으로 반드시 돌아옵니다.

2. 부부란?

사람은 태어나 부모님의 보살핌과 가르침으로 자신의 자아를 찾아내어 갈고 닦으며 확대시키고 학교에서는 역사를 배워 익혀 미래 자신의 꿈을 펼치기 위해 지금의 현실을 알아 자신을 성장시킵니다. 자신의 현 위치에서 앞으로의 삶을 이런 사람과 같이 하고 싶다는 상상의 공간적인 그림을 자신의 마음속에 항상 그려 넣고 삽니다. 그러다 우연히 그런 사람을 만나면 첫인상에서부터 자신의 그림처럼 받아들이게 되고 대화를 하면 말에 속고 그 말로 인해 몸이 반응하다 나의 반쪽임을 스스로 인식시켜 결혼이라는 사슬을 스스로 채워 버립니다. 처음에는 모든 것이 새롭기만 하여 서로에게만 바로 보던 것이 비교라는 현실과 자신의 결혼에 대한 꿈과의 괴리가 나타나면서 상호 간의 희생이라는 것을 요구하게 되며 희생이 작을수록 싸움은 늘어나고 싸움을 피하기 위해 이해심에서 무관심으로 확대되어 종국에는 이혼이나 억지로 산다는 말이 나오는 것이며 나중에 다시 태어나도 나와 살 것인지에 대한 물음에 대다수는 '당신하고는 살지 않을 것이다'라는 답변으로 돌아옵니다. 이러한 답변은 상대도 마찬가지이며 이런 결과의 원인은 자신의 삶의 목표와 방향이 확고하지 않았기 때문이며 첫 단추를 잘못된 자신의 욕심으로 그림을 그려 넣었기 때문에 나온 결과물입니다. 부부의 사랑은 희생이 아닙니다. 희생은 종속이며 희생의 절충 또한 종속임을 아서야 합니다. 부부란 삶의 목표를 향해 나아가는 도반이며 그런 도반은 혼자 가더라도 믿음으로 뒤에서 밀어주고, 같이 가다가도 힘들면 격려와 응원을 보내는 것이 사랑입니다. 삶의 목표를 향해 함께하는 도반이 부부이기에 먼저 삶의 목표를 정확히 구체적으로 정해야 합니다. 삶의 목표가 없으니 이기적인 생각의 그림을 그렸으며 그로 인한 고를 스스로 받는 것입니다. 사랑했기에 결혼했다라는 그 사랑이란 놈은 애당초 미친놈으로 드러남을 좋아하고 사람 또한 그런 사랑을 좋아하기에 함께 하지만 오래가지 못하고 시들어 버리는 경우가 허다합니다. 진정한 사랑은 희생도 아니고 구속도 아니며 드러남을 좋아하지도 않지만 숨어 있지도 않은 평등입니다. 평등함을 모르면서 나만의 사랑을 찾으니 사랑이란 놈이 멀어집니다. 삶의 목표를 향해 함께 배의 노를 저으면서 거친 풍랑이나 암초가 있어도 같이 헤쳐가며 삶의 목표를 향해 안아주고 격려하며 함께 나아가는 것이 부부의 사랑입니다. 비록 혼자만의 확고한 삶의 목표를 향해 노를 저어 나아가더라도 후회함이 없을뿐더러 상대도 존경으로 따라오게 되는 것이며 그때 품어주고 안아주어 함께 나아가는 것입니다. 삶의 목표가 없는 결혼은 시간이 갈수록 쇼윈도우의 마네킹과 같은 보여주기식의 부부가 되는 것이며 물질적인 정략결혼은 사상누각의 결혼이라 언제 무너져도 이상할 것이 없는 부부로 전락하는 것입니다. 애초에 보여주기식으로 그림을 그렸기에 다시 말해 자신을 바로 보지 못하고 자신의 욕심으로 정한 결혼이라는 공간의 그림을 잘못 그려두었기에 후회하는 삶이나 이혼이라는 결과물이 나오는 것이니 잘못된 결과의 원인을 자신의 잘못된 그림에서 찾아야 함에도 희생을 덜한 상대에게서 찾는 것은 또 다른 나쁜 결과물만 나올 뿐입니다. 내가 그대가 될 수 없듯이 그대도 내가 아니므로 삶의 목표나 방향이 확고하고 함께 나아갈 수 있을 때 사랑은 꽃이 피어나는 것입니다. 애당초 물질적인 보여주기식의 부부의 삶의 그림을 그리지 않았는지를 먼저 살펴보고 함께 하되 혼자서도 갈 수 있어야 하며 앞서 가되 이끌고 갈 수 있어야 하는 사람과 함께 해야 합니다. 잘못된 사랑은 잘못된 마음이 사주한 것으로 드러나기 좋아하는 사랑처럼 안으로는 자유롭게 보이고 겉으로는 있는 척하나 실제적으로는 자유가 없습니다. 사랑은 평등이며 자유입니다.

3. 팔자가 있다면 고칠 수 있나?

　과연 팔자가 있을까? 젊은 시절에 한 번쯤 논쟁하였던 일이 있을 것입니다. 있다면 그 팔자는 고칠 수 없는 것일까? 고칠 수 있다고 하면 어떻게 그 팔자를 좋은 쪽으로 고칠 수 있을까? 사람들은 팔자 한번 고치려고 절이나 교회에서 기도하거나 또는 용한 점집에서 부적을 받아오기도 합니다. 어떤 이는 기도를 해서 들어주는 그 자체가 팔자라고 말하기도 하고 점집에 가는 것도 그리고 부적을 받아 복을 받는 그 자체가 팔자라고 말하기도 합니다. 틀렸다고 하기에는, 그렇다고 맞다라고 하기에는 참으로 난감하기도 하며 나아가서는 논쟁이 언쟁으로 확대되기도 합니다. 금강경에 연등부처님께서 석가모니에게 깨달음을 얻었으니 다음 생에는 석가모니부처가 될 것이라고 예언하셨고 초대 달마대사는 6조 혜능대사까지의 전법을 예언하셨고 예수님은 베드로에게 내일 새벽닭이 울기 전에 3번의 거짓말(예수님을 부정하는 것)을 할 것이라고 하지 않았습니까. 예수님의 수제자인 베드로의 입장에서 보면 그 말을 듣고 절대 그런 일은 있을 수 없다고 했지만 결국 예수님의 채찍 현장에서 3번을 모른다고 하지 않았느냐 말입니다. 예수나 부처나 달마나 우리들이 존경하고 닮고 싶은 분들입니다. 그런 그들도 팔자에 순응하며 팔자를 바꾸려고도 하지 않고 순순히 받아들였습니다. 그리고 참회할 수 있는 기회를 우리를 낳아주시고 키워주신 부모님처럼 기다렸습니다. 위의 예시처럼 미래는 정해져 있다고 할 수 있습니다. 정해져 있는 미래라면 굳이 아웅다툼의 삶을 살 이유가 없습니다. 전생의 업으로 인해 지금의 내가 있다는 것은 나의 지금의 팔자가 정해져 있었다는 말입니다. 이미 지나간 과거는 정해져 있는 것이나, 미래도 정해져 있고 지금이라는 것도 정해져 있는데 우리는 지금도 욕심을 내어 달려가고 있습니다. 이것 또한 정해져 있는 것일까요? 팔자에 의해 정해져 있는 삶이라면 나의 존재라는 것이 나의 의지하고는 무관하게 흐르고 있으며, 누구에 의해 정해져 있다는 종속의 장난감에 불과한 존재입니다. 인간은 진정 정해져 있는 종속된 존재의 삶일까요? 우리들은 태어날 때 두 주먹 불끈 쥐고 세상을 다 가질 듯이 울면서 태어납니다. 전생에 못 이룬 것이나 전생에 내가 이룩한 것을 찾으려고 말입니다. 울면서 태어나는 이유는 전생의 빚진 업을 갚으러 왔기 때문에, 전생에 갚지 못하고 다시 태어나서 갚아야 하니 서러워서 우는 것입니다. 그러니 그 손에 전생의 업의 팔자를 고스란히 가지고 태어납니다. 사주팔자나 점을 치는 분들이 어떨 때는 정확히 맞춥니다. 무당이 '그대는 10년 후에 결혼할 것이다'라는 예언을 했다면(맞다는 가정하에) 지금 내가 착하게 살고 있든 악하게 살고 있든 상관없이 결혼의 인연을 만납니다. 단지 욕심의 인위적인 조작을 가하는지가 문제이지만 즉, 인연의 만남을 순순히 받아들이는 사람이 있기도 하지만 더 좋은 사람을 만나기 위하거나 그 사람에게 잘 보이기 위한 모략이나 거짓된 인위적인 조작으로 인연에 마음적으로나 물리적인 힘을 가하는 것입니다. 이러한 욕심의 조작은 다음 생의 악업으로 쌓이게 됩니다. 그러니 지금 여기서 어떻게 하느냐에 따라 업을 상쇄시켜 팔자는 바뀝니다. 지금 여기서 깨어있기만 하면 최소한 다음 생에서는 팔자가 바뀝니다. 마음에 욕심이 없고 깨어있다면 좋은 인연을 만나는 것은 당연한 법계의 질서입니다. 콩 심은 데 콩 나고 팥 심은 데 팥 나는 것과 같습니다. 좋은 사람은 좋은 사람끼리 만난다는 유유상종이니 연연하지 않으면 무엇이 두렵고 무엇이 힘들겠습니까? 다 받아들이고 가실 때 말없이 그냥 가는 것입니다. 누가 저에게 팔자는 있나 없나를 물어보신다면 여종무시이래(汝從無始已來)로라 답하렵니다. 분별하지 마시고 지금 여기서 최선을 다하여 님들의 열정을 불태워버리십시오. 진정한 참회가 깨달음입니다. 참회하면 업이란 것이 공하지만 그래도 그 업을 필연적으로 만나도 편하게 그 업을 상쇄시킵니다. 깨닫지 못하면 그 업을 만나 또 다른 업을 만들거나 업에 업을 더하는 행위만 있을 뿐입니다. 팔자가 있다, 없다에 집착하지 말고 지금에 한 점을 찍는 것이 중요합니다. 연연함 없이 지금 이 순간 삶을 여여히 사는 것, 즉 깨어있는 삶을 사는 것이 업의 굴레에서 벗어나는 것이며 팔자를 고치는 유일한 길입니다. 나의 팔자에 순응하고 연연함이 없는 삶이 부처의 여여함입니다. 부처도 말의 먹이를 먹은 것이 전생의 업에 의한 것과 같은 이치입니다. 청나라 순치황제도 그 많은 권력과 부를 버리고 금산사의 부목으로 도망쳐 온 이유가 황제의 권력을 유지하기 위해 많은 사람의 생명을 앗아갔고 앞으로도 그렇게 살아야 함을 알기 때문이었습니다. 삶의 업을 알기에 과감히 내려놓았습니다. 삶에서 급하거나 화를 내면 실패한 인생입니다. 99번을 잘 참고 살아도 한 번 화를 내는 순간 99번의 인(忍)은 사라지는 것이니 지금이 중요합니다. 사람은 조급증으로 인해 화를 내고 욕심 때문에 화를 내며, 자신이 잘났다는 생각에 남을 업신여겨 화를 냅니다. 그러니 결국에는 자신에게 화를 내게 됩니다. 상대를 부처라고 생각하면 예수님이라 생각하면 화를 내지 못합니다. 도리어 자신을 많이 낮추지요. 학생이 선생님에게 화를 내지 않듯이 배우는 자세 즉 하심한다면 화는 내지도 나지도 않습니다. 화를 내어 받는 많은 업의 굴레를 어찌 감당할 수 있겠습니까? 낮은 곳으로 임하소서(하심하소서). 가진 것이 있어도 탐착하지 않는 하심하는 낮은 삶이 업의 굴레에서 벗어나는 길입니다. 태어날 때 두 주먹 불끈 쥐고 세상을 다 가질 듯이 울면서 태어나 죽을 때는 아무것도 가질 필요가 없음을 후회하며 두 손 펴서 갑니다. 남겨 놓는 것이라고는 흔적만을 남기고 갑니다만 대부분의 흔적은 남에게 폐를 끼친 자신의 욕심만을 남기고 갑니다. 쓸데없는 자랑질의 말, 이 몸뚱아리를 위해 얼마나 많은 생명을 죽였으며, 얼마나 많은 노폐물(환경오염)을 남기고 갔습니까? 그 죄의 업으로 인생의 고를 갖고 다시 태어나야 하니 언제 그 업을 다 할 것입니까? 금강경에 시법평등무유고하(是法 平等無有高下)란 말이 있습니다. 가진 자나 못 가진 자나 지식이 많은 사람이나 없는 사람이나 권력이 많은 사람이나 없는 사람이나 이 법은 평등합니다. 산을 오르는 길은 수없이 많습니다. 오솔길도 있고 인공으로 만든 덱이 있는 편안한 길도 있으며 뱀이 있는 길도 있고 곰이 있는 길도 있으며 사슴이 노닐고 있는 길도 있으며 풀숲을 헤치며 가는 길, 요즘 같은 세상에는 헬기로 가는 길 등 여러 길이 있습니다. 모두가 정상을 가는 깨달음의 길입니다. 님들의 삶의 길도 그러합니다. 우리의 삶은 지구촌에서 자신의 성품을 보기 위한 방편의 삶을 살고 있기에 가지거나 덜 가지거나 하는 것은 아무 상관이 없습니다. 그러니 힘겨움에서 자신의 성품을 찾을 수 있고 겸손함에서 자신의 성품을 찾을 수 있는 것이니 힘들어하지 마십시오. 비교하지 마시고 욕심을 버리시면 반드시 지구촌에서의 체험을 통해 자신의 성품을 보는 날이 있습니다. 이것이 시법평등무유고하입니다. 그러니 헛것에 매이지 말고 내려놓는 공부를 하시길 바랍니다. 없는 사람이 더 잘 배울 수 있는 것이기도 하지만 있기에 내려놓으면 더 열심히 공부를 하는 사람도 있습니다. 부처님처럼. 보시합시다. 무주상보시. 이것만이 자신의 소원을 성취하는 가장 빠른 지름길입니다. 필요없는 것은 필요한 사람에게 주고 필요한 것도 필요한 사람에게 주는 것이 자신의 성품을 찾아 진정한 우주의 주인이 되는 걸음마입니다. 세상의 욕락은 죽은 뒤의 고통이거늘 어찌 탐착하여 어리석음을 행하려 하십니까? 한번 참는 것이 긴 즐거움이거늘 어찌 공부하지 않을 수 있겠습니까? 이번 생의 남아있는 삶이라도 공부합시다. 사물을 긍정적으로 보면 팔자가 달라집니다. 지금까지는 복과 관련된 팔자를 말씀드렸지만 무아와 관련된 팔자에 대해 말씀드리겠습니다. 용수보살 중론의 관인연품에서 '연 속에 미리 결과가 있다거나 또는 없다거나 하는 것은 불가능하다. 미리 없었다면 무엇을 위해 연이 되며 미리 있었다면 그 연은 어디에 쓸 것인가? 하나씩 보건 따로 보건 모두 합해서 보건 연에 그 결과는 없다. 연들에 없는 것 그것이 어떻게 연들로부터 있겠는가?'라는 말이 있습니다. 무아라는 의미도 자신의 속성으로서 존재하는 개별 실체의 존재란 없습니다. 모든 존재는 인연으로부터 연기함으로서 존재하는 연기존재로 무아이며 연기존재라는 것도 속성이 없습니다. 내가 참되게 존재(무아)한다는 것은 우주의 근본 진리에 자연히 합일하는 것입니다. 부처님은 일체의 법이 자성이 없는 법이며 연기법도 자체로 절대적인 속성을 가지는 법이 아니므로 비법이라 하셨습니다. 비법이란 무아와 같이 스스로는 속성이 없는 것을 말합니다. 그러나 속성이 없는 무아라고 하지만 관계 속에서 드러나기 때문에 내세울 만한 내가 없다는 말입니다. 다시 말해 '나는 있지만 나라고 할 수 있는 것은 아무것도 없다'라는 말입니다. 나 자신을 드러낼 수 없음처럼 참된 진리 또한 언어, 문자, 개념이 끊어진 길에 있습니다. 내가 무아이면 팔자와의 상관관계는 전혀 없습니다. 지금 여기서 마음 한번 잘 먹으면 천당과 지옥을 만들 수 있는데 굳이 천당 가겠다고 발버둥을 칠 이유가 없습니다. 팔자 한 번 고치려고 욕심을 내며 살아가는 사람도 있고 팔자에 순응하며 종속적인 삶을 살아가는 사람도 있을 수 있으며 팔자와 상관없이 자신의 의지로 지금 여기서 깨어있는 삶을 살아가는 사람도 있습니다. 님들은 어떤 삶을 원하십니까? 종속된 장난감으로 사느니 피뢰침 위의 하루살이로 살겠다.

4. Everyone can do something well.

　중학교 2학년 때의 기술 선생님이셨던 서석조 선생님께서 영어 선생님의 출산휴가로 인해 2개월 정도 우리반 영어 수업을 담당하셨는데 제목의 이야기를 인격 형성에 도움이 되시게끔 말씀을 해 주셔서 삶을 살아가는 등불로 받들며 살았습니다. 글도 써 보았는데 그 자료가 어디로 도망을 갔는지 지금은 사라졌지만 항상 제 마음속에 살아서 삶의 등불을 밝혀주는 안내자의 역할을 했기에 기억을 더듬어 적어 봅니다. 이 말은 연기법과 관련이 있으며 의역을 하자면 모든 사람들은 태어날 때부터 밥벌이를 할 한 가지 재능을 가지고 태어난다는 말로 직업의 귀천을 통해 사람을 분별하지 말라는 말입니다. 업에 따라 자신이 잘하는 것을 가지고 태어났음에도 자신의 소질을 계발하지 못하거나 시기나 장소가 적당하지 않아 자신의 소질을 빛낼 기회를 상실하는 사람들이 많이 있음은 안타까울 뿐입니다. 그러나 박스를 줍는 할머니 할아버지가 아니면 그 박스는 재활용을 못하고 환경오염을 일으키는 것으로 전락할 것입니다. 작은 일이지만 소중한 일이기도 합니다. 재능이 온돌 놓는 기술자라면 우리나라에서는 그 재능을 발휘할 수 있지만 다른 나라에서는 그 재능은 사장됩니다. 어느 곳에 태어나느냐에 따라 그 재능의 발휘는 달라지는 것처럼 사람을 판단할 때 그 사람의 성품을 보아야 함에도 인물의 정도나 부의 축적 또는 사회적 권위 등으로 판단하시면 안된다는 말입니다. 대기만성이라고 그 사람은 나중에 시기나 장소를 잘 만나면 바로 달라질 수 있습니다. 업에 따라 그 사람의 재능을 발휘하지 못할 뿐이지 그 사람이 못산다고 재능이 없다고 욕하면 안됩니다. 산림을 지키기 위해 겨울에 산을 지키는 사람도 중요한 일익을 담당하고 직원이 일하기 편하게 도움을 주는 계약직도 그 회사의 일익을 담당합니다. 부모로부터 경제적인 이유로 버림을 받은 그래서 할머니 밑에서 자란 손자는 세상에서 할머니가 최고로 소중합니다. 연세가 많고 거동이 불편해도 할머니는 나의 가장 큰 버팀목으로 손자가 밥을 하고 청소하며 집안일을 해도 할머니가 살아있는 것만으로도 행복하듯이 할머니는 마음으로 손자를 품고 자신의 삶을 살아가는 것입니다. 우리는 누구나 다 자신의 밥벌이를 할 수 있는 재능을 가지고 태어났기에 지구촌에서 나름의 일익을 담당하고 있습니다. 훗날 할머니로부터 자란 손자는 거부가 되어 자신과 같은 사람들을 돕는 존경받는 사람이 될 수 있습니다. 장애인들도 그러합니다. 그들을 위해 장비를 개발하는 사람들도 그들로 인해 가족을 가꾸는 삶을 살아갑니다. 교통사고로 장애가 있어도 부모는 살아있음에 감사하고 살아갑니다. 내가 없으면 자식은 어떻게 살아갈 수 있을까를 해결하기 위해 사회보장제도를 만들어 나아갑니다. 공무원이 필요하고 예산이 필요하며 보이지 않는 곳에서의 사람도 필요합니다. 그러니 모든 사람은 자신의 위치에서 자신의 능력에 맞게 살아가고 있습니다. 그러니 돈의 많고 적음에 사람을 판단하지 말고 권력의 유무에 고개 숙이지 말며 많은 지식이 있다고 자랑질하지 말라는 말입니다. 권력이 많은 사람은 그만큼 일을 많이 해야 하는 사람임에도 불구하고 자신의 사리사욕만 채우는, 권력의 힘을 더 키우거나 이용하여 자신의 이익만 챙기는 그런 사람이 되지 말아야 합니다. 돈이 많다고 남을 괄시하면 더 많이 가진 이로부터 괄시를 면치 못할 날이 옵니다. 공장을 돌리기 위해 그대는 얼마나 많은 환경오염을 유발시키고 있습니까? 나의 이익은 나와 관련된 사람들의 헌신적인 노력으로 인한 결과물이기에 나누어야 합니다. 그러니 사람의 성품을 보시고 권력과 돈과 지식을 겸손히 사용하셔야 합니다. 과거의 결과가 지금이고 지금의 결과가 나의 미래이니 지금 속에 내가 있어야 합니다. 영혼은 마음이 생각할 수 없는 것들을 알고 있습니다. 지금 느끼는 그것을 지금 하시면 됩니다. 이것이 연기법입니다. 선생님의 말씀에 불교를 공부하면서 더 많은 것을 공부할 수 있게 한 내용으로 그때의 감동이 환갑을 갓 넘긴 지금에도 그 문장을 기억하고 살아가고 있습니다. 지금은 돌아가셨겠지만 선생님 감사합니다.

5. 담배이야기

저는 40줄에 담배를 배워 지금껏 피우고 있습니다. 아직은 몸이 잘 유지되고 습관으로 인해 몸이 담배를 원하고 있어 식후에는 피우고 있습니다. 피워야 된다는 생각이 없으면 자연히 담배도 사라질 것이나 아직은 내려놓기에는 아쉬움이 남아 있고 좌선하는데 부담되지 않을 정도라 피우고 있지만 책이 완성되면 중광스님의 담배를 피웠으면 끊을 줄도 알아야 된다는 말씀처럼 좌선에 몰두하기 위해 끊어야 될 것 같습니다. 40대 말의 어느 날 직장에서 스트레스를 받아 지인들과 탁주 한잔하고는 귀갓길에 담배를 피우며 인도를 걸어가는데 학생이 담배 연기가 싫어 인상을 찌푸리며 손으로 입에 들어오지 못하게 흔들어 대는 모습에 미안한 마음으로 지나갔습니다. 그러고는 집에서 바로 아이들을 불러 방금 전에 있었던 이야기를 하면서 너희들은 그리하지 말라고 당부했습니다. 담배 피우는 사람의 심정을 먼저 헤아려 주어야 된다고. 얼마나 힘들면 저리 담배를 피울까?라는 생각을 먼저하고 지나갈 때 조금 빨리 지나가고 인상을 찌푸리거나 몸으로 표현하지 말라고 이야기했던 기억이 납니다. 물론 저는 집에서 특히 아이들이 보는 앞에서는 거의 피우지는 않았지만 힘들어하는 아버지를 생각하면서 그런 행동은 하지 말라고 당부를 했습니다. 최근에 유튜브에 지하철에서 젊은 남성이 담배를 피우는 동영상을 보았는데 어느 신사분이 점잖게 타이르다가 결국 강제로 못 피우게 하였고 주위의 여성분은 인상을 찌푸리며 곁에서 멀어지는 영상을 보았습니다. 나무라거나 신고하기 이전에 그분이 왜 담배를 지하철에서 피워야 하는 것에 대한 생각을 먼저 해 보라는 말을 드리고 싶어서입니다. 아마 그분은 주위의 관심을 받지 못하여 외로움으로 인한 스스로의 격리로 인해 사회에 보복하는 성향에서 담배를 피우지 않았나 하는 생각에 측은지심이 들었습니다. 나도 같이 담배를 피워주고 싶은 생각이 들었습니다. 그리해서 천천히 사랑을 주면서 천천히 사랑에 물들게 하고 싶은 생각이 들었습니다. 지하철에서 담배를 피운 그 청년은 나를 도와 달라는 강력한 표시였음을 알아야 합니다. 다른 일도 마찬가지입니다. 우리가 이해를 하지 못하는 일을 하는 사람을 보면 왜?라는 의문점을 먼저 가지고 나를 도와 달라는 표현임을 알아채셔야 합니다. 아직은 공부를 더 해야 되겠지만 내가 저런 사람의 친구가 되어 주는 것이 나의 공부라는 생각도 들었습니다. 저의 이야기 잠시 하자면, 혼자 아무 말 없이 생활하면 입에 곰팡이가 필 때도 있긴 합니다. 사회생활을 하면서 알고 지내던 사람들과의 연을 거의 다 끊어내고 하나의 모임만 억지로 뛰엄뛰엄 나가곤 했는데 그때마다 술에 취해 들어오곤 했습니다. 가만히 보면 말도 하지 않고 생활하다 보니 아는 사람들과 만나니 얼마나 기분이 좋겠습니까? 더구나 술이 들어가니 본색이 나오는 것입니다. 참고 지내는 스트레스를 술로 마시고 끊임없이 말을 하는 것입니다. 처음에는 몰랐었는데 가만히 공부가 조금씩 되고 하니 나 스스로를 보게 되었던 것입니다. 물론 술자리에서는 아직도 말을 많이 하는 편이라 공부를 한참 더 해야 할 것 같습니다. 제가 술을 마시고 말이 많은 것이나 지하철에서 담배를 피운 청년이나 요즘 많이 힘드니 위로를 좀 해 달라는 무언의 요구임을 몰랐던 것이었습니다. 그래서 알게 되었던 것입니다. 나쁜 짓을 저지르는 사람들을 면면히 살펴보면 다 이유가 있고 지금 나를 도와 달라는 무언의 메시지를 담고 있음을 우리는 알아야 됩니다. 인연을 끊고 7년을 살았으니 답답도 하긴 합니다. 원효의 저잣거리의 거지와 함께 생활했던 것처럼 예수님의 낮은 곳에서 임하여 사랑을 베푸신 것처럼 저도 나가고 싶으나 공부가 미진하니 그럴 수도 없어 담배만 피웁니다. 이런 것이 동체대비구나 하는 생각을 갖게 되면서 사회의 힘든 곳에서 작은 보탬이 되기 위해서는 지금 여기서 공부를 철저히 열심히 해야 되겠다는 생각까지 미치게 되었습니다. 좌선이 일심으로 되기 위해 간절하고 또 간절히 좌선해야 되겠습니다.

6. 시간을 흐르게 하지 말고 가게 하라

고등학교 학창 시절에 학폭을 일삼는 친구가 한 친구를 괴롭혔는데 세월이 20년이나 흘러 반창회를 했습니다. 학폭을 일삼던 친구는 사회의 일원으로 친구들을 반갑게 맞이하며 화기애애함에 반해 학폭피해자는 그때의 일로 인해 시무룩합니다. 다른 친구와는 친분을 쌓는 데 비해 그 친구와는 눈길도 주길 싫어합니다. 피해자나 가해자 모두 변화했음에도 감정의 골은 여기까지 데리고 살았으니 얼마나 힘들었겠습니까? 지금의 있는 그대로를 봐야지 과거의 일을 가져와서 평가하는 것은 나만 괴롭고 앞으로도 무거운 발걸음을 해야 하니 안타까울 뿐입니다. 그러던 어느 날 가해자 친구가 느낌이 있었던지 학창 시절의 잘못을 용서해 달라고 사과했었는데 사과는 상대가 진심으로 받아 줄 때 사과의 책임을 다하는 것입니다. 사과했음에도 다음 모임에도 똑같이 떨떠름하면 찾아가서 안부도 묻고 더욱 친근히 대하여 그때의 트라우마를 없애 주어야 합니다. 지금은 두 친구가 술을 따라주고 마시는 사이가 되어 주위에서도 눈치 보지 않고 함께 즐거이 술을 마시는 감동한 일로 남아있습니다. 가해자 입장에서는 시간의 변화에 따라 자신도 변화가 되어 갔지만 피해자 입장에서는 그때부터 지금까지 시간이 멈추어 있었던 것입니다. 자신의 겉모습은 변했지만 마음은 세월과 함께 그대로였던 것입니다. 스스로가 내려놓지 못하면 스스로가 시간의 쇠사슬에 묶여 살아야 합니다. 그러니 내려놓아야 합니다. 용서라는 것도 좋지만 그당시 자신의 대처를 반성하고 지금의 옹졸함을 반성하면서 자신을 시간의 쇠사슬에서 벗어나게끔 해야 합니다. 군복무하면서 이병은 제대에는 관심이 없고 오로지 적응하는 데만 혼신의 힘을 다하지만 말년병장은 시간의 1분 1초에 관심을 보입니다. 달력이나 모자, 초소나 식당에 오죽하면 화장실에까지 남은 날짜에 24시간 곱하기 60분 곱하기 60초를 계산해서 적어놓겠습니까? 그런 것을 본 상병도 말년병장이 되면 똑같이 답습을 합니다. 시간이 안 가니 괴로워 이등

병을 데리고 말장난하면서 시간을 그렇게 허비하며 보냅니다. 시간은 보내는 것이 아니라 시간이 가게끔 해야 합니다. 삶을 살아갈 수단을 챙겨보시는 것도 좋고 후임들을 위해 봉사하는 맘으로 보초도 서고 청소도 하는 그런 자비희사의 시간을 보낸다면 제대로는 어느샌가 이만치서 손짓하게 되며 퇴소하는 날 뭉클한 마음을 안고 나갈 수 있습니다. 시간을 보내기 위해 쓸데없는 일을 만드는 것은 자신을 업의 굴레로 속박시키게 되어서 하는 일도 잘 풀리지도 않습니다. 사실 시간은 변하는 것으로 시간하고 나의 삶하고는 아무 관련이 없음에도 사람들은 시간이 가니 나도 간다고 합니다. 시간은 단지 변하고 나도 변할 뿐입니다. 시간은 나와는 아무 상관이 없는 무심의 대상입니다. 님들이 시간을 아주 멀리 사라지게 하시려거든 과거의 기억들도 함께 보내셔야 합니다. 그러면 자연히 시간이란 놈은 나하고는 아무런 상관이 없는 놈임을 알게 되며 지금 순간순간들이 새로워집니다. 지금 여기라는 시간과 공간에서 나와 시간과 공간은 각자 따로 변하고 있지만, 동체대비라는 입장에서 보면 내가 시간이고 공간입니다. 내가 시간과 공간이라는 명색을 만들어 함께하고 있지만 시간과 공간은 실체가 없는 것으로 보이지도 않고 잡을 수도 없습니다. 단지 욕심으로 인한 나의 변화를 위로하기 위해 시간이 가니 내가 변한다는 인식을 할 뿐입니다. 그대가 초유의 힘을 가진 원자임을 알면 시공과 함께 가기도 하지만 시공을 초월하는 것이기도 합니다. 사실 초월이라는 것도 초월이 아니라 이름이 초월이며 무심하다는 말입니다. 시간을 가게 하는 것도 중요하지만 시간과 나하고의 관련성이 전혀 없음을 안다면 무심하여 할 일이 없어집니다. 무심은 유무에 대하여 초월함을 말하는 데 어느 정도 초월해야 하는지를 말씀드리면 다음과 같습니다. 핵심이라고 하면 핵심 아닌 것이 대부분이라 생각하겠지만 핵심 아닌 것 또한 핵심입니다. 왜냐하면 핵심 아닌 것이 있기에 핵심이 있는 것인데 핵심 입장에서 보면 핵심이 아닌 것으로 인해 내가 핵심이 되었으니 핵심이 아닌 것이 핵심입니다. 그러니 핵심도 핵심이요 핵심 아닌 것도 핵심입니다. 그러니 동체대비로 밖으로 유무를 생각할 필요가 없습니다. 그대가 존재하기에 내가 존재함과 같은 것입니다. 부처 또한 그러합니다. 중생 속에 부처 있고 부처 속에 중생이 있다는 말은 중생이라는 말이 없으면 부처는 없고 부처라는 말이 없으면 중생이라는 말도 없다는 것입니다. 부처가 중생을 부처로 보아야 부처가 되고 중생이 부처를 중생의 마음으로 보니 중생이 됩니다. 다시 말해 부처는 중생을 바라볼 때 성품을 보지만 중생은 부처를 바라볼 때 몸뚱아리를 봅니다. 중생은 부처와 중생을 분별하지만 부처는 중생과 부처의 유무를 모릅니다.

7. 나는 욕심이 많은 사람이었고 지금도 욕심이 많으며 앞으로도 욕심이 철철 넘쳐 바다가 될 것이다

학생 때나 사회생활 할 때나 지금도 참으로 욕심이 많은 나였고 나였음을 상기합니다. 학생 때는 공부하는 것이 본분임에도 불구하고 공부는 하지 않고 미래의 나의 모습이나 사회의 정의 실현을 위해 어떻게 할 것이며 등과 같은 생각만 하고 살았습니다. 지금 여기서 당장 공부에 전념하면 그것은 저절로 따라옴을 알면서도 힘들고 재미없는 공부는 뒷전이고 맨날 생각만으로 어려운 공부를 회피하며 살았습니다. 생각은 미래의 삶에 실제적인 도움을 주지 못함을 알면서도 생각은 실천이 따르지 않으면 터지는 물방울과 같은 것임을 알면서도 성급하고 욕심이 많은 생각으로 책과 담을 쌓아 멀리하는 행동을 하며 살았나 봅니다. 아마 힘들고 재미없는 공부보다는 상상의 주인공이 되어 무엇이든 할 수 있는 생각이 더 재미있었기 때문인 것 같습니다. 선생님은 열심히 더 가르치고 싶은 생각에 교재 연구해서 가르쳐 주시는데 저는 반항아처럼 '니는 씨부리라, 나는 잘란다'처럼 멍청히 선생님을 앞에 두고 생각놀이만 했었던 욕심 많은 학생이었습니다. 생각이 욕심이었음을 몰라 공부를 뒷전으로 했었던 것에 선생님들께 참으로 미안한 마음이 듭니다. 가정에서도 학교에서와 같이 생각으로만 꽃을 피우고 생활했습니다. 아들놈 공부시켜 편히 살게 해 주려고 힘들게 직장생활을 하면서 돈을 벌고 있음을 알면서도 돌아서면 잊어버리고 생각으로만 '다음에 돈을 많이 벌어 어머니를 호강시켜 드려야지'라는 생각으로 집에서나 밖에서나 생각 놀이만 했습니다. 생각이 앞서면 욕심이 앞서고 욕심이 앞서니 공부는 하지 않고 부모님께 불효의 선물만 안겨주었습니다. 부모 다 돌아가시고 고아가 되어서야 불효자식임을 알게 되었고 평생을 후회하며 살고 있습니다. 사회생활도 마찬가지입니다. 학창 시절을 그리 보내었으니 당연히 사회생활도 생각만 앞서는 게으름과 나태 그리고 눈치로 생활하였음은 뻔합니다. 그런 직장관으로 살았으니 누가 좋아라 했겠습니까? 나이가 어느 정도 먹고 나니 젊은 사람 따라가지 못하고 힘도 부치니 직장을 박차고 나온 것이지요. 직장을 그만두고 함안으로 올라와 지인들과 술을 한잔하면 오랜만에 만나 자랑질로 술을 퍼마십니다. 삶의 여유로움이나 미래의 가치로움은 어디로 갔는지는 생각조차 하지 않고 부어라 마셔라 하며 밤새고 있는 나 자신을 봅니다. 다음날 지인들을 보내고 혼자 드러누워 자랑질에 대한 후회를 하면서 내일부터라는 새로운 결심을 하지만 여전히 지인이 오면 부어라 마셔라 하며 놀고 자빠지는 것입니다. 아직도 공부자리를 지금의 욕심으로 놓치고 있는 중입니다. 그놈의 욕심은 언제 사라질는지 한심한 생각도 합니다. 그래도 다행히 늦은 나이에 불법을 만나 지난날을 반성하고 온전한 삶을 살기 위해 나라는 존재를 많이 내려놓고 보니 그런 헛된 것들도 차츰 줄어들고 있음을 보고 있지만 아직도 바닷물을 일순간에 마시기에는 한참 멀었다는 생각을 합니다. 평생 무지함만 키워 아직도 무지함에서 헤어나오지 못하고 있음을 알았으니 무지를 타파하는 공부를 해야하겠습니다. 생각이 욕심임을 불교에서 알았으니 평생을 욕심으로 살았고 욕심으로 인해 주위의 모든 분들께 죄송함을 가지게 되니 부끄럽기도 하고 죄송스러울 뿐입니다. 과거의 생각으로 인한 나의 욕심을 알게 되었으니 앞으로는 바닷물을 다 마시는 욕심을 키워볼까 합니다. 불교 공부를 하면서 내가 욕심이 철철철 넘쳐 흘렀던 사람이었음을 뒤늦게 알게 되어 부끄럽기도 하지만 지금이라도 알게 되어 오히려 감사할 뿐입니다. 허공을 잡아 씨름 한판 붙는 욕심을 키워본다.

8. 참선하는 법

  처음에는 무작정 책을 보고 따라 했습니다. 내가 부처님이기에 부처님처럼 앉아 있는 습관을 들여다보려고 하다 숫자를 헤아려 보기도 하였고 다시 호흡을 챙겨보기도 하였으며 호흡을 헤아려 보기도 하였습니다. 그러나 잡념은 평소에 생각하지도 못한 것들까지 밀려옴을 막아내지는 못해서 내가 좋아하는 술 마시는 생각만 오롯이 하면 어떨까? 라는 생각이 들어 술 마시는 것에만 온전히 집중을 해 보아도 10분만 흘러가면 술에 취하였는지 음주가무로 넘어가고 취권이 나타나기도 하지만 전혀 다른 생각들이 덮쳐 옴을 피할 수는 없었습니다. 집중을 통해 생각에서 벗어나려고 자신이 좋아하는 하나의 생각만을 해도 그 생각의 파장은 끊임없이 확대 재생산된다는 것입니다. 생각이 생각의 꼬리를 물고 그 꼬리에 알음알이가 덧붙여져 자신이 좋아하는 분별과 판단의 생각을 재생산함이 끊임없이 일어납니다. 지금 우리의 삶도 아무리 많은 돈이나 권력, 명예, 수면, 맛있는 음식을 많이 누리고 있다해도 반복되는 일상의 허무함이나 지루함처럼 싫증이 나듯 또 다른 색을 입혀 5욕을 쟁취하기 위한 생각의 구렁텅이로 빠진다는 것입니다. 삶에서 물질적인 것들을 내려놓는 만큼 생각도 내려놓아진다는 것이 사실입니다. 생활에서는 욕심을 구하면서 좌선으로 생각을 버리려고 하는 것은 욕심에 욕심을 더하는 조화롭지 못한 생각이며 절대자에게 참회하고 돌아서면 나쁜 짓을 하고 또다시 참회하는 것은 절대자를 빙자한 악마의 나락으로 빠지는 걸음걸이와도 같은 것입니다. 어떤 이는 "그래도 반성을 하니 다행이지 않나"라는 말은 위로의 말에 지나지 않습니다. 여기서 알고 짓는 죄와 모르고 짓는 죄 중 어느 것이 더 무거울까요? 라는 숙제가 떠오를 것인데 조용히 산책이나 좌선을 통해 해결해 보십시오. 죄나 괴로움은 무자성으로 실체가 없습니다. 님들의 마음자리가 그러합니다. 그러니 먼저 주위의 것들을 정리하는 것이 생각을 줄이는 것이니 사람이나 물건들을 정리하고 가능하면 멀리해야 합니다. 처음에는 하소연이나 이야기할 사람이 필요는 하지만 상대는 그런 말을 듣길 원하지 않기에 혼자가 낫습니다. 주위 정리가 되면 편히 앉는 연습을 해야 하는데 30분을 앉기가 힘들지만 조금만 참고 한 번만 넘기면 다음부터는 앉는 것에는 1시간은 편히 갑니다. 사람마다 다르겠지만 먼저 호흡에 집중해 보심을 추천합니다. 즉 인중에 들숨과 날숨이 만나는 점을 하나 챙겨서 숨을 쉴 때마다 그 점에 집중하는 것인데 날숨은 잘 잡히나 들숨에 잘 잡히지 않음을 알 수 있는데 집중을 해 보시면 잡히기는 하지만 어려운 사람은 날숨의 자리에 들숨이 잡힌다고 생각하시면 잡히기도 합니다. 자극은 큰 것에서 작은 것으로 작은 것에서 더 작은 것으로 가져가야 합니다. 그래서 처음 하시는 분은 호흡을 깊게 하시고 집중이 어느 정도 되면 평상시 호흡으로 가져가시면 됩니다. 집중이 이탈하면 다시 호흡을 깊게 하시면서 인중으로 생각을 가져와야 합니다. 단전에 집중하시는 분도 있는데 가능은 하지만 결국 인중으로 와야 하는 것이라 인중에만 집중함을 추천드리나 경험 삼아 단전도 해 보시면 됩니다. 어떤 이는 숫자 헤아림을 하는 데 집중이 분산되는 것이라 하지 않는 것이 좋습니다. 하고 싶으면 숫자를 생각으로 그리면서 헤아림을 추천하나 숫자는 다음을 생각해야 하므로 좋지 않은 방법입니다. 인중에 어느 정도 집중이 되면 인중 집중을 즐기셔야 합니다. 혀는 입 가운데에 있는 윗니과 잇몸의 연결점에 갖다 대고 손은 배꼽 아래에다 왼손을 오른손 위에 올리면 됩니다. 다리는 요가 자세가 정석이나 나이가 들거나 제처럼 다리가 짧은 사람은 불가능하기에 왼발을 오른쪽 허벅지 위에 올리면 됩니다. 여기까지는 밖으로 보이는 부분들의 자세이며 다음은 안으로 분위기를 조성하는 방법입니다. 인중에 집중하고 인중에 집중하고 있음을 몰라야 하는 경지에 들어가야 하는데 먼저 마음을 차분히 하고 고요하게 만든 후에 인중에 집중해야 합니다. 인중에 집중하는 것이 거룩한 밤입니다. 고요한 밤 거룩한 밤의 노래 가사를 보시면 '고요한 밤 거룩한 밤 어둠에 묻힌 밤, 주의 품에 안겨서 감사기도 드릴 때 아기 잘도 잔다'라는 가사를 차분히 생각해 보시면 이러합니다. 마음을 고요히 하고 인중에 집중하는 분위기를 거룩하게 하면 인중과 내가 하나가 되어 내가 인중인지 인중이 나인지를 모르게 됩니다. 그러면 님들의 성품이라는 품에 안겨 감사함이 절로 나오게 되며 할 일이 없어 새록새록 자는 것입니다. 참으로 좌선하는 정확한 방법을 가르쳐 주는 노래입니다. 공부하는 사람은 모든 것을 볼 때 불교와 연관 지어 불법을 굴리는 것이 행주좌와 어묵동정이며 깨어있는 것입니다. 차분하고 고요하고 거룩함이 되면 90분이 1초처럼 느낄 때도 있고 인중에서 불꽃이 나기도 하며 유체 이탈이나 이상한 장면으로 빠져들게 됨을 스스로 볼 수 있습니다. 인중에서도 이러한 것을 볼 수 있듯이 소리에서도 똑같습니다. 계곡물이 흐르는 곳에 조용히 앉아 큰소리에서 졸졸 흐르는 아주 작은 소리도 같은 이치입니다. 마찬가지로 잔잔한 물소리를 들을 수 있는 조용한 곳이어야 하며 스스로 마음을 고요하고 거룩하게 만들어야 함은 두말할 필요가 없습니다. 6근은 각각 계를 이루기 때문에 초의선사의 차를 음미하는 것에 빠져드는 것도 이와 같은 것으로 향기, 느낌, 존재에도 집중이 가능합니다. 법정스님의 간절한 한 생각이 이것이며 이것이 잘 되면 그때 화두를 들고 행주좌와 어묵동정으로 화두만 생각하면 됩니다. 호흡에 집중이 잘되지 않으면 화두에 몰두하는 것도 하나의 방법이 될 수 있지만 화두는 이 뭐꼬 외에는 하지 않는 것이 좋습니다. 생각이 올라오는 것을 잡아주는 이 뭐꼬를 처음부터 해도 무방하나 다른 화두를 들게 되면 화두를 해석하려는 생각이 올라오기도 하지만 지루하고 재미가 없어 공부를 포기하는 경우가 생기기에 자신을 잘 살펴야 합니다. 좌선하면서 생각을 챙기고 생각을 또 챙기고 하다 보면 생각들이 많이 줄어드는 것을 볼 수가 있을 것인데 세속에서 마음 챙김의 가장 좋은 화두는 성철스님의 이 뭐꼬가 최고입니다. 절에서는 큰스님이 제자들의 근기를 보시고 공안을 챙겨줄 수 있지만 세속인에게는 그럴 기회가 없기 때문에 이 뭐꼬를 추천하는 것입니다. 저는 좌선에 들어가면 부처님의 백호와 나의 백호를 연결하고 부처님의 백회를 통해 우주의 모든 지혜를 담아 나의 백회에 저장하고 우주의 허공에 걸터앉은 한 점인 나의 원자를 쳐다보면서 물건도 아닌 것이 부처도 아닌 것이 마음도 아닌 이놈이 도대체 뭐꼬 하며 집중적으로 쳐다봅니다. 이것이 저에게는 가장 집중이 잘 되는 것이라 이렇게 하고 있으며 가끔 집중이 잘되지 않으면 인중의 호흡으로 돌아가기도 합니다. 이것은 저의 개인적인 경험에 의해 말씀드리는 참고용이나 아마 합리적일 것입니다. 여러분에게 한 가지 제안을 하겠습니다 제 손에 동전의 갯수가 홀수일까요 짝수일까요 라고 물으면 확률은 50%입니다. 1부터 10까지의 숫자 중 하나의 숫자만 가지고 있으니 맞추어 보라고 하면 확률은 10%입니다. 화두 하나 드리지요. 제 손에 카드 한 장을 가지고 있는데 숫자가 무엇인지 맞추어 보세요. 맞추는 분에게는 저의 전 재산을 드립니다. 단 맞추지 못하면 10만 원을 내셔야 합니다. 라고 하면 대부분의 사람은 미친 새끼라고 생각하실 것입니다. 그러나 미친 새끼를 믿고 나도 미쳐보겠다는 결심으로 화두를 들어야 된다는 말로 미친 새끼가 되지 않고서는 화두에 발 하나 담그지도 못합니다. 옛날에 자식 하나만 갖게 해 달라고 치성을 드리고 사는 노부부가 있었는데 어느 스님이 노부부에게 '절에서 100일 기도를 드리면 아들이 생기나 10세를 넘기지 못하고 죽을 것이다'라는 말을 하고 지나가는 것입니다. 그래도 노부부는 일단 아이를 갖는 것만으로도 행복하여 절에서 100일 기도를 드렸는데 정말 아기를 가졌고 나름 튼튼한 사내아이를 낳았습니다. 그래서 노부부는 정성을 다해 아이를 키웠는데 어느 날 엄마가 장에 가야 해서 어버지가 아이를 보게 되었는데 아이가 하도 울어서 업고 산책을 나갔음에도 계속 우는 것입니다. 울면서 하는 말 "도"라며 자꾸 달라는 것입니다. 줄 것이 없는데도 자꾸 달라고 더 크게 울어서 난감해 하며 집으로 가다 아이가 그만 숨이 멈추어 죽어버렸습니다. 그날 이후로 아버지는 잠을 이루지 못하고 '도대체 뭘 달라고 했을까'라는 자책감으로 오롯이 그 생각만 하였습니다. 그러다 마누라가 죽을 쑤어 오길래 '도대체 뭘 달라고 했을까'라고 물어보니 '주먹이라도 입에 넣어주지요'라는 답변을 하는 것입니다. 그때 아 하며 알았던 것입니다. 왜 '주먹이냐'라는 의문이 들지만 아버지의 상황에서는 주먹인지 주먹이 아닌지가 중요한 것이 아니라 무엇을 원하고 있었는지를 알게 되었다는 말입니다. 귀한 자식을 잃은 아버지의 오롯이 한 생각이 "도"라는 말을 알았듯이 님들도 오롯이 한 생각으로 있어야 자신의 성품을 볼 수 있습니다. 보고 나면 두려움이 사라져 깨달음을 얻어 자유인이 된다는 말입니다. 이것이 공안의 효과이며 공안이 깨달음의 수단이며 방편이라고 하는 것입니다. 좌선할 때 특히 호흡에 집중하는 사람은 일절 담배를 피우시면 안 됩니다. 집중은 호흡이 일정해야 하며 호흡이 잔잔하고 조용해야 집중의 강도가 높아지는 것입니다. 그런데 담배를 피우시면 호흡이 거칠어져 집중도가 분산이 되어 집중이 잘되지 않습니다. 초심자야 경험으로 하는 것이니 상관은 없지만 건강도 해치고 환경오염에 현금도 소비하는 것이니 담배 끊어 보시하여 복짓기를 권합니다. 술은 영혼의 울림을 갉아먹는 마장입니다. 술을 마시면 영혼의 파장을 혼탁하게 하며 스스로를 무기(無機-생명이나 활력이 없음)에 빠져들게 하여 다음날 휴식을 취해야 하는데 연속된 공부에 지장을 주어 진도가 나가지 않습니다. 또한 술은 나에게만 아픔을 주는 것이 아니라 타인에게 상처를 안겨 줄 수 있어 업으로 연결이 되는 문제입니다. 공부는 안으로 공하고 밖으로 무심해야 되는데 술과 담배는 안으로 혼탁하고 밖으로는 춤만 춥니다. 그러니 공부하는 사람에게는 술과 담배는 금기해야 할 대상입니다. 흔히 하는 말로 안 만들면 될낀 데 라고 하는데 안 하면 되는 것입니다. 남 탓이면 범부요, 내 탓이면 보살이며, 내 탓이니 남 탓이 없으면 부처입니다.

9. 예수님이나 부처님께 기도하면 들어 주실까?

간절한 기도를 하면 들어줄까? 콩 심은 데 콩 나고 팥 심은 데 팥 나며 뿌린 대로 거둔다고 했는데 기도한다고 들어 주실까? 간절함은 내가 뿌린 것을 보살피고 가꿈을 말하며 예수님의 뿌린 대로 거두리라 라는 말도 과거의 님들의 뿌린 그대로 수확하는 것을 말합니다. 교회나 절에 가서 자신의 복을 비는 기도를 아무리 열심히 해도 부처님이나 예수님은 여여하시기에 들어는 주시되 지켜볼 뿐입니다. 여러분의 기도를 아무 이유 없이 성취시켜 주면 그만큼 다른 사람이 힘들게 되는데 부처님이나 예수님이 도와주겠습니까? 만약에 여러분이 가난한 이웃에 도움을 주면 당연히 곳간에는 도와준 만큼 비겠지만 대신에 님들은 따스한 마음을 얻었고 복을 지었습니다. 따스한 마음은 덕이요, 도와줌은 복으로 그 복은 언제 올지는 모르지만 반드시 오게 되어 있습니다. 질량 보존의 법칙이 그대로 적용이 되는 것이 법계의 질서입니다. 기도를 하지 않았지만 남을 돕는 그 마음이 기도입니다. 기도란 내가 최선을 다하고 겸손한 마음을 갖는 것이 기도입니다. 뿌린 대로 거둔다고 하셨습니다. 기도는 더 열심히 일해서 더 많은 수확을 거두어 가난한 사람들을 도와주는 것이 기도입니다. 가난한 사람이 더 잘 살아서 불법을 공부할 수 있게 하는 공덕을 짓는 것이 기도입니다. 이런 기도가 자신을 낮추어 부처님이나 예수님처럼 닮아가는 배움의 길이며 낮은 곳에 임하는 것입니다. 하지도 않으면서 복을 비는 것은 도둑이 하는 것과 다르지 않습니다.

개인의 사리사욕을 위한 기도는 기도가 아니라 기복입니다. 기도하실 때 무주상보시처럼 기도하신다면 그 공덕은 끝이 없을 뿐만 아니라 복 또한 끝이 없습니다. 무주상기도란 남을 위해 하는 기도입니다. 내가 받는 것이 아닌 모르는 사람을 위해 하는 기도입니다. 특히 힘들어하는 이웃을 위해 봉사하는 사람이 타인을 위한 간절한 기도는 반드시 이루어지게 됩니다. 그래서 예수님께서 '네 이웃을 사랑해라'라고 말씀하신 것입니다. 다시 말해 님들의 개인적인 욕심의 기도는 실체 없는 것을 깨우쳐 주려고 지켜볼 뿐이며 타인을 위한 간절한 기도는 공덕으로 들어주신다는 것입니다. 요즘 지구촌에는 전쟁으로 인해 많은 사람이 죽거나 다치는 불상사들이 매일 일어나고 있습니다. 아침에 일어나면 자신을 낮추고 세계평화가 구현될 수 있는 기도를 합시다. 나의 작은 기도가 반드시 힘이 되어 나타남을 확신합니다. 자비희사입니다. 그런데 어떤 사람은 아무리 노력을 해도 되지 않는 사람이 있습니다. 개인적인 마음으로 보면 참으로 안타까운 마음이 들 정도입니다. 겨울에 퇴비를 만들고 봄에 씨를 뿌려도 태풍이 노력의 대가에 찬물을 끼얹습니다. 그런 사람은 전생의 업을 갚는 것이니 참고 또 참아야 합니다. 참지 못해 새로운 업을 만들면 또 다른 고만 생성하게 됩니다. 실패는 성공의 밑거름이 되는 것처럼 전생의 빚을 갚으면 구름이 걷히듯 맑은 햇살이 비추는 날이 있습니다. 그리고 사람은 공부하러 지구촌에 태어났으니 빚도 갚고 그만큼 공부가 익어가는 것을 배울 수 있으니 행복이며 이것을 일러 '시법평등무유고하'라고 합니다. 운전을 하다 무리한 끼어들기를 하면 생명의 위협을 느껴 클랙슨을 울리든지 아니면 따라가서 싸움할 기세로 위협을 가합니다. 이때는 "그래 니도 니같은 놈 언젠가는 만날끼다"라고 하면서 그냥 가시면 됩니다. 내가 받을 것을 받은 것이니 고맙다는 생각으로 무심히 지나가면 됨에도 싸움하는 것은 똑같은 사람이 되는 것이니 공부하는 사람의 자세는 아닙니다. 복은 아무리 많아도 채워지지 않는 법이며 오는 복은 아무리 거절해도 오게 되어 있으며 가는 복은 아무리 잡아두려고 해도 가는 복은 막을 수 없습니다. 그대의 업에 따라 사는 것이 우주 법계의 질서입니다. 주여 낮은 곳으로 임하소서처럼 복을 구하지 말고 가장 낮은 곳에서 베풂을 실천하신다면 그것이 가장 큰 복을 창출하게 됩니다. 하심하고 봉사하는 것이 팔자를 바꾸는 길이며 봉사 자체가 자신을 낮추는 것임으로 자신을 낮추고 낮추다 보면 자신은 없어지는 무아가 됩니다. 자랑질하지 않고 봉사한다는 생각이 없는 그것이 좌선을 통해 얻는 것과 같습니다. 이런 분은 직장생활에서 일해도 일한다고 생각하지 않고 대가를 받아 좋고 그 대가로 봉사활동 할 수 있으니 더없이 좋은 것이지요. 부처님께서 자등명 법등명에 의지하여 공부하다 공부가 익으면 자등명을 거울삼아 공부하라고 말씀하셨습니다. 우리는 복을 받아 복을 많이 얻을려고 하지만 복이 많은 사람이나 없는 사람이나 죽는 것은 매한가지이며 죽으면 복 또한 사라집니다. 복은 아무리 많아도 채워지지 않는 실체가 없는 것입니다. 그래서 부처님께서 복덕성이라 하시면서 무주상보시의 복은 헤아릴 수 없이 많다고 하셨습니다. 복에 실체가 있었다면 그런 말을 하지 않아도 복 받기 위해 선업을 닦으려고 하겠지만 실체가 없기에 그렇게 말한 것입니다. 우리는 공덕을 쌓아 부처님이나 예수님처럼 인격완성을 위해 공부하러 왔는데 복을 비는 것은 논리적으로 맞지 않을뿐더러 부처님이나 예수님은 복에 탐착하지 않은 분임으로 우리가 복을 비는 기복은 들어주실 리가 만무하십니다. 기도합시다. 공덕을 쌓기 위한 기도는 어떻게 해서든 도와주시지만 복을 비는, 기도 아닌 기복은 들어주시지 않습니다. 절이나 교회나 성당은 복을 비는 장소가 아니라 공덕을 쌓기 위한 공부하는 곳입니다.

10. 두려움이 없어야 깨달은 사람이다

금강경에 불포(不怖)라는 말이 있고 반야심경에 공포(恐怖)라는 글귀가 있는데 두려움이라는 의미로서 인간의 존재는 죽음이라는 공포에 나약해져 의지처를 찾고 구하는 것이 인간입니다. 깨달은 사람은 불포나 공포에는 관심이 없습니다. 있는 그대로 보시는 분으로 죽음의 공포에도 무심합니다. 왜냐하면 6근이 내가 아니고 잠시 빌려 쓰고 있음을 알기에 협박에 두려움도 없으며 납치를 당하거나 죽임을 당해도 원망이나 보복을 하지 않는 것이 깨달은 사람의 행동입니다. 단명과 장수에 대한 분별이나 관심 자체가 없어 무심으로 살아갑니다. 일찍 죽으면 다시 젊음을 갖는 새로운 무언가로 태어날 것이요, 오래 사는 것은 빚을 더 많이 갚을 수 있음이 좋은 것이니 아무 상관이 없습니다. 예수님이 죽음을 두려워하지 않은 이유가 부활함을 알고 있기 때문입니다. 큰스님이 잠시 낮잠을 자고 있었는데 독사가 들어와 큰스님의 허리춤에서 놀고 있었습니다. 제자가 물을 들고 들어오다 그 광경을 보고 놀라서 '큰스님, 독사입니다'라고 큰소리로 깨웠습니다. 그러자 큰스님은 아무렇지 않게 일어나 놀다 가게 놔 두거라 하고는 자신의 일을 하러 밖으로 나가버렸습니다. 참으로 여여한 행동이지요. 저 같은 사람은 놀라서 팔짝 뛰어 밖으로 도망가거나 작대기를 가지고 와서 그 뱀을 죽이거나 밖으로 내쫓을 것인데 어떠한 동요도 없는 여여함은 어디서 오는 것일까요? 사람은 독사에게 물려 중상을 입어도 그 뱀을 찾아 복수하는 일은 없습니다. 단지 다음에는 더 조심해서 다녀야겠다거나 독사가 살만한 곳은 가지 않으련다 라는 생각만 하지요. 그러나 사람에게 피해입으면 원한을 가지거나 보복을 위한 칼날을 갈아 기회가 오면 되갚아 주려고 합니다. 이러한 이유는 뱀은 자신을 보호하려는 생존을 위한 본능에서 그런 것이고 사람은 남에게 피해를 끼치면 안되는 것을 알면서 나에게 해를 입혔기 때문입니다. 사람을 나의 경쟁자로 보는 욕심이 원한을 만듭니다. 이런 욕심을 내려놓으면 아무것도 아닌 것이 됩니다. 6근이 내가 아님을 알면 욕심은 충분히 내려놓을 수 있는 것으로 내려놓으면 피해를 입었다는 것이 없으니 괴로움이나 원한이나 복수라는 것이 필요가 없습니다. 그럴만하니 그런 일이 일어나는 것이 연기법이니 받아들이면 사라지는 것들입니다. 연연하실 필요가 없으며 연연하는 순간 고는 자신의 마음을 노크합니다. 사실 고라는 것도 실체가 없는 것으로 6근만 내가 아님을 실천하면 피해도 없고 얻음도 없으면 늙고 죽음도 없으니 원한이나 복수나 고도 없습니다. 이것이 두려움의 갑옷을 벗겨 내는 것이며 두려움이 사라지니 육경청정이요, 육식이 청정하여 모든 경계의 실상을 바로 알아 거침이 없습니다. 우리는 실상을 상으로만 보니 자신을 바로 볼 수 없고 자신을 바로 보지 못하니 부처를 아무리 찾아도 찾을 수가 없습니다. 실상을 바로 보아야 주님을 찾을 수 있음에도 실상을 모르고 '주여' 하고 아무리 불러 보아도 주님은 응답하지 않습니다. 그러니 성철스님의 '자기를 바로 봅시다'처럼 자기를 바로 보는 공부를 해야 하고 혜암스님의 '공부하다 죽어라'라는 말처럼 자기를 바로 보는 공부를 죽으라고 해야 됩니다. 삶의 최종 목적지가 그곳에 있기 때문입니다.

11. 공부를 하려면 의식주는 최소한으로

공부를 하려면 공부하려는 자세가 무엇보다 중요합니다. 저는 성철스님을 뵌 적도 없고 꿈에서도 뵙지 못했으나 '자기를 바로 봅시다'라는 책을 읽어 보면서 성철스님의 기풍을 조금이나마 엿볼 수 있었고 불교에 심취하게 된 계기가 되었으며 '나도 그렇게 공부를 해야겠다'라는 다짐도 했습니다. 성철스님의 수행을 위한 마음가짐이나 행동을 보면 공부의 정석을 보여주신 분이고 제자들에게도 철저히 수행시킨 참다운 스승의 모습을 보여 주셨습니다. 그래서 공부를 하려는 사람은 성철스님의 마음가짐을 먼저 알아보심을 조언합니다. 요즘은 절에서도 스님 하겠다는 사람이 없어 행자 기간이나 강도가 많이 줄어들었다고 하지만 개인적으로 공부하는 사람은 자신을 먼저 챙기지 못하면 공부에 하세월이 될 것임은 뻔합니다. 공부하겠다고 하는 사람은 먼저 왜 불교공부를 해야 되는 지에 대한 이해를 반드시 해야 합니다. 스님은 중생구제라는 원대한 꿈을 갖고 스님이 되신 분이니 그 자체로도 존경을 받을만 하지만 일반사람이 공부를 하는 것은 소승불교적인 입장이기에 스스로를 잘 챙겨야 합니다. 무작정 나는 불교가 좋아서 도전한다면 3년 이내로 나가 떨어지는 것은 당연한 수순이니 반드시 왜 불교공부를 해야 되는지, 그러려면 어떻게 해야ㅠ되는지를 먼저 알아야 됩니다. 그러려면 불교에 대한 배경지식을 어느 정도 공부해야 문제해결을 할 수 있는 발판을 마련할수 있으며 발판이 마련되어 공부해야겠다는 욕심이 생기면 의식주는 최소화해야 합니다. 옷은 남에게 불쾌감이나 냄새나지 않을 정도면 족하고 돋보이게 입으려고 하면 나를 앞세우는 것이기에 옷에 투자하지 말아야 합니다. 먹는 것은 영양식을 고려하되 간단하면서도 편하게 먹을 수 있어야 하며 공양하기 전에 하는 감사의 기도처럼 약으로 알고 먹어야지 음식에 탐착하는 것은 일절 하지 말아야 합니다. 늦은 봄부터 가을까지는 운동 삼아 작은 텃밭이라도 가꾸면 반찬도 해결되고 시간도 절약되며 음식을 함부로 버리는 행동은 하지 않게 됩니다. 사실 먹는 것에 집착하면 공부는 포기해야 됩니다. 이유인즉 텃밭 가꾸어서 음식 재료를 장만하여 씻고 요리하다 보면 밥먹다 하루가 그냥 흘러가는 것이 다반사입니다. 먹는데 하루가 다 가면 공부할 시간이 없기에 간편식으로 시간을 아껴야 하며 가능하면 두 끼만 먹어도 가능하기에 그리하심이 좋을 것입니다. 사실 혼자 밥하고 먹고 하는 것이 지겹고 귀찮아질 시기가 오면 저절로 간단하게 먹게 되어 있습니다. 어떨 땐 밥하기 귀찮아서 외식을 할 때가 있는데 가능하면 삼가야 합니다. 입이 고급이 되면 자꾸 나가게 되고 조미료가더 많이 들어가게 되면서 분별을 일으켜 공부에 지장을 주기도 합니다. 맛을 저축해 놓으면 여행할 때 남이 해 주는 모든 음식들을 맛나게 먹고 있는 자신을 발견하게 되며 그로 인해 즐거운 여행이 되기도 합니다. 저의 경험이지만 여행 갈 때 집에 조금 남은 음식을 정리하기 위해 찌개에 자질구레한 반찬과 밥을 넣고 비벼 먹는데 꼭 개밥을 먹고 있다는 생각이 들어 내가 왜 이리 살아야 되는지에 대한 자괴감이 들기도 했었지만 음식물을 버리지 말아야 함을 잘 알기에 억지로 먹었던 기억이 납니다. 한 알의 밥이 얼마나 많은 연으로 인해 나에게 왔음을 알면 함부로 버리지 못할 것이며 더구나 한 톨의 밥알의 입장에서 보면 나의 입으로 들어오면 다음에는 사람으로 태어날 수 있었는데 부주의로 인해 숟가락에서 떨어지는 순간 개밥이나 흙으로 돌아가야 한다면 얼마나 안타까운 마음이겠습니까? 그러니 몸이 아파 약으로 알고 먹는다면 어찌 한 톨의 밥이라 할지라도 허투루 먹을 수 있겠습니까? 거처하는 공간은 단순하고 간편하게 하되 정리 정돈은 보는 즉시 해야 합니다. 집을 꾸민다고 하는 순간 욕심이고 욕심은 끝이 없는 것이므로 집에 뭔가가 자꾸 쌓이게 되는 것이 공부에 방해만 될 뿐입니다. 집은 조용한 시골을 추천하는데 3년을 외로워서 못 버티고 나가는 사람이 대부분인 데다가 불교공부를 하려고 오는 사람은 더욱 외롭고 힘들고 외롭기도 합니다. 외로워서 지인들을 초대하거나 마을 사람들과 친해지면 술이란 놈이 공부에 방해를 주게 되어 있으니 특별한 날이 아니면 이웃사람들과의 접촉은 피하는 것이 좋습니다. 잠은 나이가 들고 하는 일이 없으니 절로 잠이 줄어들지만 결심이 약하면 하기 싫을 때 누워서 하루를 보내는 경우가 있으니 주의해야 합니다. 누워 하루를 보내던 알차게 하루를 보내던 하루는 그냥 지가 알아서 가는 것이니 이왕 가는 것 알차게 보내야 합니다. 잠은 이제 잘련다 하고 누우면 2분 이내로 잠에 빠질 정도만 자면 되는데 게으름을 피우고 싶어 일찍 누워 있으면 망상에 빠질 위험이 있으니 잠자는 것 외에는 눕는 것은 하지 말아야 합니다. 법정스님께서 공부하는 사람은 밤낮을 구분하지 말아야 된다고 하셨지만 참으로 어려운 숙제입니다. 아직은 좌선만 하는 사람이 아니라 그런지 밤낮의 분별은 철저히 가리고 있어 아직 공부에 집중할려면 한참 멀었습니다. 다음으로 주위의 사람을 멀리해야 합니다. 비록 가족이라고 해도 죽을 때 도움 되는 사람은 아무도 없습니다. 삶을 살면서 진정한 친구 한 명만이라도 있다면 삶을 잘 살았다는 말처럼 내가 죽어 뒷정리해 줄 친구를 생각해 보니 아무도 없는 것에 스스로가 놀라웠고 역시 마누라밖에 없는 것 같아 행복했지만 마누라가 나의 몸뚱아리를 갖고 놀았으니 뒤처리는 마누라가 해주겠지요. 마누라보다 일찍 죽어야 하는데 아직 공부는 더 해야 하니 걱정이나 마누라에게 협조를 더 잘하여 오래 살게 해야겠습니다. 이렇게 주위 환경이 개선되면 하심하는 마음을 가져야 합니다. 항상 나의 탓이며 남의 말을 잘 청취해야지 잘난 척하거나 자랑질을 하는 순간 스승은 사라지고 배움은 멀리 도망 갑니다. 자랑병을 고치기는 참으로 어려운 것으로 노력해도 술을 마시면 습관이 절로 나와 반성과 후회만 남으니 알음알이 버리는 공부를 곁들이면 자랑병은 현저히 줄어들기도 합니다. 이놈의 알음알이는 가끔씩 본능적으로 대화 중에 갑자기 튀어나와 막무가내로 앞서면서 여지껏 참았던 묵언들이 순간 나뒹굴어지게 합니다. 알음알이는 자랑질이요 나중에 허물로 다시 돌아오는 것으로 소크라테스의 나는 아무것도 모르는 사람임을 아는 그런 사람이 되어야 합니다. 다음으로 적당히 운동해야 합니다. 땀을 흘릴 정도의 운동은 해야 좌선의 집중도 잘되며 나이 들어서도 좌선을 할 수 있기도 하지만 달리면서 발가락 끝에 집중하면서 달리기 때문에 공부의 연장선이기도 합니다. 포행을 하려니 발의 자극이 약해서 집중이 되지 않아 저는 아직도 달리기를 하는데 걷기도 좋지만 처음 하는 사람은 집중도를 높이기 위해서는 달리기를 권장합니다. 저는 아침 공양 후 정동마을 저수지를 할머니들이 20분이면 왕복함에도 저는 한 시간을 포행합니다. 양반걸음으로 생각의 끈을 놓지 않기 위해 천천히 아주 천천히 포행을 하는데 주제를 갖고 주제에 대해서만 생각하거나 발걸음의 느낌을 놓치지 않으려고 천천히 포행을 합니다. 마지막으로 가능하다면 공부에 가르침을 줄 수 있는 분을 만나는 것이 좋은데 저는 책을 스승으로 만나 지금도 글에 의지하여 공부를 하고 있지만 어느 스님의 책을 덮으세요 라는 말에 금강경 외에는 거의 책을 보지 않고 있습니다. 처음 공부를 하는 사람은 자신이 바르게 공부해 나가고 있는지 잘 모르기 때문에 불안한 마음이 올 때가 있는데 처음 잘못된 단추를 꿰는 순간 가면 갈수록 정법과는 더욱 멀어지게 되므로 인해 자신을 죽이고 타인도 죽이는 일이 생기므로 가끔씩 챙겨주는 스승 만나기를 적극 권장합니다. 죄송스러운 말씀이지만 요즘 중생구제의 큰 뜻을 품고 출가하신 스님을 잘 보지 못해 스승찾기가 많이 힘들 것입니다. 한가지 추천 드리는 것은 강원도 오대산 월정사에 한 달간 하는 출가학교를 적극 추천합니다. 요즘은 다소 느슨해졌다는 말은 듣고 있지만 스님들의 가르침을 듣는 것이 많은 도움이 될 것이며 가기 전에 공부해서 질문을 많이 하실 정도는 되어야 도움이 되며 그곳에서 좋은 스님을 만나기를 추천합니다. 어떤 스님은 군불 피우기 위해 주위의 나무부터 장작을 마련하는 분도 있지만 다음 사람을 위해 먼 곳에 있는 장작을 구하는 스님이 있습니다. 편리함이나 편안함을 추구하신다면 불교공부는 문을 닫아야 합니다. 편안하게 하는 공부는 다음에 분별을 가져와 공부의 끈을 놓을 때가 생기지만 불편함을 불편함으로 느끼지 않는 공부를 하는 사람은 그 어떠한 상황이 와도 불편하지만 받아들입니다. 그러다 보면 그것이 습관이 되고 습관이 모이면 알찬 결과가 따라오는 것이니 공부를 하려면 이런 기본에 충실해야 공부의 향상이 빨리 진행되며 중도에 포기하지 않고 성취의 꿈을 향해 나아가게 됩니다. 그래서 저는 제가 거처하는 곳을 근본사라고 명하지요.

12. 불교와 유교의 차이점

 불교에 갓 입문하여 조금 안다고 출랑거리던 그때 함께 근무하면서 말없이 실천하는 은혜 입은 직원을 만나 담소를 나누다 불교와 유교는 다른지요? 다르다면 어떻게 다른지요?라는 질문에 다르다고 말씀드린 기억이 납니다. 말은 하고 싶었지만 딱히 아는 것이 없어 이유는 설명하지 못했는데 억지로 꾸민 말을 했다면 아마 후회를 많이 했을 것 같습니다. 집에 돌아와 고민을 해보니 시원한 답변을 할 수 없는 제 자신을 발견하고는 반성과 함께 공부를 더 열심히 해야겠다는 다짐으로 오히려 질문 주심에 감사하기까지 했습니다. 지금 다시 물어보신다면 님들은 어떻게 답변을 하실는지요? 지금의 저는 정말 갈수록 아는 것이 없어져서 마음이 조금은 가벼워졌지만 반면에 아주 많이 무겁기도 합니다. 어떨 때는 짜증도 나기도 하지요. 짜증이 나면 금방 추스르기는 하나 답답함은 여전합니다. 알면서 안되는 것은 스스로에게 편안함을 추구함이 있기 때문입니다. 편안함은 나중에 내려놓을 때를 알고 내려놓아야 함에도 아직은 내려놓기에는 부족함이 많아 옹졸하게 붙들고 살아가고 있습니다. 노자가 공자에게 한 말 "니는 물에 빠져 죽어도 입만 둥둥 떠서 말을 할 것이다"라는 말이 꼭 저에게 하는 말인 것 같아 반성하고 있습니다. 이 질문은 그분에 대한 답변도 되겠지만 님들도 궁금할 수 있을 것 같아 지면으로 말씀을 드리려고 합니다. 불교는 일체의 법이 다 불법으로 봅니다. 유교, 도교, 기독교, 이슬람교, 천주교, 산신, 무당 등 모든 것을 포용하는 종교입니다. 삼인행에 필유아사와 같이 비법과 비비법 등을 다 포용하는 것이 불교입니다. 그래서 불교는 일체법입니다. 처음 입문했을 때는 다른 종교는 쳐다보지도 않았고 다른 종교이면 다소 거부감이 일어나 싫어하는 내색을 보여주기도 했습니다. 불교 공부가 성숙되면서 미운 사람도 차츰 포용하려고 노력하는 제 자신을 보면서 불교공부에 더욱 심취하게 되었습니다. 그러던 어느 날 도움을 드리려고 했다가 나중에 알게 되었지만, 40대의 무당 하시는 분을 우연히 알게 되어 협조하는 차원에서 기도처에서 기도하는 것과 점을 치는 현장에 앉아 구경도 해 보았습니다. 궁금함이 있으면 물어도 보고 했었는데 서재에 불교서적도 있고 공부도 제법 되어 있어 평소에 내가 알던 무당과는 전혀 달라 무당에 대한 인식을 달리했습니다. 평소에 내가 알고 있었던 인식이 잘못되었음을 알게 되었습니다. 그리고 그 무당의 실력이 보통이 아니어서 점을 보러 오는 사람의 성향까지 파악해서 답변하는데 신기할 정도로 잘 맞추는 것을 보고 감탄할 정도였습니다. 평소에는 일반적인 사람과 전혀 다름이 없어 여지껏 색안경을 끼고 무당을 바라보았듯이 다른 사람들에게도 나만의 색안경을 끼고 보았다는 생각이 들어 부끄럽기까지 했습니다. 지금은 다른 도시로 가서 연락이 끊어졌지만 감사함을 느끼고 있습니다. 그 당시 배움도 있었지만 무당이라는 생소한 것을 배척하지 않고 품을 수 있는 사람으로 변모해 가고 있는 나 자신을 보면서 일체법을 품을 수 있는 성품의 여여함에 감탄하였습니다. 일체법이 불법이라는 말처럼 오늘날의 대한민국이 그런 문화로 나아가고 있다는 생각도 해 봅니다. 언어만 보더라도 영어, 일어, 중국어 등을 혼용하며 사용하고 있는데 제가 중학생 시절에 국어 선생님께서 외래어를 사용하지 말고 아름답고 과학적 언어인 국어를 사용하자면서 외래어를 배척하는 캠페인을 펼쳤던 기억이 납니다. 그러나 요즘은 일상생활에서 여러 언어들을 사용하고 있으며 거부감도 없이 잘 혼용하고 있는 이것이 어우러짐이요, 상생의 길입니다. 홍익인간의 기치 아래 일체법으로 세상이 밝아졌으면 합니다. 전쟁이 아닌 높은 수준의 문화만이 세상을 포용할 수 있으며 교육만이 문화를 꽃피울 수 있기에 대한민국의 교육이 더욱 더 빛을 발하길 기원합니다. 저는 크리스마스이브에 성당에 가서 축제도 즐기면서 모든 사람들이 행복해질 수 있도록 기도를 합니다. 사회생활 할 때에는 색바랜 옷이나 조금 찢어진 옷은 버렸지만 지금은 타인에게 불편함이 없다면 꿰매 입거나 그대로 입고 돌아다니기도 합니다. 그만큼 불교공부를 하면서 종교적인 것이나 개인적인 삶에 있어서도 변화된 것은 확실한가 봅니다. 불교는 종교이며 정법으로 깨달음으로 가는 가장 바른 길이며 지름길입니다. 비법은 정법을 배척하지만 정법은 싱거운 비법을 포용합니다. 이처럼 불교는 모든 것이 불법 아님이 없기에 그리고 연기법으로 보아도 일체가 불법이기에 질문에 대한 답변을 "같지도 다르지도 않다"라고 말씀드립니다. 왜 그런지를 물어보신다면 빗방울 하나가 눈에 들어와서 눈을 깜빡하는 욕심도 버리면 가르쳐 줄 것이라 지면을 통해 말합니다. ㅋㅋㅋ. 스스로 공부해서 알아야 자신을 바로 볼 수 있으니 스스로 챙겨 보시기 바랍니다. 그래도 재촉하신다면 '분별하지 말라'라는 말로 양구(良久-묵언으로 답변함)합니다. 돌아오는 봄에는 출간해서 그분에게 책으로 답변을 전해주고 싶습니다. 건강하시고 행복하시길 바랍니다.

13. 물활론

물활론이란 무기체를 유기체로 만들어 자신의 위안을 삼는 상징성을 말합니다. 우리가 절이나 교회에 나가서 십자가나 부처상에게 기도하고 소원을 비는 것은 자신의 마음에 위안을 삼기 위함입니다. 위안을 얻으려면 마음적으로나 물질적으로 나보다 나은 사람에게 위안을 얻는 것이니 나는 상대보다 나아지기는 어렵습니다. 또한 나의 나약함을 표하는 것이기에 도움은 받을 수 있을지언정 도움 주는 대상을 능가할 수 없습니다. 자신 안에 내재되어 있는 부처를 찾기 위한 수단으로 삼아야 스스로 나약함을 인정하고 위안을 받으면서 반성과 함께 마음을 다져 삶을 더 충실히 살아갈 수 있는 것입니다. 다시 말해 물활론을 잘 이용하셔야 됩니다. 따지고 보면 불상이나 마리아상이나 십자가는 누군가에 의해 만들어진 것임에도 우리는 그것에 생기를 불어넣어 마치 살아 있는 존재로 만들어 기도나 소원을 빕니다. 마치 인형을 살아있는 것으로 여겨 위안을 얻는 것처럼. 어린아이들을 보시면 인형에게 밥도 먹여주고 대화도 나누며 잠도 재워주는 자신의 홀로됨에 위안을 받습니다. 친구들과의 소꿉장난도 어른의 모방을 통해 성장하는 수단으로 활용합니다. 부모의 입장에서 보면 귀엽기도 하고 혼자서도 잘 놀 수 있으니 고맙기도 합니다. 어른들이 인형에게 말을 하고 먹을 것을 주며 노는 사람은 없을 것이며 어른끼리 소꿉장난을 하는 사람이 없는 것처럼 우주에서 돌에 절하며 복을 구하는 사람을 보면 웃을 일입니다. 조선시대 때 부모가 돌아가시면 3년 상을 치렀지만 지금은 삼년상을 치르는 곳이 사라졌습니다. 제사도 다 모아서 지내고 심지어 절에 위탁하는 경우가 허다한 세상입니다. 옛적에는 진리라고 하던 것들이 편리성으로 인해 변모하게 되었습니다. 실제 불상은 돌, 철, 나무, 석고 등으로 사람이 만든 것이며 태우거나 부숴버리면 사라지는 것들입니다. 그런 곳에 생명을 불어넣어 위안을 얻거나 복을 구하기 위해 찾아가서 절하고 기도합니다. 돌이 들어주겠습니까? 들어주었다고 함은 님들의 간절한 마음과 실천이 만들어낸 것입니다. 그러함에도 기도하는 이유는 스님이 시키거나 앞선 사람들이 그리하니 따라 하는 것입니다. 절은 공부하는 곳이지 복을 구하는 그런 곳이 아닙니다. 상징물을 통해 하심하고 다짐하며 공부하는 곳입니다. 부처님께서 84천 법문을 말씀하시고도 한마디도 하지 않았다는 그 말씀을 공부하는 곳입니다. 84천 법문이 방편이며 일체법이 불법이므로 성경도 다 방편이며 님들을 구제하기 위한 방편들의 연속입니다. 사람이 있어야 종교가 있고 진리라는 단어가 있는 것이기에 사람이 없다면 종교나 진리 또한 사라지는 실체가 없는 것입니다. 원죄로 인해 미약하고 고독한 것이 사람이며 속죄하고 위로 받는 곳이 종교라고 하면 종교라는 울타리에 갇혀 구속받게 되는 삶이 됩니다. 종교는 님들을 자유롭게 살게 하기 위한 공부하는 방편입니다. 부처님께서 자등명이라 하셨고 천상천하유아독존이라 했습니다. 문밖에서 구하지 말고 자신을 바로 보는 문 안의 수행을 통해 자신은 구제되어 있음을 찾아야 함에도 자신을 바로 보지 못하니 구제 받으려고 절을 찾아 구하는 것은 소를 타고 소를 찾는 꼴입니다. 절은 공부하는 곳임을 거듭 말씀드립니다. 유창한 말이나 사탕발림의 말로 접근하는 사람은 거의 다 사기꾼입니다. 말에 속지 않아야 함에도 욕심에 의해 바로 보지 못하여 사기를 당하고 남을 탓하고 자신을 탓합니다. 말이 많은 사람은 말로 인해 복이 나가는 것은 자명한 우주법계의 순리입니다. 유튜버를 보면 흥분해서 말을 자기의 이익에 맞추어 하는 사람들이 있습니다. 특히 정치와 관련있는 사람들의 말을 보면 뭔 말이 그리 많은지 뭘 그리도 자기합리화를 시키면서 남의 약점만 잡아 침을 튀겨가면서 열변을 토하는지 모르겠습니다. 그것은 결국 자기자신에게로 돌아가는 말임을 알아야 함에도 나중은 뒷전이고 지금의 이익을 위해 열변을 토합니다. 삶을 공부하는 사람에게는 필요한 말 이외에는 말을 삼가는 것이 좋습니다. 업을 짓기도 하지만 복까지 나가는 행동임을 알아야 합니다. 말을 많이 하면 복이 나갈까 라는 의문을 가질 수 있는데 진정코 그리됩니다. 말은 마음에서 나온 생각의 알음알이에서 나온 것으로 마음작용이 말입니다. 마음은 인연가합의 4대육근에 의해 만들어진 것으로 색(6근)이 마음입니다. 색이 업을 만드는 것인데 색 중에 입에서 나오는 말은 사람을 해칠 수도 있으며 천 냥 빚을 갚기도 합니다. 가능하면 좋은 말과 향기 나는 말로 사람을 살려야 합니다. 님들이 지금까지 했던 말들 중에서 쓸모 있는 말을 주워 무게로 따지면 1그램도 되지 않을 것임을 알 것입니다. 쓸모 없는 말이나 하고 살았다는 반증입니다. 자신이 했던 말은 자신을 해치는 것이 대부분입니다. 그러니 공부하는 사람은 말을 삼가야 하며 묵언이 최고입니다. 절에서 복을 비는 것보다 가난하고 힘든 살아있는 부처에게 잘함이 더 많은 복을 가져옵니다. 상징성을 갖고있는 돌부처에게는 마음을 다지고 공부하는 곳으로 여기고 실천은 물활론으로 유혹하는 곳이 아닌 살아있는 부처에게 잘하는 것이 참공부이기에 부처행이 부처라고 합니다.

14. 스님, 불 들어갑니다

　제가 절에 대한 부정적인 마음을 가짐은 나 자신을 탓함이 아니라 남의 탓으로 돌리는 정견하는 마음이 부족함을 알고 있으나 그 부족함을 드러내어야 배움이 있을 것 같아 먼저 드러내어 보입니다. 요즘 스님 하신다는 사람이 없다 보니 비어 있는 절들이 차츰 늘어나고 있는 추세이며 행자생활의 기간이나 강도도 훨씬 많이 줄어들었음에도 중생구제를 위한 스님이 늘어나지 않는다는 것은 그만큼 삶이 각박한 것은 아닌가 하는 염려도 되지만 오히려 일반인들의 공부는 훨씬 더 깊이 있는 공부를 하시는 분들이 많이 늘어났다는 생각에 긍정적인 면도 보이기는 합니다. 그렇지만 불교의 정수를 쉽게 접할 수 있는 곳은 절간인데 그 절간의 곳간(스님)이 텅텅 비어 간다는 것은 안타까운 마음입니다. 물론 절에서도 많은 노력들을 견주기는 하지만 시원한 해답은 나오지 않고 있으니 마음만 안타까울 뿐입니다. 이런 추세로 나아가다 보면 중생들의 마음의 안식처를 어디에 두고 살아가며 불교의 중심부에 있는 대한민국의 꽃이 시들 것 같아 걱정이 앞섭니다. 불교가 무너지면 욕심의 중생들로 인해 대한민국은 물론 전 세계가 많은 아픔으로 살아가야 할 것이라는 생각에 마음이 무겁기만 합니다. 이런 어려운 여건에서도 대한민국의 중생들을 위하여 기도하시고 삶의 지침서를 안내해 주시는 스님들을 보며 힘찬 기운으로 아침의 문을 열어젖히며 스님들에 대한 저의 견해를 말씀드리고자 합니다. 스님들을 보면 몸이 건강하게 보이는 분들이 많은 것 같습니다. 골격이 원래 좋아서 그런지 아니면 흡수력이 좋아서 그런지 아니면 좋은 공기에 스트레스가 없어서 그런지는 모르겠지만 풍채가 만만치 않으신 스님들이 많이 늘어났다는 생각은 지울 수가 없습니다. 육식을 말하는 것이 아니라 절간을 버리고 외식을 하시는 스님이 늘어남을 말합니다. 스님이 절간을 지켜야 함에도 찾아오지 않는 중생구제를 세간으로 가서 하는지는 몰라도 절간의 목탁 소리가 줄어들어 중생의 발걸음이 줄어들고 있는 현실입니다. 시간이 있어 사시예불에 참석하려고 절에 가면 절만 몇 번 하고 마치거나 아예 하지 않는 절도 있습니다. 물론 공양주도 없고 혼자서 공양준비를 해야함에 바쁘기도 하겠지만 기본적인 사시예불은 해야 하며 해 주셔야 합니다. 하지 않으니 한 달에 한 번 가던 걸음이 가까운 작은 절에서 멀리 있는 큰 절로 방향을 바꿉니다. 해도 오지 않는다고 하는 것은 스님의 공부를 포기하는 것과 같다는 생각이 들기도 하지만 중생구제의 초심을 잊어버리는 행위가 아닌지 안타깝기도 합니다. 절이 있어서 오는 것이지 절이 없다면 누가 찾아오겠습니까? 어떤 스님은 사시예불시간에 밖으로 나가거나, 나이가 많아서 하지 않고 바빠서 못하고 춥거나 더워서 못하고 아파서 못하고 찾아오는 중생이 없어서 안 하는 경우가 홀로 절간을 지키시는 스님은 대부분 다 그러하더이다. 기껏해야 토, 일요일만 하는 곳도 종종 있습니다. 하지도 않으면서 오기를 바라는 것은 콩은 심지 않고 콩을 기다리는 격으로 부처님의 말씀에 위배됩니다. 그리고 사시예불 마치고 10분 정도 법문을 해 주시든지 질문을 받는 시간이 있으면 절이라는 곳이 공부하는 곳이라는 것을 심어주어 공부하러 오시는 불자들이 늘어날 것 같습니다. 그것이 절의 역할이기도 합니다. 그러기 위해서는 스님들의 공부가 어느 정도 되어 있어야 합니다. 요즘 일반인들도 깊은 수준의 공부가 되어 있는 사람들이 많이 있기에 공부도 많이 익기도 해야 하겠지만 교수법도 잘하셔야 합니다. 잘못하여 언쟁이 될 수도 있기에 언어사용이나 표현에 많은 공부가 되어야 합니다. 그러니 스님께서도 다방면으로 공부를 많이 하셔야 합니다. 그리고 경제적인 어려움으로 인해 돈을 벌기 위한 수단을 만들지 말고 중생구제를 위한 공부하는 수단을 만들어야 합니다. 사판승이라 해서 돈에만 집중해서 이판승의 뒷바라지를 하는 것이 아니라 바른 수단으로 바르게 돈을 처리하는 것이 공부하는 사판승입니다. 평상심이 도이기에 이판승이 사판승이고 사판승이 이판승임에도 분별하는 것은 도에 계합하지도 않으며 분별로 인해 조계사의 사건들이 일어나게 됩니다. 큰절의 스님들은 돈 관리 하느라 바빠서 공부할 시간이 부족하다는 것이 일반인들로서는 이해가 되지 않습니다. 복전함의 비밀을 누가 알려가? 스님은 공부하고 돈 관리는 신도들이 잘 관리하는 제도적인 장치만 만들면 문제 될 것이 없다는 생각도 합니다. 가끔 스님들을 보면 좌선을 하시다가도 폰의 울림에 폰을 받는 분도 있고 좌선이 끝나자마자 폰을 챙기시는 분들도 있습니다. 좌선하면서 폰만 생각하시는지 모르지만 폰의 주인은 있는 것 같으나 공부하는 주인은 없는 것 같아 씁쓸합니다. 폰을 본다는 것은 욕심의 작용임을 알아야 합니다. 그리고 스님의 잘못된 인식으로 인해 스님의 신도들이 잘못된 인식을 가질 수 있음에 스스로 자신을 챙겨보심도 중요한 것 같습니다. 자신을 잘 보아야 중생을 구제할 수 있으니 스님의 공부에 더욱 매진할 수 있는 환경도 중요하지만 초발심을 잃지 않는 스님이 되었으면 좋겠습니다. 결론적으로 여러 가지 힘든 상황임에도 대부분의 스님들은 제 위치에서 자신의 역할을 충실히 하고 있음은 두말할 필요는 없지만 일부 스님으로 인해 불교의 정법이 훼손될까 하는 걱정스러운 마음으로 작성한 것입니다. 열린 절간을 위해 항상 중생을 구제하겠다는 원력으로 예불을 빠짐없이 하셔야 절을 찾는 사람도 늘어나고 법문도 들려주어야 사람이 모이는 법입니다. 그래야 공부하겠다는 사람도 늘어나 출가하시겠다는 분이 늘어나지 않겠습니까? 내가 먼저 다가서는 것이 상대가 다가오기를 기다리는 것보다 훨씬 적극적이고 결과도 좋을 것입니다. 춘천의 월천사 주지스님은 동짓날에 마을회관의 노인정을 들러 팥죽을 대접하시면서 절에 오기가 힘들면 차로 모시고 바래다주시겠다고 하십니다. 참으로 진지하고 중생구제를 위한 적극적인 노력을 하시는 요즘 보기 힘든 스님이라 여겨집니다. 많은 스님들께도 영향이 미치길 기원합니다. 노무현 대통령의 '임기기간에는 술을 마시지 않겠다'라는 이유가 언제 비상사태가 올지 모르기 때문에 대통령 임기가 끝나는 그날까지 술을 마시지 않는다는 말씀은 사람들의 마음을 움직이게 함에 충분합니다. 스님들께서도 그리하시면 불교의 미래는 밝고 대한민국이 훨씬 좋아지리라 여깁니다. 중생구제를 위해 출사표를 던졌으니 최소한 예불만큼은 해 주시고 찾아오시는 중생들에게 작은 법문이나마 안겨주시면 좋겠습니다. 조주선사나 노무현 대통령처럼 스님도 집을 비우지 않았으면 좋겠습니다. 스님들이 계시기 때문에 대한민국이 행복합니다.

15. 결혼합시다

  그대가 있어 내가 있으며 그대가 없다면 나 또한 없습니다. 부모님이 있어 내가 있고 부모님 또한 조부모님이 있어 부모님이 있습니다. 부모님은 내가 있어 살아가는 의미의 부분일 수 있습니다. 긴 것은 짧은 것이 있어 짧은 것은 긴 것이 있어 자신이 길고 짧다는 것을 알고, 좋아하는 사람에게 받는 것이 좋음을 알기에 사랑하는 사람에게 주는 것이 행복임을 압니다. 더러움은 깨끗함을 알기에 더러움이 존재하는 것이며 행복도 불행을 알기에 행복이 존재하는 것입니다. 예수님께서 네 이웃을 사랑하라고 말씀하신 것은 그대가 그대의 가족을 사랑하는 만큼 그대의 이웃을 사랑하라는 말씀입니다. 그런데 그대의 가족에 대한 사랑함을 배우지 못하면 그대의 이웃을 진정코 사랑할 수 있겠습니까? 물론 할 수는 있지만 참으로 더디게 배워 나갈 것입니다. 가족애는 천륜이라 무작정 사랑합니다. 그런 사랑을 그대의 이웃에게 하라는 예수님의 말씀입니다. 결혼하여 자식을 낳아 키워나가는 행복을 이웃에게도 하라는 말씀입니다. 부모님에게 효를 다하는 것은 의리이지만 자식에게 하는 사랑은 아가페 사랑이라고 하지 않습니까? 결혼해서 자식을 낳아 봐야 진정한 사랑을 베풀 수 있습니다. 진정한 사랑을 베풀 수 있는 것이 무주상보시이며 부모님의 사랑입니다. 그것이 예수님의 뿌린 대로 거두리라에서 가장 고귀한 자비의 씨앗을 뿌리는 것입니다. 결혼합시다. 의리도 지키고 무주상보시도 하는 결혼을 합시다. 이 좋은 금수강산에서 태어나 부모에게 받은 사랑을 결혼해서 자식에게 되돌려 주고 그렇게 배운 사랑을 이웃에게 베푸는 삶을 살아가는 것이 선지식인들의 가르침입니다. 부처님도 결혼해 보고 자식도 낳아 보셨지만 백성들의 삶의 고통을 해결하기 위해 출가하여 깨달음을 얻었고 그것을 만백성에게 무주상보시를 했습니다. 그러면 결혼하지 않으면 중도적인 사랑을 할 수 없는 것이냐 하면 그렇지는 않습니다. 예수님도 그러하고 신부님도 그러하고 스님도 그러하지만 그분들은 부모님의 충만한 사랑 속에서 만인에게 똑같이 사랑을 베푸는 사람이 되기 위해 결혼을 뛰어넘어 모든 사람들에게 평등하게 사랑을 베풀기 위해 결혼하기를 포기하신 분입니다. 그분들은 중생의 아픔을 어루만져 주시기 위해 스님이 되신 분이시기에 존재 자체만으로도 존경받을 분이십니다. 세간의 법은 그러하지 못하기에 배워나가야 하는 존재이기에 결혼해서 참사랑을 배워 네 이웃을 사랑하라는 것입니다. 자식이 진로를 결정하거나 결혼하는 상대에 대해 이야기하면 부모님은 안내해 줍니다. 그러나 자식의 결정에는 조언을 할 수 있을지언정 진정 박수를 칩니다. 부모는 자식을 하염없이 기다려 줍니다. 비록 힘든 삶을 살아가는 길을 택하여도 품어주고 안아줍니다. 억지로 강제적으로 제재를 가하는 것은 사랑이 아님을 알기에 부모는 기다려주면서 안아주고 품어줍니다. 예수님도 제자들이나 이웃들에게 그리하였습니다. 사랑은 안내하되 기다려주고 품어주며 안아주는 것입니다. 결혼합시다. 그래서 참사랑을 실천하는 무주상보시를 실천하는 삶을 통해 예수님의 말씀대로 사랑을 실천하는 사람이 되어 봅시다. 요즘은 삶을 살아가기가 힘이 들기도 하지만 결혼을 한다는 것은 더 더욱 힘이 들어 혼자 살아가는 사람들이 많아지고 있습니다. 사람으로 태어나 부모에게 받은 사랑을 결혼해서 자식을 낳아 갚아가는 사랑을 통해 삶의 의미를 배워가는 것이 필요함에도 편한 삶을 살아가기 위해 자식에게는 힘듦을 물려주지 않기 위해 그 좋은 사랑을 하지 않는 것은 참으로 가슴 아픕니다. 아름다운 금수강산에 인구가 절벽으로 떨어지고 있는 현실입니다. 홍익인간의 그 의미를 세계만방에 알려 지구촌이 좀 더 나은 삶을 살아가도록 해야 함에도 그러하지 못함에 안타까운 마음이 듭니다. 결혼을 편히 할 수 있도록 사회적인 제도들이 필요하다는 생각이 들기도 하지만 백지장도 맞들면 낫다는 말처럼 같이 힘을 합쳐 살아가는 것이 더 슬기로운 삶임을 알아야 합니다. 대기업에서도 결혼할 수 있는 대책에 적극적으로 동참해야 결국에는 기업도 살아갈 수 있습니다. 더구나 이웃나라의 침략만을 당하고 6·25라는 참혹한 경험을 한 나라가 군인이 모자라고 있다는 사실이 지구촌의 전쟁을 보면서 걱정이 앞서옵니다. 결혼하지 않은 사람과 결혼해서 자식이 있는 사람과의 이기적인 성향을 분석해 보시면 확실히 다름을 아실 것입니다. 형제나 자매가 없는 외동의 경우 자신을 먼저 생각하는 이기적인 행동을 하며 형제가 없어 다소 독설적인 언행을 한다고 일반적인 말을 하듯이 결혼한 사람과 결혼하지 않은 사람의 차이점은 분명히 있습니다. 물론 다 그렇지는 않지만 그렇게 보는 경향이 많습니다. 기업의 발전을 위해서는 능력있는 직원이 필요하지만 그 능력을 배로 증가시켜 주는 것이 자식의 유무이기도 합니다. 그리고 해외로의 기업진출을 가능하면 자제해 주시고 노조들도 자신들의 이익을 위한 것이 아닌 진정한 노동자의 복지를 위해 더 나아가 기업과 노조가 함께 상생하는 길을 찾아야 합니다. 상생의 첫 번째가 자신을 먼저 정확히 잘 살피고 상대를 이해하는 것입니다. 대한민국의 인구절벽에 취업까지 힘들게 하는 것은 대한민국의 기반아래 만든 기업으로서는 바른 선택이 아니며 노조 또한 협조를 해야 함이 대한민국을 살리는 길입니다. 홍익인간의 기치 아래 올바른 문화를 전 세계에 물들게 하는 것은 대한민국이 올바르게 서 있어야 합니다. 대한민국이 든든해야 해외에서의 활동도 든든해지며 대한민국의 올바른 문화가 전 세계로 확장되어 행복한 지구촌이 되게 합니다. 양보는 힘이 있는 사람이 하는 것이기에 기업이 먼저 결혼할 수 있는 환경조성에 이바지해야 합니다. 결혼합시다. 세간의 삶은 위아래가 있지만 사랑은 위아래가 없습니다. 사랑을 통해 위아래가 없는 삶을 배워나가는 것이 예수님의 '네 이웃을 사랑해라'라는 말씀으로 사랑을 실천합시다. 위아래가 없는 사랑의 실천은 봉사활동이 최고입니다. 결혼합시다. 바람이 구름을 몰고 옵니다.

후기

   2023년 봄 양양에서 2차 작업을 마치고 함안의 텃밭 준비로 내려와 초여름까지 텃밭에서 땀 흘리며 풀들하고 정겹게 놀았다. 간간히 떠오르는 글귀가 있으면 챙기곤 했었는데 집중하는 정도는 아니었다. 열심히 놀았다. 그러다 서두르지 않아도 가을에 충분히 출간을 할 수 있을 것 같다는 생각이 들어 양양으로 올라와 usb를 열어 보니 기본교리와 머리말이 텅 비어 있음을 확인하고는 당황스럽기도 했지만 화가 먼저 났던 것 같다. 수소문을 하여 전문가에게 보내 보니 15페이지까지 복구가 가능하다는 연락을 받고 포기를 하고 말았다. 왜 사라졌는지에 대한 원인을 생각하고 어떻게 해야 되는지에 대한 걱정으로 일을 할 수 없어 매일 술로 위로를 얻었다. 그러나 그놈의 술은 나의 몸을 망치고 있었고 예불은 하지도 않았고 좌선은 잃어버린 것에 대한 생각으로 일관되게 화만 올라오는 것을 느끼고는 하지 않았다. 출간을 포기하려고 마음을 먹으니 아깝기도 하고 다시 시도하려고 하니 힘든 고통이 동반되어야 한다는 생각에 어찌할 바를 모르고 술과 함께 시간만 보내고 있었다. 몸이 많이 불편함을 느끼고서야 술을 중단하고 과거심 불가득 현재심 불가득 미래심 불가득을 생각하게 되었고 시절인연이라는 것을 생각도 하게 되었다. 문제해결을 내 안에서 찾아야 함에도 남의 탓으로 돌리며 찾으려고 했으니 해결하지 못하고 있었음을 알게 되었다. 잃어버린 과거의 기억과 지금의 고통과 나중의 결과까지 변하고 있는데 어디에서도 그때의 마음을 찾을 수 없었던 것이었다. 타인에게 조금의 도움이 되었으며 하는 마음은 변함이 없으니 지금 당장 실천함이 지금까지 내가 공부한 것을 수행하는 것으로 여겨졌다. 또한 정작 남에게는 화와 복은 들어오는 문이 없다고 말을 하면서 나 스스로가 그 상황이 오니 그놈들은 어디로 숨었는지 내라는 존재가 어찌할 바를 모르고 있었다. 시절인연이 오면 준비를 잘해서 받아들이면 될 것을 나는 받아들이지를 못하고 있음을 알았다. 아마 좋은 복이 왔으면 춤을 추고 난리가 났을 상황이었다. 다시 찬찬히 마음을 정리해 보니 그때의 마음과 지금의 마음이 변했으니 지금의 글이 더 향기가 나는 글을 작성할 수 있어 좋고 지금을 인내하는 것이 수행에도 좋으니 그냥 받아들여졌다. 물론 중간중간 끼어드는 남 탓의 생각은 계속 되었지만 차츰 사라지고 있음을 알게 되었다. 그러면서 보왕삼매론이 생각이 나고 내가 쓴 글들이 생각이 나고 그로 인해 나의 잘못된 생각들이 일어나니 그로 인해 배움이 일어나 오히려 감사함을 느끼게 되었다. 그리고 기본교리는 나름 노트에 있는 내용들이라는 생각에 마음이 한결 가벼워졌다. 사실 나는 글로는 선지식인 양 적어 놓았지만 정작 내 자신에게 그런 일이 일어나자 한순간 무너지고 있었던 것을 보면 역시 '알면 뭐하노 실천해야제'라는 말이 참으로 어려운 것임을 배웠다. 부처는 부처행을 해야 부처가 되는 것처럼. 시절인연이란 것도 내가 준비가 되어 있어야 시절인연이 왔을 때 시절인연에 편승하는 것임에도 준비는 하지 않고 기다리기만 한다면 시절인연이 와도 온 줄도 모를 것이며 그냥 흘려보내는 것이다. 귀인이 지나감을 모르고 팔자 바꿀 기회를 놓치는 것이다. 참다운 불교공부를 할 수 있게 한 오대산 월정사 출가수행도 청양의 정혜사에 봉사활동을 하지 않으면 하지도 못했던 것처럼 시절인연이라는 것도 그러했다. 연기법을 굴리는 나의 준비는 다시 시작임을 배웠으니 지금은 수행의 시작이라 생각하고 도전했다. 노자가 공자에게 말한 것처럼 입만 살아있고 행동은 전혀 아님이 증명된 사람이 자랑질 글을 쓰게 되어 죄송스럽기도 하지만 누군가에게는 도움이 될 내용이 있을 수 있다는 생각에 다시 도전했다. 책이 출간되면 좌선에 몰두해 볼 예정이다. 스님들의 동안거처럼 나도 동안거를 만들어 좌선만 해 볼 작정인데 혹 그때 무엇인가 느껴짐이 있으면 이 책의 부족한 점과 함께 지면으로 인사를 올릴 생각이다. 머리말에 알고 저지르는 죄와 모르고 짓는 죄 중 어느 것이 더 무거운 죄인지 그리고 있어서 굶는 것과 없어서 굶는 것의 차이를 알 수 있다고 했던 내용들을 보면서 찬찬히 다시 읽어 보니 그리 쉽지는 않음이 보였고 누구나 쉽게 다가가는 글을 작성하려고 했는데 그러지 못하였음에 죄송스러워 후기를 작성하게 되었다. 지인들 만이라도 한 번 읽어만 주어도 감사할 따름이다. 불교 공부를 하면서 나의 가족과 나의 성장과정에 도움을 주신 형들과 누나, 연기적인 생각을 갖게 해 주신 장인장모님의 은혜들이 생각이 나서 지면으로 감사함을 전한다. 특히 장인장모님의 물질적이면서도 마음 적인 관심으로 어릴 때의 상처들을 치유시켜 주었음에 진실로 감사하고 불교의 연기적인 생각을 이해하는데 많은 지혜를 주서서 감사했다. 특히 강일곤 형에게 두려움과 공포심을 털어내는 데 지대한 역할을 해 주심과 긍정적인 삶의 표본이 되어 주심에 이 책을 바친다. 외롭거나 힘들 때 돌아가신 형을 생각하면서 마음의 안정을 갖게 해 주어 고맙고 어디에 있든지 자유롭게 잘 있어. 다음에 인연이 있으면 내가 지켜줄게. 잘 지내. 무엇보다 나를 낳아주시고 키워주신 은혜를 지금까지도 갚지 못한 죄, 앞으로 평생을 참회하며 살 것이다. 마지막으로 독자님들에게 당부의 말씀을 드린다. 저는 밝은 사람이 아닙니다. 제가 아는 지식적인 의미를 가지고 혹 도움이 되지 않을까 하는 마음에 시작했는데 내용을 보니 제 자랑질이고 부실함이 드러나는 것임을 느낍니다. 님들께 좀 더 편하게 다가가는 글을 만들지 못해 죄송함과 아울러 촐싹거리는 사람의 글이라 이해하시고 너그러이 용서해 주시길 바랍니다. 제 개인적인 의견임을 다시 한번 더 피력합니다. 말에 속지 마십시오. 님들은 진정코 부처입니다. 단지 욕심에 가려 자신이 부처임을 모르고 있을 뿐입니다. 윤회하는 것은 스스로가 부처임을 확인하지 못하고 있으니 부처임을 확인하라고 업에 따라 달리 나타나는 것이니 원망이 아닌 그 자리에서 자신을 바로 보십시오. 그래서 시법평등무유고하입니다. 그러니 자꾸 바뀌어 태어나는 것은 자신을 바로 직시해서 잘 보라는 것입니다. 말과 사람에 속지 않도록 자신을 바로 보면 속을 것이 없고 속일 것도 없습니다. 자등명 법등명입니다. 처음에는 법에 맡기고 법을 덮을 때가 오면 자신을 잘 살펴보세요. 다시 말해 법등명으로 공부에 힘쓰고 나중에는 자등명으로 자신을 살펴보시라는 말입니다. 깨달음은 색(6근)을 빌려 쓰고 있음을 알고 실천하면 됩니다. 이것이 부처행이니 두려울 것이 없습니다. 색은 다시 돌아가 인연 따라 다시 무언가로 나타나는 것으로 단지 빌려 사용할 뿐입니다. 나의 나무젓가락이 부러졌다고 테이프로 붙이고 철심을 박고 그러지 않듯이 그대의 색(몸뚱아리)도 그리 생각하고 실행만 하시면 부처입니다. 자비희사 동체대비입니다.

고(苦)를 즐기는 부처님

골방에서
지인들과 고를 외치며 고를 따먹는 화투패
한 놈은 신이 나서 고를 외치고
두 놈은 괴로워서 고(苦)를 외치고
구경하는 두 놈은 못 먹어서 고를 외친다
고해서 고(苦)하니
고와 고(苦)가 법문이다
오늘은 집으로 고다

망나니의 선택, 그것은 인연

2024년 6월 15일 발행

지 은 이 | 강대성
편 집 인 | 이소정
펴 낸 이 | 임창연
펴 낸 곳 | 창연출판사
주   소 | 경남 창원시 의창구 읍성로 36
출판등록 | 2013년 11월 26일 제567-2013-000029호
전   화 | (055) 296-2030
팩   스 | (055) 246-2030
E - mail | 7calltaxi@hanmail.net

값 18,000원
ISBN 979-11-91751-54-3   03220

ⓒ 강대성, 2024

* 이 책의 판권은 저자와 창연출판사에 있습니다.
* 양측의 서면 동의 없이 무단 전재나 복제를 금합니다.